Rüdiger Götte

Exchange Traded Funds (ETFs) – Grundlagen, Funktionsweise und praktischer Einsatz

Das 1 x 1 der Exchange Traded Funds

D1718930

Rüdiger Götte

EXCHANGE TRADED FUNDS (ETFS) – GRUNDLAGEN, FUNKTIONSWEISE UND PRAKTISCHER EINSATZ

Das 1 x 1 der Exchange Traded Funds

ibidem-Verlag
Stuttgart

Bibliografische Information der Deutschen Nationalbibliothek
Die Deutsche Nationalbibliothek verzeichnet diese Publikation in der
Deutschen Nationalbibliografie; detaillierte bibliografische Daten sind im
Internet über http://dnb.d-nb.de abrufbar.

Bibliographic information published by the Deutsche Nationalbibliothek
Die Deutsche Nationalbibliothek lists this publication in the Deutsche Nationalbibliografie;
detailed bibliographic data are available in the Internet at http://dnb.d-nb.de.

Coverabbildung: © Carola Langer / PIXELIO

∞

Gedruckt auf alterungsbeständigem, säurefreien Papier
Printed on acid-free paper

ISBN-10: 3-8382-0059-4
ISBN-13: 978-3-8382-0059-0

© *ibidem*-Verlag
Stuttgart 2010

Printed in Germany

Vorwort

In der großen Börsenhausse[1] bis zum Frühjahr 2000 war fast jeder Anleger erfolgreich. Zu dieser Zeit war es kein allzu großes Kunststück, mit Aktien Gewinne einzufahren. In der darauf folgenden Börsenbaisse trennte sich die Spreu vom Weizen. Viele Anleger verließen das Börsenparkett als Bankrotteure. Woran liegt das? Wenn die Aktienkurse steigen, setzt der Verstand aus und die Urtriebe erwachen, oft wird dann das ganze Vermögen in wenige Aktien investiert und von Reichtum und Luxus geträumt. Fallen dagegen die Kurse, starren die Anleger auf ihr kollabierendes Depot (wie der Hase auf die Schlange) oder schlagen wild um sich. Wiederum ist ihr Verhalten bauchgesteuert: Angst und Panik sind nun die Ratgeber. Dieses Verhalten ist schon so alt wie die Börse selbst. So verfasste vor mehr als 300 Jahren José de la Vega seinen Börsenklassiker *Die Verwirrung der Verwirrungen*. Seine Erkenntnis war: *„Die Börsengewinne sind Koboldschätze. Bald sind sie Karfunkelsteine, bald Kohlen, bald Diamanten, bald Kiesel, bald Morgentau, bald Tränen."* Nicht umsonst stellten schon viele Investoren fest: In der Euphorie schießen die Aktienkurse weit über jedes rational zu begründende Ziel hinaus und bei vorherrschender Panikstimmung fallen dieselben Aktien ebenfalls ohne logischen Grund ins Bodenlose. So stellt sich für den Anleger die Frage: Wie verhindere ich, dass ich ein Getriebener meiner Emotionen werde?

Eine Möglichkeit, seiner Psyche ein Schnippchen zu schlagen, sind Indexanlagen. Hier konzentriert sich der Anleger nicht auf einzelne Aktien, sondern

---

[1] Die Begriffe Hausse und Baisse sind Ausdrücke aus der Fachsprache der Börsianer. So wird von einer Hausse (aus dem Französischen, „Anstieg") gesprochen, wenn die Aktienkurse auf breiter Basis ansteigen. Synonyme hierfür sind auch die Begriffe *Bull market* oder Bullenmarkt. Fällt der Anstieg besonders kräftig aus, spricht man von einem Boom. Dagegen spricht man von einer Baisse, wenn die Aktienkurse auf breiter Front fallen. Synonyme hierfür sind auch *Bear market* bzw. Bärenmarkt. Kommt es zu einem heftigen Kursrückgang, spricht man von einem Crash. Im Vergleich der letzten Jahrzehnte hat sich gezeigt, dass die durchschnittliche Hausse bedeutend länger dauert als die Baisse. Wer jedoch glaubt, dass die Dauer einer Hausse oder Baisse vorhersagbar ist, der irrt. Die Börse ist immer für eine Überraschung gut. Beispielsweise konnte man im letzten Börsenjahrzehnt (1999-2009) immerhin zwei ausgeprägte Haussen und Baisse sehen, was historisch gesehen eher unnormal ist.

auf ganze Märkte. Als Königsklasse der Indexanlagen[2] gelten *Exchange Traded Funds* (ETFs). *Exchange Traded Funds* beziehen ihren besonderen Charme daraus, mit einem *Trade* einen ganzen Markt kaufen zu können. Bei ETFs handelt es sich um börsengehandelte Investmentfonds, die einen Börsenindex (z. B. den DAX) nachbilden. Die Anteile können wie einzelne Aktien fortlaufend an der Börse gehandelt werden. Das heißt, *Exchange Traded Funds* sind an einen Vergleichsindex gekoppelt, dessen Wertentwicklung sie im Guten und Schlechten nachvollziehen, sie sind also keine aktiv verwalteten Fonds.

Mithilfe dieses Buches möchte ich den Indexgedanken weiter in die Anlegerschaft tragen und vor allem *Exchange Traded Funds* ins Bewusstsein der Anleger rücken. Der Leser erhält auf den folgenden Seiten einen tiefen (aber auch kritischen) Einblick in das Wesen der ETFs. Sie werden sehen, dass ETFs gute Anlagevehikel sind, da sie kostengünstig, flexibel und transparent sind. Mit ihnen kann der Anleger langfristig sein Vermögen aufbauen, aber auch auf kurzfristige Trends an den Börsen setzen.

Für die freundliche Unterstützung bei dieser Arbeit möchte ich Diplom-Ingenieur Hans-Jürgen Götte danken.

In diesem Buch wurden teilweise Bezeichnungen verwendet, die eingetragene Warenzeichen sind; diese unterliegen als solche den gesetzlichen Bestimmungen. Sämtliche Daten, Formeln und Ausführungen in dem vorliegenden Buch wurden mit größter Sorgfalt recherchiert und zusammengestellt. Dennoch können weder Verlag noch Autor sich für deren Richtigkeit verbürgen; jegliche Haftung seitens Verlag oder Autor für die Richtigkeit der in diesem Buch gemachten Angaben ist daher ausgeschlossen.

---

[2] Daneben existiert noch eine ganze Vielzahl anderer Indexanlagen. Die wohl wichtigsten sind die Indexzertifikate (vgl. Götte, Rüdiger: Richtig investieren mit Zertifikaten und Hebelprodukten. Grundlagen – Funktionsweisen – Einsatz. Das 1x1 der Zertifikate und Hebelprodukte. Zweite, erweiterte und überarbeitete Auflage. ibidem-Verlag, Stuttgart 2009).

Inhaltsverzeichnis

Abbildungsverzeichnis

Tabellenverzeichnis

1. Einleitung

Eigentlich wollte ich ein Buch über das Thema *Exchange Traded Funds* (Abk. ETF) schreiben, das dem Leser grundlegende Informationen vermittelt. Dabei sollten Fragen beantwortet werden wie „Was sind ETFs?" oder „Wie funktionieren ETFs?" Diese Einführung sollte kombiniert werden mit einer hohen Aktualität, sodass auch bereits mit ETFs vertraute Leser neue Informationen erhalten können.

Doch bei den Recherchen zu diesem Buch wurde schnell klar, dass ich dieses Thema wesentlich weiter fassen muss, als ursprünglich gedacht. Denn *Exchange Traded Funds* sind nicht einfach nur börslich gehandelte Fonds, die wie Aktien während der gesamten Börsenzeit gehandelt werden können. Sie kombinieren die Vorzüge eines klassischen Fonds hinsichtlich des Investorenschutzes und der Laufzeit mit den Vorteilen eines börsengehandelten Wertpapiers in Bezug auf die Handelbarkeit und Liquidität. Sie stehen auch in Verbindung mit Indizes und passiven oder aktiven Managementstilen. Es ist also zunächst ein theoretisches Grundgerüst nötig, um ETFs zu verstehen.

Dazu gehören die gängigen Finanzmarkttheorien, wie die Portfoliotheorie, die Theorie der effizienten Märkte sowie die *Behavioral Finance*. So startet dieses Buch auch mit einem Kapitel über diese Theorien. Aus diesen Theorien lassen sich zwei Wertpapiermanagementstile entwickeln, der passive und der aktive Stil. Diese beiden Stile stehen in einem permanenten Wettstreit miteinander, welcher der erfolgreichere ist. Das ist für die Befürworter des einen oder anderen Stiles häufig eine Glaubenssache. In der Wissenschaft gibt es folgenden Ausspruch: *„Menschen sehen Muster, wo keine sind, und das ständig: in Wolken, in Lotterien, im Kaffeesatz und sogar in Wurzeln."* Genau hier ist das Problem. Seit der Preis von Computerrechenkapazität gegen null gesunken ist, hat sich unter Finanzwissenschaftlern die Unsitte eingebürgert, gigantische Mengen historischer Daten nach Mustern zu scannen, die den Beweis für die Überlegenheit des einen oder anderen Stiles bringen sollen. In diesem Buch werden Ihnen die beiden Stile möglichst objektiv erklärt und die Vor- und Nachteile aufgezeigt, damit Sie abwägen können, welcher der beiden Stile der richtige für Sie ist. In den folgenden Kapiteln werden Sie sehen, dass das wissenschaftliche Grundgerüst für ETFs der passive Managementstil ist, der auf dem Konzept der effizienten Märkte und der daraus abgeleiteten Portfoliotheorie aufbaut. Seit kurzem ist es allerdings auch möglich, mit ETFs aktive Strategien umzusetzen.

Bei passiven Anlagen verzichtet man bewusst auf die Auswahl besonders aussichtsreicher Aktien oder Anleihen, die unter Umständen kurzfristig gute Renditechancen offerieren. Der Grundgedanke des passiven Investments ist die Abbildung der Wertentwicklung eines ganzen Marktes. Um dies möglichst kostengünstig zu bewerkstelligen, bieten sich die Indizes an. Sie werden im vierten Abschnitt sehen, dass das Rückgrat jedes ETFs ein Index ist. Ohne Indizes gäbe es keine ETFs, denn in fast allen Fällen repliziert ein ETF einen Index und versucht ihn 1:1 nachzubilden. Somit bestimmt der zugrunde liegende Index die Performance und das Risiko des ETFs. Heute gibt es schon mehr als 30.000 verschiedene Indizes. Aber keine Angst, nur ein Bruchteil (zurzeit ca. 250 Stück) von diesen wird von ETFs abgebildet.

Um dieser Vielfalt Herr zu werden, unterteilt man die Indizes nach verschiedenen Gesichtspunkten, wie Aktien-, Renten- oder Rohstoffindizes. Insbesondere bei der Zusammenstellung eines Portfolios aus ETFs müssen die Besonderheiten der Indizes berücksichtigt werden, ansonsten drohen unliebsame Überraschungen. Beispielsweise erlebten viele risikoscheue Anleger, die auf Value-Indizes setzten, da Value-Aktien als besonders risikoarm gelten, im Jahr 2008 ihr blaues Wunder. In diesen Indizes versammelten sich viele Werte aus der Finanzbranche, die im Rahmen der Krise Ende 2008 deutlich einbrachen. Mit ihnen verloren auch die Value-Indizes. Darum beschäftigt sich das dritte Kapitel des Buches mit den Indizes. Dort erfahren Sie z. B. etwas über die Indexberechnung und -zusammensetzung, über Indexarten und -familien.

Nach dieser Betrachtung können wir uns dem Begriff der *Exchange Traded Funds* nähern. Genau wie es für Rechtsanwälte unabdingbar ist, die Gesetzeslage genau zu kennen, ist es für den Anleger von zentraler Bedeutung, die Grundlagen und Funktionsweise von *Exchange Traded Funds* zu verstehen. Es werden Fragen beantwortet wie „Was genau sind ETFs?", „Welche Vorteile und Nachteile haben ETFs?", „Welche grundsätzlichen Risiken gibt es bei der Fondsanlage?", „Wie werden ETFs an der Börse gehandelt?" oder „Welche Strategien kann man mit ETFs umsetzen?".

2

Fast täglich kommen neue ETF-Innovationen auf den Markt. Seien Sie also offen für Neues! Im fünften Kapitel wenden wir uns den Optionen und Futures auf ETFs zu. Sie ermöglichen dem Anleger, beliebte Strukturen aus der Zertifikatewelt nachzubilden, wie Bonus-, Garantie- oder Discountzertifikate. Aber auch ganz andere Modelle sind möglich. So zeige ich in diesem Kapitel nicht nur, was Optionen und Futures auf ETFs sind, sondern erörtere auch einige beliebte Strategien. Zum Abschluss werfen wir noch einen Blick auf die steuerliche Behandlung von ETFs.

Bei der Lektüre dieses Buches werden Sie vieles über die unentdeckte Welt der ETFs lernen können. Ich hoffe ferner, dass ich Sie durch dieses Buch vertrauter mit *Exchange Traded Funds* machen werde – ganz gleich, ob Sie sparen, anlegen, spekulieren oder sich informieren möchten. Ich wünsche Ihnen viel Spaß beim Lesen.

2. Die Theorie des Indexinvestments[3]

Wie langweilig, werden Sie jetzt denken. Wofür ist denn eine Theorie notwendig? Schließlich ist ein Indexinvestments einfach der Kauf eines Indexproduktes – fertig. So ist z. B. der DAX trotz mancher Schwankungen über die Zeit betrachtet nur gestiegen. Wer z. B. 1945 in Gesellschaften investiert hätte, die später in den DAX aufgenommen worden sind (welche Aktien dies sind, zeigen Rückberechnungen des deutschen Aktieninstituts), hätte mit einem Einsatz von 5,10 Euro (ungefähr 10 DM) rund 4.800 Euro erzielt. Doch erinnern Sie sich an das Sprichwort *„Wer ständig in Luftschlössern wohnt, zahlt allzu hohe Miete"* (Ilona Bodden). So sind nicht nur Aktien interessant. Bis zu 10 Prozent konnten in den letzten Jahren auch mit Staatsanleihen erzielt werden. Und nun die Überraschung: Wer zum Beispiel im Jahr 1960, also vor 49 Jahren, 350 Euro in Staatsanleihen investiert hätte, hätte heute 7.172 Euro. Bei einem Investment im DAX wären nur 3.800 Euro Gewinn erzielt worden. Die Erklärung ist: Nach 1960 bewegten sich die Aktienkurse über gut 20 Jahre seitwärts. Erst Mitte der 1980er Jahre setzten die Aktienkurse wieder zu einem großen Sprung an. Ab diesem Zeitraum war ein Investment in Aktien die bessere Wahl. Wer aber nicht gleich zu Beginn des Aktienbooms dabei war, sondern erst 1989 DAX-Werte kaufte, und diese 2003 wieder verkaufen wollte, dessen Gewinn war niedriger als bei einer Investition in Staatsanleihen. Bei einem Verkauf 2006 sah das schon wieder anders aus. Wer einen noch längeren Atem hatte und bis 2009 wartete, der musste gegenüber einem Kauf von Staatsanleihen wieder Verluste einstecken, weil nach der aktuellen Krise das DAX-Portfolio ins Minus gerutscht ist. Alles in allem waren in den letzten Jahrhunderten aber Aktien meist profitabler.

Allerdings hat sich das Börsengeschehen verändert. Heute beobachtet man, dass die Schwankungen aufgrund der zunehmenden Spekulationen an der Börse größer geworden sind. So schwankte z. B. der DAX in den letzten zehn Jahren zwischen 2.000 und 8.200 Punkten. Ob die Börse jemals wieder so

---

[3] Vgl. auch: Götte, Rüdiger: Das 1 x 1 des Portfoliomanagementes. ibidem-Verlag, Stuttgart 2005 sowie Götte, Rüdiger: Finanzgenie oder Bankrotteur – wie psychische Effekte an der Börse wirken. ibidem-Verlag, Stuttgart 2006.

ruhig und für langfristige Anleger sicher werden kann, wie in früheren Jahren, bleibt abzuwarten. Das bedeutet, dass Anleger sich darüber klar werden müssen, dass die Zeitachse nicht mehr unbedingt für sie spielt. Früher sagte man an der Börse: *„Die Zeit heilt alle Wunden."* Heute gilt das nicht mehr unbedingt. Selbst nach 20 Jahren können Anleger noch Verluste erwirtschaften. Das muss auch ein Indexanleger berücksichtigen, wenn er erfolgreich an der Börse sein möchte. Der Schlüssel zum Erfolg liegt hier beim Kauf. Der Anleger muss erkennen können, wann die Indizes zu teuer sind. Hätte beispielsweise ein Anleger am 29.12.2000 bei einen DAX-Stand von 6.433 Punkten ein Indexinvestment getätigt, hätte er bis zum 09.06.2009 (Indexstand von 4.997 Punkten) keinen Cent verdient, sondern sogar einen Verlust von ca. 22 % eingefahren. Wegen solcher Bewegungen reicht es heute nicht mehr aus, einfach einen Index zu kaufen und zu hoffen, dass irgendwann ein Gewinn erzielt wird. Erfolgreiche Indexinvestoren müssen die Theorie der Kapitalmärkte kennen, um böse Überraschungen zu vermeiden.

2.1 Kapitalmarkttheorien

Dieses Kapitel beschreibt die ökonomischen Erklärungsansätze der klassischen (oder auch modernen) Kapitalmarkttheorie. Dabei stützt sich die moderne Kapitalmarkttheorie auf die Annahme, der repräsentative Marktteilnehmer sei ein *Homo oeconomicus*, und auf die Theorie der effizienten Märkte (engl. *Efficient Market Hypothesis*). Auf diesen Grundlagen entwickelte Harry M. Markowitz die Portfoliotheorie (engl. *Portfolio Selection Theory*). Ausgehend von den Schwächen der klassischen Kapitalmarkttheorie, die als Kapitalmarktanomalie bezeichnet werden, werfen wir einen Blick auf die *Behavioral Finance*. Dabei versucht die *Behavioral Finance*, die Annahme des *Homo oeconomicus* als rational denkenden Menschen aufzuweichen. Am besten lässt sich die *Behavioral Finance* mit den Worten von Richard Thaler zusammenfassen: *„Think of the human brain as a personal computer with a very slow processor and a memory system that is both small and unpredical. I don't know about you, but the PC I carry between my ears has more disk failures than I care to think about it!"*

2.1.1 Klassische Theorie

Die klassische Finanztheorie geht von einem *Homo oeconomicus* aus, nennen wir ihn Mr. Cool. Bei Mr. Cool handelt es sich um das Idealbild eines durch und durch rational (= vernünftig) denkenden und handelnden Anlegers. Was genau steckt jedoch hinter dieser Rationalitätsvermutung? Im ökonomischen Kontext betrachtet geht Rationalität unmittelbar einher mit einem ganz bestimmten Prinzip der Bewertung, und zwar mit der Maximierung des „Erwartungsnutzens".

Mr. Cool ermittelt für jede Alternative eines Problems den erwarteten Nutzen und wählt die Alternative, die ihm den höchsten Nutzenerwartungswert bringt. Das wird als Risiko-Nutzen-Theorie bezeichnet, die uns direkt zum durch den Mathematiker Bernoulli aufgestellten Bernoulliprinzip führt: *„Jeder Mensch versucht bei seinen wirtschaftlichen Entscheidungen den erwarteten Nutzen zu maximieren."*[4]

Zu einer absoluten Rationalität gehören jedoch noch weitere Bedingungen. So zeigt Mr. Cool ein unbegrenztes Interesse an allen notwendigen Informationen, um zu einer fundierten Entscheidung zu kommen. Er benötigt sie, um verlässlich die Wahrscheinlichkeiten für den finanziellen Erfolg seiner Entscheidung ermitteln zu können. Denn schon ein einziger vernachlässigter Aspekt kann den Nutzen einer Investition deutlich reduzieren. Er blockt also keine Informationen ab und nimmt alles, was er wissen muss, unverzerrt und vollständig auf. Hierbei vernachlässigt er keine Neuigkeiten, die seiner bisherigen Erwartung nicht entsprechen. Ferner verarbeitet Mr. Cool die eingehenden Informationen ähnlich wie ein leistungsfähiger Computer, d. h. sorgfältig und logisch.

---

[4] Der Nutzen für einen Anleger besteht darin, einem Zugewinn an Geld zu erzielen.

In der gleichen kühlen und sorgfältigen Weise, in der Mr. Cool sich Informationen verschafft, nimmt er natürlich auch ihre Bewertungen vor. Dabei ist Mr. Cool klar, dass das Handeln von Menschen allzu häufig von Motiven geleitet wird, die sich nur psychologisch erklären lassen und somit dem ökonomischen Handeln widersprechen. Aus diesem Grund lässt sich Mr. Cool auch nicht von solchen Beweggründen wie Freude, Gier, Angst, Panik, Kontrollwünschen und Selbstbestätigung bei seinen Entscheidungen leiten, d. h., er trifft seine Entscheidungen gefühllos, ähnlich wie eine Maschine. Zudem ist Mr. Cool von Natur aus risikoavers, d. h., er wünscht sich eine höchstmögliche Rendite bei minimalem Risiko. Daher belohnen die Finanzmärkte das Eingehen von Risiken. Wie stark die Belohnung ausfällt, hängt von der mittleren Risikoaversion der Anleger im Kollektiv ab. So gilt an der Börse: *„Sind vor allem Feiglinge am Markt aktiv, dann zahlt sich ein bisschen Mut aus. Wenn hingegen nur Zocker am Markt sind, findet nur ein bisschen Mut kaum Beachtung.“* Das bedeutet, dass die Risikoprämie im zeitlichen Ablauf schwankt. So kostete eine 5 %-tige BMW-Anleihe mit einer Laufzeit bis 2018 am 20.10.2008 (Höhepunkt der Finanzkrise) 78,10 %, und knapp ein Jahr später am 11.09.2009 (Entspannung) 104 %. Somit hätte ein Anleger im Oktober 2008 eine Effektivverzinsung[5] von 7,75 % erzielen können und mit der selben Anleihe ein knappes Jahr später nur noch 4,4 %. Insbesondere nach Kurseinbrüchen werden die Anleger extrem risikoavers, somit ist die Risikoprämie höher. Dagegen werden die Anleger im Laufe einer Aktienhausse immer risikofreudiger und die Risikoprämie sinkt.

Um das Verhalten der Anleger an den Börsen besser beschreiben zu können, wurde die klassische Finanztheorie in zwei Teilgebiete aufgeteilt: die Theorie der rationalen Erwartungen und die These der Informationseffizienz der Kapitalmärkte.

Die Theorie der rationalen Erwartungen geht auf den Wissenschaftler Muth zurück und unterstellt, dass alle Marktteilnehmer ihre Erwartungen so bilden und umsetzen, dass auch tatsächlich die Kurse zustande kommen, die sie

---

[5] Die BMW-Anleihe hat einen Nominalbetrag von 1000 Euro, eine Restlaufzeit (Oktober 2008) von 8 Jahren und einen Zins von 5 %. Die Anleihe wurde zu 78,10 % gekauft, d. h. zu einem Preis von 780,10 Euro. Die ersparten 219,90 Euro werden durch die Restlaufzeit geteilt, somit werden pro Jahr ca. 27,49 Euro ($\approx$ 2,75 %) zusätzliche Rendite erzielt. Die Effektivverzinsung erhöht sich daher von 5 % auf 7,75 %.

erwartet haben. Wäre dies nicht der Fall, würden sie ihr Entscheidungsmodell so lange anpassen, bis sich die Erwartungen erfüllen, wobei die Anpassungen selbst zu entsprechenden Kursveränderungen führen. Durch dieses Lernverhalten können die Marktteilnehmer ihre Ergebnisse systematisch verbessern, bis sie das optimale Modell für sich gefunden haben. Auf dieser Vorstellung aufbauend hat der Ökonom Fama die These der Informationseffizienz[6] entwickelt, nach der alle öffentlich verfügbaren Informationen, welche die Wertpapierkurse beeinflussen können, sich auch unmittelbar zum Zeitpunkt ihres Bekanntwerdens in den Kursen niederschlagen. Folgerichtig müssen sich die Aktienkurse im Spiegel der zufälligen Nachrichten ebenso zufällig ändern. Insofern können lediglich unvorhersehbare Ereignisse zu unerwarteten Kursänderungen führen, die jedoch aufgrund des Überraschungseffekts nicht gewinnbringend ausnutzbar sind. Da die Ereignisse sowohl eine positive wie auch eine negative Wirkung haben können und von zufälliger Natur sind, haben sie auch einen Erwartungswert von null. Deshalb sind auf effizienten Kapitalmärkten Renditesteigerungen nur möglich, wenn man zugleich ein höheres Risiko eingeht[7]. Ein Witz unter Ökonomen verdeutlicht das Konzept der Markteffizienz.

„Ein Ökonom geht mit einem Freund spazieren. Plötzlich sehen beide einen 50-Euro-Schein auf dem Boden. Als sich der Freund bücken will, um ihn aufzuheben, sagt der Ökonom: ‚Lass nur! Falls es ein echter 50-Euro-Schein wäre, hätte ihn schon längst jemand aufgehoben.'"[8]

---

[6] Nach neueren Forschungsergebnissen unterscheidet man drei Grade der Informationseffizienz. Bei einer schwachen Informationseffizienz sind sämtliche Informationen über vergangene Preisänderungen in die Preise eingegangen. Darum sagt man: *„Die Märkte haben kein Gedächtnis."* Mit *Chart Reading* und anderen technischen Analysen kann man auf einem solchen Markt keine Hinweise auf die zukünftige Kursentwicklung finden. Herrscht dagegen eine mittlere Informationseffizienz vor, so enthalten die Kurse alle bereits publizierten Informationen. Man sagt: *„Die Märkte haben immer recht."* In dieser Phase können mit fundamentaler, gesamt- oder einzelwirtschaftlicher Analyse keine Überrenditen erzielt werden. Die Kurse auf Märkten mit starker Informationseffizienz spiegeln alle – auch die unveröffentlichten – Informationen wider. In diesem Fall versprechen selbst Insiderinformationen keine Überrenditen mehr.

[7] Fama verlangt aber nicht, dass sich die Märkte 100 % effizient verhalten. Sie müssen lediglich so effizient sein, dass der erzielbare Gewinn durch eine systematische Abweichung kleiner ist als die Spesen, die anfallen, um sie gewinnbringend umzusetzen.

[8] Vortrag Invest Messe Stuttgart, 16. März 2007 Core/Satellite Anlagestrategie nicht nur für institutionelle Anleger, Roland Rupprechter Hypo Landesbank Vorarlberg, Bregenz, Österreich, S. 16, www.hypovbg.at

Denkt man das Modell der Informationseffizienz konsequent zu Ende, so macht die Suche nach der „optimalen Aktie" oder der „unübertreffbaren Anleihe" keinen Sinn. Denn man kann ungeachtet der täglichen Schwankungen seines Vermögens beruhigt sein, dass man doch nichts Besseres hätte tun können, als sein Portfolio möglichst gut zu diversifizieren und stillzuhalten, weil zu jeder Zeit die Aktienkurse nach der These der Informationseffizienz fair gepreist sind. Es gilt: *„Keiner kann den Markt schlagen – also auch ich nicht."* Da eine allzu feine Stückelung der Anlagebeträge jedoch mit hohen Transaktionskosten verbunden ist, raten viele Börsenexperten Privatinvestoren zum Kauf eines Fonds, der den Marktindex nachbildet. Ausgehend von diesem theoretischen Konzept hat Harry M. Markowitz die Portfoliotheorie entwickelt.

2.1.1.1 Portfoliotheorie

Im Kern der klassischen Portfoliotheorie steht die quantitative Beschreibung des Risikos sowie des Zusammenhanges zwischen erwarteter Rendite und Risiko. Deswegen müssen wir zunächst den Begriffen Rendite und Risiko auf den Zahn fühlen. Was versteht die Portfoliotheorie unter dem Begriff Rendite?

Die Rendite[9] gibt die Wertveränderung einer Anlage innerhalb einer bestimmten Periode (z. B. Jahr oder Monat) an. Um die Rendite einer bestimmten Periode zu messen, ermittelt man die Differenz zwischen dem Kurs am Ende und am Anfang der betrachteten Periode, zzgl. eventuell ausgezahlter Erträge, wie beispielsweise Dividenden oder Zinsen.

---

[9] Vorsicht: Rendite ist nicht gleich Wertzuwachs. Preisfrage: Ein ETF steigt innerhalb von 10 Jahren von 100 Euro auf 200 Euro, wie groß ist die Rendite und der Wertzuwachs? Sind beide identisch?
Viele Anleger verstricken sich nun im Begriffswirrwarr der Renditeberechnung. Während Rendite und Rentabilität das Gleiche bedeuten, dürfen diese nicht in den gleichen Topf geworfen werden mit den Begriffen durchschnittlicher Wertzuwachs bzw. Wertentwicklung. Viele Anleger unterliegen dem Irrtum und dividieren den Wertzuwachs des ETFs von 100 % durch die Anzahl der Jahre, weil sie glauben, auf diese Weise die Rendite des ETFs errechnen zu können. Sie kommen so auf 10 Prozent pro Jahr (=100/10). Doch das ist nicht die Rendite des ETFs. Der Gedankenfehler ist, dass der Anleger davon ausgeht, dass Jahr für Jahr 10 % Zinsen auf den ursprünglichen Anlagebetrag gezahlt würden. Berücksichtigt man aber die Zinseszinsen, beträgt die tatsächliche Rendite 7,2 % pro Jahr. Diese 7,2 % sind dann die Rendite des ETFs. Der Wertzuwachs des ETFs ist 100 %.

$$R_T = \frac{(K_T - K_0) + E_T}{K_0} \cdot 100\ \%$$

mit R_T= Rendite der Periode t; K_0= Kurs zu Beginn der Periode t; K_T= Kurs am Ende der Periode t; E_T= Erträge (z. B. Zinsen und Dividenden) innerhalb der Periode t

Beispiel für die Berechnung für die SAP-Aktie:

$$R_T = \frac{(K_T - K_0) + E_T}{K_0} \cdot 100\ \% = \frac{(33,29\ \text{EURO} - 21,21\ \text{EURO}) + 0\ \text{EURO}}{21,21\ \text{EURO}} \cdot 100\ \% = 56,95\ \%$$

Tabelle 1: Wertentwicklung der SAP-Aktie

Jahr	Kurs Anfang des Jahres	Kurs Ende des Jahres	Rendite	
2003	21,21 €	33,29 €	56,95	%
2004	34,90 €	32,85 €	5,87	%
2005	33,11 €	38,29 €	15,64	%
2006	39,93 €	40,26 €	0,83	%
2007	41,08 €	35,53 €	13,51	%
2008	34,21 €	25,24 €	26,22	%

Um die durchschnittliche Rendite pro Periode (Jahr) einer Anlage über mehrere Perioden (Jahre) hinweg zu ermitteln, verwendet man folgende Formel:

$$R_{[x,y]} = \sqrt[n]{\frac{K_y}{K_x}} - 1 \quad \text{Beispiel für SAP-Aktie } R_{SAP_{[2003,2008]}} = \sqrt[n]{\frac{K_y}{K_x}} - 1 = \sqrt[6]{\frac{21,21\ \text{Euro}}{25,24\ \text{Euro}}} - 1 = 2,9\ \%$$

mit $R_{[x,y]}$ = durchschnittliche Rendite pro Periode im Zeitraum von x bis y; K_x = Kurs zu Beginn der Periode x; K_y = Kurs am Ende der Periode y und n = Anzahl der betrachteten Perioden

Diese Größe lässt jedoch die zum Teil erheblich schwankenden Renditen während der einzelnen Perioden bzw. Jahre vollkommen außen vor. Es werden lediglich die Werte zu Beginn und am Ende des Zeitraums berücksichtigt. Interessiert man sich jedoch dafür, wie hoch im Mittel die zu erwartende Rendite in jeder der betrachteten Perioden ist, so gibt hierüber der Mittelwert oder Erwartungswert Auskunft.

$$\mu_{[x,y]} = \frac{1}{n} \cdot \sum_{i=x}^{y} R_i \text{ mit } \mu_{[x,y]} = \text{Erwartungswert pro Periode im Zeitraum von x bis y}$$

$$\mu_{[2003,2008] \text{ SAP-Aktie}} = \frac{1}{6} \cdot \sum_{i=x}^{y} R_i = \frac{1}{6} \cdot (56,95 - 5,87 + 15,64 + 0,83 - 13,51 - 26,22) = 4,64$$

Im statistischen Mittel des betrachteten Zeitraumes kann also davon ausgegangen werden, dass die SAP-Aktie pro Jahr eine Rendite von 4,64 % hat.

Aus der Formel erkennt man, dass der Erwartungswert nichts anderes ist als das gewichtete arithmetische Mittel der Renditen der einzelnen betrachteten Perioden bzw. Jahre. Der andere Partner im Boot Portfoliotheorie neben der Rendite ist das Risiko. Was ist das Risiko?

Die spontane Antwort wäre, Risiko ist die Möglichkeit, einen Verlust zu erleiden. Diese Betrachtung ist asymmetrisch und blendet die Chance aus. Darum versteht Markowitz unter Risiko die Unsicherheit, Zielgrößen zu erreichen oder sie zu verfehlen. Demnach ist das Risiko die Abweichung des Anlageergebnisses (Rendite) von der Erwartung. In diesem Fall ist das Risiko einer Aktie mit den zufälligen Schwankungen der Aktienkurse gleichzusetzen. Dementsprechend kann man das Risiko bezogen auf einen festen Planungszeitraum durch die Volatilität[10] (leitet sich von der Standardabweichung ab) der Rendite messen. Dabei misst die Volatilität, wie stark die tatsächliche Rendite einer Aktie von der durchschnittlichen Rendite der Aktie abweicht.

$$\sigma = \sqrt{\frac{1}{n} \cdot \sum_{i=1}^{n} (R_i - \mu)^2}$$

σ = Standardabweichung; n = Zahl der Renditen, i = Index für die Jahre; r_i = Rendite im Jahr i; μ = Erwartungswert der Rendite

Beispiel für die SAP-Aktie:

$$\sigma = \sqrt{\frac{1}{6} \cdot \left((56,95\% - 4,64\%)^2 + (-5,87 - 4,64)^2 + (15,64 - 4,64)^2 + (-0,83 - 4,64)^2 + (-13,51 - 4,64)^2 + (-26,22 - 4,64)^2 \right)} = 26,66$$

---

[10] Umgangssprachlich erinnert die Volatilität an die Flüchtigkeit des Federviehs – das lateinische Wort volare bedeutet „sich heben, fliegen, die Flügel bewegen oder sich schnell bewegen". Hier wird die Volatilität zur Beschreibung der Streuung der Rendite verwendet.

Was bedeutet die Volatilität für mich als Anleger? Was sagt die Volatilität von 26,66 % für die SAP-Aktie aus? Im Allgemeinen gilt: Je höher die Volatilität ist, desto stärker schwankt der Aktienkurs. Damit sind zwar auch höhere Renditechancen verbunden, aber gleichzeitig verknüpft mit dem Risiko auf einen entsprechend höheren Verlust. Diese doch sehr banale Aussage kann mithilfe der Zweidrittelregel der Wahrscheinlichkeitstheorie noch verfeinert werden. Sie sagt aus, dass die Rendite einer Anlageform mit einer Wahrscheinlichkeit von 2/3 zwischen dem Erwartungswert abzüglich der Volatilität und dem Erwartungswert zuzüglich der Volatilität, d. h. im Intervall [μ-σ; μ+σ], liegt. Vielleicht noch wichtiger für den Anleger ist die leicht negative Korrelation zwischen Kursveränderungen einer Aktie und ihrer Volatilität. Das bedeutet:

- Wenn die Aktienkurse fallen, geht das tendenziell einher mit einer Erhöhung der Volatilität.

- Wenn dagegen die Aktienkurse steigen, geht das tendenziell einher mit einer Verringerung der Volatilität.

Für unser Beispiel der SAP AG sind wir bei der Berechnung der Volatilität von jährlichen Renditen ausgegangen. Die Volatilität kann aber auch für kürzere Zeiträume berechnet werden, zum Beispiel quartals- oder monatsweise. Überdies ist die Volatilität einer Aktie keine feststehende Größe, sondern sie kann sich innerhalb kurzer Zeit ändern. Deshalb werden für die Volatilitätsberechnung meistens kürzere Zeiträume verwendet. Allerdings werden in der Regel alle berechneten Volatilitäten auf ein Jahr bezogen.

Tagesrenditen: $\sigma_{annualisierte} = \sigma \cdot \sqrt{250}$

Monatsrenditen: $\sigma_{annualisierte} = \sigma \cdot \sqrt{12 \cdot \dfrac{250}{365}}$

Jahresrenditen: $\sigma_{annualisierte} = \sigma$

Bislang haben wir die Rendite und die Volatilität nur für einzelne Aktien betrachtet. Jetzt müssen wir unseren Horizont erweitern und uns mit der Berechnung der Rendite und des Risikos befassen, wenn sich mehrere Aktien in einem Wertpapierdepot vereinigen. Was passiert dann? Dazu nehmen wir an, dass Sie ein Wertpapierdepot aus den Aktien *Allianz, Bayer* und *E.ON* haben. Nach der bekannten Formel berechnen wir die Rendite während der einzelnen Monate, die Gesamtrendite und das Risiko (mittels Volatilität) jeder einzelnen Aktie.

Tabelle 2: Renditen und Volatilitäten der Aktien *Allianz, Bayer* und *E.ON*

Monat	Allianz	Monatsrendite	Bayer	Monatsrendite	E.ON	Monatsrendite
1	40 €		10 €		30 €	
2	35 €	12,50 %	9 €	-10,00 %	31 €	3,33 %
3	39 €	11,43 %	11 €	22,22 %	30 €	-3,23 %
4	40 €	2,56 %	12 €	9,09 %	33 €	10,00 %
5	50 €	25,00 %	11 €	-8,33 %	34 €	3,03 %
6	45 €	-10,00 %	13 €	18,18 %	36 €	5,88 %
7	46 €	2,22 %	10 €	-23,08 %	35 €	-2,78 %
8	48 €	4,35 %	11 €	10,00 %	36 €	2,86 %
9	47 €	-2,08 %	12 €	9,09 %	37 €	2,78 %
10	48 €	2,13 %	13 €	8,33 %	38 €	2,70 %
11	49 €	2,08 %	11 €	-15,38 %	36 €	-5,26 %
12	50 €	2,04 %	14 €	27,27 %	38 €	5,56 %
μ		2,66		4,31		2,26
$\sigma_{annualisierte}$		27,26		44,39		12,18

Wir sehen, dass die Bayer-Aktie zwar mit Abstand den höchsten Erwartungswert für die Jahresrendite hat, zugleich birgt sie aber auch das höchste Risiko. Dagegen weist die E.ON-Aktie zwar nur den geringsten Erwartungswert für die Jahresrenditen auf, dafür hat sie aber die absolut niedrigste Volatilität.

Die Frage, die man sich nun stellt, ist doch: Wie kann ich als Anleger mein Risiko minimieren, ohne im selben Umfang auf die Ertragschancen zu verzichten? Das ist scheinbar die Quadratur des Kreises. Um uns dieser Frage zu nähern, sollten wir uns die Wertentwicklung verschiedener Depots ansehen, welche aus jeweils zwei Aktien (also z. B. *Allianz* und *Bayer*) zusammengesetzt sind. Die Gewichtung der Aktien in den Depots liegt bei jeweils 50 %. Ferner ist der Anfangswert aller drei Depots in etwa gleich hoch, damit ihre Wertentwicklung vergleichbar ist. Um die Ergebnisse des Diversifikationsversuches möglichst übersichtlich darzustellen, tragen wir die Mittelwerte der Renditen und Volatilitäten in ein so genanntes Rendite-Volatilitäts-Diagramm oder µ-σ-Diagramm ein.

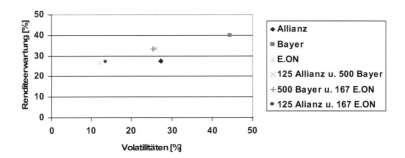

Abbildung 1: Lage der Aktien *Allianz*, *Bayer* und *E.ON* und der aus ihnen gebildeten Depots im Risiko-Rendite-Diagramm

Man sieht, dass die Depotrendite jeweils dem gewogenen arithmetischen Mittel der Renditen der im Depot enthaltenen Aktien entspricht. Demzufolge liegt die Depotrendite zwangsläufig zwischen der niedrigsten und der höchsten Einzelrendite der Wertpapiere des Depots. Anders als man erwarten würde, entspricht das Risikoprofil des Gesamtportfolios nicht dem Durchschnittswert der Einzelaktien. Dieses Phänomen wird als Risikovernichtung durch Diversifikation bezeichnet. Hiervon leitet sich auch der bekannte Satz der Portfoliotheorie *„Lege nie alle Eier in einen Korb, denn es könnte ein Loch darin sein"* ab. Um dieses Phänomen mathematisch zu erfassen, greift man auf das Konzept der Kovarianz zurück.

Um Ihnen die Berechnung der Kovarianz möglichst spannend zu erläutern, sehen wir uns nochmals die Kursverläufe und die Monatsrenditen von *Allianz* und *Bayer* an. Im darauf folgenden Schritt werden diese Monatsrenditen miteinander multipliziert und danach die Summe gebildet.

15

Tabelle 3:   1. Schritt zur Berechnung der Kovarianz der Kursverläufe von Allianz und Bayer

Monat	Allianz	Monatsrendite	Bayer	Monatsrendite	Rendite$_{Allianz}$ · Rendite$_{Bayer}$
1	40 €		10 €		
2	35 €	12,50 %	9 €	-10,00 %	125,00
3	39 €	11,43 %	11 €	22,22 %	253,97
4	40 €	2,56 %	12 €	9,09 %	23,31
5	50 €	25,00 %	11 €	-8,33 %	-208,33
6	45 €	-10,00 %	13 €	18,18 %	-181,82
7	46 €	2,22 %	10 €	-23,08 %	-51,28
8	48 €	4,35 %	11 €	10,00 %	43,48
9	47 €	-2,08 %	12 €	9,09 %	-18,94
10	48 €	2,13 %	13 €	8,33 %	17,73
11	49 €	2,08 %	11 €	-15,38 %	-32,05
12	50 €	2,04 %	14 €	27,27 %	111,32
Arithm. Mittel		2,66		4,31	
				Summe	82,38
				Mittelwert	7,49

Vom Mittelwert wird nun nur noch das Produkt der Erwartungswerte, d. h. das arithmetische Mittel der Renditen von Allianz und Bayer, abgezogen.

$$\text{Kovarianz} = 7{,}49 - (2{,}66 \cdot 4{,}13) = -3{,}98$$

Was sagt die Kovarianz aus? Die Kovarianz nimmt umso höhere positive Werte an, je ähnlicher der Kursverlauf der beiden Aktien ist, unabhängig davon, ob die Kurse gestiegen oder gesunken sind. Ferner ist die Kovarianz negativ, wenn der Kursverlauf zwischen den betreffenden Aktien sehr unterschiedlich ist. Das bedeutet, dass eine negative Kovarianz darauf hindeutet, dass durch die Mischung der entsprechenden Aktien in einem Depot eine signifikante Risikominimierung erreicht wird. Dagegen führt eine hohe positive Kovarianz meistens nur zu einer geringen bzw. sogar vernachlässigbaren Risikominimierung im Depot.

Mithilfe der Kovarianz und der Volatilität können wir das Risiko unterschiedlicher Depotstrukturen bestimmen. Doch genauso wichtig ist natürlich die Renditechance für ein Depot. Die Formel zur Ermittlung der Renditechance für ein Depot mit zwei Aktien lautet:

$$\mu_{\text{Depot}} = (\mu_1 \cdot x_1) \cdot (\mu_2 \cdot x_2)$$

(μ_{Depot}=Rendite des Depots, $\mu_{1,2}$ = Rendite der Aktien 1 und 2, $x_{1,2}$ = Anteil der Aktien 1 und 2 im Depot)

Wenn Sie über diese Formel nachdenken, dann erkennen Sie, dass sich für ein Depot bestehend aus zwei Aktien die Größen x_1 und x_2 zu 1 addieren, deswegen können wir die obige Formel vereinfachen.

$$\mu_{\text{Depot}} = (\mu_1 \cdot x_1) \cdot (\mu_2 \cdot x_2) = (\mu_1 \cdot x_1) \cdot (\mu_2 \cdot (1 - x_1))$$

Durch diese Vereinfachung braucht man nur für x_1 stetig sinkende Werte einzusetzen, um mithilfe der bereits vorher berechneten Erwartungswerte der Renditen (d. h. arithmetische Mittel der Renditen) der einzelnen Aktien die Rendite für das Depot bei unterschiedlichen Depotstrukturen zu berechnen. Die Formel zur Ermittlung des Depotrisikos für verschiedene Depotstrukturen lautet:

$$\sigma_{\text{Depot}}^2 = x_1^2 \cdot \sigma_1^2 + x_2^2 \cdot \sigma_2^2 + 2 \cdot \sigma_{12} \cdot x_1 \cdot x_2$$

(σ_{Depot}^2 = Varianz des Depots, $x_{1,2}$ = Anteil der Aktien 1 und 2 im Depot, $\sigma_{1,2}^2$= Kovarianz der Aktien 1 bzw. 2, $\sigma_{1,2}$ = Volatilität der Aktien 1 und 2)

Aus der Formel für die Gesamtdepotvolatilität sieht man, dass sich die Depotvolatilität nicht aus der gewichteten Summe der Einzelvolatilitäten der darin enthaltenen Aktien zusammensetzt, sondern dass noch ein dritter Term auftaucht, der einen Einfluss auf die Kovarianz der beiden Aktien hat[11]. Das Phänomen der wechselseitigen Abhängigkeiten zwischen den Volatilitäten der in einem Depot enthaltenen Wertpapiere ist eine zentrale Erkenntnis von Markowitz.

---

[11] Je mehr Aktien ein Anleger in sein Depot aufnimmt, desto besser kann das Risiko diversifiziert werden. Beispielsweise beträgt bei einer Aktie im Depot die Renditestreuung in der Regel 36 %, bei zwei Anlagen 29 % und bei 20 Anlagen nur noch knapp 20 %. Allerdings sind hier Grenzen gesetzt. Ob man 20 oder 40 Aktien im Depot hält, macht in Hinblick auf das Risiko keinen nennenswerten Unterschied mehr. Richtig ist, dass innerhalb einer einzeln dargestellten Assetklasse (z. B. DAX-Aktien) durch Hinzufügen weiterer Aktien kaum noch eine Risikosenkung erzielt werden kann, sehr wohl aber durch Hinzufügung einer weiteren Assetklasse. Besteht z.B. ein Depot aus 20 DAX-Aktien, so würde das Hinzufügen von Emerging-Markets-Aktien zu einer deutlichen Reduzierung des Risikos führen.

Mithilfe der Annahme, dass sich wiederum die Größen x_1 und x_2 zu 1 addieren, kann man die Formel zur Ermittlung des Depotrisikos weiter vereinfachen.

$$\sigma_{Depot}^2 = x_1^2 \cdot \sigma_1^2 + x_2^2 \cdot \sigma_2^2 + 2 \cdot \sigma_{12} \cdot x_1 \cdot x_2 = x_1^2 \cdot \sigma_1^2 + (1\text{-}x_1)^2 \cdot \sigma_2^2 + 2 \cdot \sigma_{12} \cdot x_1 \cdot (1\text{-}x_1)$$

Die Standardabweichung bzw. die Volatilität des Portfolios ergibt sich aus der Wurzel der Varianz des Depots.

$$\sigma_{Depot} = \sqrt{\sigma_{Depot}^2} \quad (\sigma_{Depot} = \text{Volatilität des Depots, } \sigma_{Depot}^2 = \text{Varianz des Depots})$$

Haben Sie keine Angst beim Betrachten dieser Formeln. Schon Kant stellte fest: *„Formeln sind Regeln, deren Ausdruck zum Muster der Nachahmung dient."* Letztlich sind diese Formeln nicht mehr als die simple Addition bzw. Multiplikation von längst bekannten schon ermittelten Größen. Um Ihnen zu zeigen, wie einfach diese Formeln sind, möchte ich die Depotrendite bzw. Depotvolatilität anhand eines Zahlenbeispiels berechnen. Dazu betrachten wir ein Depot, welches zu 50 % aus der Allianz-Aktie und zu 50 % aus der Bayer-Aktie besteht. Dann ist die Depotrendite:

$$\mu_{Depot} = \left(\mu_{Allianz} \cdot x_{Allinaz} \right) \cdot \left(\mu_{Bayer} \cdot (1\text{-}x_{Allianz}) \right) = (3,46 \cdot 0,5) \cdot (2,28 \cdot (1-0,5)) = 1,97 \%$$

Die Varianz desselben Depots lautet:

$$\sigma_{Depot}^2 = x_{Allianz}^2 \cdot \sigma_{Allianz}^2 + (1\text{-}x_{Allianz})^2 \cdot \sigma_{Bayer}^2 + 2 \cdot \sigma_{12} \cdot x_{Allianz} \cdot (1\text{-}x_{Allianz}) =$$
$$\sigma_{Depot}^2 = 0,5^2 \cdot 27,26^2 + (1-0,5)^2 \cdot 44,39^2 + 2 \cdot -3,98 \cdot 0,5 \cdot (1-0,5) = 676,41$$

Die Volatilität des Depots lautet:

$$\sigma_{Depot} = \sqrt{\sigma_{Depot}^2} = \sqrt{676,41} = 26,01$$

Diese Berechnungen werden nun für verschiedene Kombinationen der Aktien *Allianz* und *Bayer* durchgeführt. Dabei geht man von einem Depot aus, welches zunächst aus 100 % Allianz-Aktien besteht. Anschließend wird der Anteil der Allianz-Aktie zugunsten der Bayer-Aktie schrittweise um 10 % vermindert, bis keine Allianz-Aktien mehr im Depot sind. Um Sie nicht mit reinen Zahlenkolonnen zu langweilen, habe ich die Ergebnisse gleich in ein Rendite-Volatilitäts-Diagramm eingetragen.

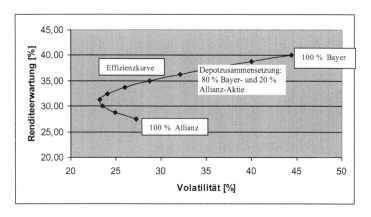

Abbildung 2: Rendite-Risiko-Diagramm unterschiedlicher Depotstrukturen der Aktien *Allianz* und *Bayer*

Aus Abbildung 2 erkennt man, dass die Form der Verbindungslinie zwischen den elf berechneten Depotstrukturen eine nach rechts offene halbe Ellipse ist. Ferner sind die beiden Endpunkte identisch mit den Rendite-Risiko-Punkten der einzelnen Aktien, weil sie ein Depot darstellen, welches zu 100 % entweder aus der Allianz- oder Bayer-Aktie besteht.

Gehen wir doch einmal von einem Depot bestehend aus 100 % Bayer-Aktien aus und verfolgen den Verlauf auf der Rendite-Risiko-Linie. Je mehr nun der Anteil der Allianz-Aktie am Depot zunimmt, desto stärker geht die Volatilität (Risiko) zurück. Diese Risikovernichtung erkauft sich der Anleger jedoch mit einem Verlust an Rendite. Bis zum Mischungsverhältnis von 70 % Allianz- und 30 % Bayer-Aktien lässt sich die Volatilität stets verringern. Da ein risikoscheuer Anleger stets versuchen wird, die Volatilität zu minimieren, wird dieses Depot auch als Minimum-Varianz-Portfolio bezeichnet (da es von allen möglichen Kombinationen das geringste Risiko hat).

Mischt man ab diesem Punkt mehr Allianz-Aktien zu, steigt die Volatilität an, ohne dass der Anleger dafür durch eine höhere Depotrendite entschädigt wird.

Was bedeutet die Rendite-Risiko-Linie für den Anleger? Sie bedeutet, dass alle Depotkombinationen, die sich auf dem vom Minimum-Varianz-Depot nach unten abgehenden Ast (risikoineffiziente Linie) befinden, für den Anleger weniger interessant sind. Schließlich gibt es für alle Depotkombinationen auf diesem Ast eine Kombination auf dem oberen Ast, bei der bei vergleichbarem Risiko eine höhere Rendite erzielt werden kann.

Daher verbleibt für den risikoscheuen, aber zugleich renditesuchenden Anleger nur der obere Ast (risikoeffiziente Linie) der Rendite-Risiko-Linie übrig, d. h. das Minimum-Varianz-Portfolio bis zu einem Depot, welches allein aus der Bayer-Aktie besteht. Ferner kann der Anleger sicher sein, dass er bei gegebenem Risiko die beste Renditeerwartung oder bei gegebener Rendite das geringste Risiko hat, solange er eine Depotstruktur aus diesem Bereich wählt.

Nach Markowitz gibt es keine risikolose Anlage. Dem hält Tobin entgegen, dass beispielsweise kurzfristige Anleihen mit Laufzeiten zwischen einem Monat und einem Jahr von als stabil geltenden Ländern, wie Deutschland, als sicher gelten. Solche Anlagen weisen eine Streubreite der Rendite von null auf, d. h. die Standardabweichung ist null. Lässt man diese sichere Anlage bei der Portfoliokonstruktion zu, dann erhält man so genannte supereffiziente Portfolios. Tobin stellte fest, dass alle aus Anleihen und Aktien gebildeten effizienten Portfolios auf der Kapitalmarktlinie (engl. *Capital Market Line*, kurz CML) liegen. Weiterhin erkannte Tobin, dass man in seinem Depot die sichere Anlage mit demjenigen Portfolio auf der Markowitz-Effizienzlinie kreuzen sollte, dass tangential von der Kapitalmarktlinie berührt wird. Der Berührungspunkt wird als Marktportfolio bezeichnet. Ferner sagt Tobin, dass alle effizienten Portfolios dadurch entstehen, dass ein Teil in dieses Marktportfolio investiert wird, und der verbleibende Teil risikofrei angelegt wird. Aufgrund dieser Definition gibt die CML alle möglichen effizienten Portfolios wieder. Ferner sagt Tobin, das jeder Anleger seinen anzulegenden Betrag in zwei Teile trennt. Ein Teil wird in das risikobehaftete Marktportfolio investiert und der andere Teil in die risikofreien Anlagen (z. B. Staatsanleihen). Überdies geht Tobin davon aus, dass die Ermittlung des Marktportfolios und die Wahl des gewünschten Anteils von Aktien getrennt gelöst werden kann (Tobin-Separation). Geht man von einer ähnlichen Renditeerwartung der Anleger[12] aus, so werden alle Anleger dieselbe Gewichtung risikobehafteter Anlagen wählen, d. h. ein identisch strukturiertes Portfolio haben. Einzig die Aufteilung, wie viel risikofrei bzw. risikobehaftet investiert wird, hängt noch von der persönlichen Risikoaversion des Anlegers ab, weil jeder Anleger in seinem Portfolio zwischen dem Festzinssatz (risikolose Anlage) und dem Marktportfolio wählen kann, also der Gewichtung zwischen sicherer und risikobehafteter Anlage. Aufgrund dieser Überlegung bieten Fondsmanager Musterportfolios (so genannte Strategiefonds) an, die das Risiko verschiedenartig dosieren, wie z. B. 50 % Aktien und 50 % Anleihen (das so genannte Fifty-Fifty- oder Balance-Portfolio). So kann der Anleger anhand seiner Risikoaversion das passende Portfolio für sich auswählen. Klingt kompliziert, ist es aber nicht, wenn man sich dies in einem Rendite-Risiko-Diagramm ansieht. Hierzu sollten wir auf unser Beispiel *Allianz* und *Bayer* zurückgreifen.

Abbildung 3 (s. S. 22) zeigt: Die Portfolios, die links oberhalb der Kapitalmarktlinie liegen, bieten mehr Rendite bei weniger Volatilität. Aber die möglichen Kombinationen von Allianz- und Bayer-Aktien lassen eine solche Investition nicht zu. Punkte rechts unterhalb der Kapitalmarktlinie wären zwar durch geeignete Kombinationen zwischen den Aktien von *Allianz* und *Bayer* möglich, weisen aber bei gleicher Rendite eine weitaus höhere Volatilität auf. Am Rande sei noch erwähnt, dass das optimale Depot nicht unbedingt das Minimum-Varianz-Portfolio, wie in unserem Beispiel, sein muss. Punkte oberhalb des Marktportfolios auf der Kapitalmarktlinie lassen sich erreichen, indem zum risikolosen Zinssatz geliehenes Geld in das Marktportfolio angelegt wird. Doch was versteht man genau unter dem Marktportfolio?

---

[12] Dem liegt die Annahme zugrunde, dass viele verschiedene Anleger nach denselben Informationsstand handeln. Denn da die meistens Finanznachrichten öffentlich sind, dürften alle mehr oder weniger die selben Erwartungen haben (Theorie der homogenen Erwartungen).

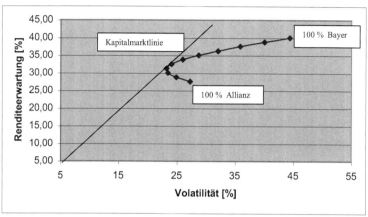

Abbildung 3:   Rendite-Risiko-Diagramm unterschiedlicher Depotstrukturen der Aktien *Allianz* und *Bayer* mit der Kapitalmarktlinie. Die sichere Anlage hat
einen Zinssatz von 5 %.

Laut Theorie handelt es sich dabei um ein Portfolio aus allen am Markt befindlichen nicht risikolosen Wertpapieren, die gewichtet werden nach ihrem im
Umlauf befindlichen Wert, sozusagen ein kapitalgewichteter Mega-Index. Da
nun eigentlich niemand in der Lage ist, einen solchen breiten Mega-Index zu
konstruieren, verwendet man in der Praxis als Näherungswert breit diversifi-
zierte Aktienindizes, um das Marktportfolio zu erzeugen. Ein nicht vollständig
risikoaverser Anleger wird je nach Risikoneigung mehr oder minder große
Anteile des Marktportfolios seiner risikolosen Anlage hinzufügen. In der Praxis verwendet man für die risikolose Anlage Staatsanleihen oder Geldmarkt-
anlagen. Offen ist bei der Betrachtung des Marktportfolios noch, wie es praktisch bestimmt wird.

Der erste Schritt ist festzulegen, welche Anlageklassen (wie Aktien und Anleihen) betrachtet werden sollen. Das kann von Anleger zu Anleger verschieden sein. So beschränken sich z. B. Anleger aus persönlichen Präferenzen
nur auf Aktien der *Bluechips*. Dieses Anlageuniversum wird auch als *Investment Opportunity Set* (Abk. IOS) bezeichnet. Um das Marktportfolio auszu-
rechnen, benutzt man am besten die Kapitalisierungsmethode. Sie geht von
der Tobin-Separation und der Theorie der Annahme homogener Erwartungen

aus. Das heißt, es wird unterstellt, dass alle Anleger dasselbe IOS haben und die Renditeparameter in Übereinstimmung schätzen. Dann kämen alle theoretisch auf dasselbe Marktportfolio. So ergeben sich die gesuchten Gewichtungen der Aktien im Marktportfolio durch die Kapitalisierungen der Aktiengesellschaften. Mit Kapitalisierung ist der augenblickliche Wert eines Unternehmens beschrieben, der sich aus dem aktuellen Börsenkurs multipliziert mit der Anzahl der ausgegebenen Aktien ergibt. Deswegen haben sich als Näherungen für das Marktportfolio Indizes wie DAX, *Dow Jones*, NASDAQ, *Nikkei* u. a. bewährt. Zudem gilt: Wer einmal sein Marktportfolio gefunden hat, braucht nichts mehr zu korrigieren. Selbst wenn sich die Kurse ändern, hält man immer noch das Marktportfolio. Aufgrund dieser Tatsache raten auch einige Experten: *„Kaufe und halte das Marktportfolio, etwas besseres kann man nicht machen."* Hieraus leitet sich auch die berühmte Buy-And-Hold-Strategie des passiven Anlagestils ab.

Überdies stellte man fest, dass sich die Aktienkurse zwar nicht gleich, aber auch nicht ungeordnet bzw. unabhängig voneinander entwickeln. So steigen an guten Börsentagen die Kurse einer Vielzahl von Aktien und an schlechten Börsentagen wiederum sinken die meisten Aktienkurse.

Geht man der Sache noch tiefer auf den Grund, so stellt man fest, dass sich die Kurse verschiedener Aktien zwar grob in die gleiche Richtung bewegen, aber mit starken Schwankungen. Während beispielsweise die eine Aktie an guten Börsentagen sehr hohe Kursgewinne erzielt, kann eine andere Aktie nur geringe Kurszuwächse erzielen. Diese Erscheinung macht sich eine Weiterentwicklung der Portfoliotheorie zunutze.

Dabei wird im Indexmodell angenommen, dass sich die Entwicklung eines Aktienkurses zum überwiegenden Teil durch die Entwicklung der Gesamtheit aller Aktienkurse ergibt. Um die Entwicklung aller Aktienkurse zu messen, wurden Aktienindizes entwickelt. Der Zusammenhang zwischen einer Aktie und der Entwicklung eines Aktienindexes wird durch folgende Regressionsgleichung ausgedrückt.

$$\mu_{Aktie} = \alpha + \beta \cdot \mu_{Index}$$

μ_{Aktie} = Erwartungswert der Rendite der Aktie; α = Alpha-Faktor; β = Beta-Faktor, μ_{Index} = Änderung des Indexes

Nach der obigen Formel ist die erwartete Rendite einer Aktie abhängig von einem konstanten α-Faktor und der Änderung des Aktienindexes multipliziert mit dem β-Faktor[13]. Dabei beschreibt der Alpha-Faktor einen vom Index unabhängigen Ertrag der Aktie. So haben Unternehmen mit einem guten Management einen hohen Alpha-Faktor. Daher beschreibt der Alpha-Faktor meistens unternehmensspezifische Tatbestände, wie beispielweise besonders hohe Gewinne. Dieser hohe Alpha-Faktor sorgt dafür, dass bei einem allgemeinen Kursrückgang noch eine positive Rendite erreicht werden kann. Dagegen beschreibt der Beta-Faktor, wie stark oder schwach die Schwankungen der Aktienkurse im Verhältnis zu den Schwankungen des Indexes ausfallen. Wie berechnet man den α- und β-Faktor? Das sehen wir uns am Beispiel des Aktienindexes DAX und des Indexmitgliedes *Allianz* an.

Tabelle 4:   Berechnungsgrundlage für den α- und β-Faktor für den DAX und die Allianz-Aktie

	DAX		Allianz
2002		2892,63	90,65 €
2003		3965,16	100,08 €
2004		4256,08	97,6 €
2005		5647,42	127,94 €
2006		6596,92	154,76 €
M		23,5 %	15,0 %
Σ		12,0 %	12,5 %
$\sigma_{DAX,\,Allianz}$ (Kovarianz)	82,01		

Mathematisch lässt sich der Beta-Faktor wie folgt darstellen:

$$\beta_{Aktie} = \frac{\text{systematisches Risiko der Aktie}}{\text{unsystematisches Risiko (Marktrisiko)}} = \frac{\sigma_{Aktie,\,Index}}{\sigma_{Index}^2} = \frac{82,01}{144} = 0,57$$

(β_{Aktie} = Beta-Faktor der Aktie, $\sigma_{Aktie,\,Index}$ = Kovarianz zwischen Aktie und Index, σ_{Index}^2 = Varianz des Indexes entspricht der Volatilität des Indexes multipliziert mit 2)

Der Beta-Faktor gibt an, wie stark einzelne Wertpapiere die Bewegungen des Gesamtmarktes vollziehen. Ein Beta-Faktor von 1 bedeutet, dass die Kursentwicklung proportional zu der Entwicklung des Gesamtmarktes verläuft. Dagegen bedeutet ein Beta-Faktor kleiner oder größer 1, dass die Kursent-

---

[13] Dabei bezeichnet das Produkt $\beta \cdot \mu_{Index}$ die indexabhängige Rendite (oder systematische Rendite). Die Konstante α beschreibt dagegen die indexunabhängige Rendite (oder unsystematische Rendite) der Aktie.

wicklung des Wertpapieres über- oder unterproportional zum Gesamtmarkt verläuft.

Der Beta-Faktor der Allianz-Aktie beträgt 0,57. Wenn der Index um 10 % steigt, so sollte die Allianz-Aktie um 0,57 · 10 = 5,7 % steigen. Umgekehrt sollte die Allianz-Aktie bei einem Indexrückgang von 10 % nur um 5,7 % fallen. Salopp formuliert: Wenn der DAX nach oben geht, dann kaufe Aktien mit hohem Beta, wenn der Markt fällt, dann kaufe Aktien mit niedrigem Beta, wie die Allianz-Aktie.

„Gut Ding will Weile haben", weiß ein deutsches Sprichwort zu berichten. Also lassen Sie uns das „Ding" Beta-Faktor noch genauer untersuchen. Die Güte des Beta-Faktors wird mit dem Korrelationskoeffizienten bestimmt. Der Korrelationskoeffizient misst, wie stramm der Zusammenhang zwischen der Indexentwicklung und der Kursentwicklung der betreffenden Aktie ist.

$$k_{\text{Aktie, Index}} = \frac{\sigma_{\text{Aktie, Index}}}{\sigma_{\text{Aktie}} \cdot \sigma_{\text{Index}}}$$

($k_{\text{Aktie, Index}}$ = Korrelationskoeffizient, $\sigma_{\text{Aktie, Index}}$ = Kovarianz zwischen Aktie und Index, σ_{Aktie} = Volatilität der Aktie, σ_{Index} = Volatilität des Index)

Aufgrund der mathematischen Konstruktion des Korrelationskoeffizienten[14] liegt er immer zwischen -1 und +1. Falls der Korrelationskoeffizient -1 ist, so liegt ein perfekt negativer Zusammenhang zwischen dem Index und der Aktie vor. Deswegen führt jeder Anstieg des Indexes zu einem Rückgang des Aktienkurses, dessen Stärke sich aus dem Beta-Faktor ergibt. Umgekehrt verhält es sich bei einem Indexrückgang, weil der Aktienkurs steigt. Beträgt der Korrelationskoeffizient genau +1, so führt jeder Anstieg des Indexes zu einem Anstieg des Aktienkurses gemäß des spezifischen Beta-Faktors.

Liegt der Korrelationskoeffizient genau bei 0, dann ist statistisch gesehen kein Zusammenhang zwischen der Indexentwicklung und der Kursveränderung feststellbar. Liegt der Korrelationskoeffizient unter 1, so wird sich die Änderung der Aktienkurse im Durchschnitt aus der Änderung des Indexes multipliziert mit dem Beta-Faktor ergeben. Das gilt aber nicht für jeden Einzel-

---

[14] Der Korrelationskoeffizient wird heute nicht nur zwischen einem Index und einer Aktie berechnet, sondern auch zwischen zwei Aktien bzw. den Bestandteilen des Depots. Z. B. sagt man, die Microsoft-Aktie ist positiv korreliert zur Intel-Aktie (Wintel). Aufgrund der Definition des Marktportfolios ergibt sich für den Index immer ein β-Faktor von 1.

fall. Je niedriger der Korrelationskoeffizient ist, desto unzuverlässiger ist der Beta-Faktor in seiner kurzfristigen Betrachtung.

Nach all der Theorie ist es nun an der Zeit, dem Korrelationskoeffizienten „Leben einzuhauchen". Berechnen wir also den Korrelationskoeffizienten zwischen der Allianz-Aktie und dem Index DAX.

$$k_{\text{Allianz, DAX}} = \frac{\sigma_{\text{Allianz, DAX}}}{\sigma_{\text{Allianz}} \cdot \sigma_{\text{DAX}}} = \frac{82,01}{12 \cdot 12,5} = \frac{82,01}{150} = 0,55$$

Der Korrelationskoeffizient zwischen der Allianz-Aktie und dem Index beträgt 0,55 [15].

Wegen ihrer Einfachheit haben sich die Korrelationen zwischen den einzelnen Märkten als Grundlage für die moderne Portfoliotheorie etabliert[16]. Obendrein gilt: Korrelationen nehmen in Phasen hoher Volatilität und in Marktabschwungphasen zu, um anschließend wieder zu sinken. Mithilfe der Korrelation kann sich jeder Anleger relativ einfach ein Depot zusammenstellen.

---

[15] Die Korrelation bewegt sich zwischen zwei Einzeltiteln grundsätzlich zwischen + 1 (gleicher Verlauf der Kurse) und -1,0 (genau gegensätzliche Entwicklung der Kurse). Allerdings kommen in der Praxis diese Extrema relativ selten vor. Aus diesem Grund sagen Experten, dass Werte oberhalb von +0,5 ein Indiz für einen tendenziellen Gleichlauf sind. Zwei Einzeltitel, deren Korrelation in diesem Bereich liegt, haben daher nur ein geringfügiges Diversifikationspotenzial. Dagegen deutet eine Korrelation unter -0,5 auf gegenläufige Trends hin. Dies ist für die Diversifikation ein Horrorszenario, weil sich die Kursbewegungen gegenseitig neutralisieren und die Streuung des Vermögens zum Nullsummenspiel gerät. Wirklich interessant für die Diversifikation sind Werte der Korrelation zwischen +0,5 und -0,5. Innerhalb dieser Spanne zeigen die Kursreihen zweier Einzeltitel keinerlei messbare Wechselbeziehungen. Das Best-Case-Szenario für die Korrelation stellen Werte nahe der Nulllinie dar, denn diese signalisieren völlige Unabhängigkeit der Kurse voneinander.

[16] Der Korrelationskoeffizient ist systemendogen. Das bedeutet, die Anleger sind auf der permanenten Suche nach einer gering korrelierenden Anlageklasse. Das hat angefangen mit der internationalen Diversifikation, dann betraten die *Emerging Markets* die Bühne und jüngst kamen alternative Investments, wie Hedgefonds und Rohstoffe, dazu. Hat sich herumgesprochen, dass eine neue Anlageform eine niedrige Korrelation hat, so beginnen alle, in diese Anlageform zu investieren, mit der Folge, dass die Korrelation steigt. Somit ist der Korrelationskoeffizient nicht konstant und ändert sich mit der Zeit.

Der Aufbau eines Depots sollte systematisch erfolgen. Hierzu sollte der Anleger sich zunächst den drei W-Fragen stellen: Was will man erreichen? Wie will man es erreichen? Und womit will man es erreichen? Bei der Beantwortung dieser Fragen, ist es ratsam sich an den drei Grundsätzen der Weisheit *„Sei du selbst, wähle immer die Mitte und erkenne Dich"* zu orientieren. Hiermit ist gemeint: Wähle eine Finanzstrategie, die zu dir passt, und befolge sie auch. Damit der Anleger sich nicht hoffnungslos verrennt, wurde die strategische und taktische *Asset Allocation*[17] eingeführt. Sie ist nichts anderes als eine ganz bestimmte Abfolge von Entscheidungen, die zur Auswahl einzelner Wertpapiere bzw. Indizes führt. Im Prinzip findet der Prozess der strategischen und taktischen *Asset Allocation* in sechs Stufen statt.

Stufe 1	Der eigenen Risikoneigung und Risikotragfähigkeit bewusst werden. Hierzu fragt sich der Anleger, wie viel kurzfristigen Wertverlust er ertragen kann, und wie viel Vermögen er am Ende der Laufzeit mindestens haben möchte.
Stufe 1	Wahl der infrage kommenden Anlageklassen, wie z. B. Aktien, Rohstoffe, Renten usw.
Stufe 2	Gewichtung der Anlageklassen zueinander
Stufe 3	Festlegung der Struktur innerhalb einer Anlageklasse (z. B. Aktien: Region, Branche, Stile usw.)
Stufe 5	Auswahl der geeigneten Fondsbausteine
Stufe 6	Laufende Überprüfung

Definition Anlegerziele	Strategische Asset Allocation	Taktische Asset Allocation
× Vermögensstruktur × Finanzielle Verpflichtungen	× Anlagehorizont × Rendite/Risikopräferenz ⇨ ‹ Langfristige Portfolioausrichtung × Festlegung der Assetklassen × Gewichtung der Assetklassen am Gesamtportfolio	⇨ × Feinsteuerung × kürzerer Planungshorizont × Branchenallocation bei Aktien × Laufzeitenauswahl bei Renten × Markttiming × Einzeltitelselektion

Abbildung 4: Wegweiser für die *Asset Allocation*

---

[17] Jeder Anleger sollte wissen, dass etwa 80 % des Anlageerfolges aus der strategischen *Asset Allocation* und nur 20 % aus der taktischen *Asset Allocation* stammt.

Um Ihnen die *Asset Allocation* möglichst anschaulich zu erklären, gehe ich gleich von einem Beispiel aus[18]. Der Anleger Schmidt entscheidet sich dafür, sein Portfolio ausschließlich aus Aktien zusammenzustellen. Außerdem sollte der Großteil seines Anlagebetrages von 10.000 Euro im Euroraum bleiben und andere Währungsgebiete sollen nur als Beimischung dienen. Überdies sollte die Abbildung seiner Investmentstrategie möglichst kostengünstig sein. Außerdem beschränkt er sein Universum nur auf die großen Aktienindizes der Welt, so hat er automatisch eine vernünftige Branchenauswahl im Depot. Die Strategie unseres Anlegers verlangt, dass er einen Großteil seines Anlagebetrages im Euroraum investiert. Die Frage ist, wie er nun vorgehen soll. Anleger Schmidt könnte viele nationale Indizes (wie z. B. DAX, CAC40 usw.) kaufen oder auf den breit aufgestellten *Euro Stoxx 50* setzen. Sieht man sich die Korrelationen an, so stellt man fest, dass der *Euro Stoxx 50* stark positiv korreliert mit den meisten nationalen Indizes, wie dem FTSE 100 (0,80) oder dem DAX (0,93). Zudem stellt man eine große Korrelation zwischen dem *Stoxx 50* (schließt die nicht Euroländer, wie z. B. Schweiz und Großbritannien, ein) und dem *Euro Stoxx 50* fest. Somit lohnt sich eigentlich die Diversifikation in die anderen europäischen Währungsräume, wie Schweizer Franken, aus Sicht eines Euroanlegers nicht. Aus diesen Gründen ist der *Euro Stoxx 50* der Index der Wahl. Der Anleger kann ihn kostengünstig kaufen, da viele ETFs den *Euro Stoxx 50* als Basiswert haben. Nun müssen wir einen Blick über den europäischen Wirtschaftsraum hinaus werfen. So bietet sich natürlich als Beimischung die USA an. Es zeigt sich allerdings, dass der *Euro Stoxx 50* mit den großen amerikanischen Indizes (*Dow Jones,* NASDAQ) eine hohe positive Korrelation hat. Dies ist eigentlich ja schon intuitiv klar, weil die amerikanische Börse als Leitbörse der Welt gilt. So richtet sich das Augenmerk der europäischen Investoren am Nachmittag der Eröffnung der New Yorker Börse zu. Startet sie im Minus, drehen auch die europäischen Börsen ins Minus. Ein Händler stellte dazu einmal fest: *„Wir sind einfach nur der Entwicklung der New Yorker Börse gefolgt.“* Somit bringt portfoliotechnisch eine Diversifikation mit einem breiten US-Index wegen der starken positiven Korrelation mit dem *Euro Stoxx 50* wenig. Die andere große Volkswirtschaft neben Europa und den USA ist Japan. Auch hier stellt man eine hohe positive Kor-

---

[18] Vgl. portfoliotheorie.com, 1. Jahr, Ausgabe 09. 04. 2006, S. 1 ff.

relation zwischen dem japanischen Leitindex *Nikkei 225* und dem *Euro Stoxx 50* fest, sodass es eigentlich aus portfoliotechnischer Sicht keinen Sinn macht, die beiden Indizes im Depot zu haben.

Schlussendlich richtet sich der Blick des Anlegers noch auf die Schwellenländer bzw. *Emerging Markets*[19]. Hier findet der Anleger endlich die niedrigen Korrelationen. So hat der *Euro Stoxx 50* etwa mit dem *DJ Asian Titans 50* eine Korrelation von 0,05. Das gleiche gilt für lateinamerikanische Aktienindizes.

Das Depot unseres Anlegers Schmidt sollte also zum Großteil aus dem *Euro Stoxx 50* bestehen und als Beimischung den *MSCI Emerging Markets* (dieser Index investiert in einige der größten Unternehmen aus den *Emerging Markets*. Er enthält Aktien von mehr als 23 Ländern) haben. Durch die hohe Korrelation zwischen *Euro Stoxx 50, Dow Jones* & Co und *Nikkei* deckt der Anleger mit einem Investment in den *Euro Stoxx 50* rund 80 % der Weltwirtschaft ab. Die restlichen 20 % liefert der *MSCI Emerging Markets*. Nun muss der Anleger mindestens einmal jährlich überprüfen, ob diese Relationen noch Bestand haben. So entwickelten sich die *Emerging Markets* in den vergangenen Jahren (bis 2007) deutlich besser als der *Euro Stoxx 50*. Dies führt dazu, dass der Emerging-Markets-Anteil im Depot immer mehr Raum einnimmt, als in der ursprünglichen Aufteilung. Hierdurch verändert sich das gesamte Rendite/Risiko-Profil des Portfolios. Um dies zu verhindern, muss der Anleger, die Quote der *Emerging Markets* wieder auf das geplante Maß reduzieren, obwohl die *Emerging Markets* in den letzten Jahren sehr erfolgreich waren. Schon im Jahr 2008 drehte sich das Blatt, und der *Euro Stoxx 50* performte besser als die *Emerging Markets*. Durch dieses Vorgehen konnte der Anleger auf lange Sicht seine Rendite sichern bzw. sogar verbessern.

Bleibt noch die Bestimmung des α-Faktors übrig. Diesen erhält man nach folgender Formel.

$$\alpha = \mu_{Aktie} - \beta \cdot \mu_{Index} = 15{,}0\% - 0{,}57 \cdot 23{,}5\% = 1{,}61$$

---

[19] Im Allgemeinen versteht man unter den *Emerging Markets* die Märkte in den aufstrebenden Staaten aus der „zweiten Welt". Dazu zählen z. B. China, Russland, Brasilien oder Indien.

Die *Allianz* hat ein α von 1,61 %, d. h. selbst wenn der Index sich einmal ein ganzes Jahr lang überhaupt nicht bewegt, würde für die Allianz-Aktie eine Rendite von 1,61 % herausspringen. Ähnlich wie der Beta-Faktor ist auch der Alpha-Faktor im zeitlichen Verlauf nicht konstant.

2.1.1.1.1 Kritische Würdigung der Portfoliotheorie von Markowitz

„An der Börse wird immer dasselbe Theater gespielt, nur die Schauspieler ändern sich." (Andre Kostolany) Derzeit tritt im Theater Börse häufig der Schauspieler Markowitz auf. Ihr Anlageberater wird Ihnen früher oder später Vorschläge zur Portfoliooptimierung nach Markowitz unterbreiten und Ihnen vorschlagen, einen bestimmten ETF zu kaufen, damit Sie ein optimales Portfolio haben. Solche Vorschläge sollten Sie mit Vorsicht genießen.

Markowitz wollte eigentlich nur zeigen, dass das Risiko unter Beachtung von Kovarianzen beurteilt werden sollte. Das ist nach wie vor richtig. Somit stellt ein Anleger nach Markowitz bei seinen Anlageentscheidungen nur Rendite- und Risikoüberlegungen an und kann anhand der zwei Parameter „erwartete Rendite" und „Varianz" bzw. „Standardabweichung" (in der Markowitz-Welt die zentrale Kennzahl zur Risikoquantifizierung) seine Anlagen bewerten. Daher spricht man auch von einem Zwei-Parameter-Modell oder *Mean-Variance-Model*. Das Problem ist „nur", wie man diese Idee in die Praxis umsetzt.

Für ein Portfolio aus zwei Aktien bzw. Wertpapieren ist die Berechnung noch relativ einfach. Bei zwei Anlagealternativen sind nur fünf Größen zu beachten, aber schon bei 10 sind es 65 und bei hundert Wertpapieren sind es ca. 5.150 Größen, die Sie berechnen müssen. Das ist ein großes Handicap bei der Anwendung der Portfoliotheorie. So werden bei der Wertpapierberatung die Anzahl der Wertpapiere in einem Depot, für die die Berechnung durchgeführt wird, häufig auf eine bestimmte Anzahl beschränkt. Allein dies führt schon zu fehlerhaften Ergebnissen, weil nicht alle Bestandteile eines Depots berücksichtigt werden. Aber auch die Eingabeparameter muss man kritisch sehen.

Zur Beschreibung des Risikos eines Wertpapiers bzw. einer Assetklasse verwendet man in der Regel die Volatilität. Sie wird meistens als Standardabweichung des monatlichen Gesamtertrags während des Beobachtungszeitraums gemessen. So kann mit ihrer Hilfe die Wahrscheinlichkeit der Abweichung des zukünftigen Returns vom erwarteten gemessen werden, d. h., die Volatilität gibt das Risiko an, eine erwartete Rendite nicht zu erreichen. Über die Sinnhaftigkeit der Verwendung der Volatilität bzw. Varianz als Risikomaß lässt sich streiten. Denn die Varianz streut beidseitig um den Mittelwert. Jeder vernünftige Anleger würde jedoch nur das Unterschreiten der erwarteten Rendite als Risiko bezeichnen, und nicht deren Übertreffen. Alles was über die erwartete Rendite hinausschießt, wird doch als gerne gesehene Überschussrendite angesehen, nicht aber als Risiko.

Doch das wirkliche Problem bei der Portfoliooptimierung ist die Abschätzung der erwarteten Rendite eines Wertpapieres. Sie wird häufig aufgrund von Vergangenheitswerten getroffen. Oftmals hat sich in der Vergangenheit aber gezeigt, dass die Börse immer wieder Überraschungen bietet. Das liegt daran, dass die empirische Verteilung der Renditen regelmäßig von der Normalverteilung[20] abweicht. Man sagt, die Verteilung ist stärker leptokurtisch, d. h. die Wölbung im Zentrum der Verteilung ist stärker ausgeprägt und die Flanken sind dicker (so genannte *Fat Tails*). Folglich ist es wahrscheinlicher als bei einer Normalverteilung, kleine und sehr große Renditen zu erzielen als mittlere. Mit anderen Worten: Es kommt häufiger zu einem Börsencrash oder -hausse als die Normalverteilung erwarten lassen würde. Deswegen stehen alle mathematischen Modelle der klassischen Theorien, wie der Portfoliotheorie, auf tönernen Füßen, weil sie von einer Normalverteilung der Kurse ausgehen. Überdies zeigt sich, dass in der näheren Vergangenheit die *Fat Tails* größer geworden sind, d. h. in immer kürzeren Abständen werden die Börsen durchgeschüttelt.

„Zum Beispiel ergibt sich aus der Normalverteilung für eine negative Abweichung um mehr als 5 Standardabweichungen vom Mittelwert eine extrem kleine Wahrscheinlichkeit von ungefähr 1 zu 3 Millionen, d. h. mit einem solchen Ereignis wäre nur alle 12000 Jahre (zu je 250 Handelstagen) zu rechnen. Beim Dax entsprechen 5 Standardabweichungen bei einer geschätzten Tagesvolatilität von 1,6 % einem

---

[20] So stellte man im 19. Jahrhundert die These auf, dass sich die Börsenbewegungen ähnlich einer Brownischen Bewegung vollziehen. Das ist eine Vereinfachung, weil es einfach zu schwierig ist, das Verhalten von Abertausenden von Anlegern vorherzusagen. Dies führt dazu, dass sich die Börsenkurse normalverteilt verhalten, ähnlich einer Gaußschen Glockenkurve. Dies hat zur Folge, dass sich die tägliche Schwankungsbreite der Börsenkurse in einem engen Band vollzieht und man diese täglichen Kursschwankungen aussitzen kann.

Tagesverlust von 8 %. Dieser Wert wurde zuletzt am Tag des Anschlages auf das *World Trade Center* am 11.9.2001 (Dax: -8,5 %), davor beim Gorbatschow-Putsch am 19.8.1991 (Dax: -9,4 %) und beim Börsencrash am 19.10.1987 (Dax: -9,4 %) überschritten. Die Häufigkeit derartiger extremer Ausschläge steht also in einem offensichtlichen Widerspruch zu der sich aus der Normalverteilung ergebenden Wahrscheinlichkeitseinschätzung."[21]

Auch im Rahmen der Finanzkrise mit Beginn Ende 2008 wurden solche Schwankungen häufig beobachtet. Man beobachtet ebenso häufig auch extreme Ausschläge nach oben. So stieg z. B. der DAX am 4. März 2009 um knapp 5,5 % innerhalb eines Tages. Diese extremen Ausschläge führen dazu, dass die zu erwartenden Renditen regelmäßig falsch eingeschätzt werden. Dies liegt auch daran, dass die Anleger häufig die Performancezahlen falsch interpretieren. Beispielsweise gewann ein DAX-ETF im Jahr 2006 22,26 % und im Jahr 2007 nochmals 21,98 %. Dagegen verlor er im Jahr 2008 (-) 40,37 %. Liegt der ETF noch im Plus? Naive Anleger würden das meinen. Schließlich erzielte der DAX-ETF in den beiden guten Jahren eine Performance von 44,27 %, bliebe unter dem Strich nach Abzug des Verlustes von -40,37 % ein Gewinn von knapp 3,9 % übrig. Leider spielt hier die Mathematik nicht mit. Tun wir einmal so, als hätten wir 100 Euro in den ETF investiert. Dann sehe die Rechnung so aus:

Jahr	Rendite	Kapital zu Anfang des Jahres	Kapital zum Ende des Jahres
2006	22,29 %	100,00 €	122,29 €
2007	21,98 %	122,29 €	149,17 €
2008	-40,37 %	149,17 €	88,95 €

Tatsächlich hätten wir mit einer Investition in den ETF also 11 % verloren. Die Berechnung erfolgt dann: 1,229 x 1,2198 x 0,5963 = 0,8895, das entspricht - 11,05 %.

Zudem zeigen viele Untersuchungen, dass sich Verzerrungen in der Varianz (also beim Risiko) nur untergeordnet auf die Portfoliozusammensetzung auswirken, während die Renditeschätzungen einen sehr großen Einfluss auf die Wertpapiergewichtungen innerhalb eines optimierten Portfolios ausüben. Als Faustregel gilt, dass Fehler in den Renditeschätzungen in etwa elfmal so

---

[21] Rau-Bredow, Hans: Value at Risk, Normalverteilungshypothese und Extremverhalten; Finanz Betrieb, Zeitschrift für Unternehmensfinanzierung und Finanzmanagement, 3. Jahrgang, Oktober 2002, S. 603- 607

schwerwiegend sind wie ein Fehler in den Varianzen. Daher sollte bei der Konstruktion von optimalen Portfolios das Hauptaugenmerk auf den Renditeschätzungen liegen. Je besser diese sind, desto besser ist auch das optimierte Portfolio. Deswegen raten Experten auch, alle Inputparameter bei der Portfoliooptimierung kritisch zu hinterfragen – besonders die Renditeerwartungen.

Eine Anmerkung am Rande: Selbst Markowitz hat seine Umsetzungsvorschläge einmal als vorläufig bezeichnet und darauf verwiesen, dass bessere Vorschläge entwickelt werden sollten. Bis heute ist das leider noch nicht geschehen.

Vielmehr führt die in der heutigen Praxis durchgeführte Portfoliooptimierung nach Markowitz häufig zu prozyklischen Investments, die langfristig meist nicht robust sind und daher ständig umgeschichtet werden müssen, was zu hohen Transaktionskosten führen kann und somit den passiven Anlagestil ad absurdum führt. In der Regel empfehlen Wertpapierberater einmal im Jahr, das Portfolio optimieren zu lassen.

Aber auch andere Scharlatanerie wird mit der Theorie von Markowitz getrieben. So werden die wildesten Assetklassen angeboten, mit dem Hinweis, dass sich bestimmte Assets wegen der geringen Korrelation zu Aktien oder Anleihen besonders als Beimischung zu bestehenden Grundportfolios eignen. Eine Beimischung zu einem Portfolio ist natürlich nichts Verwerfliches, trotzdem sollte der Anleger immer hellhörig werden, wenn ihm etwas mit dem Hinweis „ideale Beimischung zum Portfolio" verkauft wird und nicht auf die Rendite des angebotenen Produktes verwiesen wird. Der Anleger sollte immer hinterfragen, wie hoch die erzielten Renditen der angebotenen Anlagen sind. So wurden z. B. 2008 verstärkt Produkte als gute Diversifikation angepriesen, die von den Währungsschwankungen profitieren. Tatsächlich lag deren Rendite allerdings unter der von Anleihen, sodass sich die vermeintliche Diversifikation zu einem Renditekiller entwickelte.

Vielfach sollen Assets, die ein hohes Risiko aufweisen, mit dem Mäntelchen Markowitz verkauft werden. Das Risiko der Anlage wird für den Anleger nur wegen der geringen Risikokorrelation zu seinem bestehenden Portfolio erträglich. Zugegeben: Nach der Theorie von Markowitz sollte dies tatsächlich vorteilhaft sein. Das Problem ist, dass die geringe Korrelation meist aus historischen Renditen abgeleitet wird, wobei durch die Wahl einer geeigneten Zeitreihe und ihres Stützzeitraumes die Ergebnisse deutlich beeinflussbar sind. Das Tolle ist zudem, dass die meisten neuen Assets noch keine lange Historie aufweisen und in den ersten Monaten häufig eine Sonderbewegung zeigen, sodass per se eine geringe Korrelation herausspringt. Somit sind neue Assets nur scheinbar zur Beimischung geeignet.

„Die Wirklichkeit nimmt keine Rücksicht auf unsere Illusionen. Die Wand ist immer härter als der Kopf." (Arnulf Baring) So ist es leider auch an den Börsen. Es hat sich nämlich gezeigt, dass das Bild des rational handelnden Anlegers (Grundkonzept der Portfoliotheorie) immer wieder Kratzer bekommen hat.

Der Verlauf der Aktienkurse war im letzten Börsenjahrzehnt (1999-2009) so außergewöhnlich, dass er vermutlich einen Platz in den Geschichtsbüchern bekommt. Seit Mitte der neunziger Jahre haben sich die Aktienkurse weit von ihren Fundamentalwerten entfernt. Die meisten führenden Aktienmärkte hatten z. B. ein Kurs/Gewinnverhältnis erreicht, das fast doppelt so hoch war, wie in der spekulativen Blase der 1920er Jahre. Im März 2000 platzte nun die spekulative Blase der 1990er Jahre. In wenigen Jahren verloren die großen Indizes der Welt mehr als 50 % ihres Wertes, d. h., nach dem dramatischen Kursanstieg erlebten die Anleger ein ebenso großes Waterloo.

Dennoch schafften die Finanzmärkte ein Revival. So stiegen die Aktienkurse von 2003 bis Anfang 2008 fast alle wieder auf ihre alten Höchststände von März 2000, getrieben durch eine der größten Wirtschaftswachstumszeiten der jüngeren Vergangenheit, ausgelöst durch den Boom in den Schwellenländern, besonders in China, Indien, Russland und Brasilien.

Doch Ende 2008 schlug das Pendel gnadenlos in die andere Richtung. So reduzierten sich im Jahr 2008 die Aktien innerhalb eines Jahres (häufig sogar innerhalb eines Quartals) um 41 %, dem höchsten Jahresverfall seit 1871. Die deutsche Wirtschaft driftete z.B. in die größte Rezession seit Gründung der Bundesrepublik. Ausgelöst wurde dies durch die Finanzkrise Ende 2008, die auf die reale Wirtschaft übergriff.

Weiterhin offenbarte das Jahr 2008, dass die moderne Portfoliotheorie nicht vor schweren Depotverlusten schützt. Scheinbar ist die alte Grundregel *„Streue das Vermögen über möglichst viele Assetklassen und mindere so das Risiko"* nicht mehr gültig. Im Jahr 2008 bot nämlich die Streuung des Depots über verschiedene Anlageklassen, Regionen, Länder und Schuldner keinen

Schutz vor herben Verlusten im Portfolio, weil zwischenzeitlich alle Vermö-gensklassen gleichzeitig abtauchten. Es spielte keine Rolle, ob ein Investor relativ sichere Aktien wie *Nestlé* oder *Roche* im Depot hatte, oder riskantere wie Internetaktien, alles fiel im Rahmen der Panik der Märkte. Der Fall der Ikone *Lehman Brothers* brachte schließlich das Fass zum Überlaufen und beschleunigte den Verfall nochmals. Im Börsensaal wurde das Lied *„I don't like Mondays"* von den *Boomtown Rats* angestimmt (zu Deutsch: „Ich mag keine Montage"). Dies Lied traf die Stimmung der Börsianer, weil an einem schwarzen Montag *Lehman Brothers* Insolvenz anmelden musste.

In dieser Situation gelangte die Portfoliotheorie an ihre Grenzen. Doch man sollte sie nicht vorschnell verdammen, sondern sich an ihren grundsätzlichen Aussagen orientieren. So sagt die Portfoliotheorie aus, dass die effizienten Portfolios immer von den Anforderungen des jeweiligen Anlegers abhängen. Sie legen also ihre persönlichen Anlageklassen (Aktien, Anleihen, Immobilien usw.) fest, ebenso die erhoffte Rendite, die Varianzen und die Korrelationen sowie die Regeln für das Depot. Mit anderen Worten: Die Portfoliotheorie ver-langt, dass der Anleger sich bewusst mit der Rendite und dem Risiko seiner Anlageentscheidung bzw. seines Depots auseinandersetzt. Hinzu kommt noch das Bewusstsein der persönlichen Risikobereitschaft. All dies mündet schließlich in einer Strategiefindung.

Der gleiche Herdentrieb, der im Jahr 2008 alle Vermögensklassen ins Minus zog, funktioniert auch umgekehrt. So legten seit März 2009 bis Ende August 2009 die Aktienmärkte eine beeindruckende Aufholjagd mit zweistelligen Kurszuwächsen hin, wie z.B. der DAX mit 47,3 %. Aber nicht nur Aktien leg-ten eine beträchtliche Performance hin, sondern auch die bekannten Anlei-hen-, Rohstoff- oder Hegdefondsindizes.

Dennoch bleibt der Grundgedanke von Markowitz auch weiterhin gültig: Di-versifikation. Hätte z.B. ein Anleger sein Geld ausnahmslos im Jahr 2008 in einen ETF auf den DAX gesetzt, wäre am Jahresende ein Verlust von ca. 40 % entstanden. Wer jedoch sein Kapital zu gleichen Teilen in den DAX und den Rentenindex *iboxx € Sovereigns Eurozone*[22] anlegte, musste „nur" Ver-luste von 25 % verkraften. Markowitz bringt es auf den Punkt:

---

[22] Dieser Index bildet die Gesamtheit der auf Euro lautenden Staatsanleihen ab, die von Regierungen der Eurozone emittiert wurden.

„Man sagt, dass erstens während Finanzkrisen die verschiedenen Anlageklassen stärker untereinander korrelieren; darum zweitens die Diversifikation versagt, wenn man sie braucht und darum drittens die moderne Portfolio-Theorie nutzlos ist. Die erste Aussage ist korrekt, die zweite Aussage ist teilweise korrekt, die dritte Aussage ist falsch. Hätte sich ein Anleger zum Beispiel nur auf eine Anlageklasse konzentriert (Aktien) und innerhalb dieser sich nicht breit diversifiziert – wenn er also beispielsweise in Unternehmen wie AIG, Citigroup oder General Motors investiert gewesen wäre –, dann wäre das Ergebnis entsprechend katastrophal. Bei einem Investment in Staatsanleihen wäre ein Anleger weniger stark unter die Räder gekommen. So gesehen weist ein diversifiziertes Depot immer noch den besten Schutz auf, da niemand mit Sicherheit vorhersagen kann, welche Klassen sich wie entwickeln werden."[23]

Neben solch spektakulären Ereignissen beobachtet man an der Börse so genannte Kapitalmarktanomalien. Das sind empirisch beobachtete Effekte, die gegen die Hypothese der klassischen Kapitalmarkttheorie sprechen. So beschreibt z. B. der Kleinfirmeneffekt (oder *Small Caps*), dass kleinere Unternehmen langfristig eine höhere Rendite aufweisen als große Unternehmen. Einschränkend muss man sagen, dass dieser Effekt nur in bestimmten Zeiträumen auftritt. Der Mean-Reversion-Effekt sagt aus, dass Aktienkurse langfristig ihrem Mittel (= arithmetisches Mittel) entgegenstreben. Dabei schwanken die Kurse in einer bestimmten Bandbreite um das arithmetische Mittel. Diese Schwankungen können aufwärts, abwärts oder seitwärts laufen. Daraus leitet sich die Börsenweisheit *„What goes up, must come down and vice versa"* ab. Viele der bekannten Börsenweisheiten leiten sich von Kapitalmarktanomalien ab, wie z. B. *„Sell in May and go away"*.

Diese Kapitalmarktanomalien und die extremen Kursbewegungen haben deutlich gemacht, dass mit der Rationalitätshypothese der klassischen Kapitalmarkttheorie den Aktienmärkten nicht beizukommen ist. Warum dies so ist, versucht die *Behavioral Finance* zu ergründen.

2.1.2 Behavioral Finance

Die *Behavioral Finance* geht davon aus, dass der Anleger „Mr. Emotion" ist. Bei Mr. Emotion handelt es sich um einen Anleger, der aufgrund psychischer und mentaler Beschränkungen nur eingeschränkt rational handelt. Weiter geht die *Behavioral Finance* davon aus, dass Mr. Emotion aufgrund der be-

---

[23] 10x10 THE ETF Newsletter, Ausgabe 07/09, S. 4, www.10x10.ch

grenzten Verarbeitungskapazitäten von Informationen immer wieder Fehler unterlaufen. Ferner ist Mr. Emotion nicht ein (Gewinn-)Maximierer, sondern er ist eher ein Satisfizierer, d. h., er sucht unter den vorhandenen Alternativen solange, bis er eine hinreichend akzeptable Lösung für sich gefunden hat, welche er dann auch auswählt.

Das Handlungsmotiv von Mr. Emotion beinhaltet außerdem neben der monetären Gewinnerzielung, wie es in der herkömmlichen Finanztheorie vorherrscht, weitere Beweggründe, wie das Bedürfnis nach Kommunikation und Unterhaltung oder Neidgefühle und ähnliche. Solche Motive können bei Anlegern zu anderen Verhaltensweisen führen, als sie nach der klassischen Theorie zu erwarten wären. Man könnte sagen: Dem Anleger schlägt seine eigene Psyche auf die eine oder andere Art ein Schnippchen. So gibt es ein ganzes Bündel von psychischen Effekten, die dem Anleger an der Börse in Bedrängnis bringen können.

Diese Effekte führen dazu, dass es systematische Verhaltensmuster gibt, welche von den durch die klassischen Kapitalmarkttheorien postulierten Verhaltensannahmen signifikant abweichen. Aus diesem Grund wird häufig auch der Terminus Verhaltensanomalien für diese Verhaltensmuster verwendet. Ich möchte an dieser Stelle nur die fünf wichtigsten nennen:

Anomalie 1: Anwendung von Heuristiken (vorschnelles Handeln)
Der Anleger nimmt sich nur wenig Zeit, die aktuelle Lage einzuschätzen, und greift auf wenige Informationen für seine Entscheidung zurück. Das Problem hierbei ist, dass die für den Anleger leicht verfügbaren Informationen sein Urteil und somit seine Engagements zu stark bestimmen. Dies führt nicht selten zu Fehleinschätzungen und -entscheidungen. Überdies denkt der Anleger in bestimmten Mustern bzw. in Stereotypen. Er wird hierbei leicht Opfer bestimmter Trugschlüsse, Wünsche und Irrtümer. Die Folge ist, dass der Anleger nur die Zusammenhänge sieht, die gut in sein Schema passen, auch wenn sie tatsächlich gar nicht bestehen.

Anomalie 2: Relatives Bewerten (zu starke Orientierung an Einstandspreisen)
Der Anleger führt typischerweise für jedes Engagement ein separates Konto im Kopf. Dabei orientiert er sich sehr genau am Einstandspreis und möchte jedes seiner Konten mit Gewinn abschließen. Dazu neigt er bei einem negativ

verlaufenden Engagement zur Risikofreude, d. h., er lässt Verluste laufen. Gerne erhöht er auch seine Position zu günstigeren Kursen, um somit den Einstandspreis zu verbilligen. Zugleich ist er bei einem gut laufenden Engagement zu risikoscheu und tendiert somit zu verfrühten Gewinnmitnahmen.

Anomalie 3: Streben nach Dissonanzfreiheit (das Festhalten an Entscheidungen)
Der Anleger kann sich nur schlecht eingestehen, dass er bei einem Engagement einen Fehler gemacht hat. Er klebt förmlich an seiner Entscheidung und sucht daher nach Möglichkeiten, diese missliche Situation irgendwie auszugleichen. Sein Problem besteht darin, dass er sein Verlustengagement zumindest noch zum Einstandspreis abschließen möchte, auch wenn dies nicht mehr sinnvoll oder möglich erscheint. Deshalb neigt der Anleger dazu, die Gewinnchancen seiner im Wert stark gefallenen Wertpapiere im krassen Maße zu überschätzen, nur um sich selbst keinen Fehler eingestehen zu müssen. Überdies nimmt er nur noch Informationen wahr, die ihm gelegen kommen, während er unangenehme Neuigkeiten weitgehend verharmlost oder gar ignoriert.

Anomalie 4: Kontrollillusion (Überschätzen der Kontrollmöglichkeiten)
Der Anleger neigt dazu, seine Fähigkeiten zur Kursprognose insbesondere nach einigen erfolgreichen Investments zu überschätzen. Er glaubt, die Situation gut im Griff zu haben, und nimmt überhöhte Risiken in Kauf. Die Folge: Er läuft Gefahr, an seinen Prognosen bzw. Anlageentscheidungen zu lange festzuhalten. Meistens hat der Anleger dann viel Geld in einige wenige Wertpapiere investiert, von deren Erfolg er felsenfest überzeugt ist. Häufig agiert er dann nur in einem einzigen Marktsegment, d. h. er kauft zum Beispiel nur Autoaktien. Sein Ziel ist es, vor aller Welt gut dazustehen und so schnell wie möglich reich zu werden.

Anomalie 5: Kontrollverlust (Angst vor nicht kontrollierbaren Engagements)
Der Anleger hat ein hohes Bedürfnis, das Risiko seiner Investments zu kontrollieren. Er möchte gut informiert sein und gerät darum unter starken Stress, wenn er erkennen muss, dass er die Situation kaum kontrollieren kann. Insbesondere bei heftigen Kursschwankungen fühlt er sich hoffnungslos den

Märkten ausgeliefert. Verluste machen den Anleger nervös und lassen ihn unüberlegt handeln. Aus diesem Grund meidet der Anleger solche Situationen und verpasst somit möglicherweise eine Vielzahl lukrativer Investments.

Sobald sich die angesprochenen Anomalien der Marktteilnehmer in konkrete Handlungen niederschlagen, werden sie die Tageskurse in irgendeiner Form beeinflussen. Da diese Tageskurse einer Zyklizität unterliegen, kann von einem durch anomales Anlegerverhalten generierten Börsenzyklus ausgegangen werden. Denn nach Ansicht der *Behavioral Finance* führt die soziale Intervention in bestimmten Börsenphasen zu gleichgerichtetem Verhalten der Anleger. Ein solcher Börsenzyklus ist anhand des Beispiels des *Deutschen Aktienindexes* (Abk. DAX) dargestellt.

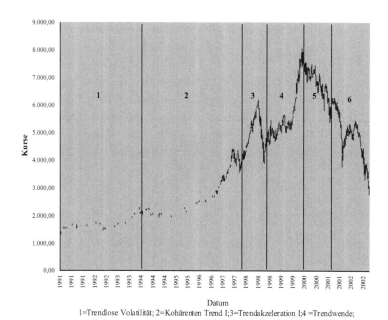

Datum

1=Trendlose Volatilität; 2=Kohärenten Trend I;3=Trendakzeleration I;4 =Trendwende; 5=Kohärenter Trend II; 6=TrendakzelerationII

Abbildung 5:   *Deutscher Aktienindex* von 1991 bis 2002 mit Einteilung des Börsenzyklus

Ein Börsenzyklus beginnt mit der Phase der trendlosen Volatilität. In dieser Phase herrscht eine allgemeine Unsicherheit vor. Das Verhältnis zwischen rational und irrational agierenden Anlegern ist hier ausgeglichen. Die vorherige Talfahrt der Aktienbörsen hat die Aktien aus fundamentaler Sicht unterbewertet gemacht. Die Verunsicherung der Anleger geht auf die Erinnerung an die frühere Talfahrt der Aktien zurück. Die Verbesserung der Fundamentaldaten wird nicht wahrgenommen. Die hohe Liquidität der Anleger verleitet immer wieder zu Engagements, die aber oftmals schief gehen. Das heißt, diese Tradinggeschäfte führen zu einem bescheidenen Erfolg. Ein Anleger fasste seine Erlebnisse in einer solchen Phase so zusammen: *„Es ist wie beim Pferderennen. Man weiß, dass ein Pferd gewinnen wird, nur welches, das weiß man nicht."*

Während des kohärenten Trend I werden die Marktteilnehmer zunehmend rationaler. Die Besserung der Fundamentaldaten wird jetzt allmählich in der Öf-

40

fentlichkeit wahrgenommen. Der steigende Index wird über die Massenmedien kommuniziert. Die Erinnerungen an die Talfahrt sind nicht mehr so verfügbar und verblassen immer mehr. Die anhaltende und stabile Nachfrage sorgt für steigende Kurse.

Viele Investoren haben den Eindruck, von einem Markt mit steigenden Gewinnen ausgeschlossen zu sein. Darum steigen viele Anleger noch ein, damit ihnen keine Gewinne entgehen. Die Anleger haben Angst, etwas zu verpassen. Das Marktverhalten stabilisiert sich. Die Börsenumsätze wachsen stark an. Allmählich kommt der Zustrom immer neuer Anleger durch das Zusammenspiel der Massenmedien und Börsengurus in Fahrt. Zusätzlich führen die Phänomene wie soziale Imitation, Harmoniebedürfnis oder selektive Wahrnehmung zu einer immer stärkeren Homogenisierung des Marktverhaltens. Die Folge ist, dass der kohärente Trend I in den Börsenzyklus der Trendakzeleration I mündet.

In der Phase der Trendakzeleration I entfernen sich die Kurse mehr und mehr von der wirtschaftlichen Realität. Die positive Stimmung vom boomenden Aktienmarkt verbreitet sich immer mehr, was zu einer Euphorie unter den Anlegern führt. Jetzt steigen auch immer mehr unerfahrene Anleger wegen der Gier nach schnellen Kursgewinnen ein. Der Überoptimismus führt zu einer Überbewertung der Aktien, was hohe Kurssprünge auslöst. Man sagt: *„Die Hausse nährt die Hausse."* Die gleichzeitige Verschlechterung der wirtschaftlichen Rahmendaten bzw. das gebremste Wachstum wird nicht wahrgenommen.

Die Trendwende beschreibt die Marktübergangsphase mit nachfolgender Trendwende. Der Markt kommt erstmalig ins Stoppen. Die Anleger halten immer noch krampfhaft an der Erwartung steigender Kurse fest und verkaufen ihre Aktien nicht. Im Gegenteil, es wird sehnsüchtig nach positiven Nachrichten gesucht. Gleichzeitig versuchen Analysten mit immer neuen fragwürdigen Methoden, die hohen Kurse zu rechtfertigen. Nachrichtendienste und Börsenbriefe heizen die Kaufstimmung zusätzlich an. Warner werden von der Mehrzahl der Anleger als Spielverderber abgetan. Die letzten unerfahrenen Anleger steigen bei nervösem und volatilem Handel ein. Die so genannte Hausfrauenrallye beginnt. Leider gibt es keine Regel für die Zeitspanne dieser Phase. Sie kann sehr kurzlebig sein, oder mehrere Monate, manchmal sogar Jahre dauern.

Der kohärente Trend II ist von einer Verschlechterung der Fundamentaldaten gekennzeichnet, die sich allmählich am Markt durchsetzt. Viele Investoren verkaufen immer mehr Aktien, ohne ausreichend Käufer auf der Gegenseite zu finden. Ein stabiler Abwärtstrend setzt sich im Index durch. Jedoch halten viele irrational handelnde Anleger aus psychologischen Motiven an ihren Aktien fest. Zudem tendieren viele Anleger dazu, zunächst Aktien nachzukaufen, um ihre Einstiegskurse zu verbilligen. In solchen Phasen hört man häufig den Spruch: *„Vielleicht steigt der DAX wieder?"* Außerdem versuchen Profis mit Durchhalteparolen das Niveau künstlich hochzuhalten, um ihre Bestände abzubauen. Man hört dann solche Sprüche wie: *„Der nächste Aufschwung kommt bestimmt, wer jetzt verkauft ist dumm."*

Schlussendlich setzt die Trendakzeleration II in die Abwärtsbewegung ein. Irrationale Panik erfasst die Marktteilnehmer auf breiter Ebene, nicht selten ausgelöst durch banale Anlässe. Die entstehende Stresssituation führt dazu, dass sich die Panik noch weiter steigert. Die Kurse fallen überproportional bei hohen Umsätzen. Viele naive Anleger mobilisieren jetzt ihre letzten Reserven, um ihre überteuerten Aktienkäufe zu verbilligen. Der fallende Index wird in der Medienberichterstattung verstärkt thematisiert. Die Verfügbarkeit der Crashsituation führt zu Verkäufen der Aktien zu Tiefstkursen. Ein massiver Ausverkauf (*Sell Out*) setzt ein. Aktien werden jetzt wieder billig. Der zeitlich schwer zu bestimmende Übergang in die trendlose Volatilitätsphase schließt den Kreis. Dies ist aber zugleich auch wieder der Beginn eines neuen Zyklus. Nach dem Börsenaltmeister Kostolany befindet sich der Markt ab jetzt in ruhigen Händen. Für das Verständnis der folgenden Kapitel reicht diese kurze Darstellung der beiden Theorien aus.

Tabelle 5: Wesentliche Unterschiede zwischen der klassischen Kapitalmarkttheorie und der *Behavioral Finance*

Klassische Kapitalmarkttheorie	Kriterien	Behavioral Finance
Homogene Investoren (alle denken ähnlich)		Heterogene Investoren (jeder Anleger ist ein Individuum)
Rationales Verhalten	Rationalitäts-konzept	Menschen mit unvollständigen Informationsaufnahme- und -verarbeitungskapazitäten. Irrationales Verhalten individuell und kollektiv, beeinflusst durch soziale Interaktion
Vollkommene Informationen (vollständig, korrekt, kostenlos und zeitgleich)	Informations-verhalten	Unvollkommene Informationen (unvollständig, fehlerbehaftet, kostenpflichtig, mit time lag)
„As-if"-Betrachtung für die Marktebene: Gesamtmarkt ist im Ergebnis rational, Irrationalitäten Einzelner werden eliminiert.	Marktebene	Irrationalitäten auch im Aggregat, Verstärkung individueller Verhaltensmuster möglich (Infektion, Imitation)

Nun müssen wir aus den beiden Finanzkonzepten (klassische Kapitalmarkttheorie und *Behavioral Finance*) unser theoretisches Konzept für *Exchange Traded Funds* ableiten.

2.1.3 Was ist besser, der aktive oder der passive Managementstil?

„Das Kapital ist ihr Gott, die Börse ihr Tempel und der Aktienkurs ihr Credo. Und wie in vielen Religionen tobt auch in der Gemeinschaft der Börsianer ein Glaubensstreit um die reine Lehre."[24]

Die Entscheidung zwischen einer aktiven und passiven Ausrichtung des Portfoliomanagementes ist von entscheidender Bedeutung für das Börsenleben eines Anlegers. Leider sind die Bezeichnungen aktives bzw. passives Management problematisch, weil der Begriff aktiv eher positiv und der Begriff passiv eher negativ besetzt ist. Somit kann es zu einer unbewussten Parteinahme zugunsten einer aktiven Strategie kommen. Vor dem Hintergrund der zum Teil recht heftig diskutierten Frage „Was ist besser, aktiv oder passiv?" möchte ich die beiden Managementarten gegenüberstellen, ohne dabei für die eine oder andere Seite Stellung zu beziehen.

---

[24] Hammer, Thomas: Indexprodukte – Investieren mit Autopilot. Zeit Online 26/20002; www.zeit.de

Nur mittels des aktiven Managementstils[25] sind überdurchschnittliche Anlageerfolge möglich. Dieser Managementstil zielt darauf ab, den Markt zu schlagen, d. h. durch gezielte Investmententscheidungen die Performance einer festgelegten Benchmark[26] (z. B. Indizes) zu übertreffen. Hierzu greift das aktive Management auf die Annahmen der *Behavioral Finance* zurück, d. h. es geht davon aus, dass die Anleger sich aufgrund psychischer und mentaler Beschränkungen nur eingeschränkt rational verhalten. Tatsächlich sind die Börsenkurse häufig unsinnig. So notierte zum Beispiel während der New-Economy-Hausse Anfang 2000 die Infineon-Technologie-Aktie (Ausgliederung des Halbleitergeschäfts der *Siemens AG*) bei 75,10 Euro. Nach dem Platzen der Blase kannte der Kurs nur noch eine Richtung – nach unten. Knapp neun Jahre später notiert die Aktie bei 2,35 Euro (Stand: 08.05.2009).

Prinzipiell stehen dem Anleger zwei Mittel zur Verfügung: Die Auswahl der richtigen Aktien (Titelselektion oder *Stockpicking*) oder die Auswahl des richtigen Momentes (*Markttiming*). Die Strategie *Markttiming* wird häufig mit der Formel umschrieben: „*Buy low – sell high.*" Wenn der Anleger z. B. von einem starken Kurswachstum eines bestimmten Bereiches ausgeht, so investiert er massiv in diesen Bereich. Dagegen zielt die Titelselektion auf eine relative Bewertung einzelner Wertpapiere innerhalb eines Marktes ab. Ähnlich wie die Nadel im Heuhaufen zu finden, wird bei der Titelselektion versucht, den Titel zu finden, der im Vergleich zum Marktsegment eine bessere Kursentwicklung verspricht.

Prinzipiell bedeutet aktives Management, dass der Anleger eine Meinung zu der künftigen Marktentwicklung[27] hat und diese umsetzt. Um die Marktsituation zu ermitteln und vom Eintreffen der eigenen Meinung zu profitieren, ste-

---

[25] Vgl. Spiwoks, Markus: Prognosekompetenz als wichtigste Determinante der Auswahl entscheidung, Sofia Diskussionsbeiträge zur Institutionenanalyse Nr 01 2, Darmstadt 2001, S. 1 16

[26] Im Allgemeinen bezeichnet der Begriff Benchmark eine Grö e, die als Ma stab für Leis tungsvergleiche dient. Beispielsweise ist für viele Anleger bei Anlagen in deutsche Ak tien der Aktienindex DAX die Benchmark. Liegt sein Ergebnis über der Rendite der Benchmark DAX, wird von einer Outperformance gesprochen, ansonsten von einer Underperformance. Kritiker werfen hier ein, dass häufig pfel mit Birnen verglichen werden. Für deutsche Aktien bietet sich auch der breiter aufgestellte CDAX an, er ist nur nicht so bekannt. Die Auswahl der Benchmark hat also immer etwas Willkürliches an sich.

[27] Vgl. Benesch, Thomas: Aktives versus Passives Portfoliomanagement – Was in Glas kugeln über effiziente Märkte steht, Working Paper Series Number 16 by the University of Applied Sciences of bfi Vienna, Juni 2005, S 4 ff.

hen dem Anleger die Hilfsmittel technische und fundamentale Analyse zur Verfügung.

Die Fundamentalanalyse vergleicht den inneren Wert eines Unternehmens mit dem aktuellen Aktienkurs unter Berücksichtigung von Makrofaktoren wie Konjunkturentwicklung, Inflation, Zinsentwicklung usw. Hierzu trifft die Fundamentalanalyse zwei Grundannahmen. Zum einen sind die Märkte nie vollkommen effizient, ein informierter Investor kann seinen Informationsvorsprung gewinnbringend nutzen. Zum anderen existieren Bewertungsanomalien, die systematisch und vorhersehbar den Markt beeinflussen.

Die technische Analyse befasst sich mit der Deutung von Aktienkursverläufen und ignoriert fundamentale Daten. Die technische Analyse geht wie die *Behavioral Finance* davon aus, dass sich die Masse der Anleger in bestimmten wiederkehrenden Situationen gleich verhält, d. h., die Geschichte wiederholt sich. Somit stellen die Kursverläufe die aktuelle Marktsituation dar, wobei sich die Kurse in Trends bewegen, d. h., der Markt bewegt sich abwechselnd auf-, seit- oder abwärts.

Außerdem sind im aktuellen Aktienkurs sämtliche vorhandenen Informationen schon vorhanden. Dies hat zur Folge, dass sich in den Kursverläufen bestimmte Muster erkennen lassen, aus denen die Chartdeuter den zukünftigen Kursverlauf der Aktie vorhersagen. Spötter sagen dazu: *„Die Vorhersage der Märkte gleicht oftmals dem Blick in eine Glaskugel. Ihre Vorhersagekraft ähnelt der von Wahrsagern auf den Jahrmärkten."*

Das aktive Management versucht ja durch geschickte Investmententscheidungen einen Vergleichsindex zu schlagen. Das bedeutet nichts anderes, als dass sich die Zusammensetzung des Depots des Anlegers mehr oder weniger deutlich vom Vergleichsindex unterscheidet. Dies führt zu einer weiteren Unterscheidung des Risikos: dem unsystematischen (oder titelspezifischen) und dem systematischen (oder Marktrisiko) Risiko. Innerhalb einer Anlageklasse, wie z. B. Aktien, lässt sich das unsystematische Risiko durch geschickte Auswahl mehrerer Einzeltitel, also durch gezielte Diversifikation, beseitigen. Hierzu wählt man die Einzeltitel so aus, dass sie eine möglichst geringe Korrelation zueinander aufweisen. Das systematische Risiko ist das verbleibende Risiko des Gesamtmarktes. Um diese Risikoart fassen zu können, müssen wir auf eine Weiterentwicklung der Gedanken von Markowitz setzen, das *Capital Pricing Modell* (CAPM) von Sharp, Lintner und Mossin. Das CAPM sagt aus, dass ein linearer Zusammenhang zwischen der erwarteten Rendite und dem Risiko besteht. Es mündet in der Aussage, dass jeder Anleger für das Eingehen eines höheren Marktrisikos (systematisches Risiko) mit einer größeren Rendite belohnt wird. Dagegen darf der Anleger für das Eingehen eines titelspezifischen Risikos (unsystematisches Risiko) nicht auf eine Belohnung in Form einer höheren Rendite hoffen. Denn dieses Risiko kann durch geschickte Diversifikation fast kostenfrei minimiert werden.

Daraus wird ersichtlich, dass der Anleger beim aktiven Management mehr Risiko eingeht als der Vergleichsindex, weil durch die andere Zusammensetzung des Portfolios das unsystematische Risiko im Vergleich zum Index steigt. Laut CAPM führt dies nicht auf Dauer zu einer höheren Rendite, weil das Eingehen des unsystematischen Risikos nicht belohnt wird. Etwas prägnanter formulierte es Louis Bachelier zu Beginn des vorigen Jahrhunderts: *„Spekulation hat einen Ertragswert von null, abzüglich der Kosten.“*

Dies rief Mitte der 1990er Jahre das passive Management auf den Plan. Die Philosophie hier ist, dass durch aktive Investmententscheidungen der zugrunde liegende Vergleichsindex nicht dauerhaft geschlagen werden kann. Denn Kurse ändern sich nur dann, wenn neue preisrelevante Informationen an den Markt gelangen. Das Eintreffen dieser Nachrichten ist jedoch nur für tatsächliche Insider vorhersehbar (diese dürfen ihr Wissen laut Gesetz nicht zum Handeln nutzen) und nicht für alle anderen Marktteilnehmer. Kommen neue Informationen an den Markt, spiegeln sie sich in Sekundenbruchteilen in einem neuen Kurs wider. Folglich ist es unmöglich, schneller zu sein, als der Markt. Damit sind jegliche Über- und Unterperformancen zufälliger Natur. Somit begründet sich die passive Anlagestrategie in der Annahme, dass sich die Kapitalmärkte weitgehend effizient verhalten. Das heißt, dass es dem Anleger mit dem Einsatz von noch so ausgefeilten Analysetechniken zur Bestimmung der attraktivsten Investmentmöglichkeiten nicht gelingen wird, dauerhaft besser abzuschneiden, als der Markt. Diese Erfahrung musste auch die Elite-Universität *Harvard* machen. Ihr Kapitalvermögen betrug vor der Finanzkrise im Jahr 2008 rund 37 Milliarden US-Dollar. Aus den jährlichen Zinsen ihres Guthabens finanzierte die Universität die laufenden Kosten – wie

Neubauten, Gehälter usw. Damit die Renditen stimmen, beschäftigte *Harvard* seit 1974 Finanzmanager. Zunächst investierten sie vorsichtig, doch seit 1990 wurden sie mutiger – mit zunächst exzellenten Ergebnissen. So betrugen die Renditen in den vergangenen zehn Jahren 13,8 Prozent p. a., also deutlich mehr als der Marktdurchschnitt. Im Herbst 2008, als die Finanzkrise in voller Blüte stand, machte sich jedoch unter *Harvards* Finanzmanagern Panik breit. Es mussten viele Investments mit hohen Verlusten geschlossen werden, weil sich die Manager verzockt hatten. Man schätzt, dass das Vermögen der Universität um 12 bis 16 Milliarden US-Dollar geschrumpft ist, also um knapp die Hälfte. Die Folgen sind bereits auf dem Campus schmerzlich zu spüren. So wurde beispielsweise ein neuer, 1,2 Milliarden teurer Wissenschaftskomplex auf Eis gelegt. Hinzu kommt noch der Spott: *„Amerikanische Genies im freien Fall. Sie müssen fortan kleine Brötchen backen.“*

Da die Jagd nach einer besseren Rendite mit Mühe, Zeit und Kosten verbunden ist, erbeuten aktive Anleger im Mittel eine unterdurchschnittliche Performance. Dazu sagt Sharpe: *„Portfoliomanagement korrekt definiert, dann sind folgende Aussagen zwangsläufig wahr: Erstens, vor Kosten ist die Rendite der durchschnittlichen aktiv gemanagten Geldeinheit gleich hoch wie die der durchschnittlichen passiv gemanagten Geldeinheit. Zweitens, nach Kosten ist die Rendite der durchschnittlichen aktiv gemanagten Geldeinheit niedriger als diejenige der durchschnittlichen passiv gemanagten. Diese zwei Aussagen gelten für jede Zeitperiode und setzen keine zusätzliche Annahme voraus.“*

Somit ist das einzig lohnende Risiko das Marktrisiko (bzw. systematische Risiko). Je höher dieses Risiko ist, auf desto mehr Ertrag darf der Anleger hoffen. Dafür kann der Anleger in einen risiko- und ertragreicheren Markt investieren, z. B. anstatt in den europäischen *Euro Stoxx 50* in den *MSCI Emerging Markets*. Doch das eigentliche Ziel eines passiven Investors ist es, einen Markt möglichst kostengünstig abzubilden, da er die Kosten nicht durch eine höhere Rendite im Vergleich zur Benchmark wieder herausholen kann. Deswegen führt das passive Management zu einer systembedingten Unterperformance gegenüber der Benchmark. Mit anderen Worten: Die maximale Rendite, die ein Anleger erwarten darf, ist die Marktrendite abzüglich seiner Kosten für die Abbildung des Marktes.

Die Entscheidung, ob ein Anleger eine aktive oder passive Strategie verfolgen sollte, hängt einzig von seiner Prognosekompetenz ab. Der Erfolg eines aktiven Portfoliomanagementes hängt von der erfolgreichen Einschätzung der künftigen Marktentwicklung ab. Nur wenn es gelingt, rechtzeitig und zuverlässig den Verlauf des Marktgeschehens abzuschätzen, darf der Anleger auf einen Anlageerfolg hoffen. So sagte ein blühender Befürworter dieses Managementstiles *„uns ist gelungen, wovon die alten Alchemisten geträumt haben, nämlich aus Blei Gold zu machen, d. h. mittels einer geschickten Anlagestrategie erhebliche Überrenditen gegenüber dem Markt zu erwirtschaften.“* In seiner Euphorie blendet dieser Anleger aber aus, dass die Ertragspotenziale schnell verloren gehen, wenn das künftige Marktgeschehen nicht in ausreichendem Maße richtig eingeschätzt wird. In der Regel beobachtet man, dass sich günstige und ungünstige Entscheidungen die Waage halten, sodass der Anleger ungefähr zu demselben Ergebnis kommt, wie bei einer passiven Portfoliostrategie. Überdies ist die Umsetzung einer aktiven Portfoliomanagementstrategie mit verhältnismäßig hohen Kosten verbunden. So muss ein aufwendiges *Research* betrieben werden, um die erforderlichen Prognosen erstellen zu können. Zudem entstehen durch die häufigen Portfolioumschichtungen Kosten, durch Gebühren für Käufe oder Verkäufe, die einen erheblichen Umfang erreichen können. Allerdings kann eine erfolgreiche aktive Strategie diese Kosten leicht überkompensieren. Gelingt allerdings die Prognose des zukünftigen Marktgeschehens nicht, dann sind es genau diese Kosten, die langfristig den Nachteil aktiver gegenüber passiver Portfoliomanagementstrategien verursachen.

Dabei reicht die Hoffnung, die künftige Marktentwicklung hinreichend exakt einschätzen zu können, nicht aus, um mit aktiven Strategien erfolgreich zu sein. Viele Anleger verlieren nämlich mit aktiven Strategien, weil sie ihre Prognosekompetenz überschätzen. Liegt die erforderliche Prognosekompetenz nicht vor, sollte der Anleger die passive Strategie dem aktiven Pendant vorziehen. Anders formuliert: Wenn Ihnen die Erkenntnisse der modernen Portfoliotheorie und der Effizienz der Märkte schlüssig erscheinen, sollten Sie die langfristige Ausrichtung ihrer Vermögensanlage mit Hilfe von Indexprodukten durchführen. Sollten Sie dagegen eher den Erkenntnissen der *Behavioral Finance* vertrauen, lohnt sich ein Blick auf die aktiven Strategien. Wesentlich entspannter sehen dies die institutionellen Investoren. Sie verfolgen nämlich eine zweigleisige Strategie. Handelt es sich um hochkapitalisierte und sehr liquide Anlagesegmente, wie z. B. Bluechipaktien oder Staatsanleihen, wird eher eine passive Strategie favorisiert. Dagegen wird bei Nischenmärkten bzw. illiquiden Märkten, wie z. B. kleinen Unternehmen oder Emerging-Markets-Anleihen, tendenziell auf eine aktive Strategie zurückgegriffen. Hintergrund dieser Vorgehensweise ist, dass solche Nischenmärkte weniger intensiv analysiert werden und deshalb eher ineffizient sein sollten. Es gilt: Je ineffizienter ein Markt ist, desto größer sind die Chancen, durch eine aktive Strategie dauerhaft mehr Rendite zu erzielen als der Markt.

Tabelle 6:   Unterschied zwischen aktiver und passiver Strategie

	Aktiv	Passiv
Renditeziel	Den Vergleichsindex outperformen.	Eine ähnliche Rendite zu erzielen, wie der Vergleichsindex.
Transparenz	Niedrige Transparenz. Von den Fonds werden nur Pflichtberichte, wie Halb- oder Jahresberichte, vorgelegt. Ansonsten nur Veröffentlichung der 10 größten Positionen.	Hohe Transparenz. Es wird jeden Tag die genaue Zusammensetzung des Fonds veröffentlicht.
Risiko	Es wird das diversifizierbare Risiko akzeptiert, d. h. das titelspezifische Risiko. Dazu geht der Anleger gezielte Abweichungen vom Index ein.	Es wird versucht, das diversifizierbare Risiko zu vermeiden. Deshalb erfolgt eine Abbildung des Indexes. Es wird nur das Marktrisiko akzeptiert.
Kosten	Hohe Kosten durch Fundamentalanalyse, Analysten, technische Analyse und aktives Trading (Depot wird häufig umgeschichtet).	Geringe Kosten, da kein Research anfällt und die Depots selten umgeschichtet werden.
Verfahren	Titelauswahl, Branchenauswahl oder Market-Timing, Buy and Sell	Kaufen und Halten
Investitionsumfang	Asset Allocation, Asset Selection, nicht immer voll investiert (d.h. Vorhalten einer Kasse).	Eigentlich immer voll investiert im Index
Reaktion auf Marktveränderungen	Markt wird als ineffizient angesehen, somit sind Marktänderungen zur Gewinnerzielung erwünscht	Nicht gewünscht, da der Markt als effizient angesehen wird.

Bleibt festzuhalten, dass das Investieren auf den Aktien- bzw. Finanzmärkten weitaus komplizierter ist, als uns die klassische Kapitalmarkttheorie vorgaukelt. So sagte zwar schon Louis Bachelier um 1900, dass die Aktienkurse rein zufällig verlaufen: Wie ein Betrunkener, dessen Schritte zufällig nach rechts oder nach links vom Weg abweichen, bewegen sich die Aktienkurse in einem unvorhersehbaren Zickzack-Kurs (dem so genannten *Random Walk*). Verantwortlich hierfür ist die Rationalität der Anleger. Dies mündet in der These: *„Keiner kann den Markt schlagen – also auch ich nicht.“* Ein passiver Fondsmanager sagte dazu:

„There are three classes of people who do not believe that markets work: - the Cubans, the North Koreans and active Managers"[28]

Er rät den Anlegern dazu, einen Fonds (z.B. ETFs) zu kaufen, der den Marktindex abbildet, da eine zu feine Stückelung der Anlagebeträge mit hohen Kosten verbunden ist.

Leider sind die Thesen (Rationalität und Informationseffizienz der Märkte) der klassischen Kapitalmarktanomalie empirisch nicht uneingeschränkt haltbar. So gibt es tatsächlich eine Vielzahl von psychologisch begründbaren Marktanomalien, die durch geeignete Strategien gewinnbringend ausgenutzt werden können. Selbst im Lager der passiven Anleger hat sich dies herumgesprochen. So kommen z. B. heute immer mehr Strategieindizes auf den Markt, die versuchen, durch Abbildung einer Kapitalmarktanomalie einen Vergleichsindex zu schlagen.

Ein Beispiel für eine solche Kapitalmarktanomalie ist der Kleinfirmeneffekt. So haben die Anbieter von Indizes ein ganzes Arsenal von Small-Cap-Indizes aufgelegt. So versucht z. B. der *DJ Stoxx Small 200* den *DJ Stoxx 600* zu schlagen. Das allgemeine Rezept hinter diesem Vorgehen lautet: *„Man suche eine Marktanomalie, für die es eine gut begründete psychologische Erklärung gibt, und bilde eine Strategie, welche diese Anomalie ausnutzt.“* Diese Strategie wird dann verpackt in einen Index und dem Anleger in Form z. B. eines ETFs zugänglich gemacht.

Das bedeutet nichts anderes, als dass der Markt nicht vollkommen rational ist und es durchaus möglich ist, den Markt zu schlagen. Dem entgegen halten Verfechter des passiven Stils, dass die aktiven Anleger den Ast, auf dem sie

---

[28] Vortrag Invest Messe Stuttgart, 16. März 2007. Core/Satellite Anlagestrategie nicht nur für institutionelle Anleger, Roland Rupprechter Hypo Landesbank Vorarlberg, Bregenz, Österreich, S. 16, www.hypovbg.at

sitzen, selbst absägen, weil sie durch das Ausnutzen der Anomalie diese mit der Zeit zerstören. Somit müsste der Markt im Laufe der Zeit immer rationaler werden. Ich persönlich teile diese Meinung nicht. So ist es z. B. schon seit Jahrzehnten möglich, mit einer Auswahl der dividendenstärksten Aktien den Gesamtindex zu schlagen. Zudem denke ich, dass sich der Aktienmarkt ständig wandelt, sodass immer wieder neue Marktanomalien entstehen. Überdies bestreitet die Mehrzahl der Vertreter der *Behavioral Finance* nicht den grundsätzlichen Einfluss von fundamentalen Faktoren auf die Marktentwicklung. Sie betrachtet diese jedoch nur auf lange Sicht als tendenzgebend, wobei die Trends von nicht-ökonomisch verursachten Schwingungen deutlich überlagert werden. Das liegt daran, dass sich die Anleger bei ihren Entscheidungen häufig nach naiven Heuristiken (z. B. Verfügbarkeitsheuristik) richten. Besonders in spekulativen Phasen verdrängen sie das rationale Denken. Die Entscheidungen des Anlegers werden dann immer mehr abhängig von seinen Stimmungen, seiner verzerrten Wahrnehmung. Wenn die Spekulationsblase platzt und es zum Crash kommt, endet dies meist fatal, weil mentale Lähmung, Kontrollverlust, Panik und erlernte Sorglosigkeit dem Anleger beim Handeln in die Quere kommen.

Besonderes diese Emotionen wirken sich beim aktiven Management stärker aus als beim passiven, weil der Anleger beim aktiven Stil wesentlich näher an den Märkten dran ist. Somit wird er auch leichter ein Opfer der Märkte, was sich in einer geringeren Durchschnittsrendite niederschlägt.

Ein Fondsmanager sagte dazu einmal: *„Habe Mut, dich deines eigenen Verstandes zu bedienen. Lasse nicht zu, dass dich deine Emotionen besiegen. Sei ein Verstandesmensch. So ist dir dein Börsenerfolg sicher."* Ein weiteres verblüffendes Ergebnis dieses Kapitels ist, das sowohl der aktive wie auch der passive Stil auf ein tragfähiges theoretisches Konzept aufbauen, sodass beide ihre Berechtigung haben. Der Anleger muss sich nur entscheiden, welches Konzept er für sich anwenden möchte. Zudem kann der Anleger heute beide Investmentstile mittels ETFs abbilden. Dazu benötigt er ein fundiertes Wissen über die Indizes.

3. Der Index ist das Maß der Dinge

Erst in den letzten eineinhalb Jahrzehnten verzeichneten Indizes eine stetig steigende Bedeutung in Anlegerkreisen. Gerade die Aktienboomjahre in der zweiten Hälfte der 1990er Jahre brachten den Durchbruch, weil nun z. B. die Aktienberichterstattung breiten Einzug in Regionalzeitungen und TV-Nachrichten fand. Damit die Medien kurz und bündig über die Entwicklung der Märkte berichten konnten, benötigten sie Gradmesser. Schließlich ist es für den Leser, Hörer oder Fernsehzuschauer sehr ermüdend, lange Zeilen von Kursdaten zu lesen bzw. zu hören. In diese Lücke sprangen die Indizes, indem sie die Kursentwicklung eines Marktes in einer einzigen Zahl verdichtet darstellen. So ist es auch nicht verwunderlich, dass die jetzt im Rampenlicht stehenden großen Indizes, wie z. B. der DAX, zumeist erst in den 1980er und 1990er Jahren geschaffen wurden.

Ursprünglich waren die Indizes also dazu gedacht, die Entwicklung von Märkten mehr oder minder transparent darzustellen. Heute ist eine zweite Funktion hinzugekommen: Indizes dienen als Basiswerte für Zertifikate und *Exchange Traded Funds*. Deshalb verdienen die Anbieter von Indizes durch die Lizenzgebühren kräftig am Boom der passiven Investmentprodukte mit. Die amerikanische Research-Gesellschaft *Tabb Group* rechnet, dass die Indexanbieter im Jahr 2008 mehr als eine Milliarde US-Dollar an Lizenzgebühren eingenommen haben. Dies führt zu der paradoxen Situation, dass es mittlerweile weltweit mehr als 50.000 Indizes gibt (mit steigender Tendenz), denen aber nur rund 40.000 börsennotierte Unternehmen gegenüberstehen. Spötter sagen deswegen auch: *„Egal ob Renten-, Aktien-, Rohstoff-, Geldmarkt, die Indexanbieter zimmern für jeden Trend das passende Börsenbarometer. Ähnlich wie im Fernsehen gibt es viele Wiederholungen und nichts wirklich viel Neues."* Beispielsweise berechnet die *Deutsche Börse* nicht nur die große DAX-Indexfamilie, sondern auch maßgeschneiderte Indizes für Banken und Fondsanbieter, wie z. B. den *World Luxury Index* für die *BNP Paribas*.

Um sich hier noch zurechtzufinden, braucht der Anleger ein fundiertes Wissen darüber, wie Indizes im Einzelnen konstruiert sind und welche Kriterien bei der Auswahl der Indexwerte angewandt werden. In diesem Abschnitt werde ich die unterschiedlichen Konstruktionsmöglichkeiten von Aktien-, Renten-, Geldmarkt-, Rohstoff- und Hedgefondsindizes beschreiben. Wie wichtig fundierte Kenntnisse von Indizes bei der Anlage im ETF-Bereich sind, zeigen folgende Zeilen aus einem Emissionsprospekt eines ETFs.

„Die Anlagestrategie des Fonds besteht darin, die Entwicklung eines anerkannten Wertpapierindex nachzubilden und dabei gleichzeitig die Standardabweichung der Renditen zwischen dem Fonds und dem Wertpapierindex so gering wie möglich zu halten. Der Anleger wird dazu aufgefordert sich seine eigene Meinung hinsichtlich des Wertpapierindex zu bilden...“

3.1 Aktienindex

Aktien gibt es bereits seit mehreren hundert Jahren. So war der Motor der industriellen Revolution im 19. Jahrhundert das eingesammelte Aktienkapital. Mehrere Geschäftspartner schlossen sich damals zusammen und ihr jeweiliger Anteil an der neu gegründeten Gesellschaft wurde als Aktie verbrieft. Diese Aktien wurden dann rege gehandelt. Im Jahr 1896 dachten die beiden Herausgeber des *Wall Street Journals*, Charles Henry Dow und Edward David Jones, *„als Börsianer muss man seinen Blick von der schimmernden Oberfläche der Dinge in ihre dunkleren Tiefen lenken"*. So hoben sie den ersten Aktienindex, den *Dow Jones Industrial Average*, aus der Taufe. Dieser Index sollte die wichtigsten Industrien der USA repräsentieren und enthielt bei seiner Einführung 12 Titel. Heute sind es 30 Titel. Es sollte nicht bei diesem einen Index bleiben. Allein die *Deutsche Börse* bietet in verschiedenen Währungen insgesamt 295 Aktien- und 1.720 Rentenindizes an. Andere wichtige Indexinitiatoren sind das japanische Verlagshaus *Nihon Keizai Shimbun* (z.B. *Nikkei 225)*, die englische *Financial Times* (FTSE), die Ratingagentur *Standard & Poors* (S&P), die US-Investmentbank *Morgan Stanley (MSCI World)* sowie das Gemeinschaftsunternehmen *Stoxx (Euro Stoxx)* der *Deutschen Börse, Schweizer Börse* und *Dow Jones*.

Dank der Erkenntnisse der modernen Portfoliotheorie (s. S. 10 ff.) wissen wir, dass Diversifikation, also die geschickte Kombination mehrerer Aktien, für den langfristigen Anlageerfolg entscheidend ist. Etwas abstrakt betrachtet sind Aktienindizes nichts anderes als ein diversifiziertes Aktienportfolio. Somit kann der Anleger sein unsystematisches Risiko (s. S. 45) (das titelspezifische

Risiko) deutlich senken, da durch die Streuung auf mehrere Schultern (Titel) innerhalb eines Indizes das Verlustrisiko deutlich reduziert wird, d. h. das Anlagerisiko sinkt. Beispielsweise meldete im Juni 2009 das MDAX-Unternehmen *Arcandor* (Eigner u. a. von *Karstadt* und *Quelle*) Insolvenz an. Daraufhin kam es zu Kurskapriolen, mit einem deutlichen Anstieg der Volatilität (Risiko) bei der Arcandor-Aktie. Dagegen beobachtete man beim MDAX-Index kaum eine merkliche Zunahme der Volatilität, sodass die meisten Indexinvestoren nur geringfügig von der Insolvenz von *Arcandor* beeinflusst wurden.

Überdies liefern die Indizes dem Anleger einen wichtigen Vergleichsmaßstab (Benchmark), mit dem sie den Erfolg ihrer eigenen Investitionen objektiv beurteilen können. Mit einem Aktienindex kann also kontrolliert werden, ob der Anleger in der Lage war, durch geschickte Titelauswahl (*Stockpicking*) und geschickten zeitlichen Kauf und Verkauf von Aktien (*Timing*) eine höhere Rendite zu erzielen als der Gesamtmarkt.

3.1.1 Aufbau eines Aktienindexes

Bevor man an die Konstruktion eines Aktienindexes gehen kann, muss man sich die Frage stellen, welchen Zweck der zu erstellende Index erfüllen soll. Im ersten Schritt muss man sich überlegen, welche geografische Region der Index beschreiben soll. Danach muss man sich darüber Gedanken machen, ob der Index den eingegrenzten Markt vollständig oder nur in Teilen abbilden soll.

3.1.1.1   *Gesamtindizes (so genannte All-Share- oder Composite-Indizes)*

Werden alle Aktien der Grundgesamtheit in die Indexberechnung eingeschlossen, so spricht man von einem Aktienindex mit Vollerhebung (All-Share-Index oder Composite-Index). Ein Beispiel für einen All-Share-Index ist der CDAX. Er umfasst alle an der Frankfurter Wertpapierbörse gehandelten Aktien des *Prime* und *General Standards*, unabhängig ihrer Branchenzugehörigkeit. Ein anderer All-Share-Index ist der weltumspannende *MSCI World*. In ihm sind über 20 Länder (wie die USA, Deutschland, Japan usw.) enthalten. Allerdings fallen kleinere Märkte mit einer geringen Börsenkapitalisierung der

Aktiengesellschaften einfach unter den Tisch. Das liegt daran, dass sich der *MSCI World* bei seiner Auswahl der Indexmitglieder einfach von der Marktkapitalisierung nach Streubesitz[29] ableitet.

In der Schifffahrt gibt es den Ausspruch: *„Wenn ich als Kapitän zu viel Fracht an Bord nehme, dann geht das Schiff früher oder später unter."* Ganz ähnlich ist es bei den Indizes. Die breiten All-Share-Indizes enthalten alle gehandelten Aktien einzelner Handelssegmente. Heute ist zwar der Rechenaufwand bei der Erfassung der Werte kaum noch mit Schwierigkeiten versehen, aber die Vielzahl der Indexmitglieder treibt die Kosten in die Höhe, sowohl für die Indexanbieter als auch für die auf den Index angebotenen Produkte (wie ETFs). Ein weiteres Problem ist, dass bei einigen marktengen Papieren nicht täglich ein Kurs auf Basis tatsächlicher Umsätze zustande kommt. Damit die All-Share-Indizes entschlackt werden können, haben die Indexanbieter zusätzliche Auswahlkriterien entwickelt. Mithilfe dieser Kriterien gelangt man zu den Auswahlindizes (oder Stichprobenindizes).

3.1.1.2 Auswahlindizes

Eine große Bedeutung für die Auswahl von Indexmitgliedern hat die Marktkapitalisierung. Sie wird meistens im Zusammenhang mit dem Streubesitz (Synonym: *Free Float*) betrachtet, um zu verhindern, dass wenig liquide Werte in den Index gelangen. Beispielsweise beträgt für den DAX die Mindestanforderung an den *Free Float* 20 %, d. h. Werte unterhalb dieser Grenze werden erst gar nicht in den Index aufgenommen. Eine solche Gewichtung kann aber auch schwerwiegende Folgen haben. So beobachtet man, dass bei dieser Gewichtungsform (nach Marktkapitalisierung und Streubesitz) überbewertete Papiere im Aufschwung zunehmend an Gewicht im Index gewinnen, sodass sich das Risiko auf immer weniger Schultern (Aktien) verteilt. Verlieren nun

---

[29] Die Marktkapitalisierung gibt den aktuellen Marktwert eines Unternehmens wieder. Sie wird berechnet, indem man den aktuellen Kurswert multipliziert mit der Anzahl der ausgegebenen Aktien. Zum Streubesitz (engl. *Free Float*) zählen sämtliche Aktien, die nicht von einem Großaktionär (Anteil am Unternehmen größer 5 %) gehalten werden und somit frei über die Börse gekauft oder verkauft werden können. Beispielsweise hatte die Allianz AG im Jahr 2008 452.350.000 Aktien im Streubesitz und einen Aktienkurs von 70 Euro, d. h. die Marktkapitalisierung nach Streubesitz war 31.664,5 Mio. Euro.

diese Aktien bei den Anlegern an Wertschätzung, dann korrigiert auch der Index stark nach unten.

Es gibt aber auch Ausnahmen beim DAX. So können Unternehmen einen geringen *Free Float* haben, aber trotzdem eine große Bedeutung für die Marktentwicklung aufweisen und eine hohe Liquidität haben. Dies trifft hauptsächlich auf große ehemalige Staatsunternehmen, wie z. B. die *Deutsche Telekom*, zu.

Ebenso können einzelne Unternehmen eine so hohe Marktkapitalisierung aufweisen, dass sie den Index zu stark dominieren. In einem solchen Fall sehen die Regelwerke der meisten Indizes Höchstgrenzen für die Einzelgewichtung vor. Beispielsweise beträgt die Kappungsgrenze beim DAX 10 %. Normalerweise werden an den so genannten Verkettungsterminen diese bzw. die anderen Kriterien überprüft und gegebenenfalls gehandelt. Beim DAX erfolgt dies quartalsweise. Aber im Börsenleben kommt manchmal auch etwas Kurioses vor.

Am 28. Oktober 2008 vollführte die VW-Aktie eine Kurskapriole. Sie stieg von Montagmorgen bis Dienstagmittag von 250 Euro auf knapp über 1000 Euro. Dadurch drückte die VW-Aktie den DAX künstlich nach oben, und obwohl die meisten DAX-Werte (21 im Verlust und 9 im Gewinn) in den roten Zahlen schlossen, notierte der DAX über elf Prozent im Plus. Ein Händler sagte dazu *„der Index gibt ein falsches Signal"*. Der Grund war, dass VW aufgrund seines Kursanstieges überproportional hoch im DAX gewichtet war, mit knapp 27 %. Außerdem zeigte sich, dass viele Indexinvestoren gezwungen waren, die anderen DAX-Mitglieder zu verkaufen, um ansatzweise an der aktuellen DAX-Entwicklung teilhaben zu können. Vor diesem Hintergrund sah sich der Indexanbieter *Deutsche Börse* gezwungen, eine außerordentliche Anpassung der DAX-Indexgewichtung vorzunehmen. Die zu den regulären Verkettungsterminen vorgesehene Kappungsgrenze von 10 % für die VW-Aktie wurde außerordentlich zum Handelsstart am 3. November 2008 vorgezogen, d. h. das Gewicht der VW-Aktie wurde im DAX auf 10 % zurückgesetzt. Mit der Kappung änderten sich auch die Gewichte der übrigen DAX-Mitglieder. Aus diesem Beispiel erkennen Sie auch, dass sich die Indexgewichtung zwischen den Verkettungsterminen deutlich verschieben kann, wie auch alle anderen Kriterien.

Ein weiteres Auswahlkriterium für die Aufnahme in einen Index ist der Börsenumsatz[30]. Da der Börsenumsatz im Hinblick auf die Liquidität des Wertpapiers wesentlich aussagekräftiger ist als die Marktkapitalisierung, werden bei der Auswahl der Indexmitglieder meistens beide Kriterien betrachtet. So gibt es für den DAX die 35/35-Regel, d. h. sowohl bei der Marktkapitalisierung als auch beim Börsenumsatz muss das betrachtete Unternehmen zu den 35 größten zählen, um eine Chance zu haben, in den DAX aufgenommen zu werden. Auf der anderen Seite kann ein Unternehmen aus dem Index fallen, wenn es eines der beiden Kriterien nicht mehr erfüllt. Da der DAX nur aus 30 Werten besteht, bedeutet das Erfüllen der 35/35-Regel nicht automatisch den Einzug in den DAX. Vielmehr kann der Indexanbieter nun abwägen und andere Kriterien einbeziehen, wie etwa die Indexkontinuität. Bei Entscheidungen über den Verbleib und die Aufnahme von Aktien ergibt sich meist eine Bevorzugung der schon im Index enthaltenen Werte. Daneben kommt aber auch noch die Branchenrepräsentation ins Spiel.

Wie vollständig eine Branche in einem Index vertreten sein soll, wird im Regelwerk des Indexanbieters festgelegt. Häufig werden zunächst die größten Unternehmen einer Branche in den Index aufgenommen, bis ein bestimmter Anteil (z. B. 60 % der gesamten Branche) erfüllt ist. Da nicht alle Branchen für jedes Land gleich repräsentativ sind, werden die Branchen meistens nach ihrer wirtschaftlichen Bedeutung im Index gewichtet. So kann es vorkommen, dass zwar die Kriterien Börsenumsatz und Marktkapitalisierung (wie z. B. die 35/35-Regel) erfüllt sind, das Unternehmen dennoch nicht in den Index aufgenommen wird, weil dadurch einzelne Branchen überrepräsentiert werden.

Neben den quantifizierbaren Faktoren, die man schwarz auf weiß vorliegen hat, gibt es auch qualitative Kriterien. (Einige Börsenexperten nennen sie auch die Gummikriterien, weil sie dehnbar sind.) Die qualitativen Kriterien sollen die Transparenz der Indizes erhöhen. Beispiele für solche Kriterien sind:

- Einhaltung und Anerkennung von Veröffentlichungspflichten
- Akzeptanz freiwilliger Standards (z. B. Übernahmekodizes)

---

[30] Er gibt den Gesamtbetrag oder die Gesamtsumme der Geschäfte, die in einem Wertpapier zu einem bestimmten Zeitraum abgeschlossen wurden, wieder. Der Börsenumsatz kann in Stück oder Eurobetrag angegeben werden. So gibt der Tagesumsatz in Euro alle an dem betrachteten Tag ausgeführten Aufträge (Stückzahl mit dem jeweiligen Preis) an.

- Rechnungslegung nach internationalen Regeln
- Quartals- und Halbjahresberichte auch auf Englisch
- Durchführung mindestens einer Analystenkonferenz pro Jahr usw.

Oftmals sind solche Bedingungen auch an die Notierung in einem bestimmten Börsensegment gekoppelt. Beispielsweise verlangt der *Prime Standard* (Teilbereich des amtlichen Marktes und des geregelten Marktes der *Deutschen Börse*) für Unternehmen besonders hohe Transparenzstandards. Zudem ist die Notierung im *Prime Standard* Voraussetzung für die Aufnahme in einen Auswahlindex der *Deutschen Börse*, wie DAX oder MDAX. Jederzeit kann der Indexanbieter zusätzliche qualitative Anforderungen an die Unternehmen stellen, die die Unternehmen erfüllen müssen, wenn sie im Index bleiben, möchten[31] [32]. Kritiker sagen deswegen auch, dass sich die Indexanbieter über das Gesetz stellen und sich de facto zu einem Entwickler von Kapitalmarktstandards über die gesetzlich vorgeschriebenen Anforderungen hinaus entwickelt haben – meistens ohne zusätzlichen Nutzen für die Anleger oder Unternehmen, wie die vielen Betrugsfälle an der Börse zeigen.

Die Regelwerke der Indizes regeln aber nicht nur, wann ein Unternehmen aus dem Index genommen bzw. in ihn aufgenommen wird, sondern auch, wie im Index enthaltene Gesellschaften Kapitalveränderungen[33] vornehmen. Die Arten der möglichen Kapitalveränderungen sind dabei sehr vielfältig:

- Kapitalerhöhungen (aus Bareinlagen der Gesellschaftsmittel), die so genannten Gratisaktien.

---

[31] Fällt eine Aktie aus einem Index, kann dies Folgen für die Wertentwicklung einer Aktie haben. So führt die Aufnahme in einen Index zu einer größeren Aufmerksamkeit bei vielen Anlegern, was kurssteigernd sein kann. Hinzu kommt die zunehmende Bedeutung von Indexinvestoren. Sie führt in vielen Fällen zu einer größeren Nachfrage nach Aktien, die in bedeutenden Indizes geführt werden. Umgekehrt beobachtet man, dass es sich negativ auf die Performance auswirken kann, wenn eine Aktie aus einem Index fällt.

[32] Die Erfahrung, dass Marktkapitalisierung und Börsenumsatz allein nicht für den Verbleib in einem Index ausreichen, musste der Automobilkonzern *Porsche* machen. Weil sich *Porsche* bis heute weigert, die von der *Deutschen Börse* für die Aufnahme in einen ihrer Indizes vorgeschriebenen Quartalsberichte vorzulegen, musste das Unternehmen aus dem MDAX ausscheiden.

[33] Jede Aktiengesellschaft hat ein Grundkapital. Das Grundkapitel ist das in Aktien ausgegebene Kapital einer Aktiengesellschaft. Es kann mit Zustimmung der Hauptversammlung erhöht oder vermindert werden. Dies bezeichnet man als Kapitalveränderung.

- Kapitelherabsetzungen *(Reverse Split)*[34]
- Nennwertumstellung und Aktiensplits
- Bezugsrechte usw.

All diese Maßnahmen zwingen die Indexanbieter zum Handeln. Dies ist deswegen geboten, damit der Index stets aktuell und repräsentativ die Marktentwicklung wiedergibt. Kommt es zu einer Veränderung, die nur die Gewichtung und nicht die Indexzusammensetzung betrifft, so werden vor jedem Börsentag die bis dahin vorliegenden Informationen berücksichtigt. Dies geschieht mithilfe eines Korrekturfaktors, der laufend angepasst wird.

All diese Indexregeln legt jeder Anbieter für sich selbst fest. Um die Kriterien zu erarbeiten, wird meistens ein Beratungsgremium eingesetzt, das primär aus Investorenvertreten (also Banken, Versicherungen usw.) besteht. Beispielsweise entscheidet beim DAX der Vorstand der *Deutschen Börse*, wobei er durch einen Beirat aus Vertretern von Banken und Versicherungen unterstützt wird. Zudem überprüfen die Indexanbieter mithilfe ihrer Gremien in regelmäßigen Abständen die Zusammensetzung der Indizes. Dabei wird anhand der festgelegten Kriterien geklärt, ob neue Indexwerte aufgenommen werden müssen oder gar alte ausscheiden. Üblicherweise veröffentlichen die Indexanbieter ständig ihre Entscheidungslisten mit aktuellen Werten. Es kann aber auch zu unplanmäßigen Änderungen im Index kommen, wenn eine Gesellschaft z. B. fusioniert, Konkurs anmeldet usw.

Der Philosoph Erich Brock sagte: *„Kleider (Kriterien) machen wohl Leute (Auswahl von Aktien) – aber keine Menschen (Indizes)."* Genauso ist es mit den Auswahlkriterien, erst durch das Zusammenspiel entsteht ein Index. Also lassen Sie uns jetzt sehen, wie mithilfe der Auswahlkriterien Indizes entstehen. Im Gegensatz zu den All-Share-Indizes versuchen die Auswahlindizes aus einer Gesamtheit von zahlreichen Aktien nur einige wenige nach bestimmten Kriterien herauszufiltern. Sie versuchen also, einen Großteil des betrachteten Marktes mit deutlich weniger Indexmitgliedern abzubilden, als die Gesamtmarktindizes. So werden z. B. im deutschen DAX nur 30 Titel aufgenommen, dennoch repräsentiert er rund 80 % des deutschen Börsenkapitals.

---

[34] So führte *Ericsson* am 2. Juni 2008 ein *Reverse Split* im Verhältnis 5:1 durch. Dies bedeutet, dass Sie für 5 Aktien eine neue Aktie derselben Gesellschaft bekommen hätten.

3.1.1.3 Branchen- oder Sektorenindizes und Regionalindizes

Wie der Name schon sagt, spiegelt ein Branchenindex die Wertentwicklung aller Unternehmen einer Branche wider. Da hier sämtliche Indexmitglieder aus einer Branche[35] stammen, weisen die Branchenindizes eine hohe Korrelation auf. Das bedeutet, die Titel in einem Branchenindex bewegen sich ähnlich, d. h., sie steigen oder fallen gemeinsam. Nur unternehmensspezifische Sondersituationen führen dazu, dass sich kurzfristig eine Aktie von dem Branchentrend absetzen kann. So stieg beispielsweise durch den Übernahmeversuch *Porsches* an VW der VW-Aktienkurs im Jahr 2008 wesentlich stärker an als im Branchenvergleich.

Ein weiteres Problem, das bei Branchenindizes auftreten kann, ist, dass wenige Gesellschaften eine starke oder gar dominierende Marktposition mit einer hohen Marktkapitalisierung haben können. Dies führt dazu, dass der Branchenindex stark von wenigen Unternehmen dominiert wird. So umfasst z. B. der Branchenindex *STOXX TMI Automobil* 19 Werte. Doch Goethe lehrte schon: *„Was glänzt, ist für den Augenblick geboren, das Echte bleibt der Nachwelt unverloren."* Bei näherem Hinsehen stellt man nämlich fest, dass 3 Werte (*Daimler, Volkswagen* und *Renault*) knapp die Hälfte des Indexes ausmachen. Durch eine derartige Konzentration ist das Risiko bei einem Branchenindex wesentlich höher als bei einem Topwerte- bzw. Gesamtmarktindex.

Um die Börsenentwicklung einzelner Regionen abzubilden, wurden die Regionalindizes entwickelt. Hierbei handelt es sich um länderübergreifende Indizes. Es gibt heute Regionalindizes für fast alle Flecken der Welt, von Afrika, Amerika, Asien, Lateinamerika bis hin zu Europa. Man kann also auf den Spuren der großen Entdecker wandeln und überall in der großen weiten Welt sein Geld investieren. Es gibt fast keine weißen Flecken mehr auf der Finanzweltkarte.

---

[35] Die Branchenzugehörigkeit eines Unternehmens richtet sich nach dem Tätigkeitsschwerpunkt des Unternehmens. Hierzu werden alle Unternehmen im Prime Standard der *Deutschen Börse* nach ihrem Tätigkeitsschwerpunkt in eine Industriegruppe eingeordnet. Es gibt insgesamt 62 Industriegruppen, wie z. B. Biotechnologie und Pharma. Um die Übersichtlichkeit zu erhöhen, werden diese 62 Industriegruppen zu 18 Prime-Standard-Branchen zusammengefasst, so werden z. B. Biotechnologie und Pharma zu der Standard-Branche Pharma zusammengefasst, für die dann ein Branchenindex berechnet wird.

Zudem werden auch regional bezogene Indizes konstruiert, welche vielversprechende Volkswirtschaften miteinander kombinieren. So sind im osteuropäischen CECE-Index die größten und liquidesten Titel aus Polen, Tschechien und Ungarn zusammengefasst. Aber auch die bekannten Indizes *Stoxx* und *Euro Stoxx* sind Regionalindizes, da sie nur bestimmte Aktien aus Westeuropa bzw. der Eurozone enthalten.

3.1.1.4 Strategieindizes

Streng genommen sind auch die Auswahl- oder Branchenindizes Strategieindizes, da sie die Indexmitglieder nach gewissen Kriterien (wie Größe der Unternehmen) aufnehmen. So kann ein Anleger mit diesen Indizes bequem die Strategie verfolgen, immer nur in die größten und liquidesten Titel eines Landes, einer Branche oder Region zu investieren.

Unter Strategieindizes versteht man Indizes, die komplexe Investmentstrategien abbilden. Die abgebildeten Strategien sollen eine bessere Performance als ein Vergleichsindex (z. B. DAX) ermöglichen.

Eine solche Strategie könnte z. B. die Dividendenstrategie auf den DAX sein. Bei dieser Strategie werden die Aktien aus dem DAX ausgewählt, die die höchste Dividendenrendite aufweisen. Diese Aktien werden dann in einem eigenen Strategieindex, dem DivDAX, zusammengefasst. Er umfasst die 15 DAX-Werte mit der höchsten Dividendenrendite.

Das Universum der Strategieindizes ist vielfältig und wird laufend erweitert. Welche Blüten dies treiben kann, zeigt sich z. B. an den von *Dow Jones* ins Leben gerufenen *Dow Jones Stoxx Grand Prix Index*. Sie erraten vielleicht schon, welche Aktien er abbildet: Die der Zulieferer der Formel 1, vom Motorenhersteller bis zum Benzinlieferanten. Solche Indizes fassen ein beliebiges Trendthema in Zahlen auf, statt einen zusammenhängenden Markt zu betrachten. Spötter sagen auch, solche Indizes seien weniger für ernsthafte Anleger konstruiert, sondern eher für die Spielwarenabteilung der Finanzwelt.

Der Anleger sollte Strategieindizes niemals blind kaufen, sondern sich mit dem Strategiemechanismus hinter dem Index auseinandersetzen. Er sollte sich immer fragen, ob die gewählte Strategie (hinter dem Index) nur eine kurzfristige Mode an der Börse ist, oder ob wirklich etwas dahinter steckt. Die

Geschichte lehrt nämlich, dass kurzfristige Moden an der Börse wie Sternschnuppen sind. Sie glühen einmal wunderschön auf und verglühen dann.
Vielleicht haben Sie sich ja auch schon gefragt: Wie berechnet man einen Index?

3.1.2 Indexformeln

Ein Witz unter Statistikern lautet: Bei einem Klassentreffen fragt ein Mathe-
matiklehrer seinen ehemaligen Schüler. „Es geht dir offensichtlich gut, du
kannst dir ja einen teuren Mercedes leisten. Wie machst Du das?" Der ehemalige Schüler antwortet: „Ich lebe vom Kauf und Verkauf von Indexpapieren,
z.B. kaufe ich bei einem DAX-Stand von 5000 Punkten und verkaufe anschließend bei 6000 Punkten, von diesen 15 % lebe ich." Erwidert der Lehrer:
„Man merkt, in Mathe warst Du schon immer schwach, es sind nämlich 20 %.
Doch wie kommt eigentlich die Punktezahl zustande?" Der Schüler blickt den
Lehrer erstaunt an und sagt: „Ist doch egal, Hauptsache, ich verdiene." Der
Lehrer antwortet: „Eben nicht. Woher willst Du wissen, dass der DAX die
wirkliche Kursentwicklung der Indextitel anzeigt? Zeigt er eine falsche Kurs-
entwicklung an, kannst du ganz schnell wieder Fahrrad fahren, Du bist also
doch nur ein Glücksritter, der nicht weiß, was er tut."   Index
Entscheidend für die Abbildung der Kursentwicklung eines Indizes ist die Indexformel. Aus ihr berechnet sich der Punktewert eines Indizes. Als Grundlage dienen die Aktienkurse der im Index enthaltenen Titel. Zur Berechnung
von Aktienindizes haben sich zwei unterschiedliche Konzepte durchgesetzt.
- Kursgewichtete Konzepte und
- Gewichtete Konzepte
Nach diesen Konzepten werden die Aktienindizes mindestens einmal börsentäglich oder sogar permanent berechnet und publiziert.

3.1.2.1   Das kursgewichtete Konzept

Das kursgewichtete Konzept greift auf das ungewogene arithmetische Mittel
als Berechnungsformel zurück. Dabei werden einfach die einzelnen Aktienkurse zusammengezählt und anschließend durch die Anzahl der im Index
enthaltenen Titel geteilt. Dies führt dazu, dass Aktien mit einem hohen Kurs

ein stärkeres Gewicht als Werte mit einem niedrigeren Kurs im Index erhalten. Im Umkehrschluss bedeutet dies aber nicht, dass ein Titel mit einem höheren Aktienkurs wertvoller ist als eine Aktie mit einem niedrigeren Aktienkurs. Beispielsweise ist das Unternehmen *Adidas* mit einem Aktienkurs von 27,40 Euro (Marktkapitalisierung: 5.362,31 Mio. Euro) nicht mehr als dreimal wertvoller als die *Deutsche Telekom* mit 7,95 Euro (Marktkapitalisierung: 34.563,46 Mio. Euro). Denn der Unternehmenswert ergibt aus dem Aktienkurs multipliziert mit der Anzahl der ausgegebenen Aktien. Ein weiteres Problem bei dieser Berechnung ist, dass eine Veränderung im Kapital der Aktiengesellschaften (Aktienanzahl) nicht berücksichtigt wird. Wird z. B. ein Aktiensplit vorgenommen oder erfolgt die Ausgabe von Gratisaktien, so würde dies zu einem niedrigeren Indexstand führen, ohne dass es zu einer Veränderung des Marktwertes des Unternehmens gekommen ist. Um diesem Problem Herr zu werden, wurde ein Korrekturfaktor eingeführt.

$$I(t) = \frac{1}{c} \cdot \frac{\sum_{i=1}^{n} p_{it}}{n}$$ mit I = Indexwert; p = Börsenkurs; t = aktueller Zeitpunkt; i = i-Ter Titel im Index; n = Anzahl der im Index enthaltenen Aktien; c = Korrekturfaktor[36]

Aus der Formel erkennt man, dass sich beim ungewogenen arithmetischen Mittel der relative Anteil jeder einzelnen Aktie im Index aus ihrem absoluten Kurswert ergibt, d. h., es wird keine Gewichtung innerhalb des Indexes vorgenommen und alle Indexmitglieder sind gleichermaßen verantwortlich für die Höhe der Indexzahl. Das bedeutet, dass eine Aktie mit einem Kurs von 100 Euro einen zehnmal höheren Einfluss auf den Index hat als eine Aktie, deren Kurs 10 Euro beträgt.

Aufgrund dieser Tatsache werden Aktienindizes, die anhand des ungewogenen arithmetischen Mittels berechnet werden, auch als kursgewichtete Aktienindizes bezeichnet. Das Problem bei dieser Berechnungsmethode ist, dass starke Kursbewegungen einzelner Aktien zu einem Klumpenrisiko im Index führen können. Steigt der Aktienkurs stark an, gewinnt der Titel im In-

---

[36] Die Formel wird so gelesen: Das arithmetische Mittel ergibt sich als einfacher Kursdurchschnitt von (n) Aktien zum Zeitpunkt (t), wobei (p_{it}) den jeweiligen Aktienkurs zum Zeitpunkt (t) meint. Die Werte für den Korrekturfaktor (c) werden auf der Homepage des Indexanbieters veröffentlicht.

dex an Gewicht. Im Extremfall kann es dann passieren, dass einige stark steigende Werte hauptsächlich für die Indexentwicklung verantwortlich sind. Letztendlich entscheidet einzig der absolute Kurswert einer Aktie über ihr Gewicht im Index, unabhängig davon, ob dies der tatsächlichen Bedeutung des Unternehmens auf dem Markt beispielsweise in Bezug auf seine Marktkapitalisierung entspricht.

Das kann bei kleinen Werten zu einer Überinterpretation und bei großen Werten zu einer Unterinterpretation des allgemeinen Marktgeschehens führen. Zudem ist problematisch, wenn Aktien kleiner Gesellschaften allein durch die absolute Höhe ihres Aktienkurses unangemessen stark im Index vertreten sind. Dann spiegelt der Index nämlich das Marktgeschehen nur noch verzerrt wider. Die bekanntesten Vertreter dieser Berechnungsmethode sind der amerikanische Leitindex *Dow Jones Industrial Average* und der japanische *Nikkei 225 Index*. Die Verwendung dieser Berechnungsmethode für den *Nikkei 225* ist zweifelhaft, weil in Japan die absoluten Aktienkurse teilweise stark divergieren. So kostet der Rohstoffkonzern *Inpex Corp.* 6.035 Euro und *Sony* nur 19,40 Euro. Im Gegensatz dazu befinden sich die Aktienkurse im *Dow Jones* in einem engen Preisband von 10 bis 100 US-Dollar, weil es in Amerika üblich ist, bei zu groß werdenden absoluten Aktienkursen Aktiensplits und bei zu klein werdenden absoluten Kursen Reservesplits durchzuführen. Um diese Probleme zu umgehen, wurden die gewichteten Konzepte eingeführt.

3.1.2.2 Gewichtete Konzepte

Gewichtete Börsenindizes sind der Preisindextheorie entnommene Berechnungskonzepte, die auf den Indexformeln nach Laspeyres, Paasche oder der Wertindexformel beruhen.

Im Gegensatz zum ungewogenen arithmetischen Mittel werden jetzt die aktuellen Kurse zunächst gewichtet, danach auf den Basiszeitpunkt bezogen und abschließend mit dem Basiswert (in der Regel 100 oder 1.000 Punkte) multipliziert. Ein weiterer Unterschied ist, dass bei den gewichteten Indexformeln das Gewicht der Indexmitglieder nach Gewichtungskriterien gezielt festgelegt wird. Als Gewichtungskriterien kommen die Marktkapitalisierung, das Grundkapital, der Börsenumsatz oder der Streubesitz infrage. Je nach Indexanbieter findet man unterschiedliche Kombinationen der Gewichtungskriterien vor.

So ermöglicht eine Kombination von Marktkapitalisierung und Grundkapital die Gewichtung nach der wirtschaftlichen Bedeutung und Unternehmensgröße, wohingegen die Kombination Börsenumsatz und Streubesitz die Handelbarkeit bzw. Liquidität der Aktien in den Blickpunkt rückt.

Der Unterschied zwischen den Indexformeln nach Laspeyres, Paasche oder der Wertindexformel besteht eigentlich nur in der unterschiedlichen Gewichtung der Kurse.

Bei der <u>Formel nach Laspeyres</u> werden zunächst die aktuellen Kurse sowie die Kurse zum Basiszeitpunkt mit den Gewichten der Basisperiode gewichtet. Für die Gewichtung werden stets die zum Basiszeitpunkt vorhandenen Gewichtungen verwendet. Dies hat die angenehme Konsequenz, dass sich bei der Ermittlung des aktuellen Indexstandes lediglich die aktuellen Kurse ändern, während alle übrigen Variablen konstant bleiben.

$$I_L(t) = \frac{\sum_{i=1}^{n}(p_{it} \cdot q_{i0})}{\sum_{i=1}^{n}(p_{i0} \cdot q_{i0})} \cdot B$$

mit: IL = Indexwert nach Laspeyres; p = Börsenkurs; q = Gewichtung; t = aktueller Zeitpunkt; 0 = Basiszeitpunkt; i = i-ter Titel im Index; B = Basiswert[37]

Ein Laspeyres-Index zeichnet sich also dadurch aus, dass er die Wertentwicklung eines Aktiendepots gegenüber der Basisperiode mit den Gewichtungsfaktoren wiedergibt, die im Basisjahr gegolten haben. Der Gewichtungsfaktor im Nenner bleibt über den Zeitverlauf (Gewichtungsfaktoren des Basiszeitpunktes) unverändert. Dagegen wird der Gewichtungsfaktor im Zähler meist vierteljährlich (je nach Indexanbieter) zu den so genannten Verkettungsterminen angepasst. Er bleibt aber ebenfalls bis zum nächsten Verkettungstermin konstant.

Einer der bekanntesten Laspeyres-Indizes ist der DAX. Beim DAX wird der Aktienkurs von 30 Indexmitgliedern arithmetisch gemittelt, allerdings gewichtet mit der Anzahl der Aktien, die jeweils im Umlauf sind. Somit gibt der DAX

---

[37] Mit q_{i0} wird das Gewicht des i-ten Indexmitgliedes im Index zum Zeitpunkt 0 und mit p_{it} der entsprechende Kurs zum Zeitpunkt t beschrieben. Dagegen beschreibt die Variable p_{i0} den Kurs zum Basiszeitpunkt. Die Variable B beschreibt den Wert des Indexes zum Basiszeitpunkt. Die meisten Indexanbieter verwenden einen Wert von 100 oder 1000.

den (in Promille ausgedrückten) Börsenwert der 30 DAX-Unternehmen im Vergleich zum Startzeitpunkt am 30.12.1987 an. So sagt ein DAX-Stand von z. B. 5.090 Punkten (Stand Juni 2009) mathematisch gesehen aus, dass der Börsenwert der 30 DAX-Unternehmen seit dem 30.12.1987 (als er bei 1.000 Punkten stand) um ca. 4.090 Promille bzw. 409 Prozent gestiegen ist. Die Vorteile der Laspeyres-Formel sind zum einen die einfache Berechnung und zum anderen die gute Interpretierbarkeit. Die gute Interpretierbarkeit resultiert daraus, dass aufgrund der konstanten Gewichtungsfaktoren die Veränderungen im Indexstand ausschließlich aus den Kursveränderungen der Indexmitglieder resultieren. Ein Nebeneffekt der Konstanz der Gewichtungsfaktoren ist, dass sich die Indizes besonders für langfristige Vergleiche eignen.

Aber es gibt natürlich auch ein „Haar in der Suppe". Leider werden bei dieser Berechnungsart Gewichtungsänderungen, die z. B. verursacht werden durch Aktiensplits oder Kapitalerhöhungen, nicht direkt erfasst. Um eine realitätsgetreue Darstellung der Marktentwicklung sicherzustellen, muss der entsprechende Indexanbieter eingreifen, und manuell eine Änderung der Gewichte vornehmen.

Im Gegensatz zur Laspeyres-Indexformel berücksichtigt die Indexformel nach Paasche die zum Zeitpunkt (t) aktuelle Gewichtung der Indexmitglieder (q_{ii}) mit dem Wert, den diese zur Basisperiode gehabt hätten. Das heißt, sie gibt die Veränderung des Kursniveaus unter der Annahme an, dass die aktuelle Gewichtung bereits zum Basiszeitpunkt vorgelegen hätte. Daher verändert sich das Gewichtungsverhältnis im Laufe der Zeit, dennoch spiegelt die Formel die reine Preisänderung der Indexmitglieder wider.

$$I_P(t) = \frac{\sum_{i=1}^{n}(p_{it} \cdot q_{it})}{\sum_{i=1}^{n}(p_{i0} \cdot q_{it})} \cdot B$$

mit: IP = Indexwert nach Paasche; p = Börsenkurs; q = Gewichtung; t = aktueller Zeitpunkt; 0 = Basiszeitpunkt; i = i-ter Titel im Index; B = Basiswert

Der große Vorteil des Paasche-Indexes ist seine ständige Aktualität, weil bei seiner Berechnung jeweils die aktuellen Gewichte zum Berichtszeitpunkt verwendet werden. Somit zeichnet der Paasche-Index zu jedem Zeitpunkt die aktuellen Marktverhältnisse nach. Das hat den Nachteil, dass sich die ursprüngliche Indexgewichtung durch die ständigen Anpassungen der Gewichte der Indexmitglieder im zeitlichen Ablauf erheblich verändert. Nach dieser Berechnungsmethode werden z. B. der *FTSE All-World Index* des Indexanbieters *FTSE International Limited* berechnet.

Bei der Wertindexformel wird der aktuelle Kurs (p_{it}) multipliziert mit der aktuellen Gewichtung (q_{it}), mit dem Kurs (p_{i0}) und der Gewichtung (q_{i0}) der Basisperiode verglichen.

$$I_W(t) = \frac{\sum_{i=1}^{n}(p_{it} \cdot q_{it})}{\sum_{i=1}^{n}(p_{i0} \cdot q_{i0})} \cdot B$$

mit: IW = Indexwert nach Wertindexformel; p = Börsenkurs; q = Gewichtung; t = aktueller Zeitpunkt; 0 = Basiszeitpunkt; i = i-ter Titel im Index; B = Basiswert

Aus der Formel erkennt man, dass der Wertindex sofort die durchschnittliche Marktveränderung anzeigt. Um die Vergleichbarkeit des Indexes zu ermöglichen, müssen alle Veränderungen der Zusammensetzung oder der Gewichtung durch Verkettungen laufend aktualisiert werden. Nach dieser Formel werden z. B. der japanische *Topix Index* und der französische *CAC 40 Index* berechnet.

3.1.2.3   Kurs- oder Performanceindex?

Mit den Indexberechnungsformeln steuert man, wie die Kurse der Indexmitglieder in den Index einfließen. Allerdings haben Aktienindizes die Besonderheit, dass nicht nur Kursveränderungen berücksichtigt werden müssen, sondern auch Ausschüttungen wie Dividenden. Theoretisch entspricht zwar der Wert einer Aktie nach der Ausschüttung dem Wert der Aktie vor der Ausschüttung abzüglich der Dividenden. Das heißt, die Dividendenzahlung beeinflusst grundsätzlich nicht die Kursentwicklung. Dennoch stellt sich die Frage: Wie werden die zusätzlichen Erträge von Aktien im Index berücksichtigt?

Die Kursindizes (oder auch Preisindizes, *Excess Return*) geben die reine Kursentwicklung des abgebildeten Aktienkorbes an, d. h., in die Berechnung gehen etwaige Erträge nicht ein. Preisindizes sind sehr verbreitet, weil sie eine gute Abbildung der Marktentwicklung wiedergeben, wenn die Dividendenzahlungen den Aktienkurs nur schwach beeinflussen, wie z. B. in den USA, wo Quartalsdividenden üblich sind.

Dagegen geben die Performanceindizes (oder Total-Return-Indizes) die Wertentwicklung des zugrunde liegenden Aktienkorbes mit allen Erträgen an. Diese Indizes sind so aufgebaut, dass sie die Rendite messen können, die ein Investor als Summe aller Einzelrenditen – also Kurssteigerungen plus Dividenden und Bezugsrechte – mit einer Anlage der im Index enthaltenen Aktien erwirtschaftet hätte. Dabei wird unterstellt, dass jeder aus einer Aktie stammende Zufluss an Geldmitteln sofort wieder in dieselbe Aktie reinvestiert wird. Diese Indizes werden häufig verwendet, wenn die Dividendenzahlungen einen großen Einfluss auf die Aktienkurse haben, und wenn die Ausschüttungen in einem bestimmten Zeitraum auftreten, wie es z. B. in Deutschland der Fall ist. Deswegen ist das wichtigste deutsche Marktbarometer, der DAX, als Performanceindex konzipiert.

Heinrich Heine fragte: *„Was ist Geld? Geld ist rund und rollt weg ..."* Damit uns das Geld nicht wegrollt, sollten wir uns fragen: Hat die Einbeziehung der Dividende in die Indexberechnung überhaupt einen Einfluss auf die Performance? Ja, je mehr Dividenden im zeitlichen Ablauf akkumuliert werden, desto mehr gewinnt der Performanceindex die Überhand. Das bedeutet, je länger die Haltedauer ist, desto größer wird der Performanceunterschied zwischen den Indizes. So legte z. B. der gewöhnliche *Euro Stoxx 50* (ohne Dividenden) zwischen Januar 1992 und Juni 2003 um 150 Prozent zu, also um 8,1 Prozent p. a. Dagegen brachte der mit den fetten Dividenden gefütterte *Total Return-Euro Stoxx 50 Index* 235 Prozent auf die Waage, also 10,8 % p. a. Hier besteht also tatsächlich die Möglichkeit, dem eisernen Gesetz des Investierens *„mehr Chance (Rendite) = mehr Risiko"* ein Schnippchen zu schlagen.

3.1.3 Indexfamilien

Um den Überblick im Universum der Indizes zu behalten, werden die Indizes eines Anbieters zu einem Familienbaum zusammengefasst. Ich möchte diesen exemplarisch für die Indizes der *Deutschen Börse* (www.dax-indices.com) aufzeigen, weil sie in Deutschland die meiste Verbreitung haben.

Die Grundlage für die Aufnahme einer Aktie in einen Aktienindex stellt ihr Listing in einem Segment dar. An der Frankfurter Wertpapierbörse gibt es drei Listing-Segmente. Die im *Prime Standard* versammelten Konzerne müssen nicht nur die gesetzlichen Transparenzregeln für EU-regulierte Märkte erfüllen, sondern auch ein internationales Berichterstattungswesen haben, z. B. Quartalsberichte in englischer Sprache oder die Ausrichtung mindestens einer Analystenkonferenz im Jahr. Dagegen müssen Unternehmen im *General Standard* nur die gesetzlichen Anforderungen für EU-regulierte Märkte, wie Jahresabschluss und Zwischenberichte nach internationaler Rechnungslegung, erfüllen. Noch geringere Anforderungen stellt der *Entry Standard*. Hier muss das Unternehmen lediglich einen Jahresabschluss bzw. Zwischenbericht nach nationalen Rechnungslegungsstandards vorlegen.

Der Indexbaum beginnt mit den Aushängeschildern der *Deutschen Börse*, den Auswahlindizes. Voraussetzung und Verbleib in einem Auswahlindex ist die Zulassung zum *Prime Standard*. Daneben gelten noch einige Regeln hinsichtlich der Marktkapitalisierung des Streubesitzes sowie des Börsenumsatzes. Alle Auswahlindizes sind kapitalgewichtet und werden als Kurs- und Performanceindizes berechnet, wobei die Performanceindizes im Rampenlicht stehen. Prinzipiell stellen die Auswahlindizes sozusagen die oberste Handelsliga dar.

Seit 1988 misst der DAX-Aktienindex die Performance der deutschen *Bluechips* (benannt nach den wertvollen blauen Jetons des Spielcasinos Monte Carlo). Er beinhaltet die 30 größten deutschen Unternehmen hinsichtlich Börsenumsatz und Marktkapitalisierung. Unterhalb des DAXes siedeln sich der MDAX, SDAX und TecDAX an. Der MDAX enthält 50 Werte aus den klassischen Branchen (wie Pharma, Chemie, Maschinenbau oder Finanzen), die den DAX-Werten in Bezug auf Marktkapitalisierung und Börsenumsatz folgen *(Midcaps)*. Direkt unterhalb des MDAXs schließt sich der SDAX an. Er ist ein Auswahlindex mit 50 Werten für kleinere Unternehmen *(Small Caps)*. Dagegen bildet der TecDAX die Entwicklung der 30 größten Technologieunternehmen des *Prime Standards* unterhalb des DAXes ab.

Um das Marktgeschehen aus einem breiteren Blickwinkel zu beobachten, wurde der HDAX eingeführt. Er umfasst alle 110 Unternehmen des DAXes, MDAXes und TecDAXes. Dagegen gibt der *Midcap Market Index* die Wertentwicklung der 80 Werte von MDAX und TecDAX wieder. Er misst also die Wertentwicklung des gesamten Midcap-Segmentes.

Um ein Bild über die Entwicklung des *Entry Standards* zu erhalten, wurde der *Entry Standard Index* entwickelt. Er umfasst die 30 Unternehmen im *Entry Standard* mit den höchsten Börsenumsätzen. Im Gegensatz zu den anderen Auswahlindizes ist er gleich gewichtet.

Den nächsten Zweig im Familienbaum nehmen die Benchmarkindizes (All-Share-Indizes) ein. Sie dienen vornehmlich den Fonds- und Asset-Managern dazu, ihren Anlageerfolg an der Performance des Gesamtmarktes bzw. einzelner Branchen zu messen. So misst der *Prime All-Share-Index* die Entwicklung des gesamten *Prime Standards*. Dieser Index ist in 18 Branchenindizes, die sich aus 62 Industriegruppen ergeben, aufgeteilt. Im CDAX sind alle deutschen Unternehmen aus den Marktsegmenten *Prime* und *General Standard* der Frankfurter Börse vertreten. Er beschreibt also die gesamte Breite des deutschen Aktienmarktes. Dagegen ist der GEX-Index ein Indikator für die Wertentwicklung börsengelisteter, von Eigentümern dominierten Unternehmen. Der *Entry All Share* umfasst alle Unternehmen des *Entry Standards*. Er gilt als ein sehr dynamischer Index, weil seine Zusammensetzung mit jedem neuen Wert im *Entry Standard* neu angepasst wird. Der *Classic All-Share-Index* besteht aus Unternehmen der klassischen Branchen unterhalb des DAXes, d. h., hier werden Unternehmen aus dem MDAX, SDAX und alle im *Prime Standard* enthaltenen klassischen Werte eingeordnet. Dagegen bildet der *Technology All-Share-Index* die Entwicklung aller Technologiewerte des *Prime Standards*, die nicht im DAX enthalten sind, ab.

Den nächsten Ast auf unserem Familienbaum bilden die Strategieindizes. Sie werden von der *Deutschen Börse* unter der Marke *DAX$_{Plus}$* vermarktet. Wie der Name schon andeutet, verfolgen solche Indizes bestimmte Investmentstrategien.

So geht z. B. der *DAX$_{Plus}$Seasonal Strategy Index* auf die alte Börsenweisheit „*Sell in May and go away*" zurück. Er nutzt also gezielt die saisonalen Schwächen in den Sommermonaten aus. Möchte ein Anleger auf die 10 exportstärksten Unternehmen aus dem DAX und MDAX setzen, so bietet sich der *DAX$_{Plus}$Export Strategy-Index* an.

Für risikobewusste Anleger bietet sich der LevDAX an. Er vollzieht die Tagesbewegung des DAXes doppelt nach, d. h., steigt der DAX um einen

Punkt, steigt der LevDAX um zwei Punkte. Wenn der DAX aber fällt, vollzieht dies der LevDAX auch mit doppelter Geschwindigkeit nach. Fällt also der DAX um einen Punkt, fällt der LevDAX um zwei Punkte. Dagegen ist der ShortDAX an die umgekehrte Tagesentwicklung des DAXes gekoppelt, d. h., fällt der DAX, steigt der ShortDAX, und steigt der DAX, fällt der ShortDAX. Am 1. April 2009 starteten zwei neue ShortDAX-Indizes und ein LevDAX-Index mit größerer Hebelwirkung. Mit dem *LevDAX x4* kann der Anleger von der vierfachen Tagesperformance des Leitindexes DAX profitieren (der bisherige LevDAX hat einen Hebel von 2, darum wird er auch als *LevDAX x2* bezeichnet). Als Ergänzung zum ShortDAX sind der *ShortDAX x2* und *ShortDAX x4* auf den Markt gekommen. Dabei spiegelt der *ShortDAX x2* eine doppelte negative und der *ShortDAX x4* sogar eine vierfache negative Tagesperformance des DAXes wider. Um gegenüber einem Totalverlust geschützt zu sein, haben alle gehebelten Indizes einen Schutzmechanismus eingebaut. Verliert der Leitindex DAX untertägig zu einem festgelegten Zeitpunkt mehr als 50 %, so werden die Hebel sofort angepasst und die Berechnung erfolgt dann auf Basis des letzten DAX-Standes, bevor die 50-Prozent-Regelung griff.

Mit dem *DAX$_{Plus}$Covered Call-Index* bekommt der Anleger eine der meist genutzten Optionsstrategien (Covered-Short-Call- oder Buy-Write-Strategie) in die Hand. Der Index basiert auf einem DAX-Portfolio und dem rollierenden Verkauf einer an der *Eurex* (Optionsbörse) gehandelten Call-Option auf den DAX, die 5 Prozent aus dem Geld[38] notiert. Mit dem *DAX$_{Plus}$Protective Put-Index* erwirbt der Anleger eine Put-Option auf eine offene Kassamarktposition. Diese DAX-Put-Option ist 5 Prozent aus dem Geld. Bei steigenden Aktienmärkten ist das Gewinnpotenzial um die bezahlte Prämie für die Put-Option reduziert. Dagegen schlägt bei fallenden Kursen die Stunde des Indexes, weil der Verlust auf die Höhe der gezahlten Put-Prämie begrenzt ist.

---

[38] Charakterisierung einer Option, deren Ausübungspreis über (bei einem Call) bzw. unter (bei einem Put) dem aktuellen Kurs des Basiswertes (DAX) liegt. Eine Option ist das verbriefte Recht, eine bestimmte Menge des Basiswertes zu einem vereinbarten Preis innerhalb eines festgelegten Zeitraumes zu kaufen (Call) oder zu veräußern (Put). Dafür zahlt der Optionskäufer dem Verkäufer eine Prämie. Dafür verpflichtet sich der Verkäufer, den Basiswert gegen Zahlung des Basispreises (Ausübungspreises) zu liefern (Call) oder zu übernehmen (Put), wenn die Option ausgeübt wird. Nimmt der Optionskäufer sein Recht nicht wahr, verfällt die Option am Ende der Laufzeit der Option wertlos.

Auch Anleger, die die moderne Portfoliotheorie umsetzen möchten, werden hier fündig. So bildet der *DAX$_{Plus}$Minimum Variance Germany-Index* ein DAX-Portfolio ab, dessen Zusammensetzung maßgeblich durch die Varianzen und Korrelationen der Titel zueinander bestimmt wird. Einen anderen Weg beschreitet der *DAX$_{Plus}$Maximum Sharpe Ratio Germany-Index*. Er nutzt die Optimierungsmöglichkeiten der Zusammensetzung analog zum *DAX$_{Plus}$Minimum Variance Germany-Index*. Hier wird allerdings der Schwerpunkt auf eine möglichst große *Sharpe Ratio* gelegt. Dabei beschreibt die *Sharpe Ratio* die Rendite eines Portfolios unter Berücksichtigung des eingegangenen Risikos. Je höher die *Sharpe Ratio*, umso höher ist auch die Überrendite, die ein Investor für sein übernommenes Risiko erhält. Wie man aus dieser kleinen Aufzählung erkennt, ist das Ziel der DAX$_{Plus}$-Indexwelt eine bessere Performance zu erzielen als der DAX.

Einen weiteren Zweig in der Indexfamilie nehmen die DAX$_{global}$-Indizes ein. Diese Gruppe bildet verschiedene internationale Märkte und Anlagestrategien ab. Eine Besonderheit ist, dass alle Indizes in Echtzeit sowohl in Euro, US-Dollar und britischem Pfund berechnet werden. So kann der Anleger mit dem *DBIX Deutsche Börse India Index* auf bis zu 25 indische Werte setzen, die weltweit an den Börsen gehandelt werden. Möchte der Anleger einen bequemen Zugang zu den wachstumsstarken Märkten in Brasilien, Russland, Indien sowie China (die so genannten BRIC-Staaten) haben, so bietet sich der *DAX$_{global}$ BRIC-Index* an. Er umfasst die 40 größten Werte dieser Länder nach deren Marktkapitalisierung, Handelsumsatz und Liquidität. Dagegen bildet der *DAX$_{global}$ Russia-Index* die Performance der 30 größten und liquidesten russischen Unternehmen ab, die weltweit an verschiedenen Börsen gehandelt werden. Mit dem *DAX$_{global}$ Asia-Index* bekommt der Anleger einen Index zur Hand, der die Entwicklung der zehn wachstumsstärksten Länder Ostasiens ohne Japan abdeckt. Er umfasst die 40 größten Werte dieser Region.

Das letzte Mitglied in der Familie der Aktienindizes sind die REIT-Indizes. Darunter versteht man Immobiliengesellschaften, deren Geschäftszweck der Erwerb und die Bewirtschaftung von Immobilien ist. Die Besonderheit ist, dass Gewinne nicht auf Gesellschaftsebene anfallen, sondern auf der Anteilseignerebene (Aktionäre) besteuert werden. Außerdem wird der Großteil des Gewinnes, der aus dem Immobiliengeschäft stammt, als Dividende ausgeschüttet. Erst im Sommer 2007 startete die *Deutsche Börse* nach Verabschiedung des REIT-Gesetzes ein eigenständiges Segment nach dem Motto: *„Immobilienfonds handeln wie Aktien."* [39] Ferner können deutsche REITs im *General Standard* oder *Prime Standard* gelistet werden. Dagegen können ausländische REITs auch im *Entry Standard* gelistet werden.

Zurzeit berechnet die *Deutsche Börse* zwei eigenständige REIT-Indizes. Der *RX REIT-Index* enthält die 20 größten und liquidesten REITs aus dem *Prime Standard*. Dabei erfolgt die Gewichtung anhand der Free-Float-Marktkapitalisierung. Dagegen erfasst der *RX REIT All-Share-Index* alle REITs des *Prime* und des *General Standards* und ist sowohl für deutsche als auch für ausländische REITs offen.

3.1.4 Teuer oder billig?

Es ist ein Märchen aus 1.001 Nacht, dass Aktienindizes nicht zu teuer sein können. Schon 1922 verewigte Fritz Lang in seinem Filmklassiker *Dr. Mabuse* den Typus des gerissenen Spielers, der seine Opfer durch Hypnose in seinen Bann schlägt. So ähnlich ist es auch bei den Aktienindizes. Sie können einen Anleger in ihren Bann ziehen. Ein Beispiel ist der japanische *Nikkei*.

In den 1960er und 1970er Jahren verzeichnete die japanische Wirtschaft einen kometenhaften Aufstieg. Das Land stieg zur zweitgrößten Volkswirtschaft der Welt auf. Ebenso florierte der Aktienmarkt. In den 1980er Jahren kannte die Tokioter Börse nur eine Richtung – nach oben. Dieser Trend wurde Mitte der 1980er Jahre durch einen enormen Zufluss von spekulativem Kapital (immer mehr Anleger wurden durch die Rendite angezogen) sogar noch beschleunigt. In nur sechs Jahren, von 1983 bis Ende 1989, vervierfachte sich der *Nikkei* fast. Seinen Höhepunkt erreichte der Index am 29. Dezember 1989, als er bei 38.915 Punkten schloss. Danach begann der fast zwei Jahrzehnte andauernde Abstieg des *Nikkei*, der ihn im Jahr 2001 bis auf unter

---

[39] Diese Aussage ist irreführend. Es hat sich nämlich gezeigt, dass Portfolios aus Immobilienaktiengesellschaften nicht die Eigenschaften aufweisen wie direkte Immobilienanlagen. Dies liegt daran, dass Immobilienaktien nicht nur nach den gehaltenen Immobilien bewertet werden, sondern auch nach z. B. der Managementqualität, dem Verschuldungsgrad usw., d. h. nach den gleichen Modellen wie andere Aktiengesellschaften auch. Es sind Aktien, nicht mehr und nicht weniger.

10.000 Punkte führte. Es folgten zwar zwischenzeitliche Aufwärtsbewegungen auf etwa 20.000 Zähler, dies waren allerdings nur Strohfeuer. Derzeit notiert der *Nikkei* knapp unterhalb von 10.000 Punkten (Juni 2009). Hätten Sie im Dezember 1989 ein Indexinvestment in den *Nikkei* getätigt, hätten Sie bis heute keinen einzigen Cent gewonnen. Aus diesem Beispiel sollten Sie lernen, dass Indizes zu teuer sein können. Seien Sie deswegen auf der Hut! Wahrscheinlich ist zwar, dass sich die Aktienmärkte in den nächsten 5, 10, 15 oder gar 20 Jahren wieder erholen und so irgendwann wieder eine positive Langfristbilanz erreichen. Doch schon 1925 schrieb der Ökonom John Maynard Keynes *„langfristig sind wir alle tot"*. Im Umkehrschluss bedeutet dies, dass die Aktienmärkte langfristig nicht immer nur steigen. Zwar ist der *Dow Jones Industrial* seit 1896 von 30 auf über 14.000 Indexpunkte in der Spitze gelaufen. Doch die Aktienindizes vermitteln nur die halbe Wahrheit. So wechseln sich Haussephasen regelmäßig mit langfristigen Seitwärtsbewegungen, die Jahrzehnte andauern können, ab. Wer z. B. kurz vor der Weltwirtschaftskrise 1929 Aktien des *Dow Jones* kaufte, musste über 25 Jahre warten, bis der *Dow Jones* wieder diese Stände erreichte. Das heißt, Baissephasen können zu so großen Kursverlusten führen, dass Anleger Jahrzehnte lang warten müssen, bis sie wieder die Gewinnzone erreichen. Außerdem sind die berühmten Indexcharts eine reine Nominalwertbetrachtung, d. h., die Inflation wird vernachlässigt. So kann bspw. eine Seitwärtsbewegung über 10 Jahre zu 20 % oder mehr an Kaufkraftverlusten führen – also auch in solchen Phasen verliert der Anleger Geld.

Zudem muss der Anleger bedenken, dass Aktienindizes nicht für die Ewigkeit gemacht sind. Sie können auch verschwinden und durch neue Indizes abgelöst werden. Beispielsweise startete am 10. März 1997 die *Deutsche Börse* ein eigenes Segment für junge Wachstumsunternehmen, den *Neuen Markt*. Der *Neue Markt* startete recht beschaulich mit zwei Unternehmen, *Bertrandt* und *Mobilcom*. Danach ging es steil bergauf. So erreichte der *Neue Markt* mit einem Indexstand von 9.631 Punkten am 10. März 2000 seinen Höhepunkt. Wer beispielsweise 1997 beim Börsengang von *EM.TV* mit 6.000 Euro einstieg, war dank eines Kurszuwachses von 16.600 Prozent im Sommer 1999 Millionär – zumindest auf dem Papier. Dann begann auch schon die Rutschpartie des *Neuen Marktes*. Sie endete am 21. März 2003, als die Börse den *Neuen Markt* schloss, bei einem Indexstand von 309 Punkten. Zu diesem Indexstand wurden dann auch sämtliche Indexpapiere abgerechnet. Dieser Markt hatte schlicht seine Bedeutung für die Anleger verloren. Wenig später wurde der TecDAX aus der Taufe gehoben, in dem sich heute die Technologie- bzw. Wachstumsunternehmen tummeln.

Deshalb führt die Aussage „*Timing spielt keine Rolle. Der beste Einstiegspunkt ist im Grunde genommen immer jetzt. Aufgrund des Zinseszinseffektes wächst ein Wertpapierdepot mit der Zeit immer schneller (gemessen in Geldeinheiten), da Aktien langfristig steigen,*" in die Sackgasse. Der amerikanische Ökonom Joseph Stiglitz stellte dazu fest: „*Finanzkrisen, die eigentlich nur alle hundert Jahre passieren dürften, geschehen alle zehn Jahre.*" Die Folge ist, dass der Zeitpunkt, zu dem man in einen Markt investiert, eine deutlich höhere Bedeutung auch für langfristige Investments hat, als üblicherweise angenommen. Somit liegt der Schlüssel zum Börsenerfolg beim Indexinvestment beim Kauf. Kauft der Anleger nämlich einen Index zu teuer, leidet seine langfristige Rendite deutlich. Manche Anleger erwirtschaften sogar jahrelang keine Renditen, weil sie in überbewertete Indizes investiert haben. Deshalb muss ein Anleger stets überprüfen, wie teuer oder billig ein Index ist.

Um die Gewinnchancen eines Aktieninvestments beurteilen zu können, legen die Investoren eine Unternehmensbewertung zugrunde. Die gängigen Methoden sind: KGV-Methode oder Ermittlung des Barwertes der zukünftigen Erträge. Diese für einzelne Aktien entwickelten Methoden sind auch auf Indizes übertragbar.

Eine der wichtigsten Kennzahlen ist das KGV (engl. *price earnings ratio*, PE) eines Aktienindexes. Es berechnet sich aus dem Indexstand geteilt durch den Gewinn der im Index enthaltenen Unternehmen. Ein Anstieg des KGVs drückt einen Anstieg des Indexes oder einen Rückgang des Gewinns aus. Für historische Betrachtungen wird das KGV auf Basis der Gewinne in den letzten 12 Monaten berechnet. Eine stärker auf die Zukunft gerichtete Betrachtung beruht auf der Basis der Schätzungen des zukünftigen Gewinns. Ein im Vergleich zur Historie hohes KGV deutet darauf hin, dass ein Markt teuer ist. Dagegen deutet ein historisch niedriges KGV darauf hin, dass der Markt billig ist.

$$KGV = \frac{\text{aktueller Kurs}}{\text{Gewinn je Index}} = \frac{4950}{325} = 15{,}23$$

Die Berechnung des KGVs erfolgt für den DAX. Historisch gesehen hatte der DAX ein durchschnittliches KGV von 15. KGV-Werte unterhalb von 15 deuten darauf hin, dass der DAX günstig bewertet ist, Werte über 15, dass er teuer ist.

Häufig wird das KGV auch als Maßstab für den inneren Wert eines Unternehmens angesehen. Denn der Kehrwert des KGVs ergibt die Rendite für jeden investieren Euro in %. Somit ergibt sich aus dem aktuellen DAX-KGV von 15,23 ein Kehrwert von 0,067 oder 6,7 % Gewinn pro investierten Euro. Das ist der Gewinn in Prozent, den die im Index enthaltenen Unternehmen mit jedem investierten Euro erzielen.

Eine andere wichtige Kennzahl, die besonders in baisseträchtigen Börsenzeiten auf großes Interesse bei den Anlegern stößt, ist die Dividendenrendite. Die Dividende ist der Anteil des Unternehmensgewinns, der an die Aktionäre ausgeschüttet wird. Bei Indizes ist dies die Dividende der im Index enthaltenen Unternehmen.

$$\text{Dividendenrendite} = \frac{\text{Dividende je Index}}{\text{aktueller Indexstand}} = \frac{201}{4950} \cdot 100 = 4{,}06 \text{ %}$$

Die Berechnung erfolgt für den DAX. Der DAX hat eine Dividende je Index von 201 Euro.

Aktien und Anleihen stehen seit jeher in einem Konkurrenzverhältnis zueinander. Beide buhlen um die Anleger. So bedeuten steigende Anleihekurse fallende Zinsen. Dies verringert die Attraktivität von Anleihen, was wiederum das Interesse für Aktien steigert. Daher findet häufig ein Vergleich von Zinssätzen und Aktienmarkt-KGV statt, um herauszufinden, welches die bessere Anlage ist. Hierzu wird das Aktienmarkt-KGV durch den Kehrwert des Kapitalmarktzinses (= 100 dividiert durch die Rendite einer zehnjährigen Staatsanleihe) dividiert.

$$\text{Earning Yield Ratio} = \frac{\text{Aktienmarkt-KGV}}{\left(\dfrac{100}{\text{zehnjährige Staatsanleihe}}\right)} = \frac{\text{Aktienmarkt-KGV}}{\text{Rentenmarkt-KGV}}$$

$$\text{Earning Yield Ratio}_{DAX} = \frac{15,23}{\left(\dfrac{100}{4,16}\right)} = \frac{15,23}{24,04} = 0,63$$

Die Anleiherendite von 10-jährigen Staatsanleihen beträgt ca. 4,16 % und das Aktienmarkt-KGV 15,23 (gemessen am DAX).

Ist die *earning yield ratio* < 1, so ist die Aktienrendite kleiner als die Anleihenrendite. Das bedeutet, dass die Aktienmärkte relativ günstig bewertet sind. Eine *earning yield ratio* < 0,4, daraufhin deutet, dass die Anleger vorsichtig agieren und künftige Gewinnrückgänge bei den dem Index zugrunde liegenden Unternehmen nicht ausschließen. Dagegen ist eine *earning yield ratio* > 1 ein Indiz dafür, dass die Anleihenrendite kleiner ist als die Gewinnrendite der Aktien. Das ist ein Hinweis darauf, dass die Aktienmärkte relativ teuer bewertet sind.

Michael O'Higgins hat ein ähnliches Modell entwickelt. Er vergleicht den durchschnittlichen Unternehmensgewinn in einem Index (KGV) mit der durchschnittlichen Rendite von sicheren Unternehmensanleihen. Dabei empfiehlt O'Higgins, als durchschnittliche Rendite von sicheren Unternehmensanleihen einfach die Rendite von 10-Jahres-Staatsanleihen des Landes zu nutzen, plus einen Sicherheitsaufschlag von 0,3-0,5 %. Heute braucht man diesen Umweg nicht mehr zu gehen, sondern kann direkt die Rendite der Unternehmensanleihen aus dem Internet entnehmen. Dazu bietet z. B. www.boerse-stuttgart.de unter dem Punkt „Anleihen" Zinsstrukturkurven an. Dort wählt man dann für sichere Unternehmensanleihen *Corporate Bonds A* aus. Im April 2009 lag die sichere Rendite von Unternehmensanleihen mit einer Laufzeit von 10 Jahren bei 5,467 %.

Vergleicht man nun diese Rendite mit dem Kehrwert des KGV des Aktienindexes (Beispiel DAX 6,56 %), so stellt man fest, dass momentan Aktien bei weitem attraktiver sind als Anleihen, da Aktien eine höhere Rendite abwerfen als die sicheren Unternehmensanleihen. Manche vergleichen die Aktienrendite auch noch mit der Rendite von *Corporate Bonds BBB* (der unsicheren Unternehmensanleihe). Schließlich unterliegen Investitionen in Aktien auch größeren Risiken als sichere Unternehmensanleihen. Für eine Laufzeit von 10

Jahren beträgt die Rendite der *Corporate Bonds BBB* 6,966 %. Auch dieser Vergleich liefert das Ergebnis, dass Aktien derzeit ein ähnliches Chance-Risikoprofil aufweisen wie Anleihen.

In meinem Buch „Das 1x1 der fundamentalen Aktienanalyse[40]" habe ich ein alternatives Verfahren zur Berechnung des fairen Aktienkurses eines Unternehmens ausgehend vom Gewinn je Aktie entwickelt. Der Vorteil dieses Verfahrens war, dass alle benötigten Daten relativ einfach zu erhalten sind. Mit ein paar Umstellungen kann man mit diesen Formeln auch den fairen Wert eines Indexes berechnen.

Ausgangspunkt für die Berechnung ist die Vorstellung, dass ein Unternehmen bzw. Index umso mehr wert ist, je größer der Barwert der zukünftigen Gewinne ist. Dabei wird der Gewinn für einen Zeitraum von 7 Jahren vorhergesagt. Für den Zeitraum danach tätigen Sie wegen der Vorhersehbarkeit keine weiteren Aussagen zum Wachstum, aber Sie gehen davon aus, dass der erzielte Gewinn gehalten werden kann.

$$\text{Fairer Aktien} = \frac{\text{EPS im Jahr (1)}}{(1+R)^1} + \frac{\text{EPS im Jahr (2)}}{(1+R)^2} + \dots \frac{\text{EPS im Jahr (n)}}{(1+R)^n} + \underbrace{\frac{\text{EPS im Jahr (1)}}{(1+R)^1} \cdot \frac{\frac{1}{1+R}}{(1-\frac{1}{\quad})}}_{\text{Ewige Rente}}$$

Fairer Aktien = Fairer Aktienwert; EPS = zukünftiger Gewinn je Aktie; n = 7 Jahre; R = Abdiskontierungsfaktor (Bsp. 11 % wird in Form 0,11 in die Formel eingetragen)

Lassen Sie uns nun die Formel am Beispiel des DAXes lösen. Zunächst muss der Anleger die zukünftigen Gewinne der Unternehmen im Index abschätzen. Für die zukünftige Gewinnerwartung wird meist auf die Konsensusprognose (Durchschnitt mehrerer unabhängiger Prognosen) zurückgegriffen. Sie werden im Internet z. B. von onvista.de veröffentlicht. Genau hier liegt der Hund begraben: Akkurate Gewinnprognosen sind unmöglich. So zeigen Studien, dass die Gewinnprognosen der *Wall Street* entweder 15 % zu hoch oder 15 % zu niedrig sind. Einige Experten sagen sogar, dass der Anleger mit dem einfachen Fortschreiben des aktuellen Gewinns besser fahren würde, als mit den Konsensusprognosen. Hierzu bemerkte Benjamin Graham spitz: *„Wie können wir den Wert eines Unternehmens auf Grund ei-*

---

[40] Vgl. Götte, Rüdiger: Das 1x1 der fundamentalen Aktienanalyse, ibidem-Verlag 2004, S. 172 ff.

nes Gewinnes bewerten, den es noch gar nicht gemacht hat? Das wäre so, als würden wir den Preis eines Hauses auf Grund eines Gerüchtes bewerten, dass Cinderella ihr neues Schloss gleich um die Ecke bauen wird."
Ich nutze dennoch immer die Konsensusprognose für das laufende bzw. nächste Jahr, weil hier auch aktuelle Ereignisse einfließen. Das heißt, die Werte werden mehrmals jährlich angepasst. Zudem sind in einem Index eine ganze Reihe von Aktien enthalten, sodass man davon ausgehen kann, dass sich die Fehleinschätzungen für einzelne Aktien im Durchschnitt für den ganzen Index gegenseitig zumindest teilweise ausgleichen sollten. Dies ist aber eine Frage des Geschmacks. Sie können natürlich auch auf die aktuellen Gewinne zurückgreifen.

Mittlerweile berechnen eine Vielzahl von Publikationen oder Internetseiten das KGV von ganzen Indizes. Meist wird das geschätzte KGV für das laufende Jahr (geschrieben: 2009e) und für die folgenden Jahre (2010e) angegeben. Wir nehmen ein DAX-Index-KGV von 15,23 für das Jahr 2009 an. Daraus folgt ein Gewinn je Index von:

$$\text{Gewinn je Index} = \frac{\text{aktueller Kurs}}{\text{KGV}} = \frac{4950}{15,23} = 325$$

Jetzt müssen wir eine Annahme über das Gewinnwachstum tätigen. Meiner Meinung nach können Unternehmen auf Dauer kein höheres Gewinnwachstum erzielen, als die Weltwirtschaft bzw. das Heimatland wächst. Da für das Jahr 2009 mit einem Rückgang der Wirtschaftsleistung von bis -5 % gerechtet wird, nehme ich für das Gewinnwachstum der Unternehmen im DAX den Mittelwert der Schätzungen von -2 % an. Nach dem folgenden Schema wird nun der Gewinn je Index für die nächsten 7 Jahre berechnet.

Gewinn je Index 2009 = geschätzter Gewinn je Index 2009 · 0,98 = 318,50 Euro
Gewinn je Index 2010 = Gewinn je Index 2009 · 0,98 = 312,13 Euro
:
Gewinn je Index 2015 = Gewinn je Index 2014 · 0,98 = 282,14Euro

Tabelle 7:   Geschätzter Gewinn je Index für den DAX

	2009	2010	2011	2012	2013	2014	2015
Geschätzter Gewinn je Aktie [Euro]	318,50	312,13	305,89	299,77	293,77	287,90	282,14

Im nächsten Schritt müssen wir ermitteln, wie viel die zukünftigen Gewinne je Index in der Gegenwart wert sind. Dazu verwendet man folgende Formel:

$$\text{Abdiskontierter Gewinn je Aktie im Jahr n} = \frac{\text{Gewinn je Aktie im Jahr}_n}{D^{\wedge}n}$$

D = Abdiskontierungsfaktor; n = Anzahl der Jahre

Als Faustformel für den Abdiskontierungsfaktor hat sich bei der Indexberechnung für die Industrieländer bewährt, ähnlich wie beim Michael-O'Higgins-Modell, die durchschnittliche 10-jährige Rendite von sicheren Unternehmensanleihen zu verwenden, also 5,467 %. Andere Modelle verwenden z. B. den doppelten Zinssatz der 10-jährigen Staatsanleihen oder den von 10-jährigen unsicheren Unternehmensanleihen *(Corporate Bonds BBB)* als Abdiskontierungsfaktor. Welchen Abdiskontierungsfaktor Sie verwenden, bleibt Ihnen überlassen. Mithilfe dieses Diskontierungsfaktors werden nun die geschätzten Gewinne je Index auf den heutigen Wert abdiskontiert.

$$\text{Abdiskontierter Gewinn je Index 2009} = \frac{\text{geschätzter Gewinn je Index (2009)}}{\text{Diskontierungsfaktor für DAX}^{\wedge}1}$$

$$\text{Abdiskontierter Gewinn je Index 2010} = \frac{\text{geschätzter Gewinn je Index (2010)}}{\text{Diskontierungsfaktor für DAX}^{\wedge}2}$$

$$\vdots$$

$$\text{Abdiskontierter Gewinn je Index 2014} = \frac{\text{geschätzter Gewinn je Index (2014)}}{\text{Diskontierungsfaktor für DAX}^{\wedge}7}$$

Tabelle 8:   Abdiskontierter Gewinn je Index für den DAX

	2009	2010	2011	2012	2013	2014	2015
Abdiskontierter Gewinn je Index [Euro]	301,99	280,61	260,74	242,28	225,13	209,19	194,38
Summe abdiskontierter Gewinn je Aktie	1714,32						

Im nächsten Schritt wird die Ewige Rente des Indexes nach folgender Gleichung bestimmt.

$$\text{Ewige Rente} = \frac{\left(\dfrac{1}{\text{Diskontierungsfaktor}}\right)}{1-\left(\dfrac{1}{\text{Diskontierungsfaktor}}\right)} \cdot \text{Abdiskontierter Gewinn je Index nach sieben Jahren}$$

$$\text{Ewige Rente für den DAX} = \frac{\left(\dfrac{1}{1,05467}\right)}{1-\left(\dfrac{1}{1,05467}\right)} \cdot 194,38 = 3555,50$$

Der faire Wert des Indexes ergibt sich aus der Addition der Ewigen Rente und der Summe der abdiskontierten Gewinne je Index.

Fairer Wert = Ewige Rente + Summe abdiskontierter Gewinn je Index
Fairer Wert für den DAX = 3555,50 + 1714,32 = 5269,82

Der faire Indexstand wäre 5.269,82 Punkte. Sollte der DAX unterhalb von 5.269,82 Punkten notieren, so ist er unterbewertet. Liegt der DAX oberhalb von 5.269,82 Punkten, so deutet dies auf eine Überbewertung hin. Somit sollte der DAX mit einem aktuellen Punktestand von 4.950 Punkten leicht unterbewertet sein. In diesen Fall wäre ein Indexinvestment noch sinnvoll. Schon Bertold Brecht dichtete (etwas frei zitiert): *„Es ist schwer, den richtigen Weg eines fallenden Blattes im Herbst vorherzusagen, man kann ihn nur erahnen."* So ähnlich ist es auch mit diesen Formeln. Sie ersetzen nicht den Kopf des Anlegers. Sie sind vielmehr als eine Hilfestellung bei der Entscheidungsfindung zu verstehen. So kann ein Indexstand unterhalb des fairen Wertes auch auf Rezessionsbefürchtungen des Finanzmarktes zurückgehen. In diesem Fall nimmt der Aktienmarkt schon einen Gewinnrückgang der Unternehmen voraus. Zudem können diese Formeln keine exogenen Schocks vorhersagen, wie z. B. den massiven Kursverlust im zweiten Halbjahr 2008 infolge der Finanzkrise. Das überfordert die Formeln. Man sollte diese Formeln also nicht als Schicksal ansehen. Das Bild kann sich jederzeit ändern. Daher ist es ratsam, die Ergebnisse mehrmals im Jahr (quartalsweise) an die aktuellen Gegebenheiten anzupassen. Denn wichtige Inputfaktoren, wie Gewinne im Index oder das Wirtschaftswachstum, werden mehrmals jährlich neu geschätzt.

3.2 Die wichtigsten Anbieter von Indizes

Eigentlich sollen Aktienindizes an der Börse für mehr Durchblick sorgen. Somit ist ein Index eine feine Sache. Er zeigt dem Anleger auf einem Blick, wie sich die Aktien bestimmter Branchen oder Regionen im Schnitt entwickelt haben. Doch inzwischen ist ein wahrer Indexurwald herangewuchert. So manch ein Anleger mag sich da im Indexurwald verlaufen. Damit Ihnen das nicht passiert, habe ich einen kleinen Indexguide erstellt. Er zeigt die wichtigsten Aktienindizes. Der Schwerpunkt liegt auf den Indizes, für die ein ETF angeboten wird. Falls Sie einen umfassenden Überblick über die ETFs auf Aktienindizes haben möchten, empfehle ich Ihnen die im Internet angebotenen ETF-Datenbanken bzw. ETF-Matrizen (z. B. www.onvista.de, www.boerse-online.de oder www.extra-funds.de/tools/etf-datenbank).

Tabelle 9: Kleiner Indexguide für Aktien

Index	Indexstart	Anbieter	Internetadresse
Deutscher Aktienindex, DAX	30.12.1987 1.000 Punkte	Deutsche Börse Performanceindex: Enthält die 30 nach Börsenwert und -umsatz größten deutschen Unternehmen	www.deutsche-boerse.com
Midcap-Index, MDAX	19.01.1996 1.000 Punkte	Deutsche Börse Performanceindex: Enthält die 50 größten Unternehmen, die auf die DAX-Werte folgen.	www.deutsche-boerse.com
TecDAX	24.03.2003 500 Punkte	Deutsche Börse Performanceindex: Enthält die 30 nach Börsenwert und -umsatz größten Technologieaktien, die auf den DAX folgen.	www.deutsche-boerse.com
DJ Euro Stoxx 50	31.12.1991 1.000 Punkte	Stoxx Limited Kursindex: Enthält die 50 nach Marktkapitalisierung größten Unternehmen der Eurozone	www.stoxx.com
DJ Stoxx 50	31.12.1991 1.000 Punkte	Stoxx Limited Kursindex: Enthält die 50 nach Marktkapitalisierung größten Unternehmen Europas.	www.stoxx.com

Financial Times Stoxx Exchange 100, FTSE 100	03.01.1984 1.000 Punkte	FTSE Group Kursindex: Enthält die 100 größten Werte nach Marktkapitalisierung der Börse London. Währung: Britisches Pfund	www.ftse.com
Dow Jones Industrial Average, DJIA	16.05.1896 40,94 Punkte	Dow Jones & Company Kursindex: Er umfasst 30 Aktien Währung: US-Dollar	www.djindexes.com
Standard and Poors 500, S&P 500	05.03.1957 44,42 Punkte	Standard and Poors Kursindex: Enthält 500 US-amerikanische Unternehmen nach Marktkapitalisierung Währung: US-Dollar	www.indices.standardandpoors.com
NASDAQ 100	31.01.1985 250 Punkte	NASDAQ Stock Exchange Kursindex: Enthält die 100 größten Unternehmen der NASDAQ Währung: US-Dollar	www.nasdaq.com
MSCI World	31.12.1969 100 Punkte	MSCI Barra Kursindex Währung: US-Dollar	www.mscibarra.com
MSCI Emerging Markets Index		MSCI Barra Kursindex Währung: US-Dollar	www.mscibarra.com
Nikkei 225	16.05.1949 176,21 Punkte	Nihon Keizai Shimbum (Nikkei) Kursindex: Enthält 225 japanische Aktien Währung: Yen	www.tse.org.jp
Tokyo Stock Price Index, TOPIX	1988 1.000 Punkte	Tokyo Stock Exchange Kursindex: Enthält alle 1.700 Werte der Tokyoter Börse nach Marktkapitalisierung Währung: Yen	www.tse.org.jp
S & P CNX Nifty	03.11.2005 1.000 Punkte	Standard and Poors Kursindex: Enthält die 50 größten indischen Unternehmen nach Börsenwert der National Stock Exchange of India (NSE) Währung: indische Rupien	www.indices.standardandpoors.com
Hang Seng Index, HIS	24.11.1969 100 Punkte	HIS Services Limited Kursindex: Enthält die 40 größten Unternehmen der Börse Hongkong Währung: Hongkong-Dollar	www.hsi.com.hk

Hang Seng China Enterprise, HSCE	08.08.1994 2.000 Punkte	HIS Services Limited Kursindex: Er versammelt die Aktien der Unternehmen, die ihren Sitz auf dem chinesischen Festland haben, jedoch in Hongkong gelistet sind, die so genannten H-Aktien. Währung: Hongkong-Dollar	www.hsi.com.hk
FTSE/JSE Africa Top 40	14.05.2007 1.000 Punkte	FTSE Group und Johannesburg Stock Exchange: Enthält die 40 größten Unternehmen aus Südafrika. Währung: Euro und US-Dollar	www.ftse.jse.co.za

3.3 Rentenindizes

Wie der vorherige Abschnitt zeigte, sind Aktienindizes einfach zu konstruieren und intuitiv zu verstehen. Leider ist das bei Rentenindizes nicht der Fall. Sie sind wesentlich komplizierter. Verantwortlich dafür sind mehrere Faktoren. Zum einen werden sowohl von Staaten als auch von Unternehmen eine Vielzahl von Anleihen zu verschiedenen Zeitpunkten, mit unterschiedlichen Laufzeiten und Volumen ausgegeben. Andererseits werden Anleihen laufend ungültig, weil sie vom Schuldner zurückgezahlt werden. Schlussendlich werden ständig neue Renten aufgelegt, die in einem Anleiheindex berücksichtigt werden müssen. Um Ordnung in das System zu bringen, sollten wir zunächst die wesentlichen Merkmale einer Anleihe ansehen. Im darauf folgenden Schritt sollten wir daraus die Rentenindizes ableiten.

3.3.1 Wie funktionieren Anleihen?

Gestatten, mein Name ist *Bond* (engl. für Anleihe). Was dann folgt, ist weder „*geschüttelt*" noch „*gerührt*", wie die Fans des englischen Spions James Bond erwarten würden, sondern eine Anlageform. Doch was verbirgt sich hinter dem Begriff Anleihe (Synonyme: festverzinsliches Wertpapier, Obligation, Rente, Schuldverschreibung)?

Wer als Anleger eine Anleihe kauft, vergibt für einen bestimmten Zeitraum einen Kredit an einen Staat, eine Bank oder ein Unternehmen. Mit dem Geld aus der Emission der Anleihe kann der Emittent (er wird auch als Schuldner bezeichnet) wirtschaften. So kann er z. B. größere Investitionen tätigen. Im Gegenzug für seine Kreditvergabe erhält der Anleger vom Emittenten regelmäßige Zinszahlungen. Dabei können die Zinsen gleich bleiben oder variabel (d. h., sie können während der Laufzeit der Anleihe steigen oder sinken) sein. Welche Form der Zinszahlung gilt, wird bei Emission der Anleihe bekannt gegeben. Üblicherweise wird am Ende der Laufzeit[41] der Nennwert[42] der Anleihe zurückgezahlt, möglich sind aber auch anteilige Tilgungen über die Laufzeit der Anleihe. Der prinzipielle Unterschied zwischen Aktien und Anleihen ist folgender: Durch den Kauf von Aktien erwirbt man Anteile an einem Unternehmen und wird somit Mitbesitzer. Durch den Kauf einer Anleihe leiht der Anleger dem Unternehmen für eine bestimmte Zeit und zu bestimmten Konditionen Geld. Somit wird das Unternehmen zum Schuldner des Anlegers und der Anleger zum Gläubiger des Unternehmens. Ähnlich wie Aktien, können Anleihen über die Börse gekauft und verkauft werden.

Zudem ist die Anleihe eine äußerst vielseitige Anlageform mit einer schier unerschöpflichen Vielfalt von Variationen. Um dieses Kapitel nicht zu ermüdend zu machen, stelle ich Ihnen nur die Anleiheformen vor, die mittels Renten-ETFs investierbar sind:

- Unter einer Bundesanleihe (Synonym: Staatsanleihe) versteht man die langfristige börsengehandelte Schuldverschreibung der Bundesrepublik Deutschland mit einer Laufzeit von 10 bis 30 Jahren. Demgegenüber stehen die Bundesobligationen (kurz Bobl) mit einer Laufzeit von 5 Jahren. Beide Anleihen sind mit einem festen Nominalzins ausgestattet und die Ausgabepreise sind variabel. Zudem werden diese Anleihen zum Nennwert zurückgezahlt.

- Pfandbriefe sind ähnlich wie Anleihen ausgestattet. Sie unterscheiden sich von Anleihen dadurch, dass sie durch eine so genannte Deckungsmasse besonders gut gesichert sind. Ein Pfandbrief ist nämlich zu jeder Zeit durch grundpfandrechtlich besicherte Darlehen (Hypothe-

---

[41] Die Laufzeit bezeichnet den Zeitraum von der Emission des Wertpapieres bis zur Rückzahlung des Nennwertes. Dagegen beschreibt die Restlaufzeit den verbleibenden Zeitraum vom Betrachtungszeitpunkt bis zur Rückzahlung.

[42] Der Nennwert (Synonyme: Nominalwert oder Nennbetrag) gibt den Betrag an, den der Emittent der Anleihe bei Fälligkeit an den Inhaber des Wertpapieres zurückzahlen muss.

ken) mit mindestens dem gleichem Zinsertrag gedeckt. Überdies haben Pfandbriefe meist eine lange Laufzeit. Wegen der Deckungsmasse liegt die Verzinsung etwas über der von Staatsanleihen, aber unter der von Industrieanleihen. Jumbo-Pfandbriefe haben dieselben Deckungsregeln wie Pfandbriefe, zeichnen sich aber durch eine größere Anlegerfreundlichkeit aus, da sie über eine deutlich höhere Liquidität verfügen als normale Pfandbriefe. So müssen die Jumbos z. B. ein Mindestvolumen von einer Milliarde Euro haben und nach der Emission müssen sich mindestens drei *Market Maker* verpflichten, An- und Verkaufskurse zu stellen.

- Industrieanleihen (Synonym: *Corporate Bond*) werden von Unternehmen emittiert und weisen gegenüber Staatsanleihen in der Regel eine höhere Rendite auf, weil sie ein größeres Ausfallrisiko haben.

- Inflationsindexierte Anleihen (Synonym: Inflationsanleihen): Normalerweise führt eine steigende Inflationsrate bei konventionellen Anleihen zu einer sinkenden Realverzinsung. Beträgt z. B. der Nominalzins einer Bundesanleihe vier Prozent, die Inflationsrate 3 Prozent, so liegt die reale Verzinsung bei 1 Prozent. Das bedeutet, dass sich die Realverzinsung in Abhängigkeit von der Inflation verändert. Je höher diese ausfällt, desto niedriger ist die reale Verzinsung. Ganz anders sieht es bei Inflationsanleihen aus. Bei diesen erhält der Anleger einen Inflationsausgleich. Das heißt, der reale Zinskupon wird zu den jeweiligen Zinszahlungsterminen mit der relativen Veränderung der Teuerungsrate in der abgelaufenen Zinsperiode multipliziert. Gleichzeitig wird der Nennwert der Anleihe an die Inflationsentwicklung während der Laufzeit angepasst. In der Regel liegt der Kupon unter dem konventioneller Anleihen. Deswegen muss die Inflationsrate eine bestimmte Höhe erreichen, damit eine Investition in eine Inflationsanleihe eine ähnliche Rendite abwirft wie konventionelle Anleihen.

Max Planck wusste schon: *„Wirklich ist, was sich messen lässt."* Also, wie werden Anleihen quotiert? Um das Verfahren möglichst anschaulich zu machen, dient die folgende fünfjährige Bundesobligation als Beispielanleihe für sämtliche in diesem Abschnitt durchgeführten Berechnungen.

Tabelle 10: Beispielanleihe

Bundesobligation (kurz Bobl)	Kupon 5 %	Nominalwert 100 €	Zinstermin 31.01.2009
Rückzahlungstermin 31.01.2014	Laufzeit 5 Jahre	Zinszahlungsmodalität jährlich	Zinskonvention: act/360

Die Preisquotierung bei Anleihen erfolgt üblicherweise als %-Satz vom Nennwert. Z. B. entspricht der Preis unserer Bundesobligation von 100,26 %, dem Preis von 100,26 Euro pro hundert Euro Nominalbetrag. Demnach muss der Anleger für die Anleihe 100,26 Euro (=Nominalbetrag * (aktueller Preis (in %)/100)) bezahlen.

Jede Anleihe hat einen Nennwert. Dieser Nennwert ist die Basis für die Zinszahlung. Daher versteht man unter der Nominalverzinsung einer Anleihe die Höhe des Kupons im Verhältnis zum Nennwert. Somit ist die Nominalverzinsung für unsere Bundesobligation 5 %, d. h., bei einem Nennwert von 100 Euro bekommt der Investor 5 Euro Zinsen jährlich ausbezahlt.

Im Normalfall weichen Nennwert[43] und der gehandelte Preis der Anleihe voneinander ab. Das heißt, der Wert der Anleihe liegt unter oder über dem Nennwert. Da unsere Bundesobligation bei 100,26 % notiert, muss dies bei der Berechnung der Rendite berücksichtigt werden.

$$\text{Effektive Rendite} = \frac{\text{Zinssatz} + \dfrac{\text{Nennwert-aktueller Kurs}}{\text{Restlaufzeit}}}{\text{aktueller Kurs}} = \frac{5 + \dfrac{100 - 100,26}{5}}{100,26} = 4,9\ \%$$

Bei einer Anleihe, welche über (unter) dem Nennwert notiert, ist die Effektivverzinsung geringer (höher) als die Nominalverzinsung. Da Anleihen meistens börsennotierte Wertpapiere sind, kann der Anleger sich während der Laufzeit zu jedem beliebigen Zeitpunkt von seiner Anleihe trennen, indem er sie über die Börse verkauft. Um dies zu bewerkstelligen, wurde folgendes

---

[43] Als pari bezeichnet man Anleihen, deren Kurs gleich dem Nennwert ist. Hat eine Anleihe einen Kupon, der unter der aktuellen Marktrendite liegt, sind die Anleger nur bereit, diese Anleihe zu kaufen, wenn der Anleihekurs unterhalb des Nennwertes liegt (unter pari), um die im Vergleich zur Marktrendite niedrigere Kuponzahlung auszugleichen. Dagegen sind die Anleger bereit, mehr als den Nennwert (über pari) zu zahlen, wenn die aktuelle Rendite der Anleihe über der Marktrendite liegt.

Verfahren eingeführt. Dem Inhaber einer Anleihe steht für jeden Tag (Stück-zinstag), den er im Besitz der Anleihe ist, ein anteiliger Zinsbetrag zu. Diesen Betrag bekommt er auch beim Verkauf der Anleihe vor dem eigentlichen Zinstermin vom Käufer vergütet. Da eine Berücksichtigung der anfallenden Stückzinsen beim Börsenhandel die Vergleichbarkeit der Preise stark beein-trächtigen würde, werden die Anleihepreise ohne die bisher angefallenen Stückzinsen quotiert. Den Preis ohne Stückzinsen nennt man auch *Clean Price* (Börsenkurs). Dagegen wird der Preis, der die anfallenden Stückzinsen berücksichtigt, auch *Dirty Price* benannt. Unsere Bundesobligation wird zum Preis von 100,26 % (= *Clean Price*) verkauft. Seit der letzten Zinszahlung sind 100 Tage vergangen. Somit ergibt sich der *Dirty Price* wie folgt:

$$\text{Dirty Price} = \text{aktueller Kurs} + \left(\text{Kupon} \cdot \frac{\text{verstrichene Tage seit Zinszahlung}}{360} \right)$$

$$\text{Dirty Price}_{\text{Bundesobligation}} = 100,26 + \left(5 \cdot \frac{100}{360} \right) = 100,26 + 1,39 = 101,65$$

Der Käufer der Bundesobligation muss also den *Dirty Price* von 101,65 Euro bezahlen. Schon Heinrich Waggerl führte aus: *„Immer mit der Nase ansto-ßen, heißt auch, einen Weg finden."* Also lassen sie uns nicht weiter die Nase anstoßen, und uns der Frage stellen: Wie bildet sich der Preis einer Anleihe? Der Preis einer Anleihe unterliegt folgenden Haupteinflussfaktoren: Restlauf-zeit, aktuell marktübliche Rendite für Anleihen mit gleicher Restlaufzeit, Zins-satz der Anleihe und dem mit der Anleihe verbundenen Kreditrisiko (Bonität des Emittenten). Wie kann man den fairen Preis einer Anleihe bestimmen? Die Antwort ist, der faire Preis einer Anleihe ist identisch mit dem Wert, der in der Zukunft aus der Anleihe zu erwartenden Zahlungen an ihren Inhaber. Das ist nichts anderes als die jährlichen Zinsen und der Tilgungsbetrag der Anlei-he am Ende der Laufzeit. Daher entspricht der Barwert des zukünftigen *Cashflows* dem fairen Wert der Anleihe.

$$FW = \frac{C}{1+r} + \frac{C}{(1+r)^2} + \frac{C}{(1+r)^n} + \ldots + \frac{C}{(1+r)^N} + \frac{\text{Nennwert}}{(1+r)^N}$$

FW = Barwert = fairer Kurs der Anleihe; C = Kupon in Dezimalen, z. B. 5 % = 0,05; n = laufendes Jahr; N = Laufzeit in Jahren; r = aktuelle Marktrendite in Dezimalen je Zahlungszeitpunkt, die sich je nach Laufzeit n aus der Zinsstrukturkurve[44] [45] ergeben. Konkret heißt das, dass ein in einem Jahr zur Auszahlung kommender Zinskupon mit dem Einjahreszinssatz aus der Zinsstrukturkurve abdiskontiert wird, ein in zwei Jahren anstehender Zins mit dem Zweijahreszinssatz usw.

Beispielrechnung für unsere Bundesobligation:

Jahr	Zahlungsart	Betrag	R	Barwert
1 Jahr	Zinsen	5 Euro	4,10 %	4,80
2 Jahre	Zinsen	5 Euro	4,28 %	4,60
3 Jahre	Zinsen	5 Euro	4,38 %	4,40
4 Jahre	Zinsen	5 Euro	4,57 %	4,18
5 Jahre	Zinsen	5 Euro	4,99 %	3,92
	Tilgung	100 Euro	4,99 %	78,39
			Summe (fairer Kurs)	100,29
Der faire Wert der Obligation beträgt also 100,29 Euro.				

Ein Jahr später wäre der Kurs der Bundesobligation auf 100,17 % gefallen. Der Grund ist, dass aus der zunächst 5-jährigen nun eine 4-jährige Obligation geworden ist. Es gilt: Bei einer während der Laufzeit über (unter) pari notierenden Anleihe nähert sich der Kurs zum Ende der Laufzeit dem Rückzahlungskurs der Anleihe durch Fallen (Steigen) an. Im Normalfall ist bei Fälligkeit der Anleihe der Anleihekurs gleich dem Rückzahlungskurs bzw. Nennwert. Dieser Effekt wird auch als Rolling-Down-The-Yield-Curve-Effekt bezeichnet.

Hieraus erkennt man auch den Zusammenhang zwischen Marktrendite und Anleihekurs. Steigt die Marktrendite, so müssen die zukünftigen *Cashflows*

---

[44] Die Zinsstrukturkurve ist die grafische Darstellung der Renditen festverzinslicher Wertpapiere in Abhängigkeit ihrer Restlaufzeit. Im Normalfall erhalten Anleger, die ihr Kapital länger binden, auch eine höhere Rendite als bei kürzerer Laufzeit. Deswegen wird eine steigende Zinsstrukturkurve auch als Normalfall bezeichnet. Aber auch andere Kursverläufe sind möglich. So spricht man von einem flachen Verlauf, wenn der Zinssatz über alle Laufzeiten gleich ist. Dagegen kennzeichnet eine inverse Struktur, wenn mit zunehmender Restlaufzeit die Zinsen sinken. Die Zinsstrukturkurven werden z. B. von der Stuttgarter Börse (www.boerse-stuttgart.de) in der Rubrik Anleihen veröffentlicht.

[45] Genauer gesagt stellt die Zinsstrukturkurve die internen Zinsfüße einer Nullkuponanleihe (oder *Zero Bond*) in Abhängigkeit von der Laufzeit der Anlage und bei gleicher Bonitätsklasse dar. Hierzu ordnet sie jedem *Zero Bond* einen laufzeitenkongruenten Zinssatz zu, zu dem der jeweilige *Zero Bond* auf den Barwert im Ausgangszeitpunkt abdiskontiert wird. In der Praxis werden allerdings die entsprechenden Renditen von Staatsanleihen über das Laufzeitenspektrum genutzt.

mit einem höheren Zinssatz diskontiert werden, woraus sich logischerweise ein niedrigerer Barwert ergibt – und umgekehrt. Deswegen sinken die Anleihekurse mit steigender Marktrendite, wohingegen bei fallender Marktrendite die Anleihekurse steigen. Die eigentliche Frage ist doch: Wie stark reagiert eine Anleihe auf Zinsänderungen? Zur Beantwortung dieser Frage bietet sich das Konzept der Duration an.

Das Konzept der einfachen Duration wurde von Frederick R. Macaulay entwickelt. Nach Macaulay hat die Änderung der Marktzinsen zwei gegensätzliche Auswirkungen auf den Anleihekurs. Erstens wird sich der Anleihekurs ändern. Zweitens können die Kuponzahlungen zu einem anderen Zinssatz reinvestiert werden. Steigt z. B. die Marktrendite, so sinkt der Kurs der Anleihe, andererseits können die Zinsen günstiger wieder angelegt werden, was den Kursverlust der Anleihe im Normalfall ausgleicht. So gibt die Duration den Zeitpunkt an, an dem eventuelle Kursänderungen aufgrund von Renditeänderungen durch die möglicherweise geänderten Wiederanlagebedingungen der Zinsen kompensiert werden können.

$$D_{Macaulay} = \frac{\sum\limits_{n=1}^{N} \frac{n \cdot CF_n}{(1+r)^n}}{\sum\limits_{n=1}^{N} \frac{CF_n}{(1+r)^n}}$$

$D_{Macaulay}$ = Macaulay Duration; n = fortlaufendes Jahr; N = Gesamtlaufzeit in Jahren; CF_n = *Cashflow* (auf Nominale 100) zum Zeitpunkt n; r = aktuelle Rendite[46]

„Mit kleinen Hieben fällt man auch große Bäume." (Benjamin Franklin) Lassen Sie uns die Formel in ihre Einzelteile zerlegen. Im ersten Schritt müssen wir, ähnlich wie beim fairen Kurs einer Anleihe, die zu verschiedenen Zeitpunkten anfallenden Zahlungen auf ihren heutigen Barwert abzinsen. Im nächsten Schritt müssen die Barwerte der einzelnen Zahlungen mit der Zeit bis zu ihrer Fälligkeit gewichtet werden. Dazu wird der Barwert der beispielsweise in zwei Jahren fälligen Zahlung verdoppelt, der Barwert, der in drei Jahren fällig ist, wird verdreifacht usw.

---

[46] Macaulay geht bei seinem Modell von der Annahme einer flachen Zinsstrukturkurve sowie einer Parallelverschiebung der Kurve aus, d. h. einer gleichmäßigen Zinsänderung.

Tabelle 11: Berechnung der Duration für die Bundesobligation

Jahr	Zahlungsart	Betrag	i	Barwert	Gewichtungs-faktor	Gewichteter Barwert
1 Jahr	Zinsen	5 Euro	4,10 %	4,80	1	4,79
2 Jahre	Zinsen	5 Euro	4,28 %	4,60	2	9,20
3 Jahre	Zinsen	5 Euro	4,38 %	4,40	3	13,19
4 Jahre	Zinsen	5 Euro	4,57 %	4,18	4	16,73
5 Jahre	Zinsen	5 Euro	4,99 %	3,92	5	19,6
	Tilgung	100 Euro	4,99 %	78,39	5	391,95
					Summe	455,45

Die Duration einer Anleihe erhalten wir, indem wir die Summe der gewichteten Barwerte durch die Summe der Barwerte teilen.

$$\text{Duration} = \frac{\text{Summe der gewichteten Barwerte}}{\text{Summe der Barwerte}} = \frac{455,45}{100,29} = 4,54$$

Was bedeutet nun die Kennzahl Duration? Die Duration gibt den Zeitpunkt an, zu dem die künftigen Zahlungen im Durchschnitt beim Anleger ankommen, also für unser Beispiel genau 4,54 Jahre. Anders ausgedrückt bedeutet eine Duration von 4,54 Jahren, dass die Anleihe 4,54 Jahre benötigt, bis sich die durch eine aus einer Zinsänderung ergebenden Kurs- und Zinseszinseffekte wieder ausgleichen. Die Duration ist von folgenden Faktoren abhängig.

1. Von der Laufzeit: Je länger die Laufzeit ist, desto höher ist die Duration.

2. Von der Höhe des Kupons: Je höher der Kupon ist, desto schneller fließt das Kapital zurück und umso kleiner ist die Duration.

3. Von der Rendite: Je größer die Rendite ist, umso schneller fließt das gebundene Kapital aufgrund der Verzinsung zurück und umso geringer ist die Duration.

Aus der Duration lässt sich einfach die Kurssensitivität einer Anleihe berechnen. Sie wird als *Modified Duration* bezeichnet.

$$\text{Modified Duration} = \frac{\text{Duration der Anleihe}}{1 + \text{Nominalzinssatz der Anleihe}} = \frac{4,54}{1 + 0,05} = 4,32$$

Mithilfe der Kennzahl *Modified Duration* kann man das Zinsänderungsrisiko einer Anleihe vorhersagen. Für unser Beispiel führt eine Erhöhung des Marktzinses um 1 % dazu, dass der Kurs der Anleihe um 4,32 % fällt. Umgekehrt steigt der Kurs der Anleihe um 4,32 %, wenn der Marktzins um 1 % fällt. Die modifizierte Duration lässt sich auch auf Rentenfonds bzw. -indizes anwenden[47]. Sie gibt dann darüber Auskunft, wie stark der Rentenfonds steigt oder fällt, wenn der Marktzins um 1 % steigt oder fällt. Die Höhe der *Modified Duration* ist abhängig von der Laufzeit, der Kuponhöhe und der Marktrendite. Im Allgemeinen nimmt die *Modified Duration* mit der Laufzeit der Anleihe zu. Dagegen bewirkt ein hoher Kupon, dass Teile der Anleihe in Form von Zinszahlungen schnell zurückgezahlt werden. Dadurch ergibt sich eine niedrigere *Modified Duration*. Da die *Cashflows* (Zinsen) mit der Marktrendite abgezinst werden, gilt: Je höher die Marktrendite ist, desto niedriger ist der Barwert und somit auch die *Modified Duration*. Das heißt, dass sich bei einem hohen Zinsniveau eine Änderung der Zinsen um ein Prozent weniger stark auswirkt als bei einem niedrigeren Zinsniveau.

Jede Theorie kommt aus dem Reagenzglas. Deshalb hat auch die *Modified Duration* ihre Schwächen. Sie unterstellt einen linearen Zusammenhang zwischen der Rendite und der Kursänderung. Es wird also davon ausgegangen, dass die Preisänderung einer Anleihe sowohl bei einem Anstieg als auch bei einem Rückgang des Zinsniveaus um bspw. 1 Prozent gleich hoch ist. Leider zeigt die Realität ein anders Bild, dort bewegt sich der Anleihekurs bei einer Änderung der Zinsen nicht entlang einer Geraden, sondern entlang einer Kurve.

Aus Abbildung 6 erkennt man, dass bei der Anwendung der Duration ein Schätzfehler entsteht, d. h., die Schätzung einer Preisänderung mittels der modifizierten Duration führt zu einer Unter- bzw. Überschätzung der Kursänderung.

---

[47] Hierzu werden die Durationswerte der einzelnen Anleihen im Index bzw. Fonds mit dem prozentualen Anteil am Gesamtbarwert des Portfolios gewichtet und addiert.

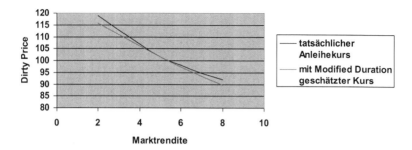

Abbildung 6: Bundesobligation tatsächlicher Anleihekurs zu geschätztem mit *Modified Duration*

Der Maßstab für diesen Schätzfehler ist die Konvexität[48]. Daher sind Anleihen mit gleicher Duration umso attraktiver, je geringer ihre Kurssensibilität bei steigenden Renditen (modifizierte Duration wird kleiner) und je höher ihre Kurssensitivität bei fallenden Renditen (modifizierte Duration wird größer) ist. Demzufolge gilt: Je höher die Konvexität einer Anleihe ist, umso attraktiver ist die Anleihe für den Anleger. Daher ist die Konvexität eine Vergleichsgröße für Anleihen verschiedener Kupons und gleicher Duration.

Stellt sich die Frage, wann eine Anleihe attraktiv ist. Der wesentlich Dreh- und Angelpunkt für die Attraktivität einer Anleihe ist der *Spread* (Renditedifferenz) zu einer Benchmarkanleihe gleicher Laufzeit. Die Gründe für das Entstehen des *Spreads* sind vielfältig, wie z. B. Laufzeit, Liquidität, Bonität usw. Als Benchmarkanleihe für den Euroraum haben sich die Bundesanleihen wegen ihrer geringen Ausfallwahrscheinlichkeit etabliert. Für den US-Dollar-Raum werden als Vergleichsmaßstab Anleihen der US-Regierung herangezogen. Der *Spread* (Renditeaufschlag), den andere Anleihen zu der Benchmarkanleihe haben, wird oftmals in Basispunkten (100 Basispunkte = 1 Prozent) angegeben. Bringt z. B. eine Bundesanleihe mit einer Restlaufzeit von fünf Jahren eine Rendite von 3,8 % und eine Anleihe der *Deutschen Bank* mit vergleichbarer Restlaufzeit 4 %, so beträgt der *Spread* zwischen Deutscher-Bank-Anleihe und Benchmarkanleihe 20 Basispunkte. Je kleiner diese Diffe-

---

[48] Diese sagt aus, wie der Anleihekurs auf schnell steigende bzw. fallende Zinsen reagiert. So ist eine hohe Konvexität für den Anleger vorteilhaft, weil sich in diesem Fall die Anleihen bei schnell steigenden Zinsen etwas besser entwickeln als Anleihen mit niedriger Konvexität.

renz ist, umso geringer ist normalerweise das Ausfallrisiko der Anleihe. Denn auch bei Anleihen gilt: Wer mehr Rendite haben möchte, muss bereit sein, ein höheres Risiko einzugehen. Die *Spreads* sind aber nicht stabil. Sie können sich ausweiten oder einengen. Steigt z. B. der *Spread* wegen einer Bonitätsverschlechterung an, so fällt der Anleihekurs. Grob gesagt drückt die Bonität eines Emittenten das Vertrauen der Marktteilnehmer in seine Fähigkeit aus, Zinsen und Tilgungsverpflichtungen nachzukommen. Als Bonitätsmaßstab dienen die Ratings internationaler Ratingagenturen, wie z. B. *Moody's* und *Standard & Poors*. Dabei wird versucht, das mit den Emittenten verbundene Ausfallrisiko in vergleichbare Kategorien einzuordnen. Hierzu bekommen Anleihenemittenten von verschiedenen Kreditratingagenturen wie S&P *(Standard & Poors)* oder *Moody's*[49] ein Rating, mit dem die Kreditwürdigkeit des Schuldners eingeschätzt wird. Bei S&P gilt ein Rating von AAA[50] als Indikator für die geringste Ausfallwahrscheinlichkeit. AAA, AA, A und BBB gehören zum Bereich hoher Kreditqualität *(Investment Grade)*. Ratings von BB und darunter werden als *Non-Investment Grade* (Synonyme: *High Yield Grade, Speculative Grade* oder *Junk Bond*) bezeichnet und tragen demnach ein höheres Ausfallrisiko. Zudem nimmt die Wahrscheinlichkeit der Zahlungsunfähigkeit von Ratingstufe zu Ratingstufe zu. So gilt, dass bei einem BBB-Rating das Risiko einer Zahlungsunfähigkeit eines Emittenten innerhalb von zehn Jahren etwa doppelt so hoch ist als bei einem AAA-Rating. Durch die Erweiterungen +/- ergibt sich eine weitere Differenzierung innerhalb der einzelnen Ratingstufen.

Je höher die Bonität eines Emittenten ist, umso geringer ist die Rendite bzw. der Zinssatz einer Anleihe. Im Umkehrschluss bedeutet das, dass ein Emittent mit schlechterer Bonität eine hohe Rendite bieten muss, um überhaupt noch einen Kapitalgeber zu finden, der bereit ist, seine Anleihen zu kaufen.

Aber auch schon die Ankündigung bzw. Überprüfung einer Herabstufung durch ein Rating-Unternehmen führt zu Kursverlusten bei der Anleihe. Beispielsweise wurde Anfang März 2009 über eine Herabstufung des Unterneh-

---

[49] Welches Rating ein bestimmter Emittent hat, erfährt der Anleger auf den Internetseiten der Ratingagenturen www.standardandpoors.com oder www.moodys.com.

[50] Bei den von *Standard & Poors* bewerteten AAA-Unternehmen liegt die Insolvenzquote in den nächsten 15 Jahren bei 0,61 %, bei AA-Unternehmen immerhin schon bei 1,4 %, bei A-Unternehmen bei 3 %. Die Quote wächst rasant an, je schlechter das Rating wird. So hat ein CCC-geratetes Unternehmen immerhin schon eine Quote von 60 %.

mens *General Electric* diskutiert. Dies führte dazu, dass eine bis zum Jahr 2012 laufende Anleihe des Unternehmens, mit einem Zinssatz von 4,75 %, innerhalb von drei Tagen rund 16 Punkte verlor und nur noch bei 82 % notierte.

Hieraus folgt, dass sich jeder Anleger bevor er in Anleihen bzw. Anleihenindizes investiert, folgende vier W-Fragen stellen muss.

1. Welcher Emittent? In Staatsanleihen, Unternehmensanleihen, Pfandbriefe usw. könnte investiert werden.

2. Welche Region? Neben den Industrieländern decken die Anleihen auch die Märkte wichtiger Entwicklungsländer ab. Allerdings tritt beim Verlassen des Euroraumes das Wechselkursrisiko auf den Plan.

3. Welche Bonität? Grob gesagt unterscheidet man zwischen dem *Investment* und dem *Non-Investment Grade*. Wer das Risiko nicht scheut, kann auch eine Anlage aus dem Non-Investment-Grade-Bereich ins Auge fassen.

4. Welche Laufzeit? Die Laufzeit spielt eine wichtige Rolle für die Kursentwicklung der Anleihe. Für die kurzen Laufzeiten ist die Geldpolitik der Zentralbanken von entscheidender Rolle, wohingegen bei langen Laufzeiten die Inflationserwartungen eine Rolle spielen. So kommen Leitzinssenkungen besonders den kurzen Laufzeiten zugute. Dagegen profitieren die Anleihen mit langer Laufzeit von abnehmenden Inflationserwartungen.

Die Beantwortung dieser vier W-Fragen führt den Anleger schnell zu der für ihn richtigen Anleihe. Sie sollten diese Fragen sehr gewissenhaft betrachten, da an der Börse Erfolg und Schweiß einfach zusammengehören. Dafür winkt am Ende des Prozesses bei der Rendite ein *„extra Schnaps"*. Diese Überlegungen müssen auch Anleger durchführen, die beabsichtigen, in Rentenindizes zu investieren.

3.3.2 Aufbau eines Rentenindizes

Erklingen die Namen DAX, *Dow Jones* & Co. hören Investoren genau hin. Doch welcher Anleger bekommt schon leuchtende Augen, wenn er die Namen *eb.rexx,* REX, *J.P. Morgan GBI Europe* hört? Niemand, die meisten Anleger können mit diesen Namen nichts anfangen. Denn das Investieren in

Rentenindizes steckt noch in den Kinderschuhen. Der Grund dafür liegt in der recht komplizierten Natur der Anleiheindizes. Denn Anleihen haben von vornherein eine begrenzte Laufzeit. So springen sie nach und nach von einem Laufzeitensegment ins nächste, bis sie ganz getilgt sind. Zusätzlich kommen laufend neue Anleihen auf den Markt, die im Index berücksichtigt werden müssen, damit der Markt repräsentativ abgedeckt wird. Schließlich ist das Ziel jedes Rentenindexes, den Rentenmarkt so gut und realistisch wie möglich abzubilden. Damit ein Rentenindex diese Funktion erfüllen kann, muss er einige Kriterien erfüllen.

So sollte ein Index den jeweiligen Markt möglichst komplett umfassen und die Gewichte, die die Anleihen innerhalb des Marktes haben, korrekt wiedergeben. Überdies sollten die Anleihen im Index über ein bestimmtes Mindestvolumen verfügen. Zudem sollte für die Indexmitglieder ein liquider Markt vorhanden sein. Da permanent Anleihen aus dem Index ausscheiden bzw. neu hereinkommen, muss der Index regelmäßig angepasst werden. Obendrein sollte sich die Zusammensetzung der Indizes nicht häufiger als nötig ändern und sie sollte transparent und nachvollziehbar sein. Deswegen sollten sowohl für die Aufnahme als auch für die Herausnahme von Anleihen aus dem Index nachvollziehbare Regeln existieren.

Die Laufzeit hat eine wichtige Rolle für die Kursentwicklung einer Anleihe, daher findet eine Aufteilung des Gesamtmarktes in unterschiedliche Laufzeitensegmente statt. So beobachtet man, dass die Geldpolitik der Zentralbanken für die kurzen Laufzeiten von zentraler Bedeutung ist, während bei langen Laufzeiten die Inflationserwartung für die Kursentwicklung verantwortlich ist. Die Auswahl von Anleihen für einen Index sollte auch den Schuldner berücksichtigen, also seine Bonität. So wird z.B. unterschieden zwischen Corporate-Bond- oder Staatsanleihenindizes.

Obendrein sollte natürlich der Index die Wertveränderung der Indexmitglieder vollständig widerspiegeln. Zusätzlich müssen Performanceindizes sämtliche Kursveränderungen, Kuponzahlungen, Stückzinsen usw. enthalten. Um die Replizierbarkeit des Indexes zu gewährleisten, müssen Informationen über die Zusammensetzung und historische Indexrenditen möglichst zeitnah zur Verfügung gestellt werden.

„Lass nicht zu, dass was du dir wünscht, dein Urteil beeinflusst. Bedenke alle Tatsachen." (Baruch Bernard) Also, wie konstruiert man einen Rentenindex?

Prinzipiell gibt es zwei grundlegende Arten, einen Rentenindex zu konstruieren. Der Index kann aus real existierenden Anleihen konstruiert werden oder er wird über die Hilfskonstruktion mit fiktiven Rentenpapieren berechnet. Der deutsche Rentenperformanceindex (REXP) setzt sich beispielsweise zusammen aus 30 idealtypischen Anleihen mit ganzzahligen Laufzeiten zwischen einem und zehn Jahren und vier Kupontypen von 5, 6, 7 und 9 %. Der Vorteil dieser Rentenindizes ist, dass sie nicht durch Änderungen des Emissionsgeschehens unmittelbar beeinflusst werden. Sie sind mit einer festen Portfoliostruktur konstruiert. Daher sind Indexneugewichtungen nur in großen Zeiträumen notwendig. Der Nachteil dieser Indizes ist, dass die theoretischen Kupon- und Laufzeiteneinteilungen veralten können und damit gar nicht mehr den realen Markt abbilden. Zudem können diese Indizes nicht unmittelbar durch Käufe und Verkäufe nachgebildet werden. Somit spielen solche Indizes im Renten-ETF-Bereich gar keine Rolle. Nur die Indizes von real existierenden Anleihen haben eine Bedeutung im ETF-Sektor, weil sie von den Renten-ETFs nachgebildet werden können. Deswegen sollten wir einen vertiefenden Einblick in die Konstruktion eines Rentenindizes von real existierenden Anleihen nehmen. Ein gutes Beispiel ist der auf deutsche Staatsanleihen spezialisierte *eb.rexx Government Germany*.

Damit eine Staatsanleihe in den Index[51] aufgenommen werden kann, muss sie über ein Mindestvolumen von 4 Mrd. Euro verfügen sowie auf der Handelsplattform *Eurex Bond* gehandelt werden. Der *eb.rexx Government Germany-Auswahlindex* umfasst die 25 liquidesten Staatsanleihen mit Restlaufzeiten zwischen 1,5 bis 10,5 Jahren. Sollten zu irgendeinem Zeitpunkt weniger als sechs Anleihen die Kriterien erfüllen, wird der Index nicht berechnet und der Indexstand bleibt konstant. Sobald sich wieder sechs Anleihen für den Index qualifiziert haben, wird die Indexberechnung wieder aufgenommen. Generell werden auch Anleihen berücksichtigt, die noch innerhalb des laufenden Monats den Handel auf der Plattform *Eurex Bonds* aufnehmen. Um die Anleihen in den Index aufnehmen zu können, wird eine Rangliste gebildet. Die Rangliste umfasst alle zulässigen Anleihen absteigend geordnet nach ihren ausstehenden Nominalvolumen. Bei gleichen Volumen wird je-

---

[51] Vgl. Deutsche Börse AG: Leitfaden zur eb.rexx-Indexfamilie. Version 3,7, Frankfurt am Main, Januar 2008, S. 2- 17

weils die jüngere Anleihe bevorzugt. Die Gewichtung im Index findet nach der Marktkapitalisierung statt. Überdies ist das maximale Gewicht einer Anleihe in einem Index auf 30 % begrenzt.

Die Indexberechnung erfolgt auf Basis der gehandelten Börsenpreise. Falls zu irgendwelchen Zeitpunkten keine Börsenpreise zustande kommen, werden die besten verbindlichen Geldquotierungen verwendet. Der *eb.rexx Index* basiert auf einem volumengewichteten Summationskonzept, bei welchem die relativen Veränderungen im Vergleich zum Stichtag betrachtet werden. Deswegen werden am Stichtag sowohl die Zusammensetzung als auch das Volumen im Indexportfolio angepasst. Der Kursindex (oder Preisindex) wird nach folgender Formel berechnet. Er umfasst ausschließlich die Kursentwicklung der im Index enthaltenen Anleihen. Er ist ein Indikator für das allgemeine Zinsniveau.

$$
PI_t = PI_{t-s} \cdot \frac{\sum_{i=1}^{n} P_{i,t} - N_{i,t-s}}{\sum_{i=1}^{n} P_{i,t-s} - N_{i,t-s}}
$$

PI_t = Kurs-Indexstand zum Zeitpunkt t; PI_{t-s} = Kurs-Index-Endstand am letzten Kalendertag des Vormonats; $P_{i,t}$ = Kurs bzw. Quotierung der Anleihe i zum Zeitpunkt t; $P_{i,t-s}$ = Schlusskurs bzw. Schlussquotierung der Anleihe i am letzten Handelstag des Vormonats $N_{i,t-s}$ = Ausstehendes Volumen der Anleihe i am drittletzten Handelstag des Vormonats; n = Anzahl der Anleihen im Index; s = Kalendertage seit der letzten Anpassung; t = Berechnungszeitpunkt[52]

Der Performanceindex (oder Total-Return-Index) berücksichtigt neben den Kursänderungen auch die Zinszahlungen und ist somit Ausdruck des Gesamtertrages der dem Index zugrunde liegenden Anleihen. Somit ist er ein Gradmesser für den Erfolg einer Anlage in Anleihen. In der Regel werden die in einem Monat gezahlten Kupons erst am Stichtag der Neuzusammensetzung in das gesamte Portfolio reinvestiert, d. h. einmal monatlich.

---

[52] Um die Übersichtlichkeit zu erhöhen, werden in allen folgenden Formeln die Benennungen der Variablen beibehalten.

$$TR_t = TR_{t-s} \cdot \frac{\sum_{i=1}^{n}\left(\left(P_{i,t} + A_{i,t}\right) + XD_{i,t-s} \cdot \left(CP_{i,t} + G_{i,t}\right)\right) \cdot N_{i,t-s}}{\sum\left(P_{i,t-s} + A_{i,t-s} + XD_{i,t-s} \cdot CP_{i,t-s}\right) \cdot N_{i,t-s}}$$

$A_{i,t}$ = Aufgelaufene Stückzinsen der Anleihe i zum Zeitpunkt t, $A_{i,t-s}$ = Aufgelaufene Stückzinsen der Anleihe i am letzten Kalendertag des Vormonats; $CP_{i,t}$ = Wert der nächsten Kuponzahlung zum Zeitpunkt t, falls Anleihe i sich in der Ex-Dividend-Periode befindet, sonst 0; $CP_{i,t-s}$ = Wert der nächsten Kuponzahlung am letzten Kalendertag des Vormonats falls Anleihe i sich in der Ex-Dividend-Periode befand, sonst 0; $G_{i,t}$ = Wert einer Kuponzahlung der Anleihe i vom Kupontermin bis Ende des Monats. Ist keine Kuponzahlung in diesem Monat erfolgt, dann ist der Wert=0; TR_t = Performanceindexstand zum Zeitpunkt t; TR_{t-s} = Performanceindexstand am letzten Kalendertag des Vormonats; $XD_{i,t-s}$ = Flag zur korrekten Behandlung von Anleihen mit Ex-Dividend-Eigenschaft. Während der Ex-Dividend-Periode einer Anleihe erhält der Käufer nicht die nächste Kuponzahlung. Der Wert für XD ist 0, falls die Anleihe i während ihrer Ex-Dividend-Periode neu in den Index aufgenommen wird, damit die nächste Kuponzahlung nicht in den Performanceindex eingeht. In allen anderen Fällen und für Anleihen ohne die Ex-Dividend-Eigenschaft beträgt der Wert 1.

In der Regel werden von den Anbietern noch andere wichtige Indexkennzahlen fortlaufend berechnet. Die Wichtigsten sind:

Um die durchschnittliche Rendite des Indexes berechnen zu können, wird die Anleihenrendite mit der entsprechenden Marktkapitalisierung sowie der Duration gewichtet.

$$RY_t = \frac{\sum_{i=1}^{n} Y_{i,t} \cdot \left(P_{i,t} + A_{i,t}\right) \cdot N_{i,t-s} \cdot D_{i,t}}{\sum_{i=1}^{n}\left(P_{i,t} + A_{i,t}\right) \cdot N_{i,t-s} \cdot D_{i,t}}$$

RY_t = Durchschnittliche Rendite zum Zeitpunkt t; $Y_{i,t}$ = Rendite der Anleihe i zum Zeitpunkt t; $D_{i,t}$ = Duration der Anleihe i zum Zeitpunkt t

Dagegen braucht man bei der Berechnung der durchschnittlichen Duration bzw. der modifizierten Duration nur die Gewichtung der Marktkapitalisierungen der Anleihen zu berücksichtigen. Ebenso wird die durchschnittliche Konvexität eines Indexes berechnet.

$$DU_t = \frac{\sum_{i=1}^{n} D_{i,t} \cdot \left(P_{i,t} + A_{i,t}\right) \cdot N_{i,t-s}}{\sum\left(P_{i,t} + A_{i,t}\right) \cdot N_{i,t-s}} \qquad MDU_t = \frac{\sum_{i=1}^{n} MD_{i,t} \cdot \left(P_{i,t} + A_{i,t}\right) \cdot N_{i,t-s}}{\sum_{i=1}^{n}\left(P_{i,t} + A_{i,t}\right) \cdot N_{i,t-s}}$$

DU_t = Durchschnittliche Duration zum Zeitpunkt t; $D_{i,t}$ = Duration der Anleihe i zum Zeitpunkt t; MDU_t = durchschnittliche mod. Duration zum Zeitpunkt t; $MD_{i,t}$ = modifizierte Duration der Anleihe i zum Zeitpunkt t

$$CX_t = \frac{\sum_{i=1}^{n} X_{i,t} \cdot \left(P_{i,t} + A_{i,t}\right) \cdot N_{i,t-s}}{\sum_{i=1}^{n} \left(P_{i,t} + A_{i,t}\right) \cdot N_{i,t-s}}$$

CX_t = durchschnittliche Konvexität; $X_{i,t}$ = Konvexität der Anleihe i zum Zeitpunkt t

Die Berechnung des durchschnittlichen Kupons des Indexes erfolgt, indem die Kupons mit dem jeweiligen ausstehenden Volumen der Anleihen gewichtet werden. Ebenso erfolgt die Berechnung der durchschnittlichen Restlaufzeit.

$$CO_t = \frac{\sum_{i=1}^{n} C_{i,t} \cdot N_{i,t-s}}{\sum_{i=1}^{n} N_{i,t-s}} \quad LF_t = \frac{\sum_{i=1}^{n} L_{i,t} \cdot N_{i,t-s}}{\sum_{i=1}^{n} N_{i,t-s}}$$

CO_t = durchschnittlicher Kupon zum Zeitpunkt t; $C_{i,t}$ = Kupon der Anleihe i zum Zeitpunkt t; LF_t = durchschnittliche Restlaufzeit zum Zeitpunkt t; $L_{i,t}$ = Restlaufzeit der Anleihe i zum Zeitpunkt t

Die Bedeutung der Indexkennzahlen ist analog der Kennzahlen, die für einzelne Anleihen gelten. Konfuzius lehrte *„Menschen stolpern nicht über Berge, sondern über Maulwurfshügel"*. Damit Sie als Anleger nicht stolpern, gebe ich an dieser Stelle einen kurzen Überblick über die wichtigsten Anleiheindizes, die Sie mittels ETFs erwerben können. Sie werden sehen, dass Sie mit Renten-ETFs das gesamte Spektrum von Anleihen abdecken können. Selbst in Fremdwährungen können Sie mit Renten-ETFs investieren. Falls Sie einen umfassenden Überblick über die Renten-ETFs haben möchten, empfehle ich Ihnen die ETF-Datenbanken auf www.etf.fundexplorer.ch/stock_ma rket_indices oder www.extra-funds.de/tools/etf-datenbank.

Tabelle 12:   Kleiner Indexguide für Rentenindizes

Indexname	Anbieter	Schwerpunkt
Rentenindizes – Europa		
Staatsanleihen		
IBOXX € Sovereigns Eurozone	International Index Com-	Allgemeine Staatsanleihen
IBOXX € Sovereigns Eurozone 1-3	pany, IIC	Kurzläufer (> 2 Jahre)
IBOXX € Sovereigns Eurozone 3-5	(www.indexco.com)	Mittelfristig (2 bis 7 Jahre)
IBOXX € Sovereigns Eurozone 3-5		
IBOXX € Sovereigns Eurozone 5-7		
IBOXX € Sovereigns Eurozone 7-10		Langfristig (> 7 Jahre)
IBOXX € Sovereigns Eurozone 15 +		
IBOXX € Sovereigns Eurozone 25 +		
eb.rexx Government Germany	Deutsche Börse (www.deutsche-boerse)	Deutsche Staatsanleihen, ähnliches Laufzeitenspektrum wie IBOXX € Sovereigns Euro.
Inflationsgebundene Anleihen		
IBOXX € Inflation Linked	IIC (www.indexco.com)	inflationsgebundene Anleihen
Euro MTS Inflation Linked Index	EuroMTS Limited (www.euromtsindex.com)	inflationsgebundene Anleihen
Pfandbriefe		
iBOXX € GERMANY COVERED	IIC (www.indexco.com)	Deutsche Pfandbriefe
EuroMTS Covered Bond Aggreate	EuroMTS	Europäische Pfandbriefe
Unternehmensanleihen		
iBoxx € Liquid Corporate Index	EuroMTS	Europ. Unternehmensanleihen
Geldmarkt		
EONIA Total Return Index		Europäischer Geldmarktsatz
eb.rexx Money Market	Deutsche Börse (www.deutsche-boerse)	Deutsche Staatsanleihen von 0 bis 1 Jahr
Außerhalb des Euroraumes (Achtung, Währungsrisiko tritt auf)		
Staatsanleihen		
Barclays US Tresaury 1-3 years	Barclays Capital www.barcap.com	US-Staatsanleihen von 1 bis 3 Jahren
Barclays US Tresaury 7-10 years		US-Staatsanleihen von 7 bis 10 Jahren
Citigroup Group-of Seven (G7) Index		Staatsanleihen der führenden Industrieländer
JPMorgan EMBI Global Core Index	JP Morgan Chase (www.morganstanley.com)	Staatsanleihen von Schwellenländern in US-Dollar
Emerging Market Liquid Eurobond	Deutsche Bank (www.index.db.com)	Staatsanleihen von Schwellenländern in Euro
Inflationsgebundene Anleihen		
Barclays US Government Inflation-Linked Bond Index	Barclays Capital www.barcap.com	inflationsgesicherte US-Staatsanleihen
Barclays UK Government Inflation-Linked Bond Index		inflationsgesicherte britische Staatsanleihen
Unternehmensanleihen		
iBoxx USD Liquid Investment Grade Top 30	IIC (www.indexco.com)	Unternehmensanleihen US-Dollar

3.4 Geldmarkt

Der wohl wichtigste Geldmarktindex ist der EONIA (*Euro Overnight Index Average*, www.euribor.org; www.de.euribor-rates.eu/eonia.asp). Er ist der offiziell berechnete Tagesgeldzinssatz für den Euroraum. Der Index besteht aus dem gewichteten Durchschnitt der Zinssätze, die eine Gruppe größerer Bankinstitute im Euroraum auf den Interbankenmarkt für unbesicherte Übernachtkontrakte effektiv abgeschlossen haben. Zur Ermittlung des Zinssatzes steht eine Gruppe von derzeit 57 Banken (47 aus der Eurozone, 4 aus sonstigen EU-Ländern und 6 außerhalb der EU) zur Verfügung. Diese Banken werden auch als Panel-Banken bezeichnet. Sie liefern der *Europäischen Zentralbank* (Abk. EZB) täglich bis spätestens 18:30 Uhr die Daten über den Umfang und die durchschnittlichen Zinssätze der für diesen Tag durchgeführten unbesicherten Tagesgeldausleihungen. Nun ermittelt die EZB unter Eliminierung der jeweils 15 höchsten und tiefsten Werte den Durchschnittswert. Danach veröffentlicht die EZB den Durchschnittswert als Zinssatz p. a. Dieser Wert wird seit September 2007 berechnet. Der EONIA hat sogar eine eigene WKN 965994 (oder ISIN: EU000969945).

Um den EONIA-Zinssatz investierbar zu machen, verwenden die ETF-Anbieter einen kleinen Trick. Dazu wurde der Index zu einem Stichtag auf einen Stand von 100 Punkten festgeschrieben. Danach wird der aktuelle EONIA-Zinssatz durch 360 bzw. 365 geteilt und zum aktuellen Indexstand addiert. Das Ergebnis ist, dass der Index jeden Tag um den aktuellen EONIA-Zinssatz steigt.

Allerdings unterliegen Anlagen auf dem Geldmarkt auch Schwankungen. Während der großen Misstrauensphase zwischen den Banken, die der Pleite von *Lehman Brothers* im September 2008 folgte, stieg der EONIA auf nie dagewesene Höhen von über 4,40 %. Das hat dazu geführt, dass gerade die Zinssätze im kurzfristigen Bereich mit einer Laufzeit von bis zu einem Jahr überproportional gestiegen sind. Dies ging sogar so weit, dass im November 2008 die Anleger bessere Zinsen im Ein-Jahres-Bereich erzielen konnten, als mit langlaufenden Anleihen. Doch schon im März 2009 stabilisierte sich die Lage mit EONIA-Sätzen von 1,25 % und weniger wieder. Anleger sollten niemals vergessen, dass eine Senkung der Leitzinsen auch zu einer Senkung des EONIA-Satzes führt. So führte die Senkung der Leitzinsen Anfang 2009 dazu, dass der EONIA-Satz im April 2009 auf 0,89 % fiel. Da sich der EONIA auf Talfahrt befindet, lohnt sich vielleicht ein Blick auf andere Länder, um dort von den lokalen Renditen und eventuellen Wechselkursänderungen zu profitieren. Momentan befinden sich zwei ETF-Produkte auf dem Markt, und zwar für den US-Dollar und das britische Pfund.

Der *SONIA Total Return Index* bildet eine täglich rollierte Einlage zum SONIA-Satz *(Sterling Overnight Index Average)* ab, also dem kurzfristigen Geldmarktreferenzzinssatz in England. Dieser Index wird von der *Wholesale Markets' Brokers Association* (WMBA) bereitgestellt. Er ist der gewichtete Durchschnittssatz aller unbesicherten Tagesgeldausleihungen in Pfund Sterling, die über Mitglieder der WMBA mit allen Gegenparteien in London geschlossen wurden, mit einem Mindestvolumen von 25 Mio. GBP.

Dagegen bildet der *Fed Funds Effective Rate Total Return Index* eine täglich rollierte Einlage der *Federal Funds Effective Rate* (www.federalreserve.gov) ab, dem kurzfristigen Geldmarktreferenzzinssatz in den USA. Die *Federal Funds Effective Rate* stellt den gewichteten durchschnittlichen Tagesgeldzinssatz dar, zu dem *Federal Funds* tatsächlich innerhalb eines Tages gehandelt werden. Er wird vom Offenmarktausschuss *(Federal Open Market Committee –* FOMC) festgelegt. Zurzeit sind Anlagen auf den US-Geldmarkt und Großbritannien weniger gefragt, weil die Leitzinsen nahezu bei null (April 2009) und damit deutlich unterhalb der europäischen Leitzinsen liegen.

3.5 *Credit Default Swaps* (kurz CDS)

Die Schauspielerin Ingrid Bergmann sagte einmal: „*Es gibt keine Grenzen, nicht für die Gedanken, nicht für die Gefühle. Die Angst setzt die Grenze.*" So ähnlich ist es an der Börse. Bei neuen Produkten gibt es keine Grenzen, so entstand die neue Klasse der *Credit Default Swaps*. Bei den *Credit Default Swaps* handelt es sich um Kreditderivate. Diese Derivate haben es ermöglicht, Kredite von ihren Risiken zu trennen und die Risiken separat zu verkaufen. Im Prinzip ist dies nichts anderes als ein Tausch von Risiken gegen Geld.

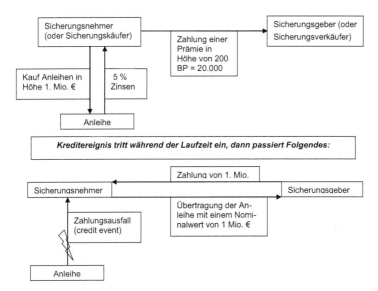

Anmerkung: Mit diesem *Credit Default Swap* soll eine Anleihe über 1. Mio. € (Nominalwert) abgesichert werden, gegen eine Prämie in Höhe von 200 Basispunkten bezogen auf den Nominalwert der Anleihe.

Abbildung 7: Funktionsweise eines *Credit Default Swaps*

Mit einem CDS[53] kann sich ein Sicherungsnehmer (Sicherungskäufer) gegenüber bestimmten Risiken aus einer Kreditbeziehung gegen Bezahlung einer Prämie an den Sicherungsgeber (Sicherungsverkäufer) für eine gewisse Laufzeit absichern. Die vom Sicherungsgeber zu übernehmenden Risiken werden im Voraus als so genannte Kreditereignisse *(credit events)* festgelegt. Was ein Kreditereignis ist, wird meistens nach dem Regelwerk der ISDA *(International Swaps and Derivatives Association)* festgelegt. Danach ist ein Kreditereignis der Zahlungsausfall, Konkurs, qualifizierter Verzug, Zahlungsverweigerung oder Kapitalherabsetzung usw. Der Sicherungsgeber ist verpflichtet, bei Eintritt eines derartigen Ereignisses dem Sicherungsnehmer eine Ausgleichszahlung zu leisten.

---

[53] Vgl. Deutsche Bundesbank: Monatsbericht Dezember 2004. Credit Default Swaps – Funktionen, Bedeutung und Informationsgehalt, S. 43 - 58

Kommt es zu einem Kreditereignis, überträgt der Sicherungsnehmer dem Sicherungsgeber das Referenzaktivum (z.B. die Anleihe). Im Gegenzug bekommt der Sicherungsnehmer den Nennwert der Anleihe vom Sicherungsgeber gutgeschrieben. Erfolgt dagegen die Abwicklung durch eine Lieferung von Wertpapieren (*physical settlement*, Standardverfahren), hat der Sicherungsnehmer die Wahl zwischen gleichartigen Wertpapieren (cheapest-to-deliver-Option) oder einer Ausgleichszahlung in Höhe der Differenz zwischen dem Nominalwert des Referenzaktivums und ihrem Marktwert nach Eintritt des Kreditereignisses *(cash settlement)*. Diese zweite Variante findet häufig Anwendung, wenn mittels des CDS ein Kreditportfolio abgesichert wird, aus dem einzelne Kredite schwer zu separieren sind. Welchen Preis muss der Anleger für diesen Schutz bezahlen?

Die Höhe der Prämie *(Default Swap Spread)*[54] richtet sich nach der Qualität der zugrunde liegenden Anleihe, d. h. der erwarteten Ausfallwahrscheinlichkeit. Die Prämie wird ausgedrückt in Basispunkten je Nominalwert. Wie bei Anleihen spricht man auch bei CDS-Prämien von Kupons, die an den Risikokäufer gezahlt werden. Kuponzahlungen finden in der Regel vierteljährlich statt und sind abhängig vom Fälligkeitsdatum des CDS-Kontraktes. Als marktübliche Kupondaten hat sich der Zwanzigste der Monate Dezember, März, Juni und September durchgesetzt. Verfällt bspw. ein CDS-Kontrakt am 20. Dezember 2010, so finden die Kuponzahlungen jeweils am 20. März, 20. Juni, 20. September und 20. Dezember statt. Darüber hinaus bleibt die ursprüngliche Beziehung zwischen dem Emittenten der Anleihe und dem Käufer unangetastet, d. h., die Anleihe wird nicht übertragen. Normalerweise weiß der Emittent der Anleihe nicht, dass für seine Anleihe ein CDS abgeschlossen wurde. Wo findet der Handel von CDS statt?

Die CDS werden im so genannten OTC-Markt[55] gehandelt. In diesem Markt gibt es keine Verpflichtung, Kurse zu stellen oder sich an eine vorgeschriebe-

---

[54] Dabei kann der CDS-Spread näherungsweise als der Unterschied zwischen einer risikofreien Anleihe (Staatsanleihe) und einer risikobehafteten Anleihe (Unternehmensanleihe) vergleichbarer Laufzeit gelten. Dabei gilt: Je geringer der *Credit Spread* eines Unternehmens ist, desto besser ist die Bonität dieses Unternehmens.

[55] Ein OTC-Markt (Over-the-Counter-Markt) ist nicht lokalisiert und hat keine festen Handelszeiten. Demzufolge werden die Preise am Markt zwischen dem Handelspartner frei ausgehandelt. Die Transaktionen finden außerhalb der Verantwortung der Börsen statt. Sie unterliegen aber den geltenden gesetzlichen Bestimmungen für den Wertpapierhandel.

ne Geld-/Briefspanne zu halten. Deswegen kann es in extremen Marktphasen (z. B. wie beim vorläufigen Höhepunkt der Finanzkrise im Oktober 2008) schwierig sein, einen Handelspartner zu finden, oder es findet ein Handel nur mit erheblichen Preisauf- oder -abschlägen statt. Welche Risiken haben CDS?

Ein Risiko ist die am Markt gehandelte Prämie (CDS-Spread). So führt eine Verbesserung der Bonität zu einer Verringerung des CDS-Spreads, was den Marktwert des CDS für den Sicherungsnehmer sinken und für den Sicherungsgeber steigen lässt.

Das Ausfallrisiko beschreibt Folgendes. Der Sicherungsverkäufer übernimmt durch die Übernahme des Risikos z. B. einer Unternehmensanleihe ein ähnliches Risikoprofil wie der Besitzer der Anleihe. Denn er ist im Konkursfall verpflichtet, den Differenzbetrag zwischen Konkursquote und dem Rückzahlungsbetrag auszugleichen. Das Kontrahentenrisiko beschreibt, dass einer der Vertragspartner (Käufer oder Verkäufer der Sicherung) seinen Verpflichtungen nicht nachkommt, weil er z. B. zahlungsunfähig ist. Warum ist der Handel mit CDS interessant?

Der besondere Reiz für den Sicherungsgeber liegt darin, die Prämie (CDS-Spread) zu vereinnahmen und dafür in Anleihen vorerst kein Kapitel binden zu müssen. Auf der anderen Seite können die Sicherungsnehmer ihr Rentenportfolio besser steuern, da sie sich das Emittentenrisiko vom Hals schaffen. Somit können die Sicherungsnehmer teilweise in höher verzinsliche Anleihen schlechterer Bonitäten investieren, um so die Rendite ihres Depots zu steigern. Heute können auch Privatanleger in diesem Markt mitspielen, indem sie ETFs auf Kreditindizes kaufen. Der bedeutendste ist der *iTraxx*.

iTraxx:

Beschreibung:

> Über die Swaps werden zunächst einmal die Kreditrisiken der ausstehenden Schulden von den ebenfalls in den Anleihen enthaltenen Zinsänderungsrisiken getrennt. Somit wird die Gefahr gebannt, dass sich die Anleihekurse mit dem allgemeinen Zinsniveau verändern. Das heißt, die iTraxx-Indizes messen nur die Veränderung der Swapsätze und nicht die des Zinsniveaus. Um dies zu ermöglichen, werden iTraxx-Indizes alle sechs Monate in neuen Serien zusammengestellt und nicht verkettet.

Der *iTraxx Europe* enthält die *Credit Default Swaps* von 125 namhaften europäischen Firmen mit einem Rating nicht unter BBB- (*Fitch Ratings/Standard & Poors*) oder Baa3 (*Moody's Investor Service*). Alle 125 Mitglieder des Indexes werden gleich gewichtet.

Dagegen bildet der *iTraxx Europe HiVol* die 30 Schuldner mit dem jeweils höchsten *Spread* aus den 100 *Non-Financials* (also z. B. keine Banken) des *iTraxx-Europe* ab.

Mit dem *iTraxx Europe Crossover* werden 50 CDS von Emittenten, deren Rating unterhalb BBB- *(Fitch Ratings/Standard & Poors)* oder Baa3 *(Moody's Investor Service)* liegt, aufgenommen.

Besonderheiten:

Alle iTraxx-Indizes werden als Kursindizes berechnet.

Indexanbieter: *International Index Company*, ICC (www.indexco.com).

Überdies hat sich heute der CDS-Markt immer mehr als Referenz für die Bonitätsbeurteilung von Unternehmen herausgebildet. Man hat nämlich beobachtet, dass unternehmensrelevante Ereignisse sich schneller in der Quotierung der entsprechenden CDS widerspiegeln als in der Entwicklung der *Spreads* bzw. Bonität der Anleihen des Unternehmens.

Wer kennt nicht die gefürchtete Karte aus dem Spiel *Monopoly „Gehen Sie in das Gefängnis, gehen Sie direkt dorthin, gehen Sie nicht über Los"*. Schon durch ein paar kleine Änderungen eröffnet dieser Satz dem Anleger völlig neue Perspektiven: *„Investieren Sie in neue Assetklassen, gehen Sie direkt dorthin und legen Sie sofort los."* Darum sollten wir uns die neue Assetklasse Rohstoffe ansehen.

3.6 Rohstoffindizes

Rohstoffe unterscheiden sich stark von den anderen Anlageformen. So können die meisten Rohstoffe im Gegensatz zu Aktien nicht einfach physisch gehandelt werden. Welcher Anleger kauft schon mehrere hunderte Kilos von Sojabohnen und lagert sie in der Garage?[56]

---

[56] Vgl. Der Wegweiser zum erfolgreichen Investment in Rohstoffe. Das 1x1 der Rohstoffe. ibidem-Verlag, Stuttgart 2009

Zum anderen wären die Kosten für Transport und Lagerung unverhältnismäßig hoch. Außerdem stellt die Verderblichkeit vieler Rohstoffe (wie Agrarrohstoffe) für die meisten Anleger ein Problem dar. Deswegen sind an den physischen Rohstoffmärkten (Spot- oder Kassamarkt) meist keine Privatanleger aktiv. Eine Ausnahme bilden die Edelmetalle (Gold und Silber), die auch von Privatanlegern in Form von Barren und Münzen physikalisch erworben werden können. Bei allen anderen Rohstoffen sind die Terminmärkte am liquidesten. So sagen auch viele Experten: Rohstoffhandel ist Futurehandel.

Bei einem Future handelt es sich um einen standardisierten Vertrag. In diesem Vertrag wird genau geregelt, zu welchem Zeitpunkt geliefert werden muss, in welcher Menge, in welcher Qualität und an welchem Ort die Lieferung des Rohstoffes zu erfolgen hat. Deswegen müssen sich die Marktteilnehmer nur noch auf den zu zahlenden Preis für den Futurekontrakt einigen. Am Laufzeitende des Futures ist der Future-Verkäufer verpflichtet, den Rohstoff zu den festgelegten Konditionen zu liefern und der Future-Käufer muss den Rohstoff abnehmen.

Natürlich hat der Anleger kein Interesse an einer Lieferung bzw. Abnahme des Rohstoffes. Er möchte vielmehr an der Preisentwicklung partizipieren. Das ist an den Futuremärkten auch möglich, denn jeder Käufer oder Verkäufer eines Futures kann durch ein Gegengeschäft sein eingegangenes Geschäft egalisieren. Hierdurch befreit sich der Anleger von sämtlichen Liefer- oder Abnahmeverpflichtungen. Überdies handeln bei einem Futuregeschäft nicht die Marktteilnehmer direkt miteinander, sondern mit einer zentralen Gegenpartei – der Warenterminbörse. Der Vorteil an diesem System ist, dass die Warenterminbörse dafür sorgt, dass die Verpflichtungen aus dem Future von beiden Seiten eingehalten werden. Hierzu verlangt die Terminbörse von beiden Vertragsparteien (Käufer und Verkäufer eines Futures) die Hinterlegung einer Sicherheitszahlung (Margin) in einer bestimmten Höhe (meistens zwischen 5 bis 10 % des Kontraktwertes). Man kann sich also die Terminbörse als eine Art Treuhänder vorstellen, der die Margin nur dann wieder ausbezahlt, wenn der Vertrag von beiden Vertragsparteien erfüllt wurde. Wenn z. B. der Kassapreis zum Lieferzeitpunkt eines Terminkontraktes über den vereinbarten Preis gestiegen ist, so hätte der Verkäufer einen starken Anreiz, vertragsbrüchig zu werden und die Ware anderweitig zu verkaufen. Das macht er aber nicht, weil er in diesem Fall die Margin verlieren würde. Würde der

Preis allerdings über die Margin steigen, kann die Börse die Einhaltung des Vertrages nicht mehr garantieren. Um hier vorzubeugen, verlangt die Terminbörse täglich weitere Sicherheiten, den so genannten *Margin Call*, wenn die Preisbewegungen einen bestimmten Prozentsatz überschreiten. Das heißt die Terminbörse verrechnet börsentäglich die auflaufenden Gewinne oder Verluste in einer Futureposition.

Die Hauptaufgabe von Rohstoffindizes ist den Anlegern die Möglichkeit zu geben, das Marktgeschehen zu verfolgen und einzuschätzen. Hierzu fassen die Rohstoffindizes die Preisbewegungen von mehreren Rohstoffen zusammen, wobei nicht die Preise der Kassamärkte verwendet werden, sondern die entsprechenden Futurepreise.

Hier tritt ein schwerwiegendes Problem auf: Rohstofffutures haben eine begrenzte Laufzeit. Um dieses Problem zu umschiffen, haben sich die Rohstoffindexanbieter etwas Besonderes einfallen lassen. Am Laufzeitende eines Futures wird einfach in einen nächst fälligen Futurekontrakt gewechselt. Hierzu wird das Geld, welches durch den Verkauf des auslaufenden Futures eingenommen wird, einfach in den nächst fälligen Futurekontrakt investiert. Dieses Verfahren wird als *Roll Over* bezeichnet.

Das heißt aber auch, dass zu jeder Zeit mehrere Futures mit demselben Rohstoff am Markt vorhanden sind, die sich durch unterschiedliche Laufzeiten voneinander unterscheiden. Für jede einzelne Laufzeit der unterschiedlichen Futurekontrakte stellt sich der Preis zu jedem Zeitpunkt separat durch Angebot und Nachfrage ein. Trägt man den Futurepreis eines bestimmten Rohstoffs zu verschiedenen Fälligkeiten ab, so erhält man die Termin- bzw. Forwardkurve. Sie ist durch *Backwardation* (übersetzt Kursabschlag) oder *Contango* (übersetzt Kursaufschlag) gekennzeichnet. Dabei beschreibt die *Backwardation*, dass die Futurepreise von weiter in der Zukunft liegenden Lieferterminen niedriger als näher liegende sind, d. h., die Terminkurve hat eine negative Neigung. Somit liegen die Terminkurse umso niedriger, je länger die Laufzeit ist. Der Kauf zu einem späteren Zeitpunkt ist also günstiger als heute. Das bedeutet, dass der Kauf des Rohstoffes auf Termin via Futurekontrakt günstiger ist als der sofortige Kauf am Spotmarkt.

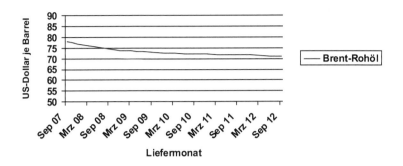

Abbildung 8: Forward-Kurve von Brent-Rohöl in *Backwardation*, d. h. fallende Kurve

Das umgekehrte Verhalten wird durch das *Contango* beschrieben. Dann notieren die weiter in der Zukunft liegenden Futurepreise höher als die näher liegenden. Somit hat die Terminkurve eine positive Neigung. Demnach liegen die Terminkurse umso höher, je länger die Laufzeit ist, d. h. der Futurepreis liegt über dem Spotpreis. Deswegen ist der Kauf des Rohstoffes auf Termin via Futurekontrakt teurer als der Kauf zum Spotpreis. Im historischen Vergleich ist die *Backwardation* häufiger als ihr Pendant *Contango* vorgekommen.

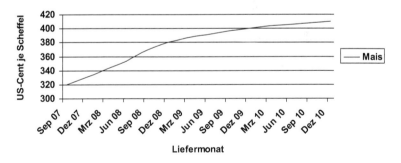

Abbildung 9: Forwardkurve von Mais in *Contango*, d. h. steigende Kurve

Als Faustregel kann man festhalten: Die meisten Industriemetalle notieren oftmals in *Backwardation*, Erdöl und Erdgas wechseln zwischen

111

Backwardation und *Contango* und die Agrarrohstoffe liegen die meiste Zeit in *Contango* vor. Erschwerend kommt hinzu, dass ein Terminkurs in *Backwardation* oder *Contango* nicht von Dauer sein muss. Vielmehr kommt es häufig vor, dass sich im Zeitverlauf diese beiden Eigenschaften bei ein und demselben Rohstoff abwechseln.

Diese Kurvenformationen haben Konsequenzen. In einer Contango-Situation ist der Erlös aus dem Verkauf des auslaufenden Kontraktes geringer als der Betrag, der zum Kauf des neuen Futurekontraktes nötig ist. Dieses Minus im Rollvorgang wird als Rollverlust bezeichnet. Das kann dazu führen, dass unabhängig von der eigentlichen Preisentwicklung des einzelnen Rohstoffes schon ein Verlust aus dem Rollen in den nächsten Future entsteht. Dieser Verlust schlägt sich natürlich auch im Index nieder. *„Des einen Freud ist des anderen Leid.“* So tritt im entgegengesetzten Fall bei der *Backwardation* ein Rollgewinn auf. Denn nun übersteigen die Erlöse aus dem Verkauf des auslaufenden Futures den benötigten Kapitalbedarf zum Kauf des nächst fälligen Futures. Diese beiden Effekte haben also Auswirkungen auf den Ertrag einer Futureanlage. Im Prinzip setzt sich der Ertrag einer Futureanlage aus drei Komponenten zusammen:

- Spot-Rendite *(Spot Yield)*: Die Spotpreise für Rohstoffe werden am Spotmarkt (oder Kassamarkt) einer Börse für physische Rohstoffe festgestellt. Demnach ergibt sich die Spotrendite aus den Preisveränderungen des physischen Rohstoffes.
- Roll-Rendite *(Roll Yield)*: Rendite aus dem Rollen des Futures. In einer Backwardation-Situation resultieren daraus positive Erträge, in einer Contango-Situation negative.
- *Collateral Yield* : Da nur ca. 5-10 % des Rohstoffwertes als Sicherheitsleistung hinterlegt werden müssen, kann der Rest des Kapitals zum risikofreien Geldmarktsatz angelegt werden.

All diese unterschiedlichen Einkommensarten von Rohstofffutures müssen natürlich bei einem Rohstoffindex berücksichtigt werden. Hierzu haben sich drei unterschiedliche Berechnungsmethoden durchgesetzt.

- *Spot Return* (Abk. SP): Bei dieser Berechnungsmethode geht der jeweils kürzest laufende Futurekontrakt eines Rohstoffes, bereinigt um sein Indexgewicht, ein. Kurz vor Fälligkeit eines Futures wird die Berechnung auf den Future mit der nächst längeren Laufzeit umgestellt. Allerdings findet in der Berechnung der Wertunterschied zwischen dem kürzesten und dem nachfolgenden Future keine Beachtung. Dies führt dazu, dass der *Spot Return* nach dem Rollen eines in *Backwardation* notierenden Rohstoffs sinkt und umgekehrt bei einem in *Contango* notierenden Rohstoff steigt. Im Prinzip eignen sich solche Indizes nur als ein allgemeines Maß für die Preisentwicklung eines Rohstoffkorbes.

- *Excess Return* (Abk. ER): Auch hier findet die Berechnung mittels des kürzest laufenden Futures statt. Der Unterschied ist, dass beim Übergang auf einen neuen Kontrakt tatsächlich gerollt wird. Dafür muss beim Rollen in den nächsten Future ein Verkettungsfaktor festgelegt werden. Dieser Faktor muss die Entwicklung abbilden, die sich ergeben würde, wenn ein Anleger zum Schlusskurs eines Handelstages den kürzesten Future verkauft und den zweitkürzesten Future zum Schlusskurs gekauft hätte, d. h., er muss dezidiert die Rolltransaktionen beschreiben. Diese Indexberechnung ist vergleichbar mit einem Aktienpreisindex, wie dem *Euro Stoxx 50*, bei dem die anfallenden Dividenden bzw. Erträge der im Index enthaltenen Aktien nicht berücksichtigt werden.

- *Total Return* (Abk. TR): Im Prinzip findet hier der Rollvorgang genauso statt wie bei der Excess-Return-Berechnungsmethode, d. h., es findet eine Investition in den kürzesten Future statt und das Rollen erfolgt in die nächste Laufzeit des Futures. Jedoch wird bei der Total-Return-Berechnungsmethode davon ausgegangen, dass die gesamte Futureposition mit Kapital unterlegt ist. Hier wird also dem Umstand Rechnung getragen, dass bei einem Futureinvestment eine Margin hinterlegt werden muss. Für dieses Kapital wird nun ein Zins gezahlt. Er orientiert sich an einem Referenzzinssatz, wie z. B. der Rendite amerikanischer Staatsanleihen. Die erhaltenen Zinsen werden dann zusätzlich der Indexentwicklung berücksichtigt. Vergleichbar ist diese Methodik mit einem Aktienperformanceindex, wie dem DAX, wo die Erträge, wie Dividenden, bei der Indexberechnung berücksichtigt werden.

Welche Methode ist besser? Hier sollte man sich die Performance der Berechnungsmethoden ansehen.

Die Excess-Return-Variante (Abk. ER) des *S&P GSCI Indexes* (einer der wichtigsten Rohstoffindizes) ist rückberechnet seit dem 1. Januar 1970 um lediglich durchschnittlich 5,7 Prozent pro Jahr gestiegen. Dagegen stieg die

Total-Return-Variante des *S&P GSCI* im Schnitt um 12,5 Prozent pro Jahr. Verzichten Sie nicht auf diese Erträge, denn sie machen bei Rohstoffinvestments teilweise mehr als 2/3 des Ertrages aus. Im ETF-Bereich gibt es eigentlich nur Produkte, die sich auf die Total-Return-Indizes beziehen. Außerdem muss der Anleger bedenken, dass es auch bei Rohstoffindizes die Contango-Falle gibt. Dies wird besonders deutlich, wenn man sich die verschiedenen Performancequellen (Spot-, Roll- und Zinsrendite) von Rohstofffutures im Jahr 2007 am Beispiel des *S&P GSCI Indexes* ansieht.

Tabelle 13: Renditen der verschiedenen Berechnungsvarianten des *S&P GSCI* für das Jahr 2007

Berechnungsvariante	Rendite
S&P GSCI SP (Abk. für Spot-Return)	41,21 % => Spotrendite ca. 41,21 %
S&P GSCI ER (Abk. für Excess-Return)	27,26 % => Rollrendite ca. - 13,95 %
S&P GSCI TR (Abk. für Total-Return)	33,04 % => Zinsrendite ca. 5,78 %

Das Beispiel *S&P GSCI SP* (misst nur die Preisveränderung der enthaltenen Rohstoffe) zeigt, dass der Anleger im Jahr 2007 eine Spotrendite von ca. 41,21 % hätte erzielen können. Doch tatsächlich war eine solche Rendite mit einem Rohstoffinvestment nicht möglich, weil die Rollperformance des *S&P GSCI* mit -13,95 % negativ war. Versöhnlicher sah die Welt beim *S&P GSCI TR* aus. Dessen Rendite betrug 33,04 %. Zu diesem Ergebnis trug die *Collateral Yield* mit einer Rendite von 5,78 % bei. Allerdings betritt bei einem Rohstoffinvestment noch eine zweite Variable das Spielfeld, die Ihre Rendite heftig durcheinanderwirbeln kann, nämlich der US-Dollar. So lautet eine alte Börsenweisheit *„Rohstoffmärkte sind US-Dollarmärkte"*, weil für die meisten global gehandelten Rohstoffe, wie Gold oder Rohöl, der US-Dollar die Haupthandelswährung ist. Somit stellt für einen europäischen Investor eine Anlage in Rohstoffe gleichzeitig ein Investment in eine Fremdwährung dar. So können veränderliche Devisenkurse die Renditechancen positiv wie negativ beeinflussen.

Dies musste ein Anleger im Jahr 2007 schmerzlich feststellen. Berücksichtigt man die Entwicklung des Euro/US-Dollars, so reduzierte sich die mögliche Rendite eines Rohstoffinvestments um -9,85 %. Das bedeutet, dass ein Investor unter dem Strich mit einem Investment in den *S&P GSCI TR* 23,19 % oder in den *S&P GSCI ER* 17,14 % Rendite hätte erzielen können.

Folgende Rohstoffindizes sind zurzeit wegen ihrer Größe und Wichtigkeit im Markt besonders hervorzuheben.

Reuters/Jefferies CRB Index (CRB): Dies ist der älteste Rohstoffindex überhaupt. Seine Wurzeln gehen bis ins Jahr 1957 zurück. Die letzte grundlegende Neugestaltung des Indexes erfolgte im Jahr 2005 in Zusammenarbeit mit der US-Investmentbank *Jefferies*, somit sind langjährige Rückberechnungen oder Chartvergleiche mit anderen Indizes äußerst fragwürdiger Natur, da das Indexkonzept in der Vergangenheit häufig gewechselt hat. Seit dem Jahr 2005 beziehen sich die im Index enthaltenen Rohstofffutures immer auf den nächst fälligen, der zudem regelmäßig in den nächst fälligen gerollt wird. Seit 2005 (284 Punkte) konnte der Index bis Mai 2008 auf 431 Punkte fast verdoppeln. Mit der im dritten Quartal 2008 einsetzenden Korrektur an den Rohstoffmärkten verlor der Index knapp 16 % (Stand September 2008: 360 Punkte). Dieser Kursverlust setzte sich bis Mai 2009 fort, mit einem Stand von 246,46 Punkten, d. h. von Mai 2008 bis Mai 2009 verlor der Index ca. -42 %.

Die Gewichtung der Rohstoffe erfolgt, indem die Rohstoffe zunächst in vier Kategorien eingeordnet werden. Die Kategorie I heißt Petroleum und enthält sämtliche Energierohstoffe außer Erdgas. Zudem hat diese Kategorie einen konstanten Anteil am Index von 33 %. Dieser soll die Bedeutung der Energieträger für die Wirtschaft widerspiegeln, aber auch verhindern, dass der Index eine zu starke Fokussierung auf den Energiebereich bekommt. Überdies erfolgt die Gewichtung der drei Rohstoffe der Kategorie I anhand ihres Handelsvolumens zueinander. Demnach hat Rohöl den Löwenanteil mit ca. 23 %, die restlichen 10 % verteilen sich auf Heizöl und unverbleitem Benzin.

In der Kategorie II (ca. 42 % des Indexes) werden weitere sieben Rohstoffe eingeordnet, mit sehr liquiden Futures. Jedem Rohstoff in dieser Gruppe (Kupfer, Erdgas, Lebendrind, Mais, Sojabohnen, Aluminium und Gold) wird das feste Gewicht von 6 % zugewiesen. Dagegen werden in der dritten Kategorie (liquide Rohstoffe) (ca. 20 % des Indexes) weitere vier Rohstoffe (Zucker, Kakao, Baumwolle und Kaffee) eingeordnet, deren Gewicht jeweils 5 % beträgt. In der Kategorie IV (ca. 5 % des Indexes) werden die Diversifikationsrohstoffe eingeordnet. In der Regel werden in dieser Gruppe 5 Rohstoffe (Nickel, Chicago-Weizen, mageres Schwein, Orangensaft und Silber) eingeordnet. Sie gehen mit nur 1 % in die Indexberechnung ein. Um die Gewichte im Index konstant zu halten, wird monatlich eine Umschichtung vorgenommen, d. h., es müssen Rohstoffe, die nun ein Übergewicht im Index haben, verkauft werden, bis ihr ursprüngliches Gewicht wieder erreicht ist. Dagegen werden die Rohstoffe, die nun im Index untergewichtet sind, in einem entsprechenden Verhältnis nachgekauft. Durch dieses Vorgehen soll eine Klumpenbildung im Laufe des Jahres verhindert werden. Im Vergleich mit den anderen großen Rohstoffindizes hat dieser Index einen relativ kleinen Energieanteil. Dafür sind die Industrie- und Edelmetalle und besonders landwirtschaftliche Produkte überdurchschnittlich vertreten.

Zurzeit sind in dem Index 19 verschiedene Rohstofffutures enthalten. Neben dem Hauptindex gibt es noch weitere Subindizes, mit deren Hilfe auch gezielt auf einzelne Rohstoffsegmente, wie z. B. Agrarrohstoffe, gesetzt oder bewusst ein bestimmter Sektor, wie Energierohstoffe, nicht beachtet werden kann. Weiterführende Informationen zu der Indexfamilie des *Reuters/Jefferies CRB Index* finden Sie auf den Internetseiten www.crbtrader.com oder www.jefferies.com.

S & P Goldmann Sachs Commodity Index (S&P GSCI): Der Indexstandstart war 1991, aber Rückrechnungen sind bis zum Jahr 1970 vorhanden. Denn als Berechnungsstart des Indexes wurde der 02.01.1970 mit 100 Punkten festgelegt. Im Mai 2008 notierte der *S&P GSCI Total Return* bei 9.849,1 Punkten. Allein von 2003 (3.985 Punkte) bis Mai 2008 verdreifachte sich der Index knapp. Mit der Korrektur an den Rohstoffmärkten im dritten Quartal 2008 verlor der Index knapp 20 % und notierte im September 2008 bei 7.830 Punkten. Dieser Niedergang ging bis Mai 2009 und bis 4.070 Punkte weiter, der Index verlor also von Mai 2008 bis Mai 2009 ca. -58 %. Der Index verlor stärker als z. B. CRB-Index, weil hier die Energieträger deutlich stärker gewichtet sind und diese besonders stark in der Korrektur gefallen sind.

In diesem Index sind ausschließlich US-Rohstofffutures enthalten, die eine ausreichend hohe Liquidität aufweisen. Zudem erfolgt eine Aufnahme nur dann, wenn der Kontrakt sofort ein Indexgewicht von mindestens 0,75 Prozent aufweist. Überdies beziehen sich die Futures im Index auf den nahen Kontrakt und es wird von einem in den nächsten Monat gerollt. Aus dem Index ausgeschlossen wird ein Kontrakt bei einem Abrutschen unter 0,1 %

Gewichtung im Index. Zudem erfolgt eine jährliche Neugewichtung der zurzeit 24 enthaltenen Rohstoffe. Als Gewichtungsfaktor wird die weltweite Produktion der letzten fünf Jahre verwendet. Wegen der Vormachtstellung der fossilen Rohstoffe bei der Weltproduktion ist der *S&P GSCI Index* eigentlich ein Energieindex, weil nur ca. 21 % Nicht-Energie-Rohstoffe enthalten sind. Man schätzt, dass ca. 70 Prozent der insgesamt in Rohstoffindizes angelegten Gelder in der S&P-GSCI-Indexfamilie gebündelt sind. Neben dem Hauptindex gibt es noch ein ganzes Füllhorn von Subindizes. Mithilfe dieser Subindizes kann der Anleger gezielt auf einzelne Rohstoffsegmente setzen oder bewusst bestimmte Sektoren außer Acht lassen. So gibt es Subindizes, deren Energieanteil deutlich geringer ist. Sie sind gedacht für Anleger, denen das Gewicht von Energieträgern im S&P-GSCI-Gesamtindex für ihren Bedarf zu hoch erscheint. Weiterführende Informationen zu der GSCI-Familie finden Sie auf der Internetseite www.gs.com/gsci oder www.standardandpoors.com.

Rogers International Commodity Index (RICI): Dies ist der am breitesten aufgestellte Index. Der von Jim Rogers erdachte RICI-Index startete am 31.07.1998 mit 1.000 Punkten. Bis Mai 2008 konnte er auf 5.338 Punkte zulegen. Im Rahmen der Rohstoffkorrektur fiel der Index im September 2008 auf 4.401 Punkte (er verlor also seit Mai 2008 knapp 17 %). Der Kursverfall setzte sich auch 2009 fort. So stand der Index im Mai 2009 bei 2.826 Punkten, d. h., der Index fiel innerhalb eines Jahres von Mai 2008 bis Mai 2009 um ca. -47 %.

Dabei erfand Jim Rogers das Rad nicht neu, daher bezieht sich der RICI auf den nahen Kontrakt und wird von einem in den nächsten Monat gerollt, und auch hier sind eine Reihe verschiedener Futurekontrakte, konkret sind es derzeit 36, im Index enthalten. Sie werden nach dem weltweiten Verbrauch von Rohmaterialien gewichtet. Aber bei der Gewichtung der einzelnen Rohstoffe zueinander kommen auch subjektive Entscheidungen zum Tragen. Jim Rogers umschrieb dies so: *„Der Rogers International Commodity Index spiegelt meine Version der Welt, er reflektiert die Kosten des alltäglichen Lebens und Überlebens."* Deshalb kann es zu einer starken Positionierung in einem Einzelrohstoff kommen, wie derzeit bei Rohöl mit einem Indexgewicht von 35 %. Überdies werden die Gewichtungen einmal monatlich wieder auf die einmal im Jahr definierte Gewichtung angepasst, d. h. es werden nicht gewünschte unterjährige Über- oder Untergewichtungen in bestimmte Rohstoffe verhindert. Zusätzlich ist es eine Spezialität des RICI, dass auch recht exotische Rohstoffe im Index vertreten sind. Hierdurch wird die Handelbarkeit erschwert. Aus diesem Grund sind Finanzprodukte auf den RICI in der Regel mit höheren Managementgebühren belegt als z. B. vergleichbare Produkte auf den *S&P GSCI*.

Zudem haben viele Rohstoffe im RICI ein sehr geringes Gewicht im Index. Beispielsweise hat Seide ein Gewicht von 0,05 %. Somit haben auch Preisbewegungen von Seide nur einen sehr geringen Effekt auf die Performance des Indexes.

Zusätzlich lancierte Jim Rogers 2004 drei Subindizes auf Energie, Metalle und landwirtschaftliche Rohstoffe. Weiterführende Informationen finden Sie auf den Internetseiten www.rogersrawmaterials.com oder www.jimrogers.com.

Dow Jones-AIG Commodity Index (DJ-AIGCI): Der Index startete im Juli 1991 mit 100 Punkten. Seit 2003 (107 Punkte) konnte er sich bis Mai 2008 (217,9 Punkte) verdoppeln. Im Rahmen der Rohstoffkorrektur büßte er bis zum September 2008 wieder 19 % ein (Stand 176 Punkte). Der Kursverfall ging fast ungebremst weiter, so stand der Index im Mai 2009 bei 121 Punkten, d. h., er verlor innerhalb eines Jahres von Mai 2008 bis Mai 2009 ca. - 44 %. Er ist vor allem bei institutionellen Investoren beliebt. Ebenfalls bezieht sich der DJ/AIGCI[57] auf den jeweils nahen Futurekontrakt.

Dabei leitet sich die Gewichtung der im Index repräsentierten Rohstoffpreise aus einer Kombination der durchschnittlichen globalen Produktion mit dem durchschnittlichen Handelsvolumen in den letzten fünf Jahren ab. Überdies gibt es bei der Gewichtung ein enges Korsett von Maximal- und Minimalgewichten. So darf ein Sektor ein Gewicht von nicht mehr als 33 % haben. Obendrein darf kein einzelner Rohstoff ein Gewicht von mehr als 15 % oder von weniger als 2 % haben. Anpassungen an die Ursprungsgewichtung erfol-

---

[57] Wegen des durch die Finanzkrise 2008 in Bedrängnis geratenen US-Versicherungskonzerns *American International* wurde am 7. Mai 2009 der Bereich Rohstoff-Indizes an die Schweizer Bank *UBS* verkauft. Daher werden die *Dow Jones-AIG Commodities Indizes* umbenannt in *Dow Jones UBS Commodities Indizes*. Das Indexkonzept soll beibehalten werden.

gen einmal jährlich. Mithilfe dieser Konstruktionsregeln werden z. B. die Energiefutures auf 33 % begrenzt. Dafür sind die Industrie- und Edelmetalle überdurchschnittlich stark vertreten. Zusätzlich hat auch der Agrarsektor ein relativ hohes Gewicht im Index. Derzeit umfasst der Index die Preise von 19 verschiedenen Rohstofffuturekontrakten. Neben dem Hauptindex gibt es noch eine Vielzahl von Subindizes. Weiterführende Informationen finden Sie auf der Internetseite www.djindexes.com.

Der Anleger steht bei der Auswahl des passenden Rohstoffindexes vor der Qual der Wahl. Die Wahl des richtigen Indexes ist entscheidend für die Performance und das Risiko. Ein Anleger stellte treffend dazu fest: *„Wer zum falschen Zeitpunkt in den falschen Index investiert, kann sich schnell eine blutige Nase holen."*

Tabelle 14:   Vergleich von Performance und Volatilität der großen Rohstoffindizes

Index	ETF	Performance*	Volatilität*
S&P GSCI	EASYETF S&P GSCI	-54,76 %	41,84 %
CRB	LYXOR ETF COMMODITIES CRB	-36,76 %	31,34 %
RICI	MARKET ACCESS JIM ROGERS INTERNATIONAL COMMODITY	-41,90 %	34,65 %
DJ/AIGCI	ISHARES DOW JONES-AIG COMMODITY SWAP	-37,90 %	25,76 %
S&P GSCI Light Energie Dynamic TR	EASYETF S&P GS ULTRA LIGHT ENERGY DYNAMIC	-37,21 %	29,57 %
Zum Vergleich DAX Euro Stoxx 50 EB.REXX GOVERNMENT (deutsche Staatsanleihen)	ISHARES DAX ISHARES DJ EURO STOXX 50 ISHARES EB.REXX (R) GOVERNMENT GERMANY	-30,08 % -33,08 % + 9,47 %	40,29 % 41,67 % 4,48 %

*1-Jahres-Werte Zeitraum Mai 2008 bis Mai 2009

Aus Tabelle 15 erkennt man, dass für das Risiko und die Rendite eines Indexes folgende Kriterien verantwortlich sind: Gewichtung der Rohstoffe im Index, die zugrunde liegenden Rohstoffterminkontrakte, der Rollmechanismus und die Indexart.

Im Universum der Rohstoffindizes gibt es eine Vielzahl von Gewichtungsmechanismen, die sich grob gesagt in statische und dynamische unterteilen. Statische Indizes gewichten jeden Rohstoff mit einem fixen Anteil (der CRB-

119

Index z. B. setzt Energierohstoffe mit 33 % fest) und wollen so das *Exposure* für den Anleger möglichst konstant halten. Dagegen setzen die dynamischen Indizes entweder auf makroökonomische Daten (Konsum, Handelsvolumen usw., wie z. B. die S&P-GSCI-Indexfamilie) oder auf Trends und saisonale Muster als Grundlage für die Gewichtung.

Dies führt dazu, dass die Indizes unterschiedliche Schwerpunkte haben, bspw. liegt der Fokus beim *S&P GSCI* auf Energie oder beim CRB-Index auf Agrarrohstoffen.

Im Prinzip sind Rohstoffindizes nichts anderes als ein definiertes Rezept, wie über Futures in den Rohstoffmarkt investiert wird. Rohstofffutures unterscheiden sich einerseits in ihrer Restlaufzeit und andererseits hinsichtlich der Saisonalität. Beispielsweise sind Benzin-Futures, die im Sommer verfallen, aufgrund des hohen Benzinverbrauches der Amerikaner in der Urlaubszeit teurer als im Winter. Da saisonale Muster bereits in den Futurepreisen enthalten sind, lässt sich mit Indexanlagen nur in den seltensten Fällen davon profitieren. Deshalb ist es vielversprechender, sich auf die Laufzeit der dem Index zugrunde liegenden Futures zu konzentrieren. Grundsätzlich gilt, dass Futures mit kürzerer Restlaufzeit volatiler sind als solche mit einer langen Laufzeit.

Da Futures eine begrenzte Laufzeit haben, basieren alle investierbaren Rohstoffindizes auf einem Rollmechanismus, durch den der Future mit der kürzesten Restlaufzeit regelmäßig durch Futures mit einer längeren Laufzeit ersetzt wird. Die traditionellen Rohstoffindizes verwenden Futures mit einer Restlaufzeit von wenig mehr als einem Monat. Durch das regelmäßige Rollen entstehen Rollgewinne oder -verluste. Diese haben einen maßgeblichen Einfluss auf die Performance des Indexes. Da gerade ausgeprägte Contango-Situationen zu überdurchschnittlichen Verlusten führen, ist eine Diversifikation über die Laufzeit interessant. Hier kommen jetzt die Rohstoffindizes der 2. Generation ins Spiel. Sie versuchen, die negativen Effekte von *Contango* auf zwei Arten zu beseitigen. Einmal setzen sie nur auf Rohstoffe, die in *Backwardation* notieren. Das ist aber keine echte Alternative, weil sich dadurch die Indexanbieter selbst Fesseln anlegen und womöglich gute Investmentmöglichkeiten nicht nutzen können. Pfiffiger ist es, alle Rohstoffe zu betrachten und den Contango-Effekt dadurch zu mindern, dass man auf unterschiedliche Fälligkeiten der Futures setzt. Hierzu investieren die Indizes zugleich in Futures mit verschiedenen Laufzeiten und schichten diese kontinuierlich um. So wird ein Diversifikationseffekt über verschiedene Laufzeiten und Rolltage erzielt. Auf solche Mechanismen setzen beispielsweise der *db ETF Commodity Booster – S&P GSCI Light Energy* oder der *EasyETF S&P GSCI Light Energy Dynamic TR.*

Eine andere Möglichkeit ist, bei Rohstoffen die typischerweise in *Contango* notieren, auf Aktien auszuweichen, die ihren Schwerpunkt in dieser Branche haben. So bietet sich z. B. als Alternative für ein Investment in Agrarrohstoffe ein Investment in den *DAX$_{global}$ Agribusiness Index* (Index für Agrarunternehmen) an.

Überdies offenbart Tabelle 15, dass Rohstoffe im Jahr 2008 ihrer Rolle als Gegengewicht zu den volatilen Aktienindizes in einem Depot nicht gerecht wurden. Rohstoffe gingen ähnlich dramatisch in die Knie wie Aktien. So sagte ein frustrierter Anleger: *„Rohstoffe sind schlechte Freunde. Wenn es gut geht, unterstützen sie durch Diversifikation, verdrücken sich aber, wenn die Zeiten schwierig werden."* So ist zwischen Experten ein Streit darüber entbrannt, ob Rohstoff- und Hedgefondsinvestments (hier gibt es eine ähnliche Entwicklung wie bei den Rohstoffen) wirklich zur Absicherung von Portfolios dienen. Das Jahr 2008 hat gezeigt, dass in Extremsituationen beide Assetklassen die gewünschte Unabhängigkeit von Aktien verlieren können. Aber in den meisten Jahren (ohne Extremsituationen) tragen beide durch ihre geringe Korrelation zu Aktien zu einer Stabilität des Portfolios bei.

Zudem zeigte das Jahr 2008, dass die letzte Bastion zum Schutz eines Portfolios gehalten hat, nämlich die Staatsanleihen. Das bedeutet, dass eine signifikante Diversifizierung eines Depots durch die Beimischung von sicheren Staatsanleihen erzielt werden kann. Schließlich legten Staatsanleihen im Jahr 2008 zu.

„Geld ist wie eine schöne Frau. Wenn man es nicht richtig behandelt, läuft es einem weg." (Paul Getty) Damit uns das Geld nicht wegläuft, sollten wir auch einen Blick auf die Hedgefondsindizes werfen.

3.7 Hedgefondsindizes

Im Gegensatz zu Renten- und Aktienindizes sind die Hedgefondsindizes[58] keine homogene Angelegenheit. Denn Aktien und Renten sind typische Finanzierungsinstrumente von Unternehmen und daher viel homogener als Hedgefonds. Dies liegt daran, dass Hedgefonds Anlage- bzw. Finanzierungsstrategien sind. Dies hat zur Folge, dass es keine typischen Hedgefonds gibt. Denn das Spektrum der Hedgefondsstrategien ist so breit wie das Spektrum der Marktineffizienzen, von denen sich die Hedgefonds ernähren. Um einen gewissen Überblick über die vielen Hedgefondsstrategien zu bekommen, werden sie häufig nach ihrem Marktrisiko eingeordnet.

Tabelle 15: Beispiele von Hedgefondsstrategien

	Relative Value (Marktneutrale)	Event Driven (oder ereignisorientierte Strategien)	Opportunistic (oder gelegenheitsorientierte Strategien
	Convertible Arbitrage	Merger Arbitrage	Global Marco
	Fixed Income Arbitrage	Distressed Securities	Long/Short
	Equity Market Neutral		
Marktrisiko	Niedrig	Mittel	Hoch

Die Vertreter der Relative-Value-Strategien versuchen mittels des Mottos „Make money on spreads" Gewinne zu erzielen. Hierzu setzen sie auf Preisunterschiede zwischen verbundenen Wertpapieren (den Spreads).
Die Convertible-Arbitrage-Strategie nutzt Preisdifferenzen zwischen verschiedenen Wertpapieren aus, z. B. wird eine unterbewertete Wandelanleihe eines Unternehmens gekauft und gleichzeitig die höher bewertete Aktie verkauft. Dagegen konzentriert sich die Fixed-Income-Arbitrage-Strategie auf Preisdifferenzen zwischen unterschiedlichen Anleihen. Bei der Equity-Market-Neutral-Strategie versucht der Manager, das Marktrisiko zu verkaufen. Hierzu kauft er unterbewertete Aktien einer Branche und verkauft für dieselbe Summe vermeintlich überbewertete Aktien des gleichen Sektors leer.
Die Vertreter der Event-Driven-Hedgefonds haben sich das Motto „Make money on events" auf die Fahne geschrieben. Daher konzentrieren sich diese Hedgefonds auf Unternehmen, die vor außergewöhnlichen Situationen ste-

---

[58] Vgl. Götte, Rüdiger: Hedgefonds: Die Millionenformel? Grundlagen, Einsatz und Strategien. Das 1x1 der Hedgefonds. ibidem-Verlag, Stuttgart 2007

hen, weil solche Ereignisse in einem Unternehmen deutliche Spuren im Aktienkurs hinterlassen. Die *Merger* (oder *Risk*) *Arbitrage* konzentriert sich auf Unternehmensfusionen bzw. -übernahmen, wohingegen sich die *Distressed Securities* auf schwierige Unternehmenssituationen, wie drohende Insolvenz oder Bonitätsverluste, spezialisiert haben. Sie setzen also darauf, dass es nicht so schlimm kommt, wie alle vermuten.

Die Long-Short-Equity-Manager versuchen mit dem Motto „*Make money on alpha*" glücklich zu werden. Bei dieser Strategie werden gezielt unterbewertete Aktien gekauft, von denen langfristig eine Wertsteigerung erwartet wird. Gleichzeitig werden überbewertete Aktien leer verkauft. Dagegen setzen die Vertreter der Global-Marco-Strategien auf das Motto „*Make money on trends*". Hier versuchen die Manager, makroökonomische Marktentwicklungen frühzeitig zu erkennen und gewinnbringend auszunutzen. Ihr Erfolg hängt somit eng mit den Fähigkeiten der Manager zusammen, die makroökonomischen Fakten korrekt deuten zu können.

Einen übergeordneten Ansatz fahren die *Multi-Strategy-Manager*. Sie kombinieren verschiedene Hedgefondsstrategien miteinander. Dafür kann der Manager mehrere Handelsstile auf einmal umsetzen oder das Kapital auf verschiedene Hedgefonds mit unterschiedlichen Strategien verteilen. Normalerweise haben die Multi-Strategy-Hedgefonds ein ähnliches Risiko wie die Relative-Value-Strategien. Unter *Managed Futures* versteht man die professionelle und aktive Vermögensverwaltung über so genannte *Commodity Trading Adviors* (CTA). Sie investieren die Anlagegelder über verschiedene Assetklassen unter Verwendung börsengehandelter Futures. Dabei unterscheidet man zwischen dem systematischen und dem diskretionären Ansatz. Der systematische Ansatz verwendet einen technischen Ansatz aus der Chartanalyse und statistische Modelle. Dagegen verwendet der diskretionäre Ansatz zwar ähnliche Modelle wie der systematische Ansatz, aber die Anlageentscheidungen basieren auf der Markteinschätzung von Managern. Zur Umsetzung der beiden Strategien werden mehr oder minder komplexe Computersysteme eingesetzt. Diese Strategie benötigt, um Gewinne zu erzielen, einen dauerhaften Trend im Markt. So wird häufig die Jahresperformance nur in ein paar Monaten erzielt.

Sie sehen schon aus dieser kleinen Aufzählung, wie komplex die Hedgefondswelt ist. Dies führt zu einer Vielfalt von Indizes mit einer teilweise stark unterschiedlichen Performance.

Aber allen Hedgefondsindexanbietern ist gemein, dass sie versuchen, das ganze Hedgefondsuniversum mithilfe einer kleineren Anzahl von Hedgefonds nachzubilden. Denn alle Hedgefondsindizes stehen vor derselben Frage: Was genau ist das Hedgefondsuniversum? Sogar bis zum heutigen Tag kann die Anzahl der existierenden Hedgefonds nur geschätzt werden – ganz zu schweigen von ihrem verwalteten Vermögen. Aus diesem Grund legt jeder Hedgefondsindexanbieter fest, welches Hedgefondsuniversum er nachbildet, wie die Komponenten des Indizes gewichtet werden, wie mit schließenden sowie relativ illiquiden Hedgefonds umgegangen oder wie eine Neugewichtung des Indexes bewerkstelligt wird. All diese Entscheidungen werden von den Anbietern relativ willkürlich getroffen. Somit ist es nicht verwunderlich, dass sich die Hedgefondsindizes recht deutlich unterscheiden. Dies führt auch dazu, dass sich die Definition der abgebildeten Strategien deutlich voneinander unterscheiden. So gibt es beispielsweise bei *Credit Suisse First Boston/Tremont* neun, bei *Van Hedge* 17 und bei *Hedge Fund Research* sogar 37 verschiedene Strategien.

Um diese unterschiedlichen Strategien in einem Index abbilden zu können, unterscheidet man zwischen einem *Master* (oder *Composite*) *Index* und einem Subindex. Der Masterindex stellt sozusagen das große Ganze dar. In ihm werden alle Hedgefondsstrategien abgebildet. Dieser Masterindex zerfällt wiederum in Subindizes, welche nur bestimmte Teile des Masterindexes abbilden. Meistens bilden die Hedgefondssubindizes einzelne Strategien ab. Generell werden sie in US-Dollar berechnet. Doch nach welchen Kriterien wird nun eigentlich ein Hedgefondsindex zusammengestellt?

Zunächst einmal bestimmen die Indexanbieter, nach welchen Selektionskriterien sie die Hedgefonds in ihren Index aufnehmen und welcher Strategie sie einem bestimmten Hedgefonds zuordnen. Dies führt zu der kuriosen Situation, dass ein und derselbe Hedgefonds je nach Indexanbieter in unterschiedlichen Strategieindizes eingeordnet wird. Aus diesem Grund weicht auch die Performance der Strategieindizes der einzelnen Indexanbieter stark voneinander ab. Als nächstes Kriterium werden die Hedgefonds je nach Indexanbieter gleich- oder größengewichtet in den jeweiligen Index aufgenommen.

Bei der Größengewichtung bzw. der Kapitalgewichtung werden die Hedgefonds nach ihrem Anlagevolumen in den Index eingruppiert. Bestünde beispielsweise ein Strategieindex aus dem Hedgefonds A mit einer Anlagesumme von 120 Mio. US-Dollar und einem Hedgefonds B mit einem Volumen von 80 Mio. US-Dollar, so hätte der Strategieindex eine Marktkapitalisierung von 200 Mio. US-Dollar. Demzufolge hätte der Hedgefonds A eine Gewichtung von 60 Prozent und der Hedgefonds B von 40 Prozent. Wenn nun der Masterindex (bestehend aus 20 Hedgefonds) eine Marktkapitalisierung von einer Milliarde US-Dollar haben würde, so würde das Gewicht des Strategieindexes im Masterindex 20 % betragen, davon entfielen auf Hedgefonds A 12 % und auf Hedgefonds B 8 %.

Ganz anders sieht das Ergebnis für unsere Hedgefonds A und B aus, wenn sie nach der Gleichgewichtung in den Strategieindex aufgenommen würden. In diesem Fall hätten die beiden Hedgefonds A und B eine Gewichtung von jeweils 50 % innerhalb des Strategieindexes. Da unser Masterindex aus 20 Hedgefonds besteht, so würde das Gewicht unseres Strategieindexes im Masterindex 10 Prozent betragen und das der Hedgefonds A und B jeweils 5 %.

Sieht man sich nun gleich definierte Strategieindizes (z. B. *Global Marco*) unterschiedlicher Datenanbieter an, so stellt man beachtliche Unterschiede bei den ausgewiesenen Renditen und Risiken fest. Beispielsweise berichtete der Indexanbieter *Zürich* im Februar 2000 für den Strategieindex *Long/Short Equity* von einem Wertzuwachs von 20,48 Prozent, wohingegen der Indexanbieter EACM für dieselbe Strategie im selben Monat einen Verlust von -1,56 Prozent meldete.

Bei aller Unterschiedlichkeit der Hedgefondsindizes gibt es eine Gemeinsamkeit. Alle Hedgefondsindizes sind wesentlich dynamischer als Aktienindizes. Beispielsweise ging im Mai 2003 die Anzahl der Hedgefonds im *CSFB/Tremount-Index* um zehn Fonds zurück, weil sieben Hedgefonds keine Daten mehr lieferten und drei liquidiert wurden. Aber schon zum 1. Juli 2003 erhöhte sich die Anzahl der Hedgefonds im Index um mehr als 30 Fonds.

Die wichtigsten Anbieter von Hedgefondsindizes sind: *Standard & Poors*, *BlueX, Credit Suisse First Boston* (CSFB) und *Tremont Advisors, Evaluation Associates Capital Markets* (EACM), *Hedge Fund Research* (HFR), *Hennessee Group, Van Hedge, Zurich Capital Markets* (ZCM) und die *Morgan Stan-*

ley Capital International (MSCI).

Der große Vorteil der Hedgefondsindizes ist ihre Transparenz in Bezug auf Konstruktion und Indexmitglieder. So veröffentlichen zum Beispiel *Standard & Poors* oder CSFB auf ihrer Website detaillierte Informationen zu all ihren Hedgefondsindizes. Weiterhin liefern Hedgefondsindizes eine Orientierungshilfe, um sich im Hedgefondsdschungel zurechtzufinden. Die genaue Konstruktion eines Hedgefondsindexes sehen wir uns am Beispiel des CSFB Tremont Hedgefondsindizes an. Er wird wie folgt ermittelt:

TASS Hedge-fonds-datenbank	CSFB/Tremont-Indexuniversum	CSFB/Tremont-Hedgefondsindex
uneingeschränkt mehr als 3.000 Fonds	- 10 Mio. US-Dollar - geprüfte Bilanz - 1 Jahr Kurshistorie mehr als 900 Fonds	- 10 Strategien - Asset-weighting - 85 % Abdeckung ca. 420 Fonds

Abbildung 10:   Konstruktion des *CSFB/Tremont-Indexes*

Die Zusammensetzung des *CSFB/Tremont-Indexes* erfolgt nach der Größengewichtung. Wann wird nun aber ein Hedgefonds in den Index aufgenommen? Um in den Index aufgenommen zu werden, müssen die Hedgefonds einige Mindestanforderungen erfüllen. Sie müssen mindestens ein Vermögen von 10 Mio. US-Dollar verwalten, geprüfte Zwischen- und Jahresberichte vorlegen, eine Mindesthistorie von einem Jahr haben und über die Nettoinventarwerte rechtzeitig und akkurat berichten. Wie so häufig im Leben gibt es auch hier eine Ausnahme von der Regel. Diese liegt vor, wenn ein Hedgefonds mehr als 500 Mio. US-Dollar verwaltet, aber noch nicht über eine Mindesthistorie von einem Jahr verfügt. Trotzdem wird der Hedgefonds in den Index aufgenommen, weil der Index ohne dieses „Schwergewicht" nicht ausreichend repräsentativ wäre. Die Berechnung des Indexes erfolgt monatlich. Die dem Index zugrunde liegenden Hedgefonds werden quartalsweise ausgetauscht, wenn sie nicht mehr die Mindestanforderungen erfüllen. Außerdem werden Hedgefonds aus dem Index genommen, wenn sie liquidiert werden. Da dieser Hedgefondsindex viele bereits geschlossene Fonds enthält, ist eine Teilhabe nicht ohne Weiteres möglich. Um Anlegern einen bequemen Zugang zu bieten, wurde eine investierbare Variante konstruiert.

Der *CSFB/Tremont Investable Index* besteht aus zehn Subindizes, die die zehn wichtigsten Hedgefondsstrategien abbilden. Nur die sechs nach verwalteten Anlagevolumen größten Fonds der einzelnen Strategien kommen in die entsprechenden Subindizes. Die Gewichtung in den Subindizes erfolgt nach ihrem Anlagevolumen. Infrage kommen alle Hedgefonds, die im großen *CSFB/Tremont-Index* vertreten sind. Alle Subindizes wiederum bilden zusammen den *CSFB/Tremont Investable Index*, somit umfasst der Index 60 Fonds. Um den Index investierbar zu machen, gelten noch weitere Aufnahmekriterien. Die Hedgefonds dürfen keine Mindesthaltedauer haben. Zudem müssen Anleger mindestens einmal monatlich Investitionen in den Fonds tätigen können. Außerdem muss sichergestellt sein, dass die Rückgabe von Anteilen ebenfalls monatlich möglich ist bzw. für weniger liquide Anlagestile mindestens quartalsweise. Wegen dieser Regeln bleiben die geschlossenen Hedgefonds außen vor.

Hedgefondskritiker sagen, dass die Hedgefonds ihren Glorienschein verloren haben. So seien die Hedgefondsmanager mit dem Wahlspruch angetreten, in allen Marktlagen hohe Erträge zu erzielen. Zwar ist der *CSFB/Tremont-Index* seit 1994 um durchschnittlich 10,24 Prozent im Jahr gestiegen, ein Wermutstropfen ist aber, dass die Wachstumsdynamik nachgelassen hat. So lagen die jährlichen Steigerungsraten seit 2004 nur noch bei durchschnittlich 2,5 % pro Jahr. Darum eignen sich Hedgefonds nur als Depotbeimischung, weil sie das Risiko des Gesamtportfolios des Anlegers etwas reduzieren können. Wie sich der Wind bei Hedgefonds gedreht hat, zeigen wiederum die Entwicklungen im Jahr 2008, wo erstmals mehr Hedgefonds geschlossen als neue eröffnet wurden. Zu dieser Entwicklung beigetragen haben auch die großen Betrugsfälle, wie das 65-Milliarden-Dollar-Schneeballsystem der Bernie Madoffs Hedgefonds. So schrumpfte das verwaltete Volumen in Hegdefonds von geschätzten zwei Billionen US-Dollar im Jahr 2007 auf geschätzte 1,5 Billionen US-Dollar im Jahr 2008. Ein Anleger sagte dazu: *„Das Jahr 2008 hat endgültig die Hedgefondsbranche entmythologisiert. Sie sind kein Perpetuum mobile zum Börsenerfolg."*

Lassen Sie mich noch zum Abschluss des Kapitels eine Anmerkung machen: Eine der wichtigsten Voraussetzungen, um erfolgreich zu investieren, ist, die allgemeinen und konkreten Risiken der einzelnen Indizes zu kennen. Sie müssen als Anleger wissen, worin Sie investieren. Anleger sollten wissen, welche Mitglieder im Index enthalten sind, die Gewichtungen und die grundsätzlichen Indexkonstruktionen kennen. Schließlich haben auch Indizes ihre Haken und Ösen. Denn je nach Kursbewegung der Aktien verschiebt sich ihr Gewicht im Index. Steigt der Aktienkurs eines Unternehmens stark an, so gewinnt der Titel in einem marktkapitalisierungsgewichteten Index an Bedeutung, weil durch den Kursanstieg auch seine Marktkapitalisierung (im Streubesitz) ansteigt. Dies kann zu Klumpenrisiken innerhalb eines Indexes führen. Dann dominieren nur noch wenige stark steigende Einzelwerte bzw. Branchen den Index, d. h. die Ausgewogenheit geht verloren.

Die ETFs, denen wir uns im nächsten Kapitel nähern, sind eigentlich nur das Mittel zum Zweck, um Ihre Investmententscheidung umzusetzen.

4. Investieren mit Köpfchen – ETF

Kennen Sie den alten Werbespruch der deutschen Betonindustrie? *„Es kommt darauf an, was man daraus macht."* So zeigt Beton auch erst in Form von Brücken, Gebäuden usw., was tatsächlich in ihm steckt. Ähnlich ist es mit *Exchange Traded Funds*. Sie offenbaren dem Anleger erst auf den zweiten Blick, was wirklich in ihnen steckt. Sie haben sich im Laufe der Zeit von ihrem eher tristen Image zu einem glamourösen Investmentvehikel gewandelt. Heute zielen ETFs nicht mehr nur darauf ab, die Wertentwicklung eines bestimmten Indexes nachzubilden, sondern sie versuchen durch gezielte Strategien die Wertentwicklung eines bestimmten Vergleichsindexes zu schlagen. Somit sind heutzutage sowohl passive als auch aktive Managementstile mit ETFs umsetzbar. Deswegen sind sie genauso wie Beton ein universeller Baustoff für Ihr Portfolio. In diesem Kapitel werden wir alle Facetten von ETFs beleuchten. Dazu fangen wir am besten beim Anfang an, der Geschichte!

4.1 Die Geschichte der ETFs

Ein Sprichwort lautet: *„Pech ist nur die Kehrseite des Glücks. Jedes Missgeschick ist eine Chance."* So erging es auch den berühmten Amerikanern Henry Wells und William Fargo, die vor 150 Jahren den berühmten Postkutschendienst *Wells Fargo* gründeten. Ihre Nachfolger mussten sich nach dem Niedergang des Postkutschenwesens nach einer neuen Tätigkeit für ihr Unternehmen umsehen. Heute ist *Wells Fargo* eine der größten Banken in den USA. Im Jahr 1971 entwickelten William Sharpe und Bill Fouse bei *Wells Fargo* den ersten Indexfonds (den *Samsonite Pension Fund*) für institutionelle Investoren. Er ging auf die Anregung von Samsonite Junior, Sohn des berühmten Kofferfabrikanten, Schülers von Markowitz und Anhänger der Portfoliotheorie, zurück. Dieser Indexfonds bildete die damals 1.500 an der *New York Stock Exchange* gelisteten Einzelwerte ab. Er konnte nur einmal täglich zum festgestellten Fondspreis gehandelt werden.

Erst im Jahr 1975 legten John Bogle und Burton Malkiel den ersten indexbasierten Publikumsfonds, den *Vanguard 500 Indexfonds*, für Privatanleger auf. Zuerst wehte den beiden Pionieren der Wind kräftig ins Gesicht. Die Kritik der so genannten Experten war vernichtend, beispielsweise nannte die US-Zeitschrift *Money* das neue Anlageprodukt „Bogles Folley" (Bogles Narrheit). Das Vorurteil lautete: In Indexfonds anzulegen heißt, von vornherein auf Mittelmäßigkeit zu setzen. Dabei übersahen die Kritiker, dass schon 1900 der französische Mathematiker Louis Bachelier nachwies, dass die Chancen, besser zu sein als der Markt, genau bei 50 Prozent liegen. Diese trivial klingende Aussage ist bis heute wissenschaftlich unangefochten. So lässt sich bis heute feststellen, dass die bessere Option für eine langfristig ansehnliche Performance ist, auf den Durchschnitt zu zielen.

Einen weiteren Schub erfuhren die Indexfonds Anfang der 1980er Jahre, weil es mit dem aufkommenden Programmhandel und Futures institutionellen Investoren möglich wurde, große Aktienkörbe leicht zu kaufen bzw. zu verkaufen und zu verwalten. Doch dauerte es bis 1987, bis der Handel von *Cash Index Participations* (CIPs) an der *Philadelphia Stock Exchange* und von *Index Participation Shares* (IPS) an der *American Stock Exchange* startete.

Schon kurz darauf, im Jahr 1988, emittierte die Luxemburger Commerzbank-Tochter *CB German Index Fund Company* den ersten deutschen Indexfonds *(CB German Index Fund)* für institutionelle Investoren.

Eine weitere Innovation fand im Jahr 1989 statt. In Kanada startete der Handel mit dem auf dem *TSE-35-Index* basierenden *Toronto Index Participation Shares* (TIPS). Die TIPS waren die ersten Indexfonds, die wie Aktien an der Börse gehandelt werden konnten.

Im Jahr 1993 startete mit dem *Standard & Poors Depositary Receipt* (SPDR) (auch *Spider* genannt) der erste kommerziell erfolgreiche *Exchange Traded Funds* an der *American Stock Exchange*. Dieser ETF konnte wie börsennotierte Aktien einfach und effizient während der gesamten Börsenöffnungszeit gehandelt werden. Drei Jahre später wurden mit den WEBS und *Country Baskets* die ersten ETFs auf einzelne Länderkörbe emittiert.

Interessant für die deutschen Anleger wurde es am 11. April 2000. Zu diesem Zeitpunkt startete an der Frankfurter Börse das XTF-Segment als erste ETF-Plattform in Europa mit zwei ETFs auf die beiden europäischen Indizes *Euro Stoxx 50* und *Stoxx 50*. Mit dem ersten DAX-ETF im Jahr 2001 kam langsam Bewegung in den Markt. Zudem wurden im Jahr 2002 die ersten europäischen Futures und Optionen auf ETFs an der *Eurex* eingeführt. Im Jahr 2003 gesellten sich die ersten europäische Renten-ETFs auf deutsche Staatsanleihen (auf den Index *eb.rexx*) und europäische Unternehmensanleihen (auf den Index *iBoxx*) hinzu. Die nächste Innovation erfolgte 2005 durch die Einführung europäischer Dividendenstrategie-ETFs (z. B. auf den Index DivDAX) sowie einem ETF auf einen Rohstoffindex (den Index *S&P GSCI*). Schon in 2006 folgten ETFs auf Hebel- (LevDAX) und Covered-Call-Strategieindizes *(DAX$_{plus}$Covered Call)*. Auch im Jahr 2007 kamen neue ETFs auf den Markt, mit welchen der Anleger auf fallende Märkte setzen konnte, sowie die ersten Währungsfonds. Ebenfalls in diesem Jahr starteten ETFs auf den EONIA-Geldmarktzinssatz. Im Jahr 2008 fanden die ersten aktiv gemanagten ETFs[59] bei den Anlegern Beachtung. Auch in den kommenden Jahren werden die Anleger eine rasante Ausweitung des Spektrums an verfügbaren Indizes, Investmentstilen und Anlageklassen erleben. Mittelfristig ist auch von einer Zunahme der Bandbreite an verfügbaren Strategieindizes, wie z. B. Short-Indizes oder aktiven Indizes, auszugehen. Dies wird durch die stark wachsende Verwendung von Swaps (s. S. 154 ff.) zur Indexreplikation möglich werden. Im weiteren Blickpunkt bei der Entwicklung neuer Produkte stehen die Renten-, Kredit-, Währungs- und Geldmärkte. So kamen z. B. 2008 die ersten Short-Rentenindizes auf den Markt, mit denen Anleger gezielt auf fallende Zinsen setzen können. Von vielen institutionellen Anlegern werden als Zukunftsideen für das ETF-Universum gehandelt: Globale Wandelanleihen, weitere Short-Produkte im Aktien- und Rentenbereich, Subsegmente im Rentenbereich und verschiedene Laufzeiten (z. B. *Emerging Markets*), Geldmarktprodukte auf andere Währungen als Euro und ähnlich wie in der Zertifikatewelt Bonus-, Discount-, Express- oder Quanto (währungsgesicherte Produkte)-Strukturen. Die Produktpalette an ETFs wird laufend erweitert, um neue Anlageideen und Tendenzen abzubilden. Denn der Trend der Branche zeigt deutlich in eine Richtung: Weg von der einfachen Nachbildung bekannter Indizes, hin zu komplexeren Strukturen wie Strategieindizes usw. Das Schlagwort hier ist: Weg vom einfachen Indexinvestment hin zu intelligenten Investments. Die Kosten dieser neuen „intelligenten" Produkte werden im

---

[59] Diese ETFs versuchen, durch eine aktive Investmentstrategie einen Referenzindex zu übertreffen. Experten glauben sogar, dass es durch die Einführung dieser Fonds zu einem Dammbruch gegenüber den klassischen Investmentfonds kommt. Sie befürchten, dass in wenigen Jahren die Grenze zwischen den klassischen Fonds und den aktiven ETFs verwischen könnte.

gleichen Bereich wie die für spezielle Strategieindizes liegen – also zwischen 0,5 - 1 % Verwaltungsgebühr im Jahr. Ob diese neuen Produkte wirklich einen Mehrwert für den Anleger bringen oder nur für die ETF-Anbieter, wird die Zukunft zeigen. Eine Gefahr besteht natürlich darin, dass sich durch die steigende Anzahl von ETF-Produkten nicht mehr erkennen lässt, ob ein Produkt überhaupt noch sinnvoll und ob der Preis fair ist. Eine ähnliche Entwicklung beobachtete man am Zertifikatemarkt. Es bleibt zu hoffen, dass es nicht zu einem ähnlichen Wildwuchs kommt wie im Zertifikatemarkt, wo aktuell 360.000 verschiedene Zertifikate und Optionsscheine von 60 Emittenten um die Gunst der Anleger buhlen. Um dieser Vielfalt Herr zu werden, wurde ein Zertifikaterating eingeführt. Leider steigt auch die Anzahl der Ratingagenturen an: *Scope, Euopean Derviate Group* (EDG), *Institut für Zertifikateanalyse* (IZA) und seit kurzem *Feri*. Diese bunte Vielfalt der Ratings macht eine wirkliche Orientierung im Zertifikatedschungel nicht unbedingt leichter, weil die Bewertungskriterien je nach Agentur unterschiedlich gewertet oder angewendet werden. So fallen die Ratings zu einem Zertifikat häufig unterschiedlich aus. Ein Anleger stellte hierzu frustriert fest: *„Die Ideen sind nicht verantwortlich für das, was die Menschen aus ihnen machen. Die Menschen setzen sie mal gut und mal schlecht um.“* Eine ähnliche Entwicklung zeichnet sich am ETF-Markt ab. So sollten gegen Ende 2009 die ersten speziellen Ratings für ETFs auf den Markt kommen. Natürlich stehen mehrere Anbieter bereit (das amerikanische Analysehaus *Marco Polo XTF, Feri EuroRating, Scope* und S&P), um sich ein Stückchen vom Kuchen abzuschneiden. Zurzeit werden alle ETFs gemeinsam mit aktiven Investmentfonds bewertet. Dabei stehen die Performance, die Kosten, das Investmentrisiko und die Qualität des Fondsmanagements im Blickpunkt. Aber wichtige Qualitätskriterien für ETFs, wie die Nähe zum Index bzw. der *Tracking Error* (s. S. 159 ff.) oder die Geld-/Briefspanne, bleiben mehr oder minder unberücksichtigt. Dies soll sich durch die speziellen ETF-Ratings ändern.

Einschub: ETF-Ratings – Sterne weisen den Weg

Am 15. September 2009 gab die Ratingagentur *Scope Analysis* als erstes Unternehmen Ratings für ETFs heraus. Im ersten Schritt wurden 211 der derzeit 481 an der *Deutschen Börse* gehandelten ETFs bewertet. Bis Ende 2009 sollen weitere 200 dazu kommen. In die Gesamtnote der Scope-Ratings (www.scope-indexfonds.de) gehen unter anderem die Qualität des Indexes, die Höhe der Gebühren und das Informationsangebot zu den ETFs ein. Dazu hat *Scope* drei Ratingpanels entwickelt.

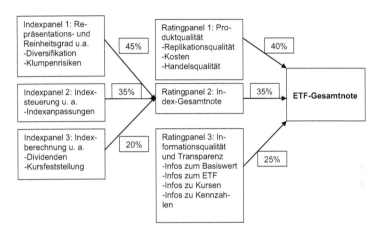

Abbildung 11: *Scope*-Ratingmethodik (Quelle: Fondshülle oft besser als Produktekern, Pressemitteilung, 15.September 2009)

Das Ratingpanel 1 untersucht den ETF auf Herz und Nieren. Dabei werden Kriterien wie die Kosten, die Handelbarkeit und der Grad, zu dem der zugrunde liegende Index abgebildet wird, beobachtet. Das sind die Faktoren, die ein ETF-Anbieter direkt beeinflussen kann.

Mit dem Ratingpanel 2 untersucht *Scope* den zugrunde liegenden Index, weil ETFs auf Gedeih und Verderb dem Index ausgeliefert sind. Die Qualität eines ETFs kann nur so gut sein wie der Index, dem er zugrunde liegt. Wegen der Wichtigkeit der Indizes erfolgt hier ein eigenes Indexrating. Hierzu hat *Scope* drei Indexpanels entwickelt. Mit dem Indexpanel 1 wird der Repräsentations- und Reinheitsgrad des Indexes überprüft. Dabei zeigt der Repräsentationsgrad an, wie breit der Index seinen Markt abdeckt. Laut *Scope* führen besonders kleine und sehr große Märkte bei der Indexkonstruktion zu Schwierigkeiten. Bei großen Märkten kann eine Beschränkung auf Titel mit großer Marktkapitalisierung dazu führen, dass der Gesamtmarkt nur noch unterdurchschnittlich abgebildet wird. Bei der Einbeziehung von Titeln mit geringer

Marktkapitalisierung kann die Indexentwicklung durch den ETF selbst beeinflusst werden. Dagegen werden häufig kleine Märkte von wenigen Titeln dominiert, wodurch Klumpenrisiken entstehen. Anhand des Reinheitsgrades wird überprüft, ob die Geschäftstätigkeit und geographische Lage der Indexmitglieder auch wirklich das jeweilige Indexthema widerspiegeln.

Das Indexpanel 2 prüft, ob der Index nach klar nachvollziehbaren Regeln aufgebaut ist. So führen häufige Anpassungen dazu, dass die Transparenz des Indexes sinkt. Auf der anderen Seite bilden zu starre und unflexible Indizes mit der Zeit den Markt nicht mehr gut ab. Hier gilt es für die Indexanbieter, eine Balance zu finden. Laut *Scope* sind im Schnitt die von Börsen erstellten Indizes transparenter und nachvollziehbarer als die Indizes, die von ETF-Anbietern bzw. Banken selbst kreiert werden. Das Indexpanel 3 betrachtet, wie die Indizes berechnet werden, z.B. wie die Dividenden berücksichtigt werden oder die Kursfeststellung erfolgt.

Die Gesamtnote für die Indexqualität ergibt sich wie folgt: 45 % Indexpanel 1, 35 % Indexpanel 2 und 20 % Indexpanel 3. Nach dieser Bewertung erhielten lediglich 13 der 226 untersuchten Indizes die höchste Bewertung von fünf Sternen, das sind nur 6 % der untersuchten Indizes. 84 Indizes erhielten vier Sterne, 118 Indizes erhielten drei Sterne und 11 erhielten sogar nur zwei Sterne. Beispielsweise bekommen wegen der *Scope* zufolge schlechten Indexkonstruktion die meisten ETFs auf den *Euro Stoxx 50* nur drei von fünf möglichen Sternen, weil die Aktienmärkte im Euro-Raum mit 50 Werten nur unzureichend abgedeckt werden. Dafür erhielt der 600 Werte umfassende *Stoxx 600 Return Index* die Bestnote.

Das Ratingpanel 3 untersucht die Informationsqualität und Transparenz der Anbieter. Hierzu bewertet *Scope* z. B. den Gehalt der Informationen auf der Homepage der Anbieter. Insbesondere wird hier geprüft, ob es detaillierte Daten zum Basiswert gibt, um dem Anleger Einblick in die Zusammensetzung und Strategie der ETFs zu erlauben, oder ob der Anleger auf der Webseite des Anbieters alle wichtigen Kennzahlen des ETFs, wie Dividendenrendite, historische Kurse usw., findet.

Die Gesamtnote für den ETF setzt sich wie folgt zusammen: Das Ratingpanel 1 geht zu 40 %, das Ratingpanel 2 zu 35 % und das Ratingpanel 3 zu 25 % in die Gesamtnote ein. Etwas überraschend vergab *Scope* nur für 25 ETFs die Höchstnote (5 Sterne), 141 erhielten vier Sterne und die übrigen 45 drei Sterne. Die Höchstnote erhielten die Indexfonds von *iShares, Comstage* und *db x-Trackers* auf den Dax, ebenso ETFs auf den MDAX und TecDAX.

Mit aktuell mehr als 500 ETFs (3. Quartal 2009) (europaweit sind sogar über 1.250 Produkte am Markt) ist das XTF-Segment der *Deutschen Börse* einer der größten Handelsplätze für ETFs in Europa (Marktanteil 44 %, danach folgt die *Next Track* mit 20 %). Das XTF-Segment hat ein monatliches Handelsvolumen von über 10 Milliarden Euro. Dabei ist der Index DAX weltweit einer der populärsten und erfolgreichsten Indizes für ETFs. Allein im ersten Halbjahr 2008 flossen rund 1,5 Milliarden Euro in ETFs mit dem Schwerpunkt DAX. So ist auch die Zahl der Lizenznehmer auf den DAX-Index auf sechs gestiegen[60]: *Deutsche Bank, iShares, Lyxor, ETFlab, Northern Trust* und die seit 8. September 2008 aktive Commerzbank-Tochter *Comstage*. So schön es für den Indexanbieter *Deutsche Börse* ist, von sechs Lizenznehmern Geld zu kassieren, für den Markt bringt dies strukturelle Probleme mit sich. Für die meisten Anleger ist es schwer zu verstehen, ob und worin sich die einzelnen Angebote der ETF-Anbieter unterscheiden, sind sie doch an ein und denselben Index gekoppelt. Zudem führen die multiplen Lizenzierungen zu einer Zersplitterung der Nachfrage auf mehrere Anbieter. Daher weisen europäische ETFs im Vergleich zu amerikanischen ein deutlich geringes durchschnittliches Anlagevolumen auf. So bildeten im Jahr 2007 insgesamt 601 ETFs in den USA ein gesamtes Anlagevolumen von 580,7 Mrd. US-Dollar ab, während in Europa 423 ETFs lediglich 128,4 Mrd. US-Dollar verwalteten. Für die ETF-Anbieter führt dies automatisch zu einem härteren Wettbewerb in Europa, von dem die Anleger in Form von niedrigen Verwaltungsgebühren bei den besonders beliebten bzw. großen Indizes profitieren. So senkte z.B. Anfang Juni 2009 der ETF-Anbieter *Powershares* für vier seiner ETFs die jährlichen Gebühren, u. a. für den ETF *FTSE RAFI US 1000 Fund* von 0,75 % auf 0,39 %. Der Mitbewerber *Lyxor*, der ebenfalls ETFs auf die Rafi-Indizes anbietet, kündigte daraufhin an, den Markt zu beobachten und eventuell später über eine Gebührenänderung nachzudenken.

Anders verläuft es in den USA, dort sind Doppel- oder sogar Mehrfachlizenzierungen auf Indizes eher unüblich. Die einzige Ausnahme (bis jetzt) ist der

---

[60] Dies ist im Vergleich zum *Euro Stoxx 50* mit 13 Lizenzen noch relativ bescheiden.

S&P 500, auf ihn haben sowohl *Barclays Global Investors* als auch *State Street Global Advisors* eine Lizenz. Eine Anmerkung am Rande: Das verwaltete Vermögen in ETFs auf Aktien ist in den USA 4,5-mal größer als in Europa. Dagegen beträgt das Verhältnis bei Renten-ETFs ca. 60 % (USA) zu 40 % (Europa). Dies verschiebt sich allerdings gerade zugunsten von Europa. Überdies hat der Markt für Renten-ETFs in Europa in den vergangenen Jahren ein extremes Wachstum erlebt. So stieg z. B. das verwaltete Vermögen in Renten-ETFs von Anfang 2006 bis September 2008 von rund 5 Milliarden auf über 24,5 Milliarden Euro an. Dies entspricht immerhin einem jährlichen Wachstum von 80 %, wohingegen der Anstieg des verwalteten Vermögens im gesamten ETF-Markt im selben Zeitraum nur 12,7 % betrug. Schon im Februar 2009 stieg das verwaltete Vermögen in Renten-ETFs auf ca. 31 Mrd. Euro. Trotz dieses großen Wachstums machen die Renten-ETFs erst 30 Prozent des gesamten ETF-Marktes in Europa aus. Dem gegenüber beträgt der Marktanteil bei aktiv gemanagten Fonds 48 %, somit haben die Renten-ETFs noch Luft nach oben.

Das starke Wachstum wurde in Europa hauptsächlich von hohen Zuflüssen in Geldmarkt-ETFs getrieben. Sie machen ca. 30 % des verwalteten Vermögens der Renten-ETFs aus. Die mit Abstand größten Renten-ETFs sind der *db x-trackers II EONIA TR Index* mit ca. 3,25 Milliarden Euro sowie der *Lyxor ETF Euro Cash EuroMTS EONIA* mit 2,42 Milliarden Euro. Somit ist der Markt für *Exchange Traded Funds* einer der am schnellsten wachsenden Bereiche der Finanzindustrie.

So bescherte das Jahr 2008 *iShares* (BGI) einen Nettomittelzufluss von 17,8 Milliarden Euro – eine Verdreifachung gegenüber dem Vorjahr. Auch bei der Deutschen-Bank-Tochter *db x-trackers* klingelten die Kassen, dort wuchs das verwaltete Vermögen um 132 % (Nettomittelzufluss 12 Milliarden Euro). Dies führte dazu, dass gegen Ende 2008 in Europa knapp 143 Milliarden US-Dollar in ETFs verwaltet wurden. Diese Aufwärtsbewegung wird sich in den nächsten Jahren fortsetzen. Viele Experten prognostizieren, dass sich in Europa das angelegte ETF-Vermögen mit jährlichen Wachstumsraten von bis zu 30 % bis 2011 mehr als verdoppeln könnte.

Parallel dazu wuchs auch die Anzahl der in Europa gelisteten ETFs um 49 % auf 632 Fonds im Jahr 2008. So sind alleine im Jahr 2008 in Deutschland mehr als 85 neue ETFs auf den Markt gekommen. Experten rechnen damit, dass bis Ende 2009 allein in Deutschland mehr als 750 ETFs gelistet sein könnten. Das Wachstum liegt vor allem in den neuen ETF-Anbietern begründet. So erwägen die *Credit Suisse* und die britische Bank HSBC in den ETF-Markt einzusteigen. Diese neuen Anbieter werden zunächst mit einer Grundpalette von 50 bis 60 ETFs auf die bekannten Indizes beginnen und dann später in die Nischenmärkte vorstoßen. Auch heute schon ist das Anlagespektrum in ETFs gewaltig, sodass manch ein Experte befürchtet, dass der Anleger langsam den Überblick verlieren könnte.

Tabelle 16: Anlagespektrum von ETFs

		Anlagespektrum
Aktien		
	Länder oder Regionen	Globale Märkte, Standardmärkte (z. B. DAX), Emerging Markets, BRIC, Asien, Lateinamerika oder Afrika
	Sektoren	Technologie, Health Care, Versicherungen, Banken, Private Equity usw.
	Stile	Value, Growth, Small Cap, Large Cap, dividendengewichtete Indizes etc.
	Strategien	Leverage (gehebelte Indizes) , Covered Call, Protective Put, Fundamental Indizes, Short-Indizes etc.
	Themen	Wasser, Erneuerbare Energien, Atomkraft, Infrastruktur, Immobilien usw.
Anleihen		
	Staatsanleihen	Verschiedene Laufzeiten (1-3, 3-5 etc.)
	Pfandbriefe	
	Unternehmensanleihen	Anleihen von Unternehmen
	Inflation	Inflationsgesicherte Anleihen
	Emerging Markets	Anleihen aus den Emerging Markets
	Short-Indizes	Auf fallende Zinsen spekulieren.
Geldmarkt		Basierend auf dem EONIA-Zinssatz
Rohstoffe		Alle große Rohstoffindizes und viele ihrer Subindizes
Währungen		Drei Strategien
Kredit		Auf mehrere Indizes auch Short-Indizes verfügbar.

Hinter den ETFs stehen in Deutschland derzeit zwölf Anbieter. Allerdings kann jederzeit ein neuer Anbieter hinzukommen und den Markt ordentlich durchwirbeln. So vollzog z. B. die Deutsche-Bank-Tochter *db x-trackers* im Jahr 2007 einen grandiosen Markteintritt und konnte quasi aus dem Stand 10,7 Mrd. US-Dollar einsammeln. Im September 2008 gesellte sich noch die Commerzbank-Tochter *Comstage* dazu. Am 20. April 2009 startete die neue Emittentin *Source* mit 35 Indexprodukten, und zwar 13 Aktien-ETFs und 22 börsengehandelten Rohstoffen. *Source* wurde von der *Bank of America Merrill Lynch, Morgan Stanley* und *Goldman Sachs* gegründet. Am 25.08.2009 startete Europas größte Bank, die britische HSBC, ihre bereits angekündigte europäische ETF-Offensive, mit der Lancierung ihres ersten ETFs in London. Zurzeit (Stand Juli 2008) ist *Barclays Global Investors* (Abk. BGI) mit der Marke *iShares*[61] und einem verwalteten Vermögen von 37,5 Mrd. Euro (Marktanteil 36,9 %) der größte Fondsanbieter in Deutschland, gefolgt von *Lyxor* (23,1 Mrd. Euro) und *db x-trackers* (14 Mrd. Euro). Allein diese drei Anbieter vereinten im Jahr 2008 in Deutschland rund 50 % des verwalteten Vermögens im ETF-Bereich auf sich. So erwarten viele Experten, dass mit dem Marktwachstum früher oder später eine Konsolidierung auf der ETF-Anbieterseite stattfinden wird. Schließlich schlägt sich mehr als die Hälfte der europäischen Anbieter mit einem verwalteten Vermögen von weniger als 100 Millionen Euro herum, was nach Expertenansicht für einen dauerhaften Betrieb zu wenig ist. Beispielsweise fokussieren sich fast 75 % der *Assets under Management* beim *Euro Stoxx 50* auf drei Anbieter.

Tabelle 17: Die zurzeit wichtigsten Emittenten von ETFs

Name	Internetadresse
db x-trackers (Tochtergesellschaft der Deutschen Bank)	www.dbxtrackers.de
easyETF (Gemeinschaftsunternehmen von AXA IM und BNP Paribas)	www.axa-im.de, www.easy-etf.com
Invesco PowerShares (Tochtergesellschaft von Invesco)	www.powershares.com
iShares (Tochterunternehmen von Barclays Global Investors)	www.ishares.de
Lyxor (Tochterunternehmen von Societe Generale)	www.lyxoretf.de
Market Access (Tochterunternehmen von ABN Amro)	www.abnamromarketaccess.de
UBS Exchange Traded Funds	www.ubs.com/etf
Xmtch (Credit Suisse Asset Management)	www.xmtch.-etf.com
ETFlab Investment (Tochterunternehmen der DekaBank)	www.etflab.com
Comstage (Tochterunternehmen der Commerzbank)	www.comstage.de
ETF Securities	www.etfsecurities.com

---

[61] Der Finanzkonzern *Black Rock* hat *Barclays Global Investors* (BGI) mit der ETF-Sparte *iShares* gekauft. Deswegen wird ab 4. Dezember 2009 die deutsche BGI-Einheit umbenannt in *Black Rock Asset Management Deutschland*. Die Marke *ishares* für ETFs bleibt erhalten.

Aber auch weltweit stehen die ETFs bei den Anlegern im Blickpunkt. So halten Marktforscher ein weltweit verwaltetes Vermögen[62] in ETFs von über 2 Billionen US-Dollar sogar bis Ende 2011 für möglich (zum Vergleich: Ende Februar 2008 betrug das weltweit verwaltete Vermögen von ETFs 742,6 Mrd. US-Dollar. Im Gegensatz dazu sind weltweit über 20 Billionen in aktiv gemanagte Fonds investiert). Welche Dynamik im Markt für ETFs steckt, zeigt sich daran, dass Ende 2009 schon 1.032 Mrd. US-Dollar in rund 1.939 ETFs von 109 Anbietern weltweit verwaltet wurden.

Hierfür sind strukturelle Veränderungen auf der Anbieter- und Anlegerseite verantwortlich. So werden institutionelle Anleger verstärkt von ETFs Gebrauch machen. Als wichtigste Merkmale der ETFs nennen institutionelle Investoren ihre hohe Liquidität, die geringen Kosten sowie die Möglichkeit der einfachen Indexnachbildung. So können ETFs in allen Bereichen des Asset Managements zur effizienten Portfolio- und Liquiditätsgradsteuerung eingesetzt werden. Damit können institutionelle Anleger kurzfristige Kursentwicklungen ausnutzen und eine Underperformance des Gesamtportfolios durch zu hohe Barbestände reduzieren bzw. vermeiden. Sollten z. B. die Pensionskassen, die über 90 Prozent ihres Vermögen aktiv verwalten lassen, nur 4 % in ETFs umschichten, könnte dies schon zu einer Verdoppelung des verwalteten ETF-Vermögens führen. Aber auch aktive Fondsmanager werden zunehmend ETFs als Anlageinstrument innerhalb ihrer Fonds nutzen, um die Kosten im aktiven Management zu reduzieren.

Die Privatanleger werden zukünftig eine noch wichtigere Rolle am ETF-Markt spielen, da ETFs ein kostengünstiges und vielseitiges Anlageinstrument sind. Außerdem kommen immer neue Verbundprodukte auf den Markt, die mit ETFs kombiniert sind, wie z. B. Altersvorsorgeprodukte wie Riester- oder Rürup-ETF-Policen. Überdies werden ETFs auch immer häufiger Grundlage für Derivate, wie z. B. Zertifikate. So emittierte die *WestLB* im zweiten Halbjahr 2009 z.B. zwei Aktienanleihen, die sich auf den *iShares DAX-ETF* beziehen.

---

[62] Die weltweit größten ETF-Anbieter (Stand Ende 2007) sind: *Barclays Global Investors* mit 402, 6 Mrd. US-Dollar verwaltetem Vermögen, gefolgt von *State Street Global Investors* mit 152,4 Mrd. US-Dollar. Auf den folgenden Plätzen kommen mit weitem Abstand *Vanguard* (42 Mrd. US-Dollar), *PowerShares* (38 Mrd. US-Dollar) und *Lyxor Asset Management* (31,5 Mrd. US-Dollar).

Ebenso wurden von der *FX Direkt Bank* im August 2009 *Contracts for*

Difference (CFD)[63] auf 45 börsengehandelte ETFs emittiert. Mit diesen CFDs können die Anleger außerbörslich auf fallende und steigende Kurse der ETFs mit einem Hebel spekulieren.

Hinzu kommt, dass sich in Deutschland langsam die Honorarberatung durchsetzt und diese wiederum schwerpunktmäßig auf ETFs setzt. Experten sehen hier eine ähnliche Entwicklung wie in den USA. Erst als dort die Honorarberatung in Mode gekommen ist, spielten die ETFs in den Kundendepots eine starke Rolle. Ob sich in Deutschland die Honorarberatung schnell durchsetzen wird ist fraglich, da es heute für die Kunden eher unüblich ist, ein Honorar für eine Vermögensverwaltung zu bezahlen. Falls es jedoch gelingt, die Verbraucher für das Thema versteckte Kosten zu sensibilisieren, dann kann sich die Honorarberatung als Alternative zum provisionsgesteuerten Bankmodell am Markt etablieren. Auch dürfte die Finanzmarktrichtlinie MiFID *(Markets in Financial Instruments Directive)* wegen der geforderten Kostentransparenz viele Anleger für ETFs sensibilisieren, da sie erkennen, welche Kostenbelastungen aktiv gemanagte Fonds haben.

Zudem wird sich bei immer mehr Anlegern die Weisheit von Peter Lynch durchsetzen: *„All die Mühe und Zeit, die viele dafür aufwenden, den richtigen Fonds zu finden, den richtigen Manager mit der goldenen Nase – all das hat in den allermeisten Fällen zu keinem Vorteil geführt."* So entfallen beispielsweise in den USA 57 % aller Mittelzuflüsse von Aktienfonds auf börsennotierte Indexfonds. Im Gegensatz dazu werden in Deutschland nur 2,5 % der Gelder passiv verwaltet. Aber auch in Deutschland steigt das Interesse an ETFs sprunghaft an. So werden an über 42 Börsen weltweit von mehr als 85 Emittenten 1.539 ETFs mit einem durchschnittlichen Handelsvolumen pro Tag von 117,5 Milliarden US-Dollar gehandelt.

---

[63] Bei den CFDs handelt es sich um ein Differenzgeschäft. Dabei wird ein Vertrag über die Kursveränderung eines Basiswertes (ETF) geschlossen. Steigt der Kurs des ETFs, so bekommt der Käufer eines CFDs die Differenz vom Verkäufer ausbezahlt. Falls dagegen der Preis des ETFs sinkt, muss der Käufer des CFDs an den Verkäufer die Differenz bezahlen.

Doch manch einem Anleger scheinen die ETFs wie ein geheimnisvolles Land voller sagenumwobener Fabelwesen zu sein. Lassen Sie uns jetzt dieses Land betreten und den ETFs die Krallen ziehen!

4.2 Was sind *Exchange Traded Funds*? – Das Innenleben

Beworben werden ETFs mit Werbesprüchen wie: *„Wir haben Sie gefunden, es gibt sie wirklich – die eierlegende Wollmilchsau in Gestalt von Exchange Traded Funds. Sie sind ein Multitalent, das vielseitige Einsatzmöglichkeiten bietet und zudem noch einfach zu verstehen, preiswert und sicher ist. Was will man mehr?"* Aber stimmen diese Versprechen wirklich? Um diese Frage beantworten zu können, müssen wir einen Blick hinter die Kulissen der ETF-Fabrik werfen.

In diesem Abschnitt werden Sie erfahren, wie ETFs konstruiert werden und funktionieren, aber auch welche Rollen die Marktteilnehmer in den jeweiligen Prozessen spielen. Wir legen die ETFs auf den Röntgentisch und durchleuchten sie, um so ihren Geheimnissen auf die Spur zu kommen.

ETFs können wie Aktien über jede Bank bzw. Sparkasse ge- bzw. verkauft werden. Dafür gründete die *Deutsche Börse AG* im April 2000 eine eigene Handelsplattform – das XTF-Segment. Das XTF-Segment entwickelte sich zum führenden Handelsplatz für ETFs in Europa. Daher lohnt sich ein näherer Blick auf dieses Segment. Die wesentlichen Vorteile für den Anleger im XTF-Segment sind vor allem die fortlaufenden Notierungen der ETF-Kurse[64] und der Handel ohne Ausgabeaufschlag. Die Mindesthandelsgröße ist ein ETF-Anteil[65]. Handelbar sind die *Exchange Traded Funds* sowohl auf dem computergestützten Handelssystem *Xetra* als auch im maklergestützten Handel.

Viele der bekannten deutschen Aktienindizes wie DAX oder MDAX sind Performanceindizes. Das heißt, die Dividenden der im Index enthaltenen Unternehmen fließen in die Indexberechnung mit ein. Aus diesem Grund werden

---

[64] Bei klassischen Aktienfonds wird in der Regel nur einmal täglich ein Kurs von der Kapitalanlagegesellschaft anhand der im Fonds-Portfolio enthaltenen Wertpapiere errechnet und veröffentlicht. Zu diesem Kurs können die Anleger dann ihre Fondsanteile kaufen oder verkaufen.

[65] Außerdem zeichnet sich u.a das XTF-Segment durch eine schnelle Orderausführung, hohe Liquidität, hohe Preistransparenz und geringe Transaktionskosten aus.

bei ETFs auf Performanceindizes generell die Ausschüttungen (wie Dividenden usw.) wieder reinvestiert. Nur auf diese Weise ist eine möglichst indexnahe Wertentwicklung des Indexfonds gewährleistet. Dieses Verfahren wird auch als Thesaurierung bezeichnet.

Dagegen sind viele bekannte ausländische Indizes, wie *Dow Jones, S&P 500* usw., Kursindizes. Da in die Berechnung eines Kursindexes die Dividenden- bzw. Zinszahlungen nicht einfließen, werden diese in der Regel quartalsweise oder jährlich an die Anleger ausgeschüttet. Die genauen Ausschüttungstermine erfahren Sie auf der Internetseite des ETF-Anbieters.

Der Preis für einen ETF-Anteil entspricht einem vom Emittenten festgelegten Bruchteil des Indexwertes, der dem ETF zugrunde liegt. Dabei verbriefen die ETFs meistens nur ein Zehntel oder ein Hundertstel des betreffenden Indexes (wird auch als Bezugsverhältnis bezeichnet), um die Handelbarkeit des *Exchange Traded Funds* zu verbessern. In der Regel steht nämlich jeder Indexpunkt für einen Euro[66].

ETF auf den DAX mit einem Bezugsverhältnis von 1:100				
DAX-Stand	5.500	6.000	6.500	7.000
Preis des Exchange Traded Funds	55 (5.500/100)	60 (6.000/100)	65 (6.500/100)	70 (7.000/100)

Außerdem berechnet die Fondsgesellschaft einmal täglich den NAV (Nettoinventarwert, *Net Asset Value*). Er gibt den Wert des Fondsvermögens zu einem festgelegten Zeitpunkt an. Der NAV errechnet sich aus dem Wert der enthaltenen Wertpapiere zu einem bestimmten Zeitpunkt, zuzüglich der sonstigen Vermögensgegenstände, und dem Barvermögen, dividiert durch die Anzahl der Fondsanteile. Konkret bezeichnet der NAV den Rücknahmepreis des Fondsanteils durch den ETF-Anbieter. Für einen Börsenhandel der ETFs benötigt man allerdings einen fortlaufenden NAV. Dazu wurde der indikative Nettoinventarwert (iNAV) erfunden.

Vereinfacht ausgedrückt repräsentiert der indikative Nettoinventarwert den fairen Wert des ETFs in Echtzeit. So kann der Anleger jederzeit überprüfen,

---

[66] Beispielsweise gab die *Zürcher Kantonalbank* (ZKB) am 2. Mai 2008 bekannt, einen Split von 1 zu zehn für ihre Edelmetall-ETFs (z.B. auf Silber, Gold, Platin usw.) durchzuführen, um sie einem breiteren Anlegerkreis zugänglich zu machen.

ob der Börsenpreis gerechtfertigt ist. Somit ist der indikative Nettoinventarwert ein zusätzliches Transparenzgut der ETFs.

Hierzu wird das Fondsvermögen auf Basis der aktuellen Werte der enthaltenen Wertpapiere ermittelt. Dazu wird das Barvermögen addiert und eventuelle Verbindlichkeiten abgezogen. Der so erhaltene Wert wird zum Schluss noch durch die Anzahl der im Umlauf befindlichen Fondsanteile des ETFs dividiert. Auf diese Weise erhält man den iNAV. Für viele ETFs berechnet die *Deutsche Börse* den iNAV. Dazu übermitteln die Fondsgesellschaften jeden Tag vor Handelsbeginn das aktuelle Portfolio an die *Deutsche Börse*. Während des gesamten Handelstages bleibt die Zusammensetzung dieses Portfolios konstant. Erst nach Handelsschluss können Anpassungen vorgenommen werden. Für dieses (Tages-)Portfolio berechnet dann die *Deutsche Börse* den iNAV. Ausländische Werte gehen prinzipiell mit den Kursen der Heimatbörse in die Berechnung ein. So ist für ein US-Papier wie *Apple* der Handelskurs der NASDAQ oder für die japanische *Sony* die Notierungen aus Tokio relevant. Wenn diese Börsen noch geschlossen sind, dann werden die Preise im Handel mit Auslandsaktien an der Börse Frankfurt als Referenzkurse zu Rate gezogen.

Der iNAV dient den *Designated Sponsors* (oder *Market Makern*) zur Kontrolle des Handels. Die *Designated Sponsors* sind offizielle Börsenmitglieder (wie Banken oder Broker), die kontinuierlich für ein Mindestquotierungsvolumen verbindliche Geld- und Briefkurse für ETFs stellen und auf eigenes Risiko und Rechnung handeln. Sie sorgen für die Marktliquidität der ETFs. Die Vergütung ihrer Dienstleistung besteht in der Spanne zwischen An- und Verkaufskurs der ETFs.

- Der Briefkurs (auch Verkaufskurs, *Offer* oder *Ask* genannt) ist der Kurs, zu dem der *Designated Sponsor* bereit ist, die Kaufaufträge des Anlegers zu erfüllen.

- Der Geldkurs (auch Ankaufskurs oder *Bid* genannt) ist der Kurs, zu dem der *Designated Sponsor* bereit ist, Verkaufsaufträge zu bedienen.

Die Differenz zwischen dem besten (verbindlichen) Geld- und Briefkurs wird als *Spread* bzw. Geld-/Briefspanne bezeichnet. Diese beschreibt also, wie weit Geld- und Briefkurs auseinander liegen, und wird üblicherweise in Prozent angegeben. Es gilt: Je kleiner der *Spread*, desto näher liegt der Preis des ETFs an seinem theoretischen Wert.

$$\text{Spread (in \%)} = \frac{\text{Briefkurs - Geldkurs}}{\text{Geldkurs}} \cdot 100$$

Dabei gilt, dass der Briefkurs grundsätzlich höher ist als der Geldkurs. Im Prinzip zahlt der *Designated Sponsor* dem Verkäufer des ETFs weniger als er im selben Moment für den gleichen ETF-Anteil von einem Käufer verlangt. Hat ein ETF einen *Spread* von z. B. 0,5 Prozent, dann liegen der Kauf- und Verkaufspreis um jeweils 0,25 Prozent über beziehungsweise unter dem Nettoinventarwert. Folglich zahlt der Anleger je nachdem, ob er als Käufer oder Verkäufer auftritt, die eine oder die andere Hälfte des *Spreads*.

Die ETF-Anbieter legen vorab einen maximalen *Spread* fest, der vom *Designated Sponsor* genommen werden darf. Im Normalfall liegt der tatsächlich verlangte deutlich darunter. So hat z. B. der *db x-trackers DAX ETF* einen maximalen *Spread* von 3 %, aber beim täglichen Börsenhandel beobachtet man einen *Spread* von 0,1 % und kleiner. Den maximalen und den aktuellen *Spread* können Sie im Internet z. B. auf der Seite www.boerse-go.de/etfs einsehen.

Die Höhe des *Spreads* wird durch Angebot und Nachfrage im Handel mit den jeweiligen ETFs bestimmt. Darum haben große Volumen-ETFs, wie ETFs auf den *DJ Euro Stoxx 50*, einen geringeren *Spread* als illiquide ETFs, z.B. auf Branchenindizes. Anleger müssen bedenken: Je geringer der *Spread* ist, desto niedriger sind auch die Kosten, die die Rendite schmälern.

Angenommen, Sie möchten in Japan anlegen – und zwar am frühen Nachmittag. Dummerweise ist die japanische Börse seit 8 Uhr mitteleuropäischer Zeit geschlossen. Was passiert nun? Natürlich können Sie auch am Nachmittag einen Japan-ETF handeln, also auch dann, wenn die Börse in Japan geschlossen ist. In diesem Fall weitet sich die Differenz zwischen An- und Verkaufskurs – *Spread* – aus. In der Regel ist der *Spread* während der Öffnungszeiten der jeweiligen Börse geringer, als wenn Sie geschlossen ist. Das liegt u. a. an dem „schlafenden" iNAV, der erst wieder bei einem offenen Markt seine vollständige Aussagekraft erhält. Obendrein trägt der *Designated Sponsor* bei geschlossener Börse das Risiko, dass der Index bei Eröffnung der Börse höher steht, als er beim Verkauf angenommen hat. Diese Unsicherheit lässt er sich bezahlen.

Neben diesen Kosten muss der Anleger noch die Verwaltungsgebühren berappen. Sie unterteilen sich in Managementgebühren und Transaktionskosten, wobei diese aufgrund des passiven Investmentstils sehr niedrig sind. Außerdem werden bei ETFs keine Gebühren für die Lizenzen sowie für die Prospekterstellung in Rechnung gestellt. Ebenfalls erfolgt die automatische Portfolioanpassung als Reaktion auf Veränderungen der Indexgewichtung ebenso kostenlos, wie das Management von Dividendeneinnahmen. Daher liegen die durchschnittlichen Verwaltungsgebühren der ETFs auf dem deutschen Markt zwischen 0,09 % bis 1 % p. a. (selten darüber).

Wie schafft es der *Designated Sponsor* aber, dass sich der Börsenpreis stetig in Richtung des iNAV entwickelt? Dies wird gewährleistet durch den so genannten Creation-Redemption-Prozess. Dieser Prozess regelt, wie die ETF-Anteile ausgegeben bzw. auch wieder zurückgenommen werden. Hierzu stellt der *Designated Sponsor* einen Wertpapierkorb zusammen, dessen Zusammensetzung dem Index bzw. ETF eins zu eins entspricht. Dann liefert der *Designated Sponsor* diesen Wertpapierkorb an den ETF-Anbieter. Im Gegenzug erhält der *Designated Sponsor* vom ETF-Anbieter ETF-Anteile im Wert des Wertpapierkorbes (i. d. R. werden die Körbe so zusammengestellt, dass 50.000 Anteile geschaffen werden). Diese neuen ETF-Anteile kann der *Designated Sponsor* anschließend den ETF-Anlegern zur Verfügung stellen. Dieser Prozess wird als *Creation* (Schaffung, Ausgabe) bezeichnet. Umgekehrt kann natürlich auch der *Designated Sponsor* ETF-Anteile an den ETF-Anbieter zurückgeben und erhält dafür als Gegenleistung den entsprechenden Wertpapierkorb zurück. Dies wird als *Redemption* (Rücknahme) bezeichnet.

146

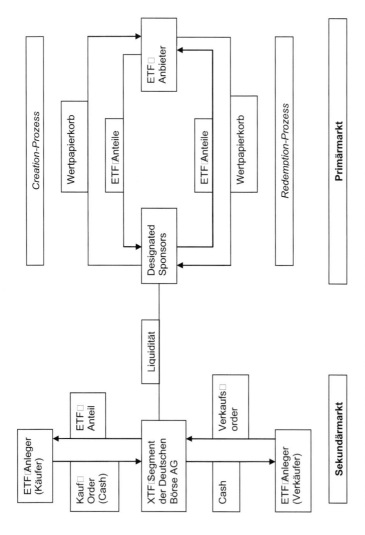

Abbildung 12: Creation-/Redemption-Prozess am Beispiel des XTF-Segments

Ein deutsches Sprichwort lehrt „*Wer das Kleine nicht ehrt, ist des Großen nicht wert*". Genau das trifft auf den Creation-Redemption-Prozess zu. Er wurde nämlich erdacht, um die Verwaltungsgebühren der ETFs klein zu halten und um einen liquiden Handel mit ETFs zu ermöglichen. Denn die über diesen Prozess zu- bzw. abfließenden Mittel müssen nicht durch den ETF in Wertpapiere investiert bzw. liquidiert werden, sondern sind bereits als Wertpapiere ein- bzw. ausgebucht. Deswegen entstehen dem Anleger innerhalb dieses Prozesses keinerlei Transaktionskosten, was sich positiv auf die Performance des Fonds auswirkt. Denn die Kosten für den Erwerb und den Verkauf der Aktien trägt allein der *Designated Sponsor*. Zusätzlich wird der Kassenbestand (also die Barmittel) auf ein Minimum reduziert. Außerdem verhindert dieser Prozess, dass sich eine starke oder schwache Nachfrage nach einem ETF auf dessen Marktkurs auswirkt. Steigt die Nachfrage, werden einfach neue Anteile kreiert. Fällt dagegen die Nachfrage, so werden Anteile vom Markt genommen.

Beim Betrachten der Abbildung 12 fällt zunächst auf, dass es einen Primär- und Sekundärmarkt gibt. Im Sekundärmarkt handeln die Marktteilnehmer an der Börse. Hier führen die Banken und Broker die Aufträge ihrer Kunden aus, d. h., ein Kauf- oder Verkaufsauftrag wird im Sekundärmarkt abgewickelt. Dagegen agieren im Primärmarkt der *Designated Sponsor* und der ETF-Anbieter unter sich. Nur im Primärmarkt findet der Creation-Redemption-Prozess statt. Wie sieht aber die Rollenverteilung der Marktteilnehmer im Primär- und Sekundärmarkt aus?

Der ETF-Anbieter (Kapitalanlagegesellschaft) emittiert den ETF und verwaltet die ihm zufließenden Einlagen im Sondervermögen. Daher obliegt der gesamte Prozess der Produktgestaltung ihm. Er schließt u. a. Verträge mit den Indexanbietern und den *Designated Sponsors* und kümmert sich um das Marketing und die Vertriebsaktivitäten. Überdies erhält der ETF-Anbieter für den *Exchange Traded Funds* beim zuständigen Aufsichtsamt die Genehmigung. Außerdem sorgt er für die Börsenzulassung. Ist der ETF aufgelegt, so kann entweder der ETF-Anbieter das Fondsmanagement selbst übernehmen, oder er beauftragt einen externen Manager.

Die Hauptaufgabe des ETF-Managements ist es, den dem ETF zugrunde liegenden Index möglichst exakt nachzubilden bzw. eine ähnliche Wertentwicklung zu erzielen. Hierzu muss das Fondsmanagement die Informationen des

Indexanbieters laufend auswerten und Kapitalmaßnahmen wie Aktiensplits, Fusionen, Indexänderungen oder Bezugsrechte im ETF entsprechend berücksichtigen. Obendrein ist das Management für die Verwaltung der Zins- und Dividendeneinnahmen verantwortlich.

Wie schon erwähnt, sichert der *Designated Sponsor* (oder auch *Market Maker*) den liquiden Handel der ETFs. Hierzu stellt er permanent für ein Mindestquotierungsvolumen verbindliche Geld-/Briefkurse. Er stellt sicher, dass Käufe und Verkäufe der Anleger während mindestens 90 % der Handelszeit zwischen 9.00 und 17.00 Uhr auch tatsächlich möglich sind. Dabei wird das Mindestquotierungsvolumen und der maximale Geld- und Briefkurs durch den ETF-Anbieter und die Börse festgelegt. Für jeden ETF muss mindestens ein *Designated Sponsor* vom ETF-Anbieter benannt werden, um eine Börsenzulassung zu bekommen. In der Regel sind zwei oder mehr *Designated Sponsors* für einen ETF zuständig. Bei mehreren *Designated Sponsors* kommt der Geschäftsabschluss mit dem *Designated Sponsor* zustande, der dem Anleger den besten Preis bietet, d. h. die *Designated Sponsors* stehen untereinander im Wettbewerb. Dies führt auch dazu, dass der ETF an der Börse stets nahe seinem fairen Preis notiert.

Private genauso wie institutionelle Anleger können ETFs nur im Sekundärmarkt handeln. Um ETF-Anteile zu kaufen oder zu verkaufen, müssen sie die entsprechenden Aufträge über ihre Bank oder ihren Broker an der Börse platzieren. Dabei sind die auf *Xetra* gestellten Geld- und Briefkurse verbindlich und dem Anleger bei der Ordererteilung deshalb bekannt.

Es gibt noch eine andere Möglichkeit ETFs zu kaufen, nämlich außerhalb der Börse als OTC-Geschäft (Abk. *Over the Counter*). Hier wickelt der Anleger (meist nur institutionellen Anlegern mit großen Stückzahlen vorbehalten) den Kauf oder Verkauf direkt über den *Designated Sponsor* bzw. (extrem selten) über den ETF-Anbieter ab[67]. Hierzu stellt der *Designated Sponsor*, ähnlich wie im Börsenhandel, verbindliche Geld- und Briefkurse im Direkthandel. Diese können sich von denen im Börsenhandel unterscheiden. Zu diesen Geld- und Briefkursen können die *Trades* während der Handelszeit direkt als OTC-Geschäft abgewickelt werden. Eine andere Möglichkeit, die vornehmlich gro-

---

[67] *db x-trackers* bietet nun auch Privatanlegern die Möglichkeit, ETFs außerbörslich zum NAV zu handeln.

ßen institutionellen Anlegern vorbehalten ist, ist eine direkte, in der Regel telefonische Preisanfrage an den *Designated Sponsor*. Hier wird dann der Preis für einen ETF-Anteil direkt zwischen den Vertragspartnern ausgehandelt. Das Interesse der großen Anleger an OTC-Geschäften wächst stetig. Offiziell macht der OTC-Handel schon 55 % des gesamten ETF-Handelsvolumens in Deutschland aus. Der Grund dafür ist, dass die Handelskosten im OTC-Handel für große Anleger wesentlich kleiner sind als beim börslichen Handel. Die anderen Teilnehmer im Sekundärmarkt sind die Banken oder Broker – hierzu gehören auch die *Designated Sponsors*. Sie nehmen die Aufträge der Anleger entgegen und leiten sie direkt zur Börse weiter oder bedienen die Anleger aus ihrem eigenen Handelsbestand zu den verbindlichen Geld- und Briefkursen in *Xetra*. Zum Ende unserer kleinen Aufzählung sollten wir unseren Blick auf den Handelsplatz Börse werfen. Grundsätzlich werden ETFs in speziellen Handelssegmenten (z. B. bei der *Deutschen Börse AG* im XTF-Segment) an der Börse gehandelt. Der Börsenhandel erfolgt im fortlaufenden Handel oder in zwischenzeitlichen Auktionen. Bei den zwischenzeitlichen Auktionen geben die an einem ETF interessierten Anleger während einer bestimmten Zeitspanne ihre Gebote für Käufe und Verkäufe ab, dann erfolgt die Preisfeststellung nach dem Meistausführungsprinzip.

Damit niemand über den Tisch gezogen wird, berechnet die *Deutsche Börse* alle 15 Sekunden den indikativen Nettoinventarwert (s. S. 142 ff.) für einen ETF-Anteil. Dieser faire Wert des ETF-Anteils dient den *Designated Sponsors* zur Kontrolle der von ihnen gestellten Geld- und Briefkurse, den institutionellen Anlegern zur Aufdeckung von Arbitragemöglichkeiten[68] und den Privatanlegern zur Beurteilung der Fairness des Börsenpreises.

Ein Sprichwort lautet: *„Es ist einfach schön, wenn man Entwicklungen verfolgen kann.“* So stellt sich doch die Frage, wie ETFs einen Index abbilden können.

4.2.1 Herausforderung präzise Indexabbildung

Wenn von Indexierung gesprochen wird, ist damit das passive Nachbilden (engl. *Replication*) der Performance (=Rendite) eines Korbes von Einzeltiteln

---

[68] Arbitragemöglichkeiten entstehen, wenn der ETF kurzzeitig unterhalb seines fairen Wertes gehandelt wird.

gemeint. Demzufolge versteht man unter passivem Management eines Aktien-, Renten-, Rohstoffportfolios usw. die Nachbildung des ausgewählten Benchmarkindexes (=Messlatte) hinsichtlich der Titelzusammensetzung und Gewichtung.

Ein Börsen-Bonmot lautet: *„Was haben Wertpapiere und Eier gemeinsam? Richtig. Wenn sie fallen, wird es meist eine unangenehme Sache.“* Bislang galt: Wer einen Index kaufen möchte, kauft einfach einen ETF. Das hat sich leider geändert. Mittlerweile muss der Anleger darauf achten, wie der ETF den Index abbildet und ob dabei eventuell Derivate zum Einsatz kommen. Schließlich beeinflusst die Konstruktion eines ETFs die Performance, die Kosten und Erträge, die im ETF anfallen.

Deswegen beschäftigen wir uns in diesem Abschnitt damit, auf welche verschiedenen Arten die ETFs einen Index nachbilden, und welche Gefahren damit verbunden sind. Nur so können Sie den richtigen Fonds für sich auswählen.

Mittlerweile haben sich drei Methoden zur Indexnachbildung am Markt etabliert: die volle Nachbildung, die teilweise Nachbildung sowie die synthetische Nachbildung.

Die wohl einfachste Methode[69], um einen Index nachzubilden, ist der Kauf aller im Index enthaltenen Wertpapiere unter Berücksichtigung der gleichen Gewichtung wie im Index. Weiterhin vollzieht der ETF jede Änderung des Indexes mit. Das wird als **Full-Replication-Methode** bezeichnet. Diese Methode wird hauptsächlich bei zahlenmäßig kleinen und liquiden Indizes, wie dem DAX, *Euro Stoxx 50* usw., angewendet. Denn diese Methode stößt schnell an ihre Grenzen.

- Anpassungen in der Gewichtung eines Indexes, die Aufnahme von neuen Mitgliedern sowie der Herausfall von alten Indexmitgliedern führen in der Regel zu Transaktionskosten, da hierdurch entsprechende Wertpapierkäufe bzw. -verkäufe ausgelöst werden.

- Außerdem fällt in einigen Ländern eine Stempelsteuer (0,5 % in Großbritannien, 1 % in der Schweiz oder Irland) beim Kauf und Verkauf von Aktien an. Solche Kosten finden im Index keine Beachtung.

---

[69] Portfoliotheorie.com, Betreiben ETFs Etikettenschwindel? Jahr 3, Ausgabe 10, 15.06.2008, S. 1 ff.

- Bei Preisindizes kommt noch hinzu, dass die Dividenden und Zinsen möglichst schnell abfließen müssen, um keine unnötig große Barreserve aufzubauen. Das Problem ist nur, dass es unterschiedlich lange dauert, bis die Dividenden bzw. Zinsen den ETF erreichen. Während in Deutschland die Dividenden dem Fonds sofort zufließen, dauert es in den Niederlanden 15 Tage, in Japan 74 Tage oder in den USA 22 Tage.

- Bei Performanceindizes tritt das Problem mit der verzögerten Gutschrift der Dividenden noch stärker zutage, weil der Fonds nicht sofort eine Wiederanlage der Ausschüttungen durchführen kann, während diese im Index bereits berücksichtigt ist.

- Überdies haben viele Schwellenländer rechtliche Beschränkungen zum Erwerb von Wertpapieren. Aus diesem Grund müssen ETFs häufig auf *American Depositary Receipts* (ADR) oder *Global Depositary Receipts* (GDR) ausweichen. Bei den ADRs und GDRs handelt es sich nicht um Aktien, sondern um Zertifikate, die den Besitz von Aktien verbriefen.

Um diese Kosten in Grenzen zu halten, nutzen *Full-Replication-ETFs* einen Trick. Sie verleihen nämlich ihre Aktienpositionen gegen eine Gebühr an Hedgefonds oder Investmentbanken, damit diese Leerverkäufe durchführen können. Dank dieses Tricks hat z. B. der *MSCI Turkey ETF* von *iShares* es geschafft, zwischen 1 bis 2 Prozent zusätzlicher Rendite zu erwirtschaften, womit die Kosten mehr als ausgeglichen wurden. Allerdings kann dieser Weg jederzeit durch staatliche Maßnahmen verbaut werden. So wurden z. B. im Rahmen der Finanzkrise im Oktober 2008 Leerverkäufe zeitweise verboten.

Ein anderer Weg, um die Kosten der Nachbildung von Indizes zu reduzieren, ist, nur einen Teil der Wertpapiere im Index zu kaufen. Dabei erfolgt die Investition des Fondsvermögens in eine repräsentative Auswahl der im Index enthaltenen Wertpapiere. Ziel ist es, ein Portfolio so zusammenzustellen, dass die Marktkapitalisierung, Branchenstruktur sowie fundamentalen Anlagemerkmale ähnlich denen des abzubildenden Indexes sind. Das wird als **Representative-Sampling-Methode** bezeichnet. Um eine vernünftige Abbildung eines Indexes zu ermöglichen, kaufen die meisten ETFs die größten und liquidesten Wertpapiere eines Indexes oder aber zusätzlich partiell die verbleibenden kleineren Wertpapiere nach. Beispielsweise hält der *iShares ETF MSCI World* ca. 700 Aktien, obwohl der Index mehr als 1.800 Einzeltitel hat. Eine Weiterentwicklung dieses Ansatzes ist die **optimierte Replikation** *(optimized sampling)*. Dieser quantitativ-statistische Ansatz versucht, durch ein computergestütztes Verfahren (so genannte Faktormodelle) das optimale Gleichgewicht zwischen *Tracking Error* (Abweichung der Rendite von der Benchmark, s. S. 159 ff.) und den Transaktionskosten (hohe Kosten fallen vor allem bei wenig liquiden Titeln an) zu finden. Das Ziel ist demnach die Generierung eines Portfolios, das langfristig das Risiko-Rendite-Profil der Benchmark stabil nachbildet.

„Wer Neues schaffen will, hat alle zu Feinden, die aus dem Alten ihren Nutzen ziehen." (Machiavelli) So erging es auch dem **synthetischen Verfahren** (oder **Swap-ETF**) zur Abbildung eines Indexes. Um dieses Verfahren umzusetzen, investiert der Swap-ETF in einen Aktienkorb (Aktien-ETF) oder Rentenkorb (Renten-ETF) sowie in einen Index-Swap.

Die Zusammensetzung des Aktien- bzw. Rentenkorbes muss nicht mit der Zusammensetzung des dem ETF zugrunde liegenden Indexes übereinstimmen. So kann z. B. ein ETF auf den DAX auch europäische Aktien enthalten oder ein europäischer Renten-ETF auch Fremdwährungsanleihen. Zudem unterscheiden sich diese Aktienkörbe von Anbieter zu Anbieter. Beispielsweise enthält der *Lyxor ETF DAX* europäische Aktien, während der *db x-trackers ETF DAX* japanische Aktien (s. Tabelle 18, S. 153) enthält[70].

Der Hintergedanke dieser Vorgehensweise ist, dass das Fondsvermögen nicht durch zusätzliche Kosten belastet wird, sondern unter Vorgabe minimaler Kosten und gemäß den Anforderung der UCITS (Abk. für *Undertakings for Collective Investments in Transferable Securities)*[71] an die Risikostreuung die bestmögliche Performance des ETFs gewährleistet.

---

[70] Im Rahmen der Finanzkrise haben viele ETF-Anbieter versucht, die Sicherheit ihrer Produkte zu optimieren. So enthielt früher der Aktienkorb des *db x-trackers DAX ETFs* beispielsweise japanische Aktien, nun sind es europäische. Das heißt, die Zusammensetzung der Körbe nähert sich wieder der der Referenzindizes an. Auch die Körbe in den Rentenprodukten änderten sich, sie enthalten heute einen wesentlich höheren Anteil von Staatsanleihen mit hoher Bonität als früher.

[71] Die OGAW-Richtlinie (engl. UCITS Directive) ist eine EU-Richtlinie, die auf eine Vereinheitlichung des europäischen Investmentrechts zielt, um Hindernisse für den europäischen Vertrieb von Investmentfonds zu beseitigen.

Tabelle 18: Beispiele für einen Aktienkorb

Lyxor ETF DAX Stand 31.Dezember 2007 (Quelle: Multi Units Luxembourg Jahresbericht –Lyxor ETF DAX, S. 130 ff.)		db x-trackers ETF DAX (Quelle: db x-trackers geprüfter Bericht für den Zeitraum vom 2.Oktober bis 31. Dezember 2007, S. 39 ff.)	
Aktie	Anteil am Fondsvermögen	Aktie	Anteil am Fondsvermögen
Vivendi	8,53 %	Nippon Oil Corp	2,81 %
CARREFOUR	6,47 %	Okuma Corp.	2,69 %
France Telecom	5,82 %	Jtekt Corp.	2,00 %
UBS S.A.	5,34 %	Nippon Steel Corp.	1,97 %
Telefonica	5,23 %	Yamato Holdings Co. Ltd.	1,97 %
Credit Agricole	4,69 %	Nitto Denko Corp.	1,93 %
Commerzbank	4,59 %	Kuraray Corp.	1,91 %
BNP PARIBAS	4,58 %	Kyocera Corp.	1,88 %
LAFARGE	4,09 %	Kao Corp.	1,87 %
SWISSCOM	3,55 %	Dentsu Inc.	1,86 %
ASSICURAZIONI GENERALI	3,46 %	Nippon Yusen Kabushiki Kaisha	1,85 %
Fortis	2,96 %	Nissan Chemical Industries Ltd.	1,83 %
BASF	2,82 %	Fanuc Ltd.	1,83 %
UNICREDITO ITALIANO	2,60 %	Mazda Motor Corp.	1,81 %
INTESA SANPAOLO SPA	2,5 %	Mitsui OSK Lines Ltd.	1,78 %
UPM KYMMENE	2,26 %	Kubota Corp.	1,77 %
ALSTROM	2,12 %	Heiwa Real Estate	1,76 %
AXA	1,92 %	Kawasaki Kisen Kaisha Ltd.	1,73 %
Mediaset	1,69 %	Eisai Co. Ltd.	1,72 %
Deutsche Bank	1,63 %	Mitsukoshi Ltd.	1,67 %
Air France-KLM	1,40 %	DA Office Investment Corp.	1,51 %
Royal Dutch Shell	1,34 %	Mitsui Fudosan Co.	1,36 %
Aegon NV	1,31 %	COMSYS Holdings Corp.	1,35 %
Valeo	1,28 %	Nikon Corp.	1,33 %
Suez	1,23 %	Nippon Residential Investment Corp.	1,31 %
Volkswagen	1,20 %	Toyo Suisan Kaisha Ltd.	1,29 %
und weitere		und weitere	
Dieser Aktienkorb enthält europäische Aktien mit Schwerpunkt Frankreich (knapp 50 %)		Dieser Aktienkorb enthält nur japanische Aktien	

Wie schon erwähnt, investiert der Swap-ETF auch in einen Index-Swap[72]. Gemäß der Vorschriften der UCITS ist der Anteil des Index-Swaps auf 10 % des Nettoinventarwertes beschränkt.

Unter einem Index-Swap versteht man ein Tauschgeschäft zwischen zwei Vertragspartnern. Bei einem Index-Swap tauscht der Fonds (das Sondervermögen) die Entwicklung der im Fonds enthaltenen Aktien- oder Rentenkörbe gegen die Entwicklung des dem ETF zugrunde liegenden Index. Der Tauschpartner (so genannter Swap-Kontrahent) ist in der Regel eine Bank (meistens das Kreditinstitut, dessen Tochter den ETF aufgelegt hat), die sich dazu verpflichtet, die Performance des Indexes auf täglicher Basis bereitzustellen. Dies geschieht durch tägliche Preisfeststellung des Swap-Kontraktes. Dabei wird der Wert des Swaps zwischen ETF und Swap-Kontrahent börsentäglich in bar ausgeglichen, um so das Risiko gegenüber dem Kontrahenten möglichst gering zu halten.

Das bedeutet, dass der Swap-Kontrahent auf täglicher Basis die Performance des Indexes zur Verfügung stellt und somit eine nahezu Eins-zu-Eins-Abbildung des Indexes gewährleistet. Im Idealfall sollte dann die Wertentwicklung des ETFs vor Abzug der Verwaltungsgebühren immer der Performance des zugrunde liegenden Indexes entsprechen. Darum sagen Kritiker zu diesen Fonds: *„Sie stellen nicht den zugrunde liegenden Index des ETFs dar, sondern verbriefen, vereinfacht ausgedrückt, nur noch das Recht auf die Auszahlung der prozentualen Veränderung des Indexes. Wie dies geschieht, bleibt dem Anleger verschlossen, wie ein Buch mit sieben Siegeln."* Tatsächlich haben diese Kritiker recht, da die Performance eines Swap-ETFs letztlich durch den Index-Swap generiert wird, sodass die Wertentwicklung der als Sicherheit für den Swap dienenden Aktien- oder Rentenkörbe des ETFs keinen Einfluss auf die Performance des Swap-ETF hat. Dies soll anhand des folgenden Beispiels unter Vernachlässigung der Verwaltungsgebühr verdeutlicht werden.

---

[72] Die allgemeine Definition eines Swaps lautet: Ein Swap ist eine Vereinbarung zwischen zwei Vertragspartnern, in der Zukunft Zahlungsströme auszutauschen. Dabei wird festgelegt, wie die Zahlungen berechnet werden, und wann sie fällig sind.

Ausgangssituation

Nehmen wir an Sie, kaufen einen Swap-ETF auf den DAX. Der Indexstand notiert bei 4.400 Punkten. Zudem bildet der Swap-ETF den Index mit einem Hundertstel des DAX-Standes ab, d. h., der ETF kostet 44 Euro. Zudem nehmen wir an, dass der Aktienkorb[73] in dem der Swap-ETF investiert ist, auch einen Wert von 44 Euro hat. Das heißt zwischen dem Index und dem Aktienkorb ist eine Differenz von null. Diese Differenz stellt zugleich auch den Wert des Swap-Geschäftes dar. Folglich schließen der ETF-Anbieter und der Swap-Kontrahent, z. B. die Deutsche Bank, einen Index-Swap auf den DAX ab, welcher erst dann an Wert gewinnt bzw. verliert, wenn eine Differenz zwischen der Performance des DAXes (gemessen an einem Hundertstel) und des vom ETF gehaltenen Aktienkorbes entsteht.

Szenarien:

1. *DAX steigt, der Aktienkorb des Swap-ETFs bleibt unverändert.*
Der DAX steigt um 5 % auf 4.620 Punkte, d. h., ein Hundertstel entspricht 46,20. Dagegen hat der Aktienkorb des ETFs einen unveränderten Wert von 44 Euro. Nun entspricht der Wert des Index-Swaps genau der Differenz zwischen dem Hundertstel des DAXes und dem Aktienkorb, also 2,20 Euro (=46,20 (Hundertstel des DAX) - 44 (Aktienkorb)). Der Nettoinventarwert des DAX Swap-ETFs ist dann 46,20 Euro, was der Summe aus dem Aktienkorb (44 Euro) und dem Wert des Swaps (2,20 Euro) entspricht. Somit macht der Index-Swap einen Anteil von 4,76 % (46,20 (Nettoinventarwert des ETFs) / 2,20 (Wert des Swaps)) des Nettoinventarwertes aus.

2. *DAX steigt, der Aktienkorb des ETFs auch.*
Der DAX steigt von 4.620 auf 4.758,20 Punkte (also um 3 %). Gleichzeitig legt jetzt auch der Aktienkorb um 4 % auf 45,76 Euro zu. Jetzt fällt der aktuelle Wert des Index-Swaps auf 1,82 Euro (=47,58 (Hundertstel des DAX) -45,76 (Aktienkorb)). Daher steigt der Nettoinventarwert des DAX Swap-ETFs auf 47,58 Euro (=1,82 (Wert des Swaps) + 45,76 (Aktienkorb)). Der Anteil des Index-Swaps am Nettoinventarwert beträgt nun 3,83 %.

3. *DAX steigt, der Aktienkorb des ETFs verliert dramatisch an Wert.*
Der DAX steigt weiter von 4.758,20 auf 4.806,19 Punkte (also um 1 %). Allerdings verliert der Aktienkorb 5 % und fällt von 45,76 auf 43,47 Euro. Das bedeutet, dass der aktuelle Wert des Index-Swaps auf 4,59 Euro steigt (=48,06 (Hundertstel des DAX) -43,47 (Aktienkorb)). Somit steigt auch der aktuelle Nettoinventarwert des DAX Swap-ETFs auf 48,06 Euro (=4,59 (Wert des Swaps) +43,47 (Aktienkorb)). Folglich liegt der Anteil des Index-Swaps am Nettoinventarwert bei 9,55 % und daher extrem nahe an der maximalen Grenze von 10 %. Um jegliches Risiko auszuschließen, findet nun ein so genannter **Reset** (Zurücksetzen des Swaps) statt. Hierzu zahlt der Swap-Kontrahent, die Deutsche Bank, dem ETF den Wert des Index-Swaps von 4,59 Euro aus. Diese Summe investiert der DAX Swap-ETF sofort in seinen Aktienkorb. Nach dieser Operation beträgt dann der Wert des Aktienkorbes 48,06 Euro und der Wert des Index-Swaps 0. Danach kann der Prozess von Neuem beginnen. Im Gegensatz zu unserem Ausgangsszenario hat jetzt der Aktienkorb einen Wert von 48,06 Euro und der DAX notiert bei 4.806,19 Punkten. Demnach ist die Differenz zwischen Aktienkorb und einem Hundertstel des aktuellen DAX-Standes wiederum null. Damit startet der neue Swap wiederum mit einem Wert von

---

[73] Im Aktienkorb befindet sich ein bunter Strauß aus europäischen *Bluechips*, wie *Nokia, France Telekom, Saint Gobain, SAP* usw.

null. Das heißt, der Swap-Reset stellt nur eine Erneuerung des Geschäftes zwischen ETF-Anbieter und dem Swap-Kontrahent dar. Er hat keine Auswirkungen auf die Kosten bzw. auf die Performance des Swap-ETFs. Ein Swap-Reset kann auch mehrmals täglich ausgeführt werden.

4. *DAX fällt, Aktienkorb steigt an.*
Der DAX fällt von 4.806,19 Punkten auf 4.758,12 Punkte (also um -1 %). Zeitgleich steigt der Aktienkorb von 48,06 Euro (neuer Wert nach Swap-Reset) auf 49,02 Euro (d. h. um 2 %). Jetzt hat der Index-Swap einen Wert von -1,44 Euro (=47,58 (Hundertstel des DAX) -49,02 (Aktienkorb)). Somit reduziert sich der Nettoinventarwert des DAX Swap ETFs auf 47,58 Euro (= −1,44 (Wert des Swaps) +49,02 (Aktienkorb)). Der Anteil des Swaps am Nettoinventarwert beträgt aktuell -3,02 %.

5. *DAX fällt stark, Aktienkorb bleibt konstant.*
Der DAX fällt im freien Fall von 4.758,12 Punkten auf 4.472,64 Punkte (also um -6 %). Dagegen bleibt der Aktienkorb mit 49,02 Euro konstant. Daher hat jetzt der Index-Swap einen Wert von -4,29 Euro (=44,73 (Hundertstel des DAX) -49,02 (Aktienkorb)). Darum hat der Swap-ETF jetzt einen Wert von 44,73 Euro (= −4,29 (Wert des Swaps) +49,02 (Aktienkorb)). Der Anteil des Index-Swaps steigt auf -9,6 % des Nettoinventarwerts an. Jetzt muss wiederum eine Rücksetzung des Swaps erfolgen, weil sich der Anteilswert des Index-Swaps am Nettoinventarwert des Fonds der kritischen Größe von -10 % nähert. Hierzu verkauft der DAX Swap-ETF Aktien aus seinem Aktienkorb in entsprechender Höhe des Swap-Indexwertes, also 4,29 Euro. Diese zahlt der DAX Swap-ETF seinem Swap-Kontrahenten Deutsche Bank aus. Nach dieser Operation beträgt dann der Wert des Aktienkorbes 44,73 Euro und der des Index-Swaps 0. Somit kann das Spiel von Neuem beginnen.

Stellt sich die Frage: Welches Risiko haben Index-Swaps? Der Investmentguru Warren Buffet nannte Derivate wie Swaps in seinem Jahresbericht für die Berkshire Hathaway 2002 „finanzielle Massenvernichtungswaffen". Die Sichtweise ist vielleicht etwas übertrieben. Dennoch bergen Index-Swaps ein Risiko in sich, das dem Anleger nicht sofort in die Augen springt. Zwar zählt die Einlage im ETF zum Sondervermögen des Emittenten und bleibt somit auch bei seiner Insolvenz erhalten. Doch auf den zweiten Blick erkennt man, dass ein Index-Swap nichts anderes als eine Schuldverschreibung ist. Deshalb gibt es hier ein Emittentenrisiko innerhalb des ETFs. Ist der Swap-Kontrahent insolvent, ist auch der Swap gefährdet, wertlos zu werden. Dieses Risiko hat auch der Gesetzgeber erkannt und deshalb die Verwendung von Swaps in einem ETF auf 10 % des Nettoinventarwertes begrenzt. Mindestens 90 % des eingesetzten Kapitals unterliegen also keinem Gegenparteirisiko. In der Praxis ziehen ETF-Anbieter allerdings schon wesentlich früher die Reißleine.

Einen weiteren Schutz führen die ETF-Anbieter selbst durch, indem sie nur große Banken als Swap-Partner wählen. Allerdings wird die Bonität der großen Banken zurzeit auch nicht als besonders hoch eingeschätzt, am Markt werden für Bankanleihen Risikoprämien von mehr als 200 Basispunkten verlangt. Dagegen wird bei einem Swap kaum eine ähnliche Risikoprämie gewährt, obwohl das gleiche Gläubigerrisiko besteht. Die Finanzkrise im Jahr 2008 hat gezeigt, dass der Spruch „to big to fall" bei Banken nicht immer zutrifft. Was passiert aber, wenn der Swap-Partner insolvent wird?

Gehen wir vom schlimmsten Fall aus: Der Swap-Wert steht bei 10 % zugunsten des ETFs, und der Kontrahent fällt vollständig aus. Dann verliert der ETF unwiederbringlich 10 % seines Fondsvermögens. Zudem kann natürlich auch die Performance des Aktien- bzw. Rentenkorbs des ETFs deutlich von der Performance des zugrunde liegenden Indexes abweichen. Dann muss der Anleger kurzzeitig eine deutliche Underperformance in Kauf nehmen. Im nächsten Schritt wird der Fonds vermutlich einen Kapitalschnitt vornehmen, um den Index wieder 1:1 abbilden zu können. Darauffolgend wird sich das Fondsmanagement, um die versprochene Indexabbildung weiter gewährleisten zu können, einen neuen Swap-Partner – mit neuerlichem Kontrahentenrisiko – suchen.

Genau dieses Kontrahentenrisiko macht den Anlegern seit der Lehman-Brothers-Pleite zunehmend Sorgen. Die ETF-Anbieter reagieren auf die Ängste der Anleger auf verschiedenste Weise. So versicherte die Deutsche-Bank-Tochter *db x-trackers*, dass bei ihren ETFs die Swap-Quote weit unterhalb der Höchstgrenze liegt oder sogar negativ sein kann. Zusätzlich hat *db x-trackers* im August 2009 bekannt gegeben, dass ausgewählte ETFs aus den Bereichen Aktien, Devisen und Rohstoffen (68 ETFs) übersichert werden. Das bedeutet, dass die hinter den ETFs stehenden Wertpapierkörbe, deren Wertentwicklung per Swap mit der des zugrunde liegenden Basisindex getauscht wird, auf ein Volumen von mindestens 108 % des ETF-Volumens angehoben werden. Sollte der Swap-Partner ausfallen, kann auf die zusätzlichen Sicherheiten zurückgegriffen werden. Damit wird bei einem Swap-ETF praktisch das Kontrahentenrisiko eliminiert.

Im September 2009 zog die Commerzbank-Tochter *Comstage* nach und besicherte ihre ETFs mit 130 % über. Dazu wurden Sicherheiten erstklassiger Qualität, wie zum Beispiel Staatsanleihen, genutzt.

Grundsätzlich ist diese zusätzliche Besicherung positiv, aber zugleich macht sie den ETF-Markt auch ein Stückchen unübersichtlicher. Jetzt müssen Anleger neben Swap und Full-Replication-Methode auch noch überprüfen, ob es sich bei einem Swap-ETF um einen besicherten handelt. Zudem bleibt abzuwarten, ob die Kosten für die zusätzliche Sicherheit nicht früher oder später auf die Anleger abgewälzt werden.

Auf Drängen der institutionellen Anleger gab *iShares* bekannt, zukünftig keine Swaps mehr zu verwenden. Falls nötig, wird auf besicherte Zertifikate zurückgegriffen. Wenn die Krise erst einmal verdaut ist, werden wohl sämtliche Beschränkungen im Einsatz von Swaps wieder fallen.

Dagegen haben voll replizierende ETFs, die den zugrunde liegenden Index 1:1 über die entsprechenden Aktien oder Anleihen abbilden, kein Ausfallrisiko. Bei ihnen trägt der Anleger lediglich das Marktrisiko (s. S. 201 ff.) des zugrunde liegenden Indexes.

Kritiker werfen den Swap-ETFs auch eine schlechte Informationspolitik und mangelnde Transparenz vor. Nur die wenigsten ETFs führen das Wort Swap (z. B. *iShares DJ-AIG Commodity Swap*) im Namen und machen so deutlich, worum es geht. Viele ETFs erwähnen diesen Umstand nur im Verkaufsprospekt. Daher kann sich der Anleger mittlerweile nicht mehr darauf verlassen, dass ein ETF auf den *Euro Stoxx 50* auch zum Großteil europäische Aktien enthält. Bei einem Swap-ETF können beispielsweise auch amerikanische oder japanische Aktien enthalten sein. Somit muss der Anleger genau prüfen, ob im ETF auch das enthalten ist, was auf dem Etikett steht.

Zugespitzt besteht der wohl wichtigste Unterschied zwischen den Methoden der Indexabbildung darin, dass ein Swap-ETF lediglich verspricht, die Wertentwicklung eines Indexes 1:1 abzubilden. Der Anleger kauft sich also Anteile an einem Portfolio, das mit dem zugrunde liegenden Index eigentlich nichts mehr zu tun hat. Dagegen investiert der Anleger bei den physikalischen Replikationsmethoden direkt in die Wertpapiere, die dem Index zugrunde liegen. Darum gilt: Legt ein Anleger besonderen Wert auf eine hohe Transparenz, so fährt er mit den ETFs, welche die physikalischen Replikationsmethoden anwenden, besser. Nur bei diesen ETFs weiß der Anleger genau, in welche Werte der Fonds tatsächlich investiert.

Tabelle 19:   Übersicht über die Methoden der Indexreplikation

Physikalische Replikationsmethoden			Synthetische Methode
Full Replication (Vollständige Nachbildung)	Approximative Nachbildung (Sampling)		
	Representative-Sampling-Methode	Optimized Sampling	
Auswahl aller Indextitel gemäß der Gewichtung im Index	Kriterienorientierte Titelauswahl (z. B. Sektor, Kapitalisierung)	Titelauswahl basierend auf Optimierungsverfahren	Einsatz von Swaps zur Indexnachbildung

Ein Vorteil der Swap-ETFs ist, dass mit Hilfe von Swaps einfach exotische Märkte und Anlagestrategien wie beispielsweise *Emerging Markets*, Währungen, Rohstoffe oder Short-Strategien kostengünstig abgebildet werden können. Ein weiterer Vorteil ist, dass die Kosten bei der Indexnachbildung relativ klein sind (z. B. keine Stempelsteuer, Dividendenverwaltung, Nachvollzug von Indexänderungen usw.). Deswegen sind die Verwaltungsgebühren meistens geringer als bei ETFs, die die physikalische Replikationsmethode anwenden.

Unter dem Strich können Swap-ETFs einen Index effizienter abbilden und weisen einen niedrigeren *Tracking Error* auf als alle anderen Formen der Indexnachbildung. Was ist der *Tracking Error*? Schlägt man im Wörterbuch nach, so erhält man die technische Übersetzung „Spurfehler". Was versteht man aber in der Finanzwelt darunter?

4.2.2 *Tracking Error* – Der Erfolg der Indexnachbildung

„Leute, die sich die Finger verbrennen, verstehen nichts vom Spiel mit dem Feuer", sagte Oscar Wilde. Genauso ist es bei ETFs. Viele Anleger vernachlässigen bei ihrer Anlageentscheidung die Frage: Wie stark weicht die Performance meines ETFs vom Referenzindex ab? Um diese Frage zu beantworten, wurde der *Tracking Error* eingeführt. Er wurde von William F. Sharpe

1992 in seiner Arbeit zur Analyse des Investmentstils definiert. Als *Tracking Error*[74] bezeichnete er die Differenz aus der Rendite eines Investmentfonds sowie eines passiven Portfolios, das dem Investmentstil des Fonds sehr nahe kommt. Die Varianz dieser Differenz wird als *Tracking Error Variance* bezeichnet. Da diese Bezeichnung ein Zungenbrecher ist, wurde sie durch die Werbeabteilungen der Fondsindustrie auf den Begriff *Tracking Error* zusammengestrichen.

$$TE = \sqrt{\frac{1}{n-1} \cdot \left(\left(r_{PF,t} - r_{BM,t} \right) - \left(\bar{r}_{PF} - \bar{r}_{BM} \right) \right)^2}$$

$r_{PF,t}$= Rendite des replizierenden Portfolios zu m Zeitpunkt t, z. B. ETF; $r_{BM,t}$= Rendite der Benchmark zum Zeitpunkt t; n = Anzahl der Renditebeobachtungen.

Der *Tracking Error* ist heute in erster Linie eine Kennzahl zur Beurteilung passiver Investmentfonds. Demnach bezeichnet der *Tracking Error* somit den durch die Renditedifferenz gemessenen Nachbildungsfehler des Portfolios (ETF) im Vergleich zu einer Benchmark.

Es gilt: Je größer der *Tracking Error* ist, umso schlechter wird die Wertentwicklung des Referenzindexes nachgebildet. Allerdings ist Vorsicht bei der Verwendung des *Tracking Errors* geboten. Denn ein *Tracking Error* von null sagt aus, dass die Differenz zwischen Benchmark- und Fondsrendite konstant ist, aber nicht, ob sie positiv oder negativ ist. Es wäre also bei einem *Tracking Error* von null theoretisch möglich, dass die Renditen zwar die gleiche Differenz aufweisen, sich aber auf unterschiedlichen Niveaus parallel bewegen.

Im Idealfall entspricht der *Tracking Error* der Verwaltungsgebühr des ETFs. Da es sich bei Indizes um theoretische Gebilde handelt, die viele Faktoren aus der realen Welt nicht berücksichtigen, ist der *Tracking Error* jedoch oftmals größer als die jährliche Verwaltungsgebühr. Folgende Einflussfaktoren führen bei ETFs zu einem *Tracking Error*.

---

[74] Der *Tracking Error* gibt die Standardabweichung der ETF-Rendite von der Rendite der Benchmark (Vergleichsindex) an. Ein niedriger *Tracking Error* steht für eine sehr ähnliche Wertentwicklung des ETFs mit seinem Vergleichsindex – er würde idealtypisch bei null Prozent liegen. Je größer die durchschnittliche Abweichung der Fondsentwicklung von der Wertentwicklung des Vergleichindexes wird, umso größer ist auch der *Tracking Error*. Diese Differenz entsteht u. a. durch die jährliche Verwaltungsgebühr.

	Indexanpassungen
	Besteuerung von Dividenden
	Wann werden Dividenden gezahlt?
Jährliche Verwaltungsgebühr	Jährliche Verwaltungsgebühr
Swap-ETF	**Traditioneller ETF** (nach der Full-Replication- oder Representative-Sample-Methode)

Abbildung 13: Wie entsteht der *Tracking Error*?

Abbildung 13 zeigt, dass eine Verwaltungsgebühr bei allen ETFs anfällt. Sie wird dem Sondervermögen des ETFs entnommen. Dazu wird meistens täglich ein 365stel der dem ETF-Anbieter zustehenden jährlichen Verwaltungsgebühr vom Sondervermögen abgezogen. Damit für die Begleichung der Verwaltungsgebühr und anderer Verbindlichkeiten keine Wertpapiere verkauft werden müssen, halten die meisten ETFs geringe Bargeldbestände vor. Wegen dieser Bargeldbestände beobachtet man bei steigenden Märkten eine geringfügige Underperformance des ETFs gegenüber seinem zugrunde liegenden Index. Auf der anderen Seite kommt es bei fallenden Märkten wegen der geringen Kassenhaltung häufig zu einer geringen Outperformance, weil die Bargeldbestände nicht in den Index investiert sind (sondern im Geldmarktbereich) und daher nicht vom negativen Kursverlauf des zugrunde liegenden Index tangiert werden.

Ferner zeigt Abbildung 13, dass bei ETFs nach der Full-Replication- oder Representative-Sampling-Methode weitere Kostenfaktoren, neben der Verwaltungsgebühr, auftreten.

So führt die Dividendenzahlung zu einer Abweichung der Performance des ETFs vom Referenzindex. Dies liegt daran, dass die meisten Indexanbieter, wie z. B. MSCI, annehmen, dass die Dividenden am so genannten ex-Tag gezahlt werden und somit auch gleich zur Reinvestition in weitere Aktien zur Verfügung stehen. Allerdings kommt es in der Realität zu Verzögerungen,

d. h., das Geld steht nicht am ex-Tag zur Reinvestition zur Verfügung. So erhält der ETF z. B. Dividenden von US-Aktien mit einer Verzögerung von 22 Tagen. Darüber hinaus fließen die Dividenden dem ETF auch zu unterschiedlichen Zeitpunkten zu. Um ständige Transaktionskosten zu sparen, werden die Dividenden zunächst angespart und dann in einem Rutsch investiert. Das wird als *Cash Drag* (Barbestand kann nicht vollständig investiert werden) bezeichnet.

Somit besteht das Risiko, dass es aufgrund der Methode der Indexkalkulation in einem steigenden Marktumfeld zu einer Underperformance kommt. Dieser Trend wird durch die Tatsache verstärkt, dass viele Unternehmen im Rahmen des Shareholder-Value immer größere Dividendenbeträge ausschütten. Einige Experten sagen, dass dieser Effekt auf den *Tracking Error* über den Zeitverlauf eher gering ist, da bei fallenden Aktienkursen dieser Effekt sogar positiv zu Buche schlägt, weil die akkumulierten Dividendenzahlungen in Form von *Cash* als Puffer dienen können. Je früher sie dem Fonds als Cash-Bestandteil bei fallenden Kursen zufließen, umso positiver ist die Performance gegenüber dem Index. Das liegt daran, dass der Fonds die Reinvestition der Dividenden nicht zu hohen Kursen durchführen muss, sondern auf einem niedrigeren Niveau. Folglich kann der Fonds mehr Aktien erwerben.

Aber auch die steuerliche Behandlung der Dividenden führt zu einer Abweichung der Performance zwischen ETF und Referenzindex. So muss z. B. zum Zeitpunkt der Reinvestition der Dividenden bzw. Zinsen u. a. die Abgeltungsteuer an das Finanzamt abgeführt werden. Folgerichtig führen die unterschiedlichen nationalen Steuersysteme dazu, dass der ETF in vielen Ländern zwar einen Teil der Steuern auf Dividenden und Zinsen zurückfordern kann, aber die Nettodividende (die dem ETF zur Verfügung steht) ist deutlich geringer als die Bruttodividende. Bei der Berechnung des zugrunde liegenden Indexes werden diese Abgaben meist nicht berücksichtigt. Allerdings berücksichtigt der Indexsponsor *Stoxx* bei der Berechnung des *DJ Euro Stoxx 50 TR Index* (*Total Return Netto*) eine Steuerbelastung von circa 24 %, d. h. es werden nur 76 % der ausgeschütteten Dividenden reinvestiert.

Kommt es dagegen bei ETFs, die einen Kursindex abbilden, zu einer Auszahlung von Dividenden und Zinsen, gehen diese am Ausschüttungstag als Bardividenden in den ETF ein und verursachen dadurch schon eine Abweichung der Wertentwicklung. Durch die zusätzlichen Dividenden- oder Zinseinnahmen erhöht sich der Anteilspreis, bis er an die Anleger ausgeschüttet wird. Hier kann ein Feintuning bei der Auszahlung der Dividenden helfen. So schütten z. B. die ETFs von *iShares* bis zu vier Mal pro Jahr ihre vereinnahmten Dividenden aus. Hierdurch wird der bei ETF-Anbietern gefürchtete *Cash Drag* abgemildert. Denn mit jeder Dividendenzahlung reichern sich die Bargeldbestände des ETFs an. Hierdurch sinkt die Investitionsquote und die Wertentwicklung des ETFs weicht zunehmend von der Performance des Vergleichsindexes ab.

Aber auch die Art und Weise, wie Indexanpassungen behandelt werden, hat einen Einfluss auf die Gesamtkosten des ETFs. Schließlich impliziert jede Indexänderung Kosten für den Fonds, die durch Transaktionskosten entstehen. Hierbei ist ein besonderes Problem, dass Aktien, die aus einem bekannten Index fallen, meistens an Wert verlieren, während Aufsteiger in einem Index im Wert steigen. Deswegen muss der Fonds zu niedrigen Kursen verkaufen und zu hohen Kursen kaufen. Dieser Markteinfluss kann zu einer Abweichung vom Vergleichsindex führen. Beispielsweise findet bei den MSCI-Indizes im Mai ein Hauptjahresrückblick statt, dem dann kleine Quartalsrückblicke folgen, die sich vor allen mit kürzlich erfolgten IPO's oder Free-Float-Änderungen beschäftigen.

Daneben sehen sich ETFs, die direkt in die zugrunde liegenden Aktien investieren, mit weiteren Kosten belastet, die aus *Corporate Actions* (Anpassungen der Unternehmensstrukturen) resultieren. Damit sind z. B. Kapitalerhöhungen umfasst, bei denen der Zeitpunkt der Implementierung in den entsprechenden Index vom Zeitpunkt der *Corporate Action* abweicht. Aber auch die Behandlung von Fusionen kann zu Problemen führen, wenn der letzte gehandelte Preis vor der Indexanpassung vom Übernahmepreis abweicht. Ein Bonmot sagt aus: *„Neues entdecken kann man nur, wenn man auch bereit ist, es in sein Leben zu lassen."* So versuchen die ETFs mit den verschiedensten Mitteln den *Tracking Error* so gering wie möglich zu halten. Schließlich ist der *Tracking Error* ein wichtiges Instrument in der Kundenakquise.

So eröffnet sich bei Swap-ETFs eine Möglichkeit einer steuereffizienten Vereinnahmung von Dividenden. Das Geheimnis ist die Konstruktion der Swap-ETFs. Sie wandeln die Dividendenerträge über Swaps in Erträge aus Termingeschäften um. Denn laut deutschem Steuerrecht kommen dann die Erlöse nicht mehr von den Dividenden, sondern von den Kursgewinnen der Derivate (Swap). Weiterhin gilt, dass Kursgewinne außerordentliche Erträge sind, die nicht der Abgeltungsteuer unterliegen. Allerdings ist die langfristige steuerliche Behandlung von Swap-ETFs keinesfalls mit Sicherheit vorherzusagen. Schließlich können sich Steuergesetze relativ schnell ändern, wenn dem Staat zu viel Geld durch dieses Schlupfloch verloren geht.

Aber auch ETFs nach der Full-Replication-Methode nutzen verschiedenste Optimierungsstrategien zur Verbesserung der Quellensteuerbelastung von ausländischen Dividendenerträgen. Dabei wird z. B. eine Aktie vor dem Dividendentermin durch ein Zertifikat ersetzt und danach wieder als Aktie zurückgekauft. Die Dividende wird so umgemünzt in Kursgewinne[75]. Wie erfolgreich dieses Optimierungsverfahren ist, zeigt sich daran, dass der *iShares Dow Jones Euro Stoxx 50* (nach der Full-Replication-Methode) seit Januar 2007 fast durchgehend einen geringeren *Tracking Error* aufwies und zudem eine um circa 20 Basispunkte bessere Performance zeigte als sein Swap-basiertes Konkurrenzprodukt aus demselben Haus. Dennoch sind solche Optimierungsverfahren nicht ohne Risiko. So zeigt der Halbjahresbericht des ETFs *iShares Euro Stoxx 50* vom 30. April 2008, dass in der Vergangenheit Zertifikate von *Merrill Lynch* oder *Lehman Brothers* genutzt wurden. Wegen der Finanzkrise im Jahr 2008 und der Pleite von *Lehman Brothers* entschied sich *iShares* im September 2008 vorerst, die Dividendenzahlungen nicht über kurzfristige Positionen in Zertifikaten zu optimieren. Schließlich kommt hier durch die Hintertür kurzfristig ein Emittentenrisiko in den ETF hinein.

Obendrein nutzen viele ETFs zur Performancesteigerung die Wertpapierleihe. Hierzu gibt der Fondsmanager die beim Creation-Prozess erhaltenen Wertpapiere zur Leihe frei. Dann sucht die Fondsgesellschaft einen Partner, der die Wertpapiere leihen möchte. Die Fondsgesellschaft erhält dann für das Verleihen der Wertpapiere eine zwischen dem Leiher und dem Verleiher ausgehandelte Gebühr. Nach Ablauf der festgelegten Laufzeit erhält der Verleiher die Wertpapiere und die Leihgebühr in gleicher Art und Güte zurück.

---

[75] ETFs verwenden aber auch die Methode des Dividenden-Stripping. Bei dieser Methode verkauft der ETF seine Aktie unmittelbar vor der Dividendenzahlung an einen Partner. Am Dividendentag erhält der neue Aktienbesitzer die Dividende. Allerdings fällt der Aktienkurs am Zahltag der Dividende (ex-Tag) meist um die Höhe der Dividende. Nun kauft der ETF die Aktie zum ermäßigten Kurs zurück. In der Regel wird nämlich der Dividendenabschlag in kurzer Zeit wieder aufgeholt. Was verbleibt sind Kursgewinne und keine Gewinne durch Dividendenzahlung.

Wichtig zu wissen ist, dass die Wertpapierleihe auch Risiken in sich birgt. So existiert neben operativen Risiken auch ein Gegenparteirisiko. So könnte ein Fondsmanager eines Swap-ETFs im Wettbewerb um die niedrigsten Kosten dazu geneigt sein, das frei zu bildende Wertpapierdepot nach Gesichtspunkten der Maximierung des potenziellen Wertpapierleiheertrags auszurichten. In der Regel erzielen volatile Aktien die höchsten Leiherträge. Die Gefahr besteht darin, dass der Entleiher der Aktien, die er ja leer verkauft, bei einem starken unerwarteten Kursanstieg erhebliche Verluste erleidet und deshalb nicht mehr in der Lage ist, die entliehenen Wertpapiere zu beschaffen. Dies ist natürlich ein extremes Szenario, allerdings sind schon häufiger Wertpapierleihegeschäfte geplatzt. Um dieses Risiko etwas zu minimieren, verlangen ETF-Anbieter meist eine Sicherheit (so genanntes *Collateral*) von den Entleihern oder führen eine Begrenzung auf 10 % des Fondsvermögens je Entleiher durch. Bei unbefristeter Wertpapierleihe darf der gesamte Wertpapierbestand des ETFs verliehen werden. Dies gilt für alle Varianten von ETFs. Beispielsweise hat der nach der Full-Replication-Methode zusammengestellte *ETFlab DAX-ETF* nahezu all seine Aktien verliehen.

Durch die Generierung von Zusatzerträgen durch Aktienleihe oder einer steuereffizienten Vereinnahmung von Dividendenerträgen kann die Verwaltungsgebühr bzw. *Management Fee* kompensiert oder, unter günstigen Umständen, sogar überkompensiert werden. Über die Höhe der erzielten Erträge gibt der Geschäftsbericht bzw. Jahresbericht Auskunft. So konnte z. B. der *db x-trackers DJ Euro Stoxx 50* aufgrund dieser Zusatzerträge den Referenzindex *Euro Stoxx 50* im Zeitraum Januar 2007 bis März 2008 um 0,47 % übertreffen. Diese guten Ergebnisse bei der Indexnachbildung veranlassten *db x-trackers* am 20.07.2009, die Gebühren für den *db x-trackers ETF DJ Euro Stoxx 50* von 0,15 % auf null Prozent zu senken. Im Gegenzug werden die Zusatzerträge aus z.B. der Wertpapierleihe nicht mehr komplett an die Anteilsinhaber weitergegeben. *db x-trackers* behält von diesen Mehrerträgen jedes Jahr 0,15 %, die Höhe der bisherigen Verwaltungsgebühren, ein. Kritiker sagen deswegen auch, dass der Verzicht der Verwaltungsgebühr an die Mogelpackungen bei Lebensmitteln erinnert, bei denen der Preis gleich bleibt aber der Inhalt weniger wird.

Somit verbleibt als Kostenfaktor nur noch der *Spread*, also der Unterschied zwischen Geld- und Briefkurs. Selbst diesen können Anleger sparen, da diverse ETFs zurzeit an der Börse Stuttgart ohne *Spread* angeboten wird. Generell werden bei einem Swap-ETF alle Ursachen des *Tracking Errors*, außer der Verwaltungsgebühr, auf den Swap-Kontrahenten übertragen. Sie haben damit keine Auswirkungen auf die Performance des ETFs. Deswegen ist der *Tracking Error* eines Swap-ETFs am geringsten. Bei der Full-Replication-Methode fällt der *Tracking Error* eher niedriger aus als bei der Representative-Sampling-Methode. Ein Anleger fasste die Bedeutung des *Tracking Errors* einmal so zusammen: *„Wieso so kompliziert? Der Tracking Error beschreibt schlicht und einfach die Abweichung des ETFs im Vergleich zu seiner Benchmark. Je größer sie ist, desto stärker weicht der ETF von der Performance des Referenzindexes ab.“*

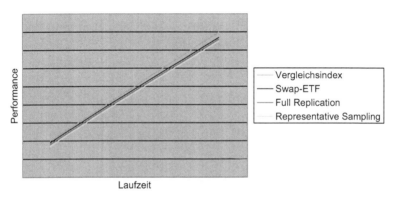

Abbildung 14: Vergleich der Replikationsmethoden

Eines darf der Anleger bei der Abbildung von Indizes durch ETFs niemals vergessen: Ein einfaches Schwarz oder Weiß gibt es nicht in der Frage nach der besten Methode hinsichtlich der Transparenz und der Genauigkeit der Abbildung. Je nach Anlageziel ist zu entscheiden, welche Abbildungsmethode die beste ist. Dennoch scheint es so, dass sich die Swap-ETFs durchgesetzt haben, weil grob geschätzt mehr als 50 % der in Europa aufgelegten ETFs zurzeit synthetische sind. So bieten z. B. die ETF-Anbieter *Lyxor*, *db x-trackers* oder *Comstage* nur noch Swap-ETFs an. Die Anleger wurden für

Swap-ETFs mit niedrigeren Verwaltungsgebühren sowie einem engeren *Spread* begeistert. Dennoch haben auch noch einige große Anbieter Full-Replication-ETFs im Angebot, wie *iShares* oder *ETFlab*.

Ein weiteres Problem für den Anleger, das sich aus der Abbildung von Indizes ergibt, ist die unterschiedliche Handhabung der Generierung von Zusatzerträgen durch die ETF-Anbieter. Prinzipiell können mit allen Replikationsmethoden solche Erträge generiert werden. Die Höhe dieser Erträge ist vom Geschick des Fondsmanagers abhängig. Aber auch davon, ob der ETF-Anbieter überhaupt solche Geschäfte durchführt. Es kann vorkommen, dass ETFs mit der gleichen Replikationsmethode auf denselben Index eine unterschiedliche Performance haben. Außerdem können solche zusätzlichen Erträge durch externe Faktoren erschwert werden. So wurde im Rahmen der Finanzkrise im Jahr 2008 wegen temporärer Leerverkaufsverbote eine geringere Nachfrage nach Wertpapierleihen festgestellt. Somit existieren durchaus Performanceunterschiede zwischen verschiedenen ETFs auf ein und denselben Index. Überdies kann jederzeit durch den Emittenten beschlossen werden, auf einige Zusatzerträge zu verzichten, sodass aufgrund der historischen Wertentwicklung nicht mehr zwingend auf die zukünftige Entwicklung eines ETFs geschlossen werden kann.

Tabelle 20: Vergleich der Performance verschiedener ETFs auf den Referenzindex DAX

Fondsname*	Nach **	WKN (TER)	Geld-/Brief-spanne	Kurs vom 31.08.09	Perfor-mance***	Volatili-tät***
DAX				5464,61		
			Ein Hundertstel	54,65	- 6,28 %	27,94 %
Comstage ETF DAX TR	Swap	ETF001 TER: 0,12 %	0,04 %	54,99 €	- 5,43 %	30,25 %
db x-trackers DAX ETF	Swap	DBX1DA TER: 0,15 %	0,07 %	55,08 €	- 5,46 %	28,41 %
ETFlab DAX	Voll	ETFL01 TER: 0,15 %	0,07 %	54,03 €	- 6,81 %	28,91 %
iShares DAX (DE)	Voll	593393 TER: 0,15 %	0,07 %	50,96 €	- 7,55 %	29,58 %
Lyxor ETF DAX	Swap	LYX0AC TER:0,15 %	0,09 %	53,97 €	-6,58 %	27,98 %

*Die ETFs verbriefen ein Hundertstel des DAX-Standes; ** Nachbildungsmethode des In-dexes, Swap = Swap-ETF, Voll = Full-Replication-Methode, *** berechnet auf Basis des Monatsendkurses auf *Xetra* von 30.09.2008 bis 31.09.2009; Quelle: Frankfurter Börse.

Tabelle 20 zeigt, dass die unterschiedlichen ETFs auf ein und denselben In-dex Unterschiede bei den ausgewiesenen Renditen und Risiken aufweisen. Darum sollte der Anleger, wenn mehrere ETFs zur Auswahl stehen, immer auch die ausgewiesenen Rendite- und Risikokennzahlen bei seiner Invest-mententscheidung zurate ziehen. Demnach gilt der alte Werbespruch „*Wer einen Index kaufen will, kauft einfach einen ETF auf den Index. Einfach, billig und sicher*" nicht mehr. Mittlerweile muss jeder Anleger darauf achten, wie der ETF den Index abbildet und ob er Zusatzerträge (eventuell durch Wert-papierleihe) generiert. Ein Indiz für solche Zusatzerträge ist, wenn der ETF eine geringe Outperformance bzw. eine ähnliche Performance gegenüber dem Referenzindex hat. So verlor z. B. der *iShares DJ Euro Stoxx 50* seit der Auflage am 27.12.2000 -5,41 %, während der Index -5,61 % verlor. Im Ge-gensatz dazu verlor der *iShares DAX* seit Auflage am 27.12.2000 -3,52 %, wohingegen der DAX nur -3,31 % verlor.

Überdies erkennt man aus Tabelle 20, dass der Börsenkurs der ETFs gemäß dem Indexanteil – von einem Hundertstel – nicht dem Stand des DAXes entspricht. Bei einem DAX-Stand von 5464,61 Punkten müssten die ETFs eigentlich um 54,65 Euro kosten. Das ist nicht der Fall, weil dem Fondspreis regelmäßig die anteilige Verwaltungsgebühr abgezogen wird.

Anleger sollten deswegen immer ein Auge auf die Kosten haben. Schließlich gilt: Weniger Kosten, mehr Gewinn. Aus Tabelle 20 erkennt man, dass es auch bei ETFs Preisunterschiede gibt. Daher lohnt sich ein Vergleich der jährlichen Gesamtkosten (*Total Expense Ratio*, TER).

Die TER gibt die jährlichen Kosten eines Fonds an, die zusätzlich zum Ausgabeaufschlag anfallen. Die TER ergibt sich aus folgenden Positionen: jährliche Verwaltungsgebühr, Umtauschgebühr, Depotbankgebühr sowie den erfolgsabhängigen Gebühren für Fondsmanager. Ferner wird die TER jeweils für das vergangene Geschäftsjahr des Fonds ermittelt. Dabei werden aber die Kosten, die aus Käufen und Verkäufen innerhalb des Fondsvermögens entstehen, nicht berücksichtigt. Allerdings ist es üblich geworden, dass ETF-Anbieter *All-in Fees* verrechnen, also eine Kostenpauschale, welche alle anfallenden Kosten beinhaltet. Der *db x-trackers DAX ETF* und der *comstage ETF DAX TR* schneiden bei allen Kriterien am besten ab. Sie haben die beste Rendite und die geringsten Kosten. Zudem zeigt sich, dass beide Fonds wegen der im Vergleich zum DAX besseren Rendite sehr erfolgreich waren, zusätzliche Erträge (z.B. durch Wertpapierleihe) zu generieren.

Sieht man sich jetzt die 15 Marktindizes (wie DAX, *Euro Stoxx 50*) an, auf welche mehr als ein ETF emittiert wurde, so stellt man Kostenunterschiede fest. Am augenfälligsten ist dies bei einem ETF auf den *DJ Euro Stoxx 50*, wo der teuerste ETF eine TER von 0,36 % hat und der günstigste von 0,15 %. Lässt man von den Direktvergleichen ab und sieht sich die Märkte an, so fällt auf, dass ETFs auf Nischenmärkte bzw. illiquide Märkte hohe Kosten haben. ETFs in diesem Bereich haben teilweise Gesamtkosten von mehr als 0,85 %.

Neben der TER gibt es zwei weitere Kostenpositionen, die zu beachten sind. Einerseits muss man für den Kauf bzw. Verkauf eines ETF-Anteils Gebühren bei seiner depotführenden Bank bezahlen, andererseits müssen Unterschiede im Kaufs- und Verkaufspreis berücksichtigt werden. Dieser *Spread* hängt insbesondere von der Liquidität des Marktes ab. Je liquider der Markt ist, desto geringer sind die Unterschiede im An- und Verkaufspreis. Die volumenstarken ETFs, z. B. auf den DAX, weisen wegen ihrer hohen Liquidität einen geringen *Spread* auf, die Differenz bewegt sich im Rahmen von 0,05-0,3 %. Dagegen weisen selten gehandelte ETFs, wie z. B. der *Lyxor ETF Turkey DJ Turkey Titan 20*, einen *Spread* von bis zu 1,5 % auf. Das heißt, der *Spread* kann bei illiquiden ETFs erheblich sein und ein Vielfaches der jährlichen Verwaltungsgebühren ausmachen. Zudem ist der *Spread* für alle ETFs auf ein Thema nicht konstant. Bei den großen Volumen-ETFs beobachtet man eigentlich einen relativ ähnlichen *Spread*, wobei es immer wieder zu Ausreißern kommt. Dagegen zeigen sich bei selten gehandelten ETFs durchaus Unterschiede. So betrug der *Spread* beim *Market Access Turkey Titans 20 Index Fund* ca. 1,5 %, während er beim *Lyxor ETF Turkey DJ Turkey Titan 20* zur selben Zeit nur 1,3 % betrug.

Außerdem beobachtet man, dass in schwierigen Zeiten mit hohen Volatilitäten die *Designated Sponsors* die *Spreads* (Geld-/Briefspanne) ausweiten. Sie können in solchen Fällen bis zu den in den Verkaufsprospekten angegebenen maximalen *Spreads* von über 3 % reichen.

Dem Anleger kann man eigentlich nur den Rat geben, sich bei einem langfristigen Investment für ETFs mit einem geringen TER zu entscheiden, wohingegen kurzfristig agierende Anleger ETFs mit einem kleinen *Spread* bevorzugen sollten.

Noch ein Phänomen kann auftreten. Am 30. Dezember 2008 schloss der DAX bei 4.810 Punkten, der *Comstage ETF DAX TR* (WKN: ETF 001) notierte deutlich höher bei 49,50 Euro. Eigentlich hätte der ETF um die 48,10 Euro kosten müssen. Was ist also passiert? Der *Market Maker*, die *Commerzbank*, war am 30. Dezember 2008 nicht am Markt präsent. Die Abwesenheit an diesem Tag verteidigte die *Commerzbank* damit, dass sie nur in 80 % der Fälle verpflichtet ist, verbindliche Preise zu stellen. Deshalb wurde in der Schlussauktion der Preis durch Angebot und Nachfrage der Anleger gebildet, was zu Abweichungen vom Index führen kann, vor allem, wenn viele unlimitierte Aufträge vorliegen. Aus diesem Grund kann der Anleger sich nicht immer darauf verlassen, dass die ETFs an der Börse auch tatsächlich fair gepreist sind. Dies ist nur dann der Fall, wenn der *Market Maker* verbindliche Geld- und Briefkurse stellt. Ein frustrierter Anleger sagte dazu: *„Ein echter Partner ist jemand, der einen nie im Stich lässt.“* So bleibt eigentlich nur zu hoffen, dass die *Market Maker* aus diesem Desaster gelernt haben, und nun in 100 % der Fälle einen Kurs stellen, d. h. während der gesamten Handelszeit. Bis jetzt wurde allerdings noch nichts in dieser Richtung bekannt gegeben. Auch die Forderung von einigen Kritikern, dass die *Market Maker* bekannt geben müssten, wenn sie verbindliche Kurse stellen, ist bis jetzt nicht umgesetzt. Deswegen sollten ETF-Anleger in handelsschwachen Zeiten generell mit Limitaufträgen (s. S. 244 ff.) arbeiten. Nachdem wir die Grundlagen der ETFs erkundet haben, wird es Zeit, sich mit den verschiedenen Arten von ETFs auseinanderzusetzen.

4.3 Who is Who? – Die verschiedenen ETFs stellen sich vor

Aus der Biologie wissen wir, dass jedes Tier seinen eigenen Lebensraum hat. Sein Körper passt genau zu dem, was ringsum vorhanden ist, was ihn ernährt, schützt oder bedroht. So ist es auch mit den ETFs. Es gibt eine Vielzahl von verschiedenen Arten, die an ihren jeweiligen Lebensraum optimal angepasst sind. Im folgenden Abschnitt werde ich Ihnen ein tieferes Verständnis für die verschieden Arten von ETFs vermitteln.

4.3.1 Aktien-ETFs

Häufig hört man in den Börsensälen der Welt folgenden Ausspruch: *„Der Kleinaktionär ist das Kanonenfutter des Wertpapierhandels."* Doch mit Einführung der Aktien-ETFs ändert sich das Bild. Wie der Name schon andeutet, befinden sich in Aktien-ETFs Aktien als Basiswert. Die Aktien-ETFs nehmen im Universum der ETFs den größten Platz ein. Dies liegt daran, dass Aktien eine Anlageklasse mit hohen Renditeerwartungen sind, aber auch ein ebenso hohes Risiko beinhalten. Um dieses Risiko zu minimieren, rückt die Diversifikation ins Blickfeld der Anleger. Durch den Kauf eines ETFs kann der Anleger mit einem einzigen Wertpapier einen ganzen Korb voll Aktien erwerben und ist so automatisch relativ gut diversifiziert.

Aktien-ETFs ermöglichen den Anlegern, an der Entwicklung nationaler wie internationaler Aktienmärkte zu partizipieren. Dabei stehen die großen deutschen, europäischen, amerikanischen und japanischen Leitindizes als ETFs zur Verfügung. Daneben stehen aber auch viele Aktienmärkte der Schwellenländer zur Verfügung, wie Brasilien, Indien, China, Russland usw. Aber auch wer es exotisch mag, kommt auf seine Kosten, so machen ETFs auch Investitionen in kleine Aktienmärkte, wie Vietnam, möglich.

Aber nicht nur Investitionen in die Welt der bekannten Leitindizes der Aktienmärkte sind möglich, sondern es gibt noch eine Vielzahl weiterer Instrumente im Aktiensegment. Zur Portfoliodiversifikation bieten sich auch Branchen- und Regionenindizes an. Aber auch Themenindizes, die ausschließlich Aktien von Unternehmen beinhalten, deren Tätigkeitsschwerpunkt im Zusammenhang mit einem bestimmten Thema, wie z. B. erneuerbare Energien, stehen, bieten sich an. Darüber hinaus bieten ETFs den Anlegern auch die Möglichkeit in strukturierte Handelsansätze, wie die Dividendenstrategie, durch den Erwerb eines ETFs auf einen entsprechenden Strategieindex zu investieren.

Außerdem gibt es noch Unterklassen der Aktien-ETFs. Sie alle beziehen sich aber auch auf Aktienindizes, auch wenn ihr Name etwas anderes suggeriert.

- Immobilien-ETFs: Immobilien-ETFs verhalten sich aufgrund ihrer Konstruktion oftmals ganz anders als der Direktkauf eines Mietobjektes, z. B. durch einen offenen Immobilienfonds. Denn die Immobilien-ETFs investieren in Aktien und REITs, deren Tätigkeitsschwerpunkt im Immobilienmarkt (Immobilien zu besitzen oder verwalten) liegt. Daher tragen sie nicht zur Diversifikation der Aktienrisiken bei, sondern sind eher zur Branchenstreuung innerhalb eines Aktiendepots geeignet.
- Strategie-ETFs: Diese ETFs bieten dem Anleger die Möglichkeit, in strukturierte Handelsansätze, wie z. B. die Covered-Call-Writing-Strategie, zu investieren. Dazu muss er einfach einen ETF auf einen entsprechenden Strategieindex erwerben. Aber Strategieindizes müssen nicht zwingend mit Termingeschäften zusammenhängen. Ebenso ist eine Zusammensetzung der Indizes, z. B. an exakt definierten Fundamentaldaten, möglich.
- Themen-ETFs: Mit diesen ETFs investiert der Anleger in ein genau abgegrenztes Anlagethema, wie z. B. in Aktien, deren Tätigkeitsschwerpunkte im Internet oder der Infrastruktur liegen. Dabei unterliegt die genaue Zusammensetzung der Indizes einem streng definierten Regelwerk.

Der Vorteil einer Investition in die Aktienmärkte über Aktien-ETFs liegt in ihrer Transparenz und ihren geringen Kosten. Zudem zeigt die Erfahrung, dass die

Mehrheit der aktiv gemanagten Fonds ihre Benchmark langfristig nicht schlägt, wodurch der Kauf von ETFs besonders für weniger involvierte Anleger einen besonderen Reiz bietet. Der Anleger kann durch den Kauf eines ETFs auf einen bekannten Leitindex, wie dem *Euro Stoxx 50*, einfach mit dem Markt schwimmen, d. h., er erzielt eine ähnliche Rendite wie die dem ETF zugrunde liegenden Indizes. Aber auch aktive Anleger, die ihre Positionen häufig in Abhängigkeit der jeweiligen Marktlage umschichten, profitieren mit ETFs nicht nur durch den entfallenden Ausgabeaufschlag, sondern auch durch die fortlaufende Notierung und hohe Liquidität. So können sie zeitnah auf marktbeeinflussende Ereignisse reagieren. Zudem entfällt das zeitaufwendige *Research* von Einzeltiteln, es kann einfach der vielversprechendste Markt gekauft werden.

4.3.2 Renten-ETFs oder Fixed-Income-ETFs

Renten-ETFs basieren auf Anleiheindizes und setzen daher auf verzinsliche Wertpapiere. Die meistgehandelten Renten-ETFs beziehen sich auf Staatsanleihen bester Bonität. Dennoch muss der Anleger Kursrisiken in Kauf nehmen, weil Änderungen des Zinsniveaus am Rentenmarkt die Anleihekurse erhöhen oder verringern. Denn es existiert eine inverse Beziehung zwischen Renditen und Kursen einer Anleihe, steigende (fallende) Renditen gehen mit fallenden (steigenden) Anleihekursen einher. Im Gleichklang bewegen sich die Renten-ETFs, entsprechend kann der Wert des ETFs steigen (wenn die Zinsen fallen) und fallen (wenn die Zinsen steigen).

Ein Anleger sagte hierzu: *„Ebenso wie beim Tennis gewinnt man an der Börse nicht durch spekulative Aktionen, sondern dadurch, dass man möglichst wenige Fehler macht. So kaufte ich in früheren Zeiten Anleihen, wovon manche leider kaputt gingen, weil die Schuldner insolvent wurden. Heute kaufe ich Renten-ETFs. Ich kann sie genauso handeln wie Anleihen, allerdings sind sie einfach sicherer, da mehr als ein Schuldner hinter ihnen steht. So kann ich meine Fehler auf einfache Weise minimieren."*

Die Anleger können heute mit Renten-ETFs die ganze Bandbreite des Rentenmarktes abbilden.

- Geldmarkt: Mit ETFs kann der Anleger das ganze Spektrum des Tagesgeldmarktes abdecken. So kann er mit einem ETF auf den *EONIA*

Total Return (s. S. 103 ff.) die Eurozone, mit dem *SONIA Total Return Index* das britische Pfund oder mit dem *FED Funds Effective Rate Total Return Index* den US-Dollar abdecken.

- Staatsanleihen: Mit Renten-ETFs kann der Anleger das ganze Laufzeitspektrum von Investment-Grade-Staatsanleihen abdecken. Hierzu kann der Anleger einfach einen ETF auf den *iBoxx Sovereign Eurozone Total Index* (s. S. 293) mit der gewünschten Laufzeit (1-3, 3-5, 5-7, 7-10, 10-15, über 15 und über 25 Jahre) kaufen. Damit sich der Anleger im Dschungel der Laufzeiten zurechtfinden kann, hat sich Folgendes eingebürgert. In den Fondsnamen werden Zahlen aufgenommen, die jeweils signalisieren, welche Restlaufzeiten die Anleihen im ETF haben. So drücken die Zahlen 3-5 im Fondsnamen aus, dass die Restlaufzeiten der gekauften Anleihen zwischen drei und fünf Jahre beträgt. Aber auch auf Staatsanleihen außerhalb der Eurozone kann der Anleger setzen. Beispielsweise deckt der *iBoxx Pfund Gilts* den gesamten Markt der auf Pfund Sterling lautenden Staatsanleihen ab, die von der britischen Regierung ausgegeben wurden.
- Emerging-Markets-Anleihen: Mit ETFs kann der Anleger auch auf Rentenpapiere aus den *Emerging Markets* setzen, z. B. mit dem *Emerging Markets Liquid Eurobond-Index*.
- Pfandbriefe: Mit den *iBoxx € Germany Covered* erschließt sich der Anleger den deutschen Pfandbriefmarkt. Dagegen eröffnet sich dem Anleger mit dem *EuroMTS Covered Bond Index* sogar ein europäisches Bündel von Pfandbriefen.
- Unternehmensanleihen: Renten-ETFs ermöglichen dem Anleger ein Investment in Indizes auf verschiedene Investment-Grade-Unternehmensanleihen und Laufzeiten.
- Inflationsgesicherte Anleihen: Der *iBoxx Inflation-Linked Total Return Index* gibt den Anlegern die Möglichkeit an der Entwicklung von internationalen inflationsgebunden Staatsanleihen (s. S. 87) zu partizipieren, deren Kupon an einen Verbraucherpreisindex gekoppelt ist. Mit ETFs kann der Anleger Inflationsanleihen im Euroraum, im Vereinigten Königreich sowie weltweit abdecken.
- Short-Renten-ETFs: Mit diesen Renten-ETFs kann der Anleger von fallenden Rentenkursen profitieren. So ist z. B. der *Short-iBoxx €*

Sovereigns Eurozone Total Return Index inverse mit der Kursentwicklung des *iBoxx € Sovereigns Eurozone Total Return Index* verbunden. Das Angebotsspektrum an Renten-ETFs ist so groß, dass es dem Anleger erlaubt, eigentlich alle Themen im Anleihemarkt abzudecken. Zudem können Anleger mit Renten-ETFs einen Großteil der Zinsstrukturkurve abbilden. Da die Duration (s. S. 91 ff.) der meisten zugrunde liegenden Rentenindizes nahezu konstant ist, kann der Anleger die Zinssensitivität seines Anleiheportfolios optimal zusammenstellen. Hierzu muss man einfach die Rentenindizes mit kurzen, mittleren und langen Laufzeiten gezielt miteinander mixen.

4.3.3 Rohstoff-ETFs

Rohstoff-ETFs ermöglichen eine Partizipation an der Entwicklung der Rohstoffmärkte. Sie beziehen sich auf die unterschiedlichsten Rohstoffindizes. Die jeweilige Gewichtung von fossilen Brennstoffen (wie Rohöl), Edel- und Industriemetallen sowie Agrarerzeugnissen im Index ist für seine Wertentwicklung von entscheidender Bedeutung. Viele Anleger reiben sich die Augen und stellen verwundert fest, dass ihre Rohstoff-ETFs nicht steigen, obwohl die Rohstoffnotierungen gestiegen sind. Oftmals mussten sie sogar Verluste hinnehmen. Der Grund ist, dass sich viele Anleger vom aktuellen Marktpreis (Spotpreis) blenden lassen. Doch eins zu eins wird dieser meist nicht in den Rohstoff-ETFs nachvollzogen. Denn diese basieren auf Terminkontrakten und diese Papiere müssen in regelmäßigen Abständen verkauft werden, um neue mit längeren Laufzeiten zu erwerben. Bei diesem Umwandeln (Rollen), gibt es Gewinne, wenn der neue Kontrakt günstiger ist als der fällige *(Backwardation)*, und Verluste, wenn der kommende Futurekontrakt teurer ist *(Contango)* (s. S. 110 ff.). Überdies gilt: Die Inhaber eines ETFs profitieren in vollem Umfang von den drei Renditearten von Futureinvestments (s. S. 112 ff.), d. h. von der Preisbewegung des nächst fälligen Futures, der Rollperformance sowie den Zinserträgen, die durch die Verzinsung des Indexgegenwertes (abzüglich der Sicherheitsmarge) mit dem risikolosen Geldmarktzins erzielt werden können. Zudem gibt es noch eine indirekte Ertrags- oder Verlustkomponente: die Währung. Die überwiegende Anzahl der Rohstoffe werden nämlich in US-Dollar oder britischem Pfund gehandelt. Je nach Veränderung der Wechselkurse (s. S. 202) wird daran verdient oder verloren.

Allerdings gibt es vor allem bei den Edelmetallen ETFs, die jeden eingenommenen US-Dollar wirklich in das Edelmetall investieren, also nicht in Rohstofffutures. Demzufolge ist jeder Anteil des ETFs durch das entsprechende Edelmetall physikalisch abgesichert. Beispielsweise ist bei den *Lyxor Gold Bullion Securities (Lyxor GBS)* jeder Anteil durch eine Zehntel Unze Gold besichert und lässt sich an der Börse so einfach handeln wie jeder andere ETF auch. Hätte z. B. ein Anleger in einen solchen Fonds im Jahr 1980 bei einem Goldpreis von 790 US-Dollar je Feinunze investiert, hätte er bis zum September 2008 überhaupt kein Geld verdient, weil der Goldpreis zu diesem Zeitpunkt bei 775 US-Dollar je Feinunze stand. Zu den Kursverlusten von 2 % gesellen sich noch die Verwaltungsgebühren in Summe von knapp 14 % (28x0,5 % Gebühr p. a.). Nach Ansicht der Kritiker kann man deswegen mit diesen Fonds dauerhaft kein Geld verdienen, da historisch gesehen rund 2/3 aller Erträge im Rohstoffbereich aus der Rollperformance und den Zinsen stammen.

Prinzipiell unterscheidet sich der Aufbau der am Markt befindlichen ETFs kaum voneinander. Deswegen sollte der Anleger bei der Auswahl eines ETFs sein Augenmerk auf die unterschiedliche Gewichtung der einzelnen Rohstofffutures im Index werfen. Allerdings kommen jetzt immer mehr ETFs auf den Markt die einen „alternativen" Rollmechanismus haben, um den Contango-Effekt zu minimieren. Hier lohnt sich ein Blick, da der Anleger in ausgeprägten Contango-Phasen, wie z.B. im Jahr 2008, Verluste im zweistelligen Bereich erleiden kann. Allerdings liegen bis jetzt nur Rückberechnungen vor, wie diese Indizes sich in einer ausgeprägten Backwardation-Phase verhalten. Auch hier hatten sie leichte Vorteile.

Rohstoff-ETFs können zu Zwecken der Portfoliodiversifikation und Inflationsabsicherung genutzt werden. Ebenso bieten sie sich zur kurzfristigen Spekulation an.

4.3.4 Kredit-ETFs

Lord Asquith stellte fest: *„Wer unangenehme Wahrheiten ausspricht, darf nicht mit Popularität rechnen."* Warum also nicht die Risiken direkt handeln, anstatt den Umweg über Anleihen gehen? Lange Zeit trafen die Kredit-ETFs nicht auf große Gegenliebe bei den Privatanlegern, sie investierten lieber in

Renten-ETFs. Das beginnt sich langsam zu ändern. Mit Kredit-ETFs kann der Anleger auf steigende oder fallende Risikoprämien an den Kreditmärkten spekulieren.

Hierzu bietet sich der *iTraxx Crossover Index* (s. S. 107 ff.) an. Er spiegelt die Absicherungskosten für Forderungen gegenüber 50 europäischen Firmen mit relativ geringer Bonität wider[76]. Zurzeit sind in diesem Index Unternehmen wie TUI oder Infineon vertreten. Im April 2008 stand der Index bei 500 Basispunkten, was bedeutet, dass die Absicherung der Forderungen jährlich fünf Prozent der versicherten Summe kostet. Wie können nun Anleger in diesen Index investieren?

Mit dem *db x-trackers iTraxx ETF* kann der Anleger die Kreditrisiken bestimmter Sektoren der europäischen Wirtschaft abbilden. Im Allgemeinen beschreibt das Kreditrisiko (oder Kreditausfallrisiko) die Gefahr eines Verlustes, falls der Kreditnehmer, z. B. durch Insolvenz, seine Pflichten gegenüber seinem Gläubiger nicht erfüllen kann. Geht man von einer risikoorientierten Bepreisung aus, so müssen Kreditnehmer je nach Stand der Bonität Aufschläge auf den risikolosen Kreditzins als Risikoprämie (oder *Spread*) bezahlen. Deswegen sinken die *Spreads*, wenn sich die Bonität des Kreditnehmers verbessert, wohingegen bei Verschlechterung der Bonität des Kreditnehmers die Risikoprämie größer wird. Gemessen wird dies durch den CDS-Spread (*Credit Default Swap*, s. S. 104 ff.)[77].

Genau dieses Prinzip liegt dem *db x-trackers iTraxx ETF* zugrunde. Die hier abgebildeten *iTraxx Total Return Indizes* bilden die Entwicklung der Risikoprämien eines bestimmten Referenzschuldnerportfolios ab.

So bildet der *iTraxx Europe 5-Year Total Return Index* die Entwicklung eines gleich gewichteten Portfolios der 125 liquidesten europäischen Referenzschuldner im Investment-Grade-Bereich (gute Bonität) ab. Der *iTraxx HiVol 5-Year Return Index* spiegelt die Entwicklung eines Portfolios der 30 Referenzschuldner des *iTraxx Europe Non Financial Index* mit dem größten *Spread* wider. Dagegen enthält der *iTraxx Europe Senior Financials 5-Year Return*

---

[76] Vgl. Extra Investieren mit Exchange Traded Funds: Depotabsicherung. Mit Risiken handeln, 25.04.08, S. 5-6

[77] Ein CDS stellt einen Kontrakt dar, bei dem ein Sicherungsgeber gegen Erhalt einer Risikoprämie (oder *Spread*) ein Kreditrisiko übernimmt, welchem der Sicherungsnehmer (z. B. Besitzer einer Anleihe) ausgesetzt ist. Dabei kann es sich um einen spezifischen Referenzschuldner oder einen Korb von Schuldnern handeln.

Index die vorrangigen Verbindlichkeiten, während der *iTraxx Europe Subordinated Financials 5-Year Total Return Index* die nachrangigen Verbindlichkeiten von 25 europäischen Finanzunternehmen enthält.

Weiterhin bieten die *db x-trackers ETFs* dem Anleger sowohl die Möglichkeit, auf eine sich verbessernde als auch auf eine sich verschlechternde Bonität der Referenzschuldner im Index zu spekulieren.

Mit den *db x-trackers* auf die iTraxx-Indizes (Long-Position) spekuliert der Anleger auf eine sich verbessernde Bonität der Referenzschuldner im Index. Das heißt, wenn sich die finanzielle Situation des Unternehmens verbessert und daher das Kreditrisiko sinkt, gewinnen die entsprechenden *db x-trackers ETFs* an Wert. Umgekehrt verlieren sie, wenn sich die Bonität der Unternehmen eintrübt und damit das Kreditausfallrisiko ansteigt.

Dagegen setzen die Anleger mit den *db x-trackers Short iTraxx ETFs* auf eine sich verschlechternde Bonität der Referenzschuldner im Index. Diese ETFs steigen also, wenn die Bonität der Referenzschuldner abnimmt, und fallen, wenn die Bonität der Unternehmen ansteigt.

Sowohl die *Long-* als auch die *Short-iTraxx-Indizes* werden nach der Total-Return-Methode berechnet. Deswegen wird der Betrag, der nicht in den Kreditmarkt investiert wird, zum Geldmarktsatz EONIA verzinst.

4.3.5 Währungs-ETFs (oder Currency-ETFs)

db x-trackers hat vier Währungs-ETFs eingeführt. Drei dieser ETFs verfolgen regelbasierte Strategien, einer kombiniert diese drei Strategien. Sie alle beziehen sich auf die so genannten G-10 Währungen, also US-Dollar, Australischer Dollar, Neuseeländischer Dollar, Yen, Euro, Britisches Pfund, Norwegische und Schwedische Krone sowie Schweizer Franken.

Dabei setzt der *Currency-Valuation-ETF* auf die Unterbewertung einzelner Währungen. Als Bezugsgröße dient die Kaufkraftparität. Zur Umsetzung der Strategie werden jeweils über Terminkontrakte drei unterbewerte Devisen gekauft und drei überbewertete verkauft. Überprüft wird diese Strategie jedes Quartal und entsprechend angepasst.

Dagegen setzt der *Currency-Momentum-ETF* immer auf die drei Währungen, die in den vergangenen zwölf Monaten am stärksten gegenüber dem US-

Dollar zugelegt haben. Zusätzlich werden die drei Währungen verkauft, die gegenüber dem US-Dollar den größten Wertverlust verzeichnet haben. Der *Currency-Carry-ETF* setzt auf Währungen, die besonders hohe Zinsen bringen. Hierzu kauft er die drei Währungen mit den höchsten Zinsen und verkauft die drei Währungen mit den niedrigsten Zinsen. Der *Currency-Return-ETF* setzt auf eine Kombination dieser drei Strategien.

Nach einer Rückberechnung der *Deutschen Bank* konnten Anleger mit diesen Strategien seit 1980 drei bis fünf Prozentpunkte mehr als am Geldmarkt erzielen. Damit liegt der Ertrag auf dem Niveau von Unternehmensanleihen. Zudem ist die Renditeentwicklung dieser Strategien volatil. So konnte die Currency-Valuation-Strategie in den vergangenen drei Jahren rund fünf Prozent pro Jahr zulegen. Dagegen war das Ergebnis der Currency-Momentum-Strategie mit einem Minus von 1,04 Prozent enttäuschend.

Deswegen eignen sich *Currency-ETFs* auch nur als Beimischung zu einem Portfolio, weil die Währungen eine geringe Korrelation zu anderen Anlagen, wie Aktien, haben. Anleger, die in Währungen investieren möchten, können dies machen, indem sie mit dem *SONIA Total Return Index ETF* auf den britischen Geldmarkt und dem *Fed Funds Effective Rate Total Return Index ETF* auf den amerikanischen Geldmarkt sowie mit dem *EONIA Total Return Index ETF* auf den europäischen Geldmarkt setzen.

4.3.6 Hegdefonds-ETFs

Am 16. Januar 2009 wurde der erste ETF auf einen Hedgefondsindex zum Handel zugelassen. Er bietet den Anlegern einen liquiden Zugang zur Wertentwicklung des Hedgefondsmarktes an. Der *db x-trackers db Hedge Fund Index ETF* bildet den *db Hedge Fund Index* in Form eines so genannten *Hedged Portfolios* ab, d. h. über Terminkontrakte mit einer einmonatigen Laufzeit in Euro, welche teilweise abgesichert sind.

Dieser Index zeigt zurzeit die Wertentwicklung folgender Hedgefondsstrategien: *Equity Hedge Index, Event Driven Index, Credit and Convertible Arbitrage Index, Systematic Marco Index* und *Equity Market Neutral Index*. Der Index wird vierteljährlich neu gewichtet. Dabei entspricht die Gewichtung dem Anteil der jeweiligen Strategie am gesamten Vermögen der Hedgefondsbranche und orientiert sich an einem anerkannten Benchmarkindex, zurzeit dem von *Hedge Fund Research*. Die genaue Zusammensetzung des *db Hedge Fund Indizes* können die Anleger bei *db x-trackers* erfahren. Die Managementgebühr beträgt 0,90 Prozent. Hegdefonds-ETFs eignen sich zur Portfoliodiversifizierung. Das Haar in der Suppe bei diesen Fonds ist, dass zur Berechnung des Nettoinventarwerts (NAV), der den aktuellen Gegenwert eines ETF-Anteils widerspiegelt, die benötigten Indexkurse mit einer Zeitverzögerung von drei Tagen herangezogen werden. Somit sind in den aktuellen Fondspreisen nur bedingt die neuesten Kapitalmarktentwicklungen berücksichtigt.

4.3.7 Short- und Leverage-ETFs

Mit den Short-ETFs (s. S. 267ff.) kann der Anleger eins zu eins von fallenden Indizes profitieren. Wie funktioniert der ShortDAX? Der ShortDAX verläuft umgekehrt proportional zum DAX. Fällt der DAX um 1 %, steigt der ShortDAX um 1 % – und umgekehrt. Dabei bildet der ShortDAX die DAX-Entwicklung gegenüber dem Vortagesschlusskurs mit einen Faktor von -1 ab. Allerdings darf für die Performanceberechnung nicht die absolute Entwicklung in Punkten herangezogen werden, sondern die relative prozentuale Entwicklung, wie Tabelle 21 zeigt. Zudem zeigt Tabelle 21, dass die Performance des ShortDAXes nicht 100-prozentig der umgekehrten Performance des DAXes entspricht. Dies liegt daran, dass beim ShortDAX zunächst die Mittel leer verkauft werden und für die gehaltenen Mittel ein Zins gezahlt wird. Zudem gesellen sich noch Zinsen für das investierte Anlagevolumen in Höhe des aktuellen ShortDAX-Standes. Somit erhält der Anleger den doppelten Tagesgeldsatz (EONIA), was die leichte Überperformance des ShortDAXes gegenüber dem DAX erklärt.

Den Gegenpart zu den Short-ETFs bilden die Leverage-ETFs. Mit diesen kann der Anleger mit einem Hebel auf die Entwicklung z. B. der deutschen *Bluechips* des DAXes setzen. So fällt und steigt der LevDAX (s. S. 272 ff.) doppelt so stark wie der Leitindex selbst. Das bedeutet deutlich höhere Renditechancen, aber auch ein höheres Risiko. Der Hebel wird täglich angepasst. Dadurch erzielt der LevDAX immer die doppelte Performance des DAXes bezogen auf den Schlussstand vom Vortag. Kommt es zu einem Tagesverlust des DAXes über 25 Prozent (höchster DAX-Tagesverlust bis jetzt ca. -10 %, s. S. 32ff., beim *Dow Jones* ca. -29 % im Oktober 1987), wird der Hebel auch untertägig angepasst, um einen Totalverlust zu verhindern. Ob dies ein theoretisches Risiko ist oder nicht, muss jeder Anleger für sich selbst entscheiden.

Tabelle 21:   Vergleich der Performance von DAX, ShortDAX und LevDAX

	DAX	Tagesperformance in %	absolut	ShortDAX	Tagesperformance in %	absolut	LevDAX	Tagesperformance in %	absolut
10.06.2009	5051,18			8156,64			2982,61		
11.06.2009	5107,26	1,11	56,08	8066,44	-1,11	-90,2	3048,77	2,22	66,16
12.06.2009	5069,25	-0,74	-38,01	8126,64	+0,75	60,2	3003,31	-1,49	-45,46

4.3.8 ETF-Dachfonds oder aktive gemanagte ETFs

ETF-Dachfonds werden z. B. mit dem Werbespruch „*ETFs gut bedacht*" beworben. Hierbei handelt es sich aber um nichts anderes als eine aktive Vermögensverwaltung, bei der überwiegend in börsengehandelte ETFs investiert wird. Im Gegensatz zu einer aktiven Verwaltung durch klassisch gemanagte Investmentfonds fällt meistens kein Ausgabeaufschlag an. Allerdings kommen deutlich höhere Kosten auf den Anleger zu, als er bei ETFs gewohnt ist. So nehmen ETF-Dachfonds eine *Management Fee* von bis zu 2 %, was mit der Oberklasse im Aktienfondssegment vergleichbar ist, sowie eine *Performance Fee* (sonst nicht üblich bei ETFs) von bis 15 % der Rendite, die über der Benchmarkrendite liegt.

Allerdings gibt es bei der Ausgestaltung der *Performance Fee* viele Unterschiede zwischen den Anbietern. Die Höhe der Benchmarkrendite ist von Anbieter zu Anbieter unterschiedlich, beispielsweise setzt die Fondsgesellschaft *SG Veritas* 5 % als Benchmarkrendite an. Das heißt: Ab einer Rendite von 5 % darf die Fondsgesellschaft 15 % der übersteigenden Rendite einbehalten.

Obendrein haben einige Anbieter, ähnlich wie bei Hedgefonds, eine *High-Water-Mark*. Die *High-Water-Mark* sagt aus, dass die Manager keine Performancegebühr beziehen dürfen, bis zuvor erlittene Verluste wieder ausgeglichen wurden. Ferner muss der kumulierte Ertrag des ETFs über der erwarteten Mindestrendite liegen, andernfalls bekommt der Manager keine oder eine geringere Performancegebühr. Aber die genaue Ausgestaltung der High-Water-Mark liegt in den Händen der Anbieter.

Folgende kleine Überlegung zeigt, dass die ETF-Dachfonds alles andere als billig sind. Nimmt man eine Rendite von zehn Prozent an, so ergibt sich für den Anleger folgende Rechnung: 0,5 % Prozent ETF-Gebühr (für im Dachfonds enthaltene einzelne ETFs) plus 1,5 % Managementgebühr des Dachfondsmanagements plus *Performance Fee* von 0,75 % (ergibt sich aus 10 % Rendite minus 5 % Benchmarkrendite verbleibt 5 %. Von diesen 5 % muss der Anleger 15 % *Performance Fee* bezahlen, also 0,75 %). Zusammen sind das Kosten von 2,75 %. Von solchen Gebührensätzen träumen die herkömmlichen Fondsmanager.

Ferner sind die *Spreads* bei ETF-Dachfonds in der Regel größer als bei normalen ETFs. Das liegt daran, dass die Arbeit der *Designated Sponsors* durch aktiv konstruierte ETFs indirekt erschwert wird, da für eine optimale Liquidität und kleine *Spreads* die *Designated Sponsors* jederzeit wissen müssen, wie viel ein Fondsanteil tatsächlich wert ist bzw. was im Portfolio des Fonds enthalten ist. Doch gerade bei aktiv gemanagten Fonds ist es eher unwahrscheinlich, dass ein Fondsmanager zu dieser Transparenz bereit ist, da er durch eine Veröffentlichung seiner Portfolios Nachahmer auf den Plan rufen könnte, was seine Rendite gefährdet. Was bekommt der Anleger nun aber für sein Geld?

Der Anleger erhält einen Fonds, der je nach Marktlage in Aktien bestimmter Branchen sowie bestimmter Regionen, in Rentenindizes oder in Rohstoffe auf Basis verschiedener Modelle investiert.

Durch das Dachfondskonzept kann der Anleger weltweit attraktive Investmentchancen nutzen, ohne sich selbst um etwas zu kümmern. Zudem kann ein Dachfonds auch Derivate einsetzen, um das Gesamtrisiko des Portfolios effizient zu steuern und Zusatzerträge zu generieren.

Außerdem wird bei den meisten ETF-Dachfonds zur Selektion und Gewichtung der Kapitalanlagen ein computergestütztes Modell hinzugezogen. Bei diesem Ansatz erfolgt die Steuerung der Investition mithilfe einer technisch-quantitativen Marktanalyse. Hierzu ermittelt ein Computer für jedes Finanzinstrument einmal wöchentlich Kauf- und Verkaufssignale auf Basis der Wochenendschlusskurse. Bei einem Kaufsignal wird in den entsprechenden Markt über einen ETF investiert, bei einem Verkaufssignal wird der entsprechende Markt bzw. ETF verkauft und der Verkaufserlös in ein Geldmarktkonto investiert.

Andere Dachfonds orientieren sich eher am Core-Satellite-Ansatz (s. S. 259 ff.). Dazu tätigen sie neben Engagements in regionalen Hauptmärkten (wie Europa, Amerika, Japan) – Core – auch gezielte Investitionen in Randmärkte (wie Schwellenländer, Strategie-ETFs) – die Satelliten. Die Basis für die Selektion und Gewichtung der Kapitalmärkte ergibt sich aus den Ergebnissen eines Trendphasen-Modells. Auch hierbei handelt es sich um ein computergestütztes mathematisches Modell. Es dient zur systematischen Analyse des Trendverhaltens an den Kapitalmärkten. Die Berechnung der Trendphasen erfolgt über ein komplexes Scoring-Modell, mit dem z. B. mehrere technische Indikatoren mathematisch und quantitativ zusammengeführt werden.

Obendrein können die Dachfonds die Aktien- und Rentenquote flexibel zwischen 0 und 100 Prozent steuern, je nach taktischer Ausrichtung. So kann z. B. im Zuge einer Kursschwäche an den internationalen Aktienmärkten die Aktienquote auf deutlich unter 50 % gesenkt werden. Dadurch konnten viele ETF-Dachfonds in der Finanzkrise Ende 2008 vor deutlichen Abstürzen bewahrt werden, denen viele klassische Aktien-ETFs ausgesetzt waren. Allerdings hat die Vergangenheit auch gezeigt, dass es gerade im Bereich von flexiblen Mischfonds trotz bewährter Modelle manche Renditeflops gab. Es bleibt also abzuwarten, ob die ETF-Dachfonds auf Dauer einen Mehrwert für die Anleger generieren. Als Anbieter von ETF-Dachfonds treten u. a. die *Veritas SG* (Tochterunternehmen der *Societe Generale*, www.veritas-fonds.de) oder *Artus Direct Invest AG* (www.artusdirectinvest.de) auf.

Kritiker der ETF-Dachfonds führen ins Feld, dass bei diesem Ansatz ein Großteil der grundlegenden Mentalität von Indexinvestments verloren geht. Hier wird ja angenommen, dass die Aktienmärkte auf Dauer steigen werden und man am besten ohne aktiven Eingriff profitieren kann. Die Dachfonds sind hingegen durch ihre aktive Auswahl der ETFs definitiv keine passiven Produkte mehr. So ist ähnlich wie bei aktiv gemanagten Fonds wieder die Qualität des Fondsmanagements für die Rendite des ETF-Dachfonds ausschlaggebend.

Günstiger und vor allen passiver sind die so genannten Multi-Asset-Indexfonds. Sie bilden zwar auch die Entwicklung mehrerer verschiedener Indizes ab, sind aber wie ein klassischer Indexfonds aufgebaut. Die zugrunde liegenden Indizes stammen in der Regel aus verschiedenen Regionen der Welt und sind oftmals noch über verschiedene Investmentklassen wie Aktien, Immobilien, Anleihen oder Rohstoffe gestreut. Häufig werden diese Portfolios mittels der Portfoliotheorie zusammengestellt, unter der Prämisse der optimalen Diversifikation. Wurde nun die optimale Aufteilung gefunden, bildet der Fonds diese dann passiv ab. Er führt nur noch regelmäßig ein *Re-Balancing* durch und hat die Möglichkeit, die Gewichtungen bei ungewöhnlichen Marktlagen zu ändern.

Dabei erfolgt die Abbildung meist nicht durch den Kauf von ETFs auf die einzelnen Indizes, sondern direkt über Swap-Vereinbarungen. Dazu kauft der Anbieter des Fonds einfach nur einen Korb von Aktien oder Anleihen und tauscht dessen Performance mit seinem Swap-Partner gegen die eigentliche Performance des abzubildenden Portfolios. Hierdurch sind die Kosten meist geringer als die von echten ETF-Dachfonds. Zudem verzichtet diese Variante auf das aktive Management. Somit ist dieses Konzept näher an dem eigentlichen ETF-Gedanken als die „normalen" ETF-Dachfonds. Der Nachteil ist, dass die Multi-Asset-Indexfonds fallenden Kursen beinahe ohne Möglichkeit zum Eingreifen ausgeliefert sind, während ETF-Dachfonds aktiv z. B. durch Senkung der Aktienquote einschreiten können. Ein Beispiel für einen solchen Multi-Asset-Indexfonds ist der im Dezember 2008 aufgelegte *db x-trackers Quirin Wealth Management ETF*.

Die Produktfamilie, zu der die ETFs gehören, ist noch viel größer. Sie wird unter dem Oberbegriff *Exchange Traded Products* (ETPs) zusammengefasst. Neben den ETFs gibt es die *Exchange Traded Commodities* (ETCs), *Exchange Traded Notes* (ETNs) sowie die *Exchange Traded Structured Funds* (ETSFs). Alle werden an der Börse gehandelt. Also lassen Sie uns nun einen Blick auf die Brüder der *Exchange Traded Funds* werfen.

4.4 Der kleine Bruder des ETFs – *Exchange Traded Commodities* (ETCs)

Seit November 2006 wird an der Handelsplattform *Xetra* auch der kleine Bruder der ETFs, *Exchange Traded Commodities* (ETC), gehandelt. Sie werden u. a. von dem ETC-Anbieter *ETF Securities* aufgelegt. Ihr fulminantes Wachstum verdankten die ETCs größtenteils dem seit 2007 beginnenden Rohstoff-boom, der das Interesse der Anleger auf Rohstoffinvestments lenkte. Denn bei ETCs handelt es sich um Wertpapiere auf einzelne Rohstoffe oder Rohstoffkörbe, die den Anlegern einen direkten Zugang zu dieser Assetklasse geben. Der Vorteil der ETCs ist, dass sie die bisherigen Barrieren, die Privatanleger hatten, um überhaupt in den Rohstoffmärkten Fuß zu fassen, einrissen. Somit haben Anleger erstmals Zugriff auf eine breite Palette in Euro notierter Rohstoffe.

Überdies sind ETCs sehr effizient, sie ermöglichen dem Anleger, einen bestimmten Rohstoff, -korb oder -index fortlaufend während der gesamten Handelszeit auf *Xetra* zu günstigen Transaktionskosten zu handeln. Ähnlich wie bei Aktien können auch beim Handel mit ETCs *Market-, Limit-* oder *Stop-Orders* (s. S. 244 ff.) ausgegeben werden. Die kleinste handelbare Einheit ist ein ETC-Anteil. Ebenso wie bei ETFs fällt kein Ausgabeaufschlag an und der Anleger muss nur geringe Managementgebühren bezahlen. Zusätzlich sind die ETCs ein sehr transparentes Investmentvehikel, da die Kurse den Preis des zugrunde liegenden Rohstoffs widerspiegeln. Im Prinzip sind ETCs ähnlich gestaltet wie ETFs und haben somit ähnliche Vorteile (s. S. 211 ff.) und Nachteile (s. S. 198 ff.). Die Wichtigsten sind:

- Sie sind transparent und nachvollziehbar strukturiert.
- Sie sind kostengünstig ohne Ausgabeaufschlag an der Börse zu handeln. Zudem bietet ihre fortlaufende Quotierung mit Mindestvolumina sowie maximaler Handelsspanne eine hohe Preistransparenz.
- Sie haben beide eine unbegrenzte Laufzeit.
- Sie bieten ein hohes Maß an Liquidität, weil *Designated Sponsors* dafür sorgen, dass verbindliche Geld- und Briefkurse während der Handelszeit gestellt werden.

Der wesentliche Unterschied zwischen ETFs und *Exchange Traded Commodities* ist ihre rechtliche Struktur. Während ETFs Sondervermögen sind, handelt es sich bei ETCs etwas salopp formuliert um Anleihen. Genauer gesagt: ETCs sind unbefristete, besicherte Schuldverschreibungen des jeweiligen Emittenten, deren Wertentwicklung an einen oder mehrere Rohstoffpreise gekoppelt ist, und zwar entweder direkt an den Spot-Preis oder an einen Rohstofffuture.

Somit ist der einzige wirkliche Nachteil der ETCs gegenüber den ETFs, dass sie neben dem Marktrisiko auch ein schwer abzuschätzendes Emittenten-risiko haben. Deswegen sagen Spötter: *„Disteln sind dem Esel (Anleger) lieber als Rosen."* Allerdings lohnt hier differenzierterer Blick.

So sind die physisch hinterlegten ETCs des Anbieters *ETF Securities* zu 100 Prozent besichert. Ferner werden die Edelmetalle im Tresor der HSBC verwahrt, dem weltweit größten Verwahrer von Edelmetallen. Deswegen haben physisch hinterlegte ETCs kein Kreditrisiko, da ihre Investoren ein Wertpapier halten, das mit physischem, nicht verleihbarem Metall hinterlegt ist.

Zudem bietet der Anbieter *ETF Securities* noch weitere ETCs an, die zu 100 Prozent besichert sind. *ETF Securities* erklärt dazu, dass diese ETCs durch entsprechende durch den US-amerikanischen Versicherungskonzern AIG[78] garantierte Kontrakte gedeckt sind. Wegen der Marktturbulenzen im September 2008 hat *ETF Securities* ein weiteres Abkommen mit der AIG-Tochter AIG-FP und der *Bank of New York Mellon* (BNY Mellon) geschlossen, das alle durch AIG-FP hinterlegten ETCs auf DJ-AIG-Indizes zu 100 Prozent besichert. Hierzu verpflichtet sich die AIG-FP, alle Produkte täglich auf Basis der aktuellen Preise zu 100 % zu besichern. *BNY Mellon* verwaltet die Sicherheiten auf einem separaten Konto. Als Sicherheiten kommen u. a. Bareinlagen, Geldmarktfonds mit höchstmöglichem Rating oder US-Anleihen infrage. Zudem ist AIP-FP verpflichtet, zusätzliche Sicherheiten zur Verfügung zu stellen, sollten diese unter den Wert aller ETCs fallen.

Von *ETF Securities* werden außerdem noch ETCs gehandelt, die durch einen Dritten gedeckt sind. Beispielsweise werden der *ETFS Brent Oil* und der *ETFS WTI Oil* durch entsprechende Kontrakte der *Royal Dutch Shell* besichert. Diese sind durch treuhändische Verwahrung der Einlagen vor einem Ausfall der *ETF Securities* geschützt. Kommt es jedoch zu einem Ausfall seitens *Royal Dutch Shell*, wären diese ETCs dem Kreditrisiko von *Royal Dutch Shell* ausgesetzt.

Das Xetra-Gold, welches durch die *Deutsche Börse Commodities* herausgegeben wird, ist zu jederzeit zu 100 Prozent durch Gold gedeckt. Trotz der physischen Hinterlegung sind bei Xetra-Gold im Falle einer Insolvenz des

---

[78] Allerdings ist die AIG selbst im Rahmen der Finanzkrise Anfang 2009 in Schwierigkeiten geraten und konnte nur durch milliardenschwere Stützprogramme der US-Regierung vor dem Konkurs gerettet werden.

Emittenten die Ansprüche der Gläubiger aus den Schuldverschreibungen (Xetra-Gold ist als Anleihe aufgelegt) nicht besichert. Das heißt, die Ansprüche der Anleger von Xetra-Gold wären gleichrangig mit den Forderungen anderer Gläubiger gegenüber der Emittentin. Demnach besteht bei Insolvenz der Emittentin das Risiko, dass die Vermögenswerte der Emittentin nicht zur Befriedigung der Forderungen sämtlicher Gläubiger ausreichen und somit Xetra-Gold-Schuldverschreibungen teilweise oder vollständig ausfallen könnten.

Trotz dieses Nachteils setzen sich ETCs am Anlagemarkt durch. Aktuell sind am ETC-Segement[79] der *Deutschen Börse* 114 ETCs (Q1 2009) gelistet, mit weiter steigender Tendenz. So gibt es sieben physisch besicherte ETCs auf Gold, Silber, Platin, Palladium sowie alle vier in einem Korb, 41 ETCs auf einzelne Rohstoffe und Rohstoffindizes. Überdies kann der Anleger mit ETCs auch auf fallende Kurse setzen, und zwar mit den 33 Short-ETCs. Durch die umgekehrte Korrelation zu dem zugrunde liegenden Rohstoff bzw. -index erzielt der Anleger eine positive Rendite durch einen Indexrückgang und eine negative durch einen Indexanstieg. Das bedeutet: Steigt der Rohstoff über einen längeren Zeitraum, kann ein Short-ETC seinen Wert teilweise oder gar vollständig verlieren. Theoretisch besteht sogar ein Totalverlustrisiko. Das tritt auf, wenn der Rohstoff bzw. -index an einem Tag um 100 % steigt. Dann ist der Short-ETC wertlos. Deswegen handelt es sich bei den Short-ETCs auch nur um eine Möglichkeit zur Erzielung von kurzfristigen Renditen, aber um kein langfristiges Anlageinstrument.

Ebenso kann der Anleger seine Investments im Rohstoffbereich mit den 33 Leverage-ETCs hebeln. Zum Beispiel spiegelt der *ETFS Leveraged Gold* 200 % der täglichen prozentualen Veränderung des *DJ AIG Gold Sub-Index* wider. Folglich bietet ein Leverage ETC eine zweifache Hebelwirkung bei einfachem Kapitaleinsatz an. Die Hebelwirkung wirkt zu beiden Seiten. Demnach werden auch Kursverluste mit dem doppelten Faktor weitergereicht. Fällt der Rohstoff an einem Tag um 50 % oder mehr, verliert der Leverage ETC seinen gesamten Wert. Dieses breite Anlagespektrum führte zu durchschnittlichen Tagesumsätzen von über 10 Mio. Euro im ETC-Segment der

---

[79] Eine Auflistung aller im ETC-Segment der *Deutschen Börse* verfügbaren ETCs finden Sie unter www.boerse-frankfurt.de/etc.

Deutschen Börse. Aber auch exotische Produkte können mittels ETCs gehandelt werden.

Seit November 2008 bietet *ETF Securities* auch einen ETC auf Kohlendioxid (CO_2), der an der *London Stock Exchange* gehandelt wird, an. Es wird erwartet, dass dieser Fonds auch in Deutschland gelistet wird. Mit dem *ETFS Carbon* wird die Kursentwicklung der CO_2-Emissionsrechte abgebildet. Als Benchmark fungiert der EUA-Future-Kontrakt der *Londoner Intercontinental Exchange*. Er ist der zurzeit liquideste Kontrakt innerhalb des Europäischen Emissionshandelssystems. Ein Anteil des *ETFS Carbon* entspricht einem Emissionszertifikat, was zu einer Emission von einer Tonne CO_2 berechtigt. Der Emissionshandel ist ein Teil des internationalen Maßnahmenkatalogs zum Umwelt- bzw. Klimaschutz, wie dem Kyoto-Protokoll von 1997.

4.5 ETSF – der jüngste Bruder der *Exchange Traded Funds*

Exchange Traded Structured Funds (Abk. ETSF) treten langsam ins Bewusstsein der Anleger. Sie erblickten erst im Jahr 2007 das Licht der Welt. Denn die ETSF vereinigen das Beste aus zwei Welten, den ETFs und den strukturierten Produkten (wie Zertifikate).

Strukturierte Produkte haben den Vorteil, dass der Anleger mit ihnen jede mögliche Marktkonstellation (ob fallend, seitwärts oder steigend) gewinnbringend für sich ausnutzen kann. Er muss nur die Marktkonstellation erkennen und dazu das passend strukturierte Produkt kaufen. Das beinhaltet allerdings eine zusätzliche Risikokomponente, das Emittentenrisiko. Sollte der Emittent insolvent werden, könnte der Anleger einen Teil oder sein gesamtes investiertes Kapital verlieren. Das ist kein theoretisches Risiko, sondern ein reales, wie die Insolvenz der amerikanischen Investmentbank *Lehman Brothers* zeigte, in deren Folge alle von *Lehman Brothers* emittierten Zertifikate wertlos wurden.

Um das Emittentenrisiko zu umgehen, kann der Anleger auf ETFs zurückgreifen. Die Vorteile sind u. a. hohe Liquidität und geringe Kosten. Der entscheidende Nachteil ist, dass der Anleger mit ETFs nicht so viele Anlagestrategien umsetzen kann, wie mit strukturierten Produkten. In diese Lücke springen nun die ETSF.

Deswegen wird bei den ETSF – ähnlich wie bei ETFs – das investierte Vermögen als Sondervermögen verbucht. Daher ist das Emittentenrisiko ausgeschlossen. Zudem können ETSF – wie gewöhnlich strukturierte Produkte – auf spezifische Marktkonstellationen zugeschnitten werden. Dies gelingt, weil ein traditionelles Anlageinstrument wie eine Aktie oder Anleihe mit einem Derivat kombiniert wird. Dadurch besteht die Möglichkeit attraktive Renditen zu erzielen, wenn die Märkte seitwärts tendieren. Zusätzlich kann der Anleger sein Kapital ganz oder teilweise schützen, wenn die Märkte nach unten tendieren. Zudem partizipiert er auch von steigenden Märkten. Man spricht in diesem Zusammenhang auch davon, dass die Erträge asymmetrisch anfallen können. So ist es in Zeiten von seitwärts laufenden Börsen schwierig, Renditen mit klassischen ETFs zu erwirtschaften. Hier bieten sich jetzt ETSFs mit einer Discountstruktur an. Bei einem solchen ETSF erwirbt der Anleger das Produkt zu einem reduzierten Preis, also mit einem Rabatt (oder *Discount*). Um solche Strategien umsetzen zu können, setzen die Emittenten auf Swaps (s. S. 149 ff.). Durch diese Discountstruktur ist der ETSFs in einem seitwärts gerichteten, leicht steigendem oder leicht fallendem Marktumfeld einer Anlage in einen klassischen ETF auf denselben Index überlegen. Denn in der Regel gilt für klassische ETFs: Steigt der Markt, auf den sich der ETF bezieht, so verdient der Anleger. Sinkt der Markt, so verliert der Anleger. Das heißt, ein ETF bewegt sich in der Regel parallel zu seiner Benchmark. Allerdings brechen die ETFs langsam diese Regel auf, da es mit den Swap-ETFs möglich geworden ist, auch derivative Strukturen abzubilden, wie z. B. die Covered-Call-Writing-Strategie (s. S. 284 ff.).

Obendrein werden die ETSF – genauso wie ETFs – an der Börse kontinuierlich gehandelt, weil ihr Nettoinventarwert laufend berechnet wird. Dafür muss der Anleger allerdings höhere Gebühren bezahlen als bei ETFs. In der Regel sind ETSF wegen der Fondshülle ca. 0,2 % Prozent teurer als ein entsprechendes strukturiertes Produkt. Weiterhin gibt es ETSF mit einer beschränkten oder einer unbeschränkten Laufzeit, dies hängt von ihrer Konstruktion ab – ähnlich wie bei Zertifikaten.

Zurzeit werden an der Börse nur wenige ETSF gehandelt. Dies dürfte sich mit der Zeit ändern, da das Emittentenrisiko immer mehr ins Bewusstsein der Anleger dringt. Besonders interessant sind die ETSF für institutionelle Anleger wie Pensionskassen, da die ETSF speziell für ihre Wünsche maßgeschneidert werden können. Um das babylonische Sprachgewirr komplett zu machen, betreten auch noch *Enhanced Trades Notes* die Bühne.

4.6 ETN – der Ritt auf der Erfolgswelle

Jeder Anleger sollte wissen, dass Index nicht gleich Index ist. Und insbesondere ist Indexierung nicht gleich Indexierung. Durch eine verbesserte Indexierung können passive Anlagen, wie ETFs, in der Performance geschlagen werden. Ein *Enhanced Trades Notes* (ETN) versucht, eine kleine und kontinuierliche Outperformance bei gleichzeitiger Übereinstimmung der Volatilität (Risiko) mit der Benchmark zu erreichen. Somit stellt ein Enhanced-Index-Fonds eine Zwischenform zwischen passivem und aktivem Portfoliomanagement dar. Mit Enhanced-Index-Fonds hat der Anleger die Möglichkeit, eine vollständige Abhängigkeit von einem Index zu umgehen, weil ein ETN bewusst vom Indexverlauf abweicht.

Deshalb bieten Enhanced-Index-Notes zusätzlich zu den Merkmalen einer klassischen Indexanlage, wie geringe Gebühren und Transaktionskosten, auch den Spielraum für eine Mehrrendite gegenüber dem Index. Das bedeutet aber zugleich, dass der Anleger mit diesen Produkten ein höheres Risiko auf eine Minderrendite im Vergleich zum Index als z.B. mit ETFs hat, da die Zusammensetzung von Enhanced-Index-Fonds von der Zusammensetzung des Indexes abweicht. Dieses erhöhte Risiko drückt sich auch aus durch einen höheren *Tracking Error* (in der Regel zwischen 0,5 % bis 2,5 %). Das ist der Preis, den der Anleger für eine potenzielle Mehrrendite zu zahlen hat.

Normalerweise wird für Enhanced-Index-Notes eine leistungsabhängige Gebührenstruktur verwendet. Ist die Wertentwicklung der Anlage gleich oder liegt sie unter dem Index, so verlangen die Anbieter von Enhanced-Index-Fonds ähnliche Gebühren wie für ETFs auf denselben Index. Darüber hinaus fallen Gebühren erst bei einer Mehrrendite im Vergleich zum Index an, die mit einer reinen Indexierung nicht zu erreichen gewesen wäre.

In Amerika sind bereits über 300 verschiedene ETNs gelistet. In Deutschland befindet sich eine große Produktpalette im Aufbau. Seit dem 10. Dezember 2009 können Anleger an der Börse in Frankfurt die ersten *Exchange Traded Notes* handeln. Sie werden von *Barclays Capital* unter der Marke *iPath* vermarktet. Diese beiden ETNs spiegeln die Entwicklung von amerikanischen Volatilitätsindizes wider. Eine Besonderheit ist, dass diese ETNs – im Unterschied zu *Exchange Traded Funds* – rechtlich gesehen Schuldverschreibungen sind, deren Kursentwicklung an den Index (hier Volatilitätsindex) geknüpft ist.

Der wesentliche Unterschied zu ETCs ist, dass ETNs keine undatierten Schuldverschreibungen sind, sondern in der Regel eine Restlaufzeit von zehn Jahren haben. Ein weiterer Vorteil der ETNs ist ihre hohe Flexibilität. So lässt sich die Wertentwicklung schwer replizierbarer Anlageklassen, z. B. Volatilität oder Währungen, exakt abbilden. Da ETNs per Definition immer einen *Tracking Error* von Null haben, d. h. dass ihre Wertenwicklung immer 1:1 dem entsprechenden Index abzüglich der Verwaltungsgebühren entspricht. Beispielsweise liegt die Verwaltungsgebühr für den *iPath S&P 500 VIX Short-Term Futures Index ETN* bei jährlich 0,89 %.

4.7 Unterschied zu anderen Anlageformen

Ein Sprichwort heißt „*Wagen wir, die Dinge zu sehen, wie sie sind*". (Albert Schweitzer) So ist es auch bei Indexprodukten. Heutzutage gibt es eine Vielzahl von Indexprodukten. Insbesondere stehen dem Anleger für indexnahe Anlagestrategien neben ETFs auch Indexzertifikate sowie aktiv gemanagte Investmentfonds zur Verfügung. All diese drei Anlagemöglichkeiten unterscheiden sich voneinander.

So ist zu beachten, dass das in Indexzertifikate investierte Vermögen zu 100 % einem Emittentenrisiko unterliegt, was bei ETFs nicht der Fall ist, da die rechtliche Struktur eines Indexzertifikates die einer Anleihe ist. Allerdings weisen die Swap-ETFs ein Emittentenrisiko von maximal 10 % aus. Ergänzend sei noch erwähnt, dass die Vermögenswerte des ETFs in einem Sondervermögen angelegt sind, welches von einer Depotbank verwahrt wird. Überdies unterliegen (fast) alle europäischen ETFs dem europäischen Fondsrechtsrahmen UCITS (s. S. 152), der umfangreiche Bestimmungen zu den zulässigen Anlagemöglichkeiten, zur Depotbank, zum Vertrieb, zum Anlegerschutz usw. enthält.

Ferner müssen bei Zertifikaten Dividenden nicht zwingend dem Anleger zufließen. In der Regel erhält der Anleger bei Zertifikaten, die einen Performanceindex als Referenzindex abbilden, die Dividenden, wohingegen bei einem Kursindex der Anleger meist leer ausgeht. Dagegen hat der Anleger bei ETFs einen Anspruch auf die Dividenden, egal ob es sich bei dem zugrunde liegenden Index um einen Performance- oder Kursindex handelt.

Ein weiteres wichtiges Kriterium bei der Anlageentscheidung sollte die Höhe des *Spreads*, d. h. die Kursspanne zwischen Geld- und Briefkurs, sein. Hier haben eindeutig die Zertifikate die Nase vorn. Häufig kommt es bei Zertifikaten zu so genannten Free-Trade-Aktionen, bei denen Zertifikate ganz kostenlos gekauft bzw. verkauft (ohne *Spread*, manchmal sogar ohne Kaufs- bzw. Verkaufsgebühren) werden können.

Leider muss man wohl sagen, dass sowohl bei ETFs als auch bei Indexzertifikaten die Transparenz etwas zu wünschen übrig lässt. Die Anleger wissen zwar, dass ein Swap-ETF oder Indexzertifikat den Bruchteil des zugrunde liegenden Index widerspiegelt. Allerdings wissen Sie nicht, wie der Emittent den Index im Detail abbildet. Schließlich unterliegen diesen beiden Produkten mehr oder minder komplizierte Derivatekombinationen. Im Prinzip haben Sie nur das Versprechen, dass Ihr Produkt die Performance des Referenzindex nachvollzieht. Dagegen weiß der Anleger bei ETFs nach der Full-Replication-Methode, dass der ETF die einzelnen Wertpapiere des zugrunde liegenden Indexes tatsächlich gekauft hat.

Aber auch zwischen ETFs und aktiv gemanagten Fonds bestehen einige strukturelle Unterschiede. So steht im Zentrum eines aktiv gemanagten Fonds ein Fondsmanager, der versucht, eine Outperformance gegenüber dem Referenzindex zu erzielen. Um dieses Ziel zu erreichen, weicht der Fondsmanager bewusst von der Zusammensetzung des Referenzindexes ab. Er könnte z. B. gezielt auf vielversprechende Einzelwerte, Branchen oder geografische Regionen setzen. Im Gegensatz dazu ist das Hauptziel eines ETFs, die Performance seines Referenzindexes möglichst exakt abzubilden. Hier liegt auch der Hauptnachteil im Vergleich zu aktiv gemanagten Fonds. Mit ETFs lässt sich der Markt nicht schlagen, während aktiv gemanagte Fonds den Anlegern diese Chance auf Mehrertrag eröffnen. Allerdings schaffen nur die wenigsten Portfoliomanager dies wirklich. Dagegen schlägt bei den Kosten die Stunde der ETFs.

Tabelle 22: Kostenvergleich zwischen ETFs und aktiv gemangten Fonds

	ETF	Aktiv gemanagter Fonds
Transakti-onskosten	Beim Kauf oder Verkauf fallen die üblichen Orderkosten (circa 0,5 % und 1 % des Orderwertes) der Hausbank an. Diese fallen sowohl beim Kauf als auch beim Verkauf an, d. h. sie fallen doppelt an.	Beim Kauf fällt ein Ausgabeauf-schlag von bis zu 6 % an. Es gibt aber auch viele Fonds, die der An-leger bei Direktbrokern oder Fonds-vermittlern mit einem reduzierten oder sogar ganz ohne Aufgabeauf-schlag erwerben kann. Die Rück-nahme des Fonds erfolgt jederzeit kostenlos über die Fondsgesell-schaft.
Spread	Die Spread-Differenz zwischen An- und Verkaufskurs – fällt bei den gängigen ETFs, wie z. B. dem DAX, mit teilweise weniger als 0,10 % kaum ins Gewicht. Bei weniger ge-handelten ETFs, wie Branchenindi-zes, kann dies deutlich mehr sein und bis in den Prozentbereich ge-hen.	Bei herkömmlichen Fonds gibt es in der Regel keinen Spread. Hier wird börsentäglich nur ein Ausgabe- und Rücknahmepreis von der Fondsge-sellschaft gestellt. Die Differenz zwi-schen diesen beiden Kursen ist der Ausgabeaufschlag.
Manage-ment-gebühr	Sie bewegt sich in der Größenord-nung von 0,15 % bis 1 %, in selte-nen Fällen noch darüber.	Bei aktiv gemanagten Fonds fallen im Schnitt 1,5 % Managementge-bühren an. Zusätzlich erheben viele Fonds eine Erfolgsbeteiligung, wenn der Fonds besser abgeschnitten hat als die Benchmark.

Unter Kostengesichtspunkten schneidet ein ETF deutlich besser ab als ein aktiv gemanagter Fonds. In der Regel ist die Gesamtkostenquote bzw. *Total Expense Ratio* (TER, s. S. 169) bei aktiv gemanagten Fonds dreimal höher als bei ETFs. Zudem fällt bei aktiv gemanagten Fonds ein Ausgabeaufschlag von bis zu 6 % an. Allerdings bieten viele Discountbroker auch aktiv gema-nagte Fonds ohne oder mit reduziertem Ausgabeaufschlag. Seit 2006 ist ein weiterer Weg hinzugekommen: Der Kauf und Verkauf von aktiv gemanagten Fonds an der Börse. Mittlerweile werden mehr als 3.500 verschiedene aktiv gemanagte Fonds an der Börse gehandelt (siehe z. B. boerse-frankfurt.com/fonds). Dabei entwickelt sich dieser Weg für Anleger immer mehr zu einer kostengünstigen Alternative zu den etablierten Orderwegen.

So wird kein Ausgabeaufschlag berechnet, der Anleger muss nur den Bör-senpreis bezahlen. Zusätzlich fällt noch die Maklercourtage in Höhe von ca. 0,8 % des Kurswertes an, sowie die individuelle Bankprovision und ein *Spread* (Differenz zwischen Kauf und Verkaufskurs, z.B. max. 1% bei Aktienfonds Schwerpunkt DAX)[80]. So kostet z. B. der *DWS Vermögensbildung Fonds I* an der Börse 73,60 Euro (Stand 15.06.2009). Dagegen muss der Anleger beim Kauf vom Emittenten einen Ausgabekurs von 77,27 Euro (Rücknahmepreis 73,59 Euro), also einen Ausgabeaufschlag von 5 %, bezahlen. Ähnlich wie ETFs können die Fonds jederzeit gehandelt werden. Dafür sorgen Spezialisten. Die Fonds werden von ihnen in den Börsenhandel einbezogen und anschließend von ihnen betreut, d. h. sie sorgen für faire Preise und Liquidität.

Generell fällt bei ETFs beim Kauf oder Verkauf über die Börse kein Ausgabeaufschlag an, aber Orderkosten, deren Höhe abhängig von der depotführenden Bank ist. Diese Orderkosten können besonders bei kleineren Anlagebeträgen auch schnell in den Prozentbereich gehen. Je exotischer der dem ETF zugrunde liegende Index wird, desto höher sind die jährlichen Gebühren und der *Spread*. Ihre Kostenvorteile können ETFs am besten bei den Standardindizes wie etwa dem *DJ Euro Stoxx 50* ausspielen. Hier sind die ETFs unschlagbar günstig.

Ein weiterer Vorteil der ETFs gegenüber aktiv gemanagten Fonds ist die fortlaufende Stellung von Geld- und Briefkursen im Börsenhandel, wohingegen bei aktiv gemanagten Fonds in der Regel nur einmal am Tag ein Kurs vom Emittenten festgestellt wird.

Bei deutschen aktiv gemanagten Fonds erfolgt die Kursveröffentlichung meist am frühen Nachmittag. Aufträge, die taggleich ausgeführt werden sollen, müssen in der Regel vor 11 Uhr bei der Kapitalanlagegesellschaft vorliegen.

Die Struktur des Sondervermögens unterscheidet sich dagegen bei beiden Fonds im Großen und Ganzen kaum voneinander. Beide können zeitweise Derivate enthalten. Dem ungeachtet bestehen deutliche Unterschiede im Ausgabe- und Rücknahmeprozess. Aktiv gemanagte Fonds werden in der Regel außerbörslich über eine Kapitalanlagegesellschaft (wie DWS) ausgegeben und zurückgenommen. Hierbei werden Ein- bzw. Auszahlungen direkt über das Fondsvermögen abgewickelt. Darum müssen aktiv gemanagte Fonds immer eine bestimmte Quote des Fondsvermögens als Barmittel be-

---

[80] Beispielsweise können Anleger das Sparpotenzial beim Kauf über die Börse gegenüber dem herkömmlichen Weg zum Kauf eines aktiv gemanagten Fonds über die Fondsgesellschaft mit Hilfe des Fondsrechners der Börse Hamburg (www.boersenag.de) berechnen.

reithalten, um nicht bei Kapitalauszahlungen Anlagen verkaufen zu müssen. Zudem werden sämtliche Transaktionskosten für die Kreierung bzw. Rücknahme von Fondsanteilen aus dem Fondsvermögen entnommen, weswegen bei jedem Kauf bzw. Verkauf von Fondsanteilen Transaktionskosten entstehen, die das Fondsvermögen belasten. Dagegen werden bei ETFs im Rahmen des Creation-Redemption-Prozesses (s. S. 145 ff.) sämtliche Kosten auf die *Designated Sponsors* abgewälzt und belasten somit nicht das Fondsvermögen.

Ein Bonment von Abraham Lincoln lautet: *„Wer im Leben kein Ziel hat, verläuft sich.“* Damit wir uns nicht verlaufen, sollten wir noch einen Blick auf die wesentlichen Produkte werfen, die zur Umsetzung der Indexstrategie (Nachbildung eines Indexes) dienen. Zur Abbildung einer Indexstrategie werden heute hauptsächlich folgende vier Produkte eingesetzt: Indexnahe Fonds, Indexzertifikate, *Exchange Traded Funds* (ETFs) und *Enhanced Index Funds* (ETN). Die nachfolgende Tabelle gibt einen kurzen Überblick über die wichtigsten Unterschiede dieser Produkte.

Tabelle 23: Unterschiede zwischen den wichtigsten Indexprodukten

	Indexzertifikat	Indexnahe Fonds	Enhanced Index Fonds	Exchange Traded Funds
Strategie	Bildet den Index 1:1 ab. Die Wertentwicklung läuft analog der Benchmark abzüglich der Kosten.	Der Index wird nicht 1:1 abgebildet. Weicht oft von den Gewichtungen im Index ab, da Einzelwerte im Fonds auf 10 % begrenzt sind.	Mit einem kleinen Teil des Fonds wird aktives Management betrieben.	Bildet den Index 1:1 ab.
Dividenden	Der Anleger erhält die Dividenden bei Performanceindizes und bei Kursindizes in der Regel nicht bzw. nicht vollständig.	Der Anleger bekommt auf jeden Fall die Dividenden. Bei einem Performanceindex werden sie thesauriert und bei einem Kursindex ausgeschüttet.	Der Anleger bekommt auf jeden Fall die Dividenden. Bei einem Performanceindex werden sie thesauriert und bei einem Kursindex ausgeschüttet.	Der Anleger bekommt auf jeden Fall die Dividenden. Bei einem Performanceindex werden sie thesauriert und bei einem Kursindex ausgeschüttet.
Laufzeit	Begrenzte und unbegrenzte Laufzeiten. Die Emittenten haben auch bei unbegrenzt laufenden Zertifikaten ein Kündigungsrecht.	Unbegrenzte Laufzeit	Unbegrenzte Laufzeit	Unbegrenzte Laufzeit
Handel	Börsenhandel	Kein Börsenhandel, da Kursfeststellung nur einmal am Tag erfolgt.	Kein Börsenhandel, da Kursfeststellung nur einmal am Tag erfolgt.	Können so wie Aktien an der Börse gehandelt werden.

	Indexzertifikat	Indexnahe Fonds	Enhanced Index Fonds	Exchange Traded Funds
Laufende Kosten	Spread (Differenzen zwischen Brief- und Geldkurs) und in der Regel keine Managementgebühr.	Kein Spread, dafür jährliche Managementgebühr zwischen 0,5 % und 2 % und weitere Kosten, wie Depotbankvergütung.	Spread von 0,25 % und eine jährliche Managementgebühr zwischen 0,5 % und 2 % sowie weitere Kosten, wie Depotbankvergütung.	Spread von 0,25 %, und eine jährliche Managementgebühr bis zu einem Prozent, selten mehr.
Kaufgebühren	Banküblische An-und Verkaufsspesen und Marklercourtage	Ausgabeaufschlag von bis zu 5 %.	Ausgabeaufschlag von bis zu 5 %.	Bankübliche An- und Verkaufsspesen und Marklercourtage
Sicherheit	Schuldverschreibungen, Emittentenrisiko, sollte der Anbieter Pleite gehen, droht Totalverlust.	Sondervermögen, bei Insolvenz der Fondsgesellschaft ist das Vermögen der Anleger geschützt.	Sondervermögen, bei Insolvenz der Fondsgesellschaft ist das Vermögen der Anleger geschützt.	Sondervermögen, bei Insolvenz der Fondsgesellschaft ist das Vermögen der Anleger geschützt
Tracking Error	Geringer Tracking Error	Evtl. starker Tracking Error.	Tracking Error bis zu 2,5 %	Geringer Tracking Error
Rendite	Ähnlich wie der Index	Weicht von der Indexentwicklung ab.	Versuch der Outperformance	Ähnlich wie der Index

4.8 Risiken der Fondsanlage

„Je leiser der Flug, desto gefährlicher der Raubvogel." (Graham Greene) So ist es auch bei *Exchange Traded Funds*. Auch sie haben Risiken, auch wenn der Werbespruch zu ETFs – ETF: Einfach, transparent und flexibel – den Anlegern eher etwas anderes suggeriert. Deswegen werfen wir in diesem Abschnitt einen Blick auf die grundsätzlichen Risiken, die einer Anlage in ETFs drohen. Da die *Exchange Traded Funds* in Wertpapiere (wie z. B. Aktien oder Renten) investieren, die wiederum speziellen Risiken unterliegen, lässt es sich nicht vermeiden, dass auch ETFs entsprechend ihren Vermögenswerten ebenfalls nicht zu unterschätzenden Risiken unterliegen. Je nach Art des Fonds sind diese Risiken unterschiedlich hoch zu bewerten.

Im Allgemeinen versteht man den Begriff Risiko so, dass ein Nachteil (z. B. Verlust) eintreten kann. Besser beschrieben ist er aber mit der Chance, dass ein Vorteil (z. B. Gewinn) eintritt. Abstrakt gesehen stellen Chance und Risiko die beiden Seiten der Medaille Unsicherheit dar. Jede Investmententscheidung ist nämlich mit einer Unsicherheit im Ausgang behaftet. Für unsere Zwecke können wir die Sache deutlich eingrenzen. Unter Risiko versteht man die Möglichkeit, dass die zukünftige Rendite einer Anlage von dem Wert abweicht, den der Anleger aufgrund seiner Informationen erwartet. Demnach kann man das Risiko auffassen als das Maß für die Unsicherheit des Eintritts einer bestimmten Rendite. Generell wird zwischen dem systematischen und dem unsystematischen Risiko unterschieden.

Unsystematisches Risiko

Das unsystematische Risiko (s. auch S. 45 ff.) bezieht sich immer auf Einzelfälle und hat nichts mit höherer Gewalt zu tun. Überdies bezieht sich das unsystematische Risiko immer auf nur eine bestimmte Anlage. Deshalb wird häufig auch der Begriff titelspezifisches Risiko verwendet. So kann z. B. eine Aktiengesellschaft eine falsche Strategie einschlagen, mit einem wichtigen Projekt scheitern, mit Streiks konfrontiert werden oder auf harte Konkurrenz treffen. Je nach Fondstyp können unterschiedliche Risiken entstehen.

1. Aktien- und Rentenfonds

Wirtschaftliche Risiken sind meist makroökonomischer Natur und können nicht losgelöst von politischen Risiken betrachtet werden. Sie resultieren aus der Struktur der betreffenden Volkswirtschaft sowie der Art ihrer Einbindung in die internationale Wirtschaft. Sie manifestieren sich in Wechselkursrisiken und Transferrisiken, die den internationalen Zahlungsverkehr behindern bzw. sogar völlig zum Erliegen bringen können.

Das **Liquiditätsrisiko** beschreibt das Problem, dass zu dem Zeitpunkt, zu dem ein Wertpapier verkauft werden soll, keine Kaufnachfrage vorhanden ist. Dann kann der Anleger, etwas salopp formuliert, auf seinem Wertpapier sitzen bleiben. Zudem kann es vorkommen, dass ein Verkauf nur unter großen Kursabschlägen stattfinden kann. Im Allgemeinen ist dieses Risiko in Märkten mit großem Marktvolumen (wie z. B. Aktien des DAXes) zu vernachlässigen, aber es kann in kleinen Märkten (wie z. B. bei Aktien des SDAXes) oder bei exotischen Anleihen durchaus vorkommen. Daher muss der Anleger beachten, dass die Liquidität eines ETFs immer die Liquidität des zugrunde liegenden Indexes widerspiegelt. Besonders deutlich wurde dies z. B. im Herbst 2008, als die russische Börse über mehrere Tage geschlossen war. Die Folge war, dass sich der *Spread* – der Unterschied zwischen Geld- und Briefkursen – für ETFs auf russische Aktien deutlich ausgeweitet hat bzw. der Handel ganz eingestellt wurde.

Dagegen können **Event-Risiken** die Bonität eines Unternehmens sowohl positiv wie negativ beeinflussen. Grundsätzlich beschreibt das Event-Risiko eine mögliche Veränderung im Risikoprofil des Schuldners bzw. Unternehmens wegen unvorhergesehener Ereignisse, wie z. B. Firmenübernahmen oder Kreditausfällen.

2. Rentenfonds

Das **Bonitätsrisiko** (oder Schuldner- oder Emittentenrisiko) beschreibt die Gefahr der Zahlungsunfähigkeit eines Schuldners (Emittenten) einer Anleihe, aber auch eine mögliche vorübergehende oder endgültige Unfähigkeit zur termingerechten Erfüllung der Zins- oder Tilgungsverpflichtungen.

In vielen Emissionsbedingungen von Anleihen hat sich der Schuldner einer Anleihe ein vorzeitiges Kündigungsrecht eingeräumt. Dies wird als **Kündigungsrisiko** bezeichnet. Üblich sind solche Klauseln in Hochzinsphasen.

Dann sinkt das Marktzinsniveau und das Risiko des Anlegers, dass der Emittent von seinem Kündigungsrecht Gebrauch macht, steigt. In einem solchen Fall kann der Anleger sein Kapital meist nur zu schlechteren Konditionen (niedrigere Zinsen) wieder anlegen.

Ein besonderes Risiko tritt bei Tilgungsanleihen auf, bei denen die Anleihe nach dem Auslosungsverfahren zurückgezahlt wird. Dieses **Auslosungsrisiko** kann wegen der unsicheren Laufzeit zu merklichen Veränderungen der Renditen führen. Kauft z. B. der Anleger eine Tilgungsanleihe zu einem Kurs von über 100 Prozent und die Rückzahlung der Papiere erfolgt wegen der Auslosung zu einem unerwartet frühen Termin zu pari, so verschlechtert sich die Rendite für den Anleger wegen dieser Laufzeitverkürzung deutlich.

Das **Zinsveränderungsrisiko** ergibt sich aus der Ungewissheit über die zukünftige Entwicklung des Marktzinssatzes. Allgemein gilt: Eine Veränderung des Marktzinsniveaus nach der Ausgabe einer Anleihe beeinflusst deren Kursentwicklung jeweils in entgegengesetzter Richtung. Eine Erhöhung des Marktzinsniveaus führt in der Regel dazu, dass der Kurs der Anleihe sinkt, eine Erniedrigung dazu, dass er steigt, bis die Rendite der Anleihe in etwa wieder dem Marktzinssatz entspricht. Dabei ist die Heftigkeit, mit der eine Anleihe auf die Veränderungen des Marktzinssatzes reagiert, von zwei Faktoren abhängig: Der Restlaufzeit und der Höhe des Nominalzinssatzes der Anleihe. So sind bei Anleihen mit einer längeren Restlaufzeit und niedrigerer Nominalverzinsung die Kursänderungen größer als bei Anleihen mit kürzerer Laufzeit und höherer Verzinsung.

Markowitz stellte im Rahmen seiner Portfoliotheorie (s. S. 10 ff.) fest, dass das unsystematische Risiko durch eine geschickte Auswahl verschiedener Wertpapiere deutlich reduziert werden kann. Folglich kann man durch eine Anlage in ETFs, die viele verschiedene Wertpapiere enthalten, das unsystematische Risiko minimieren, und zwar im Prinzip sogar so weit, dass nur noch das systematische Risiko – das Marktrisiko – übrig bleibt. Das heißt, es verbleibt das nicht mehr diversifizierbare, systematische Risiko, dem alle Wertpapiere in einem Markt ausgesetzt sind, übrig. Dieses Marktrisiko wird als β (Beta-Faktor, s. S. 24 ff.) bezeichnet. Da die ETFs eine nahezu exakte Indexabbildung schaffen, verfügen sie über ein Beta von nahezu 1 (unter der Annahme, dass der betrachtete Index einen Gesamtmarkt vollständig abbildet, wie z. B. *DJ Stoxx 600*). Das bedeutet wiederum, dass ein ETF in etwa dieselbe Performance haben sollte wie der Index. Er kann ihn deswegen auch nicht schlagen.

Systematisches Risiko

Unter dem systematischen Risiko versteht man das Risiko, das z. B. ein Unternehmen nicht beeinflussen kann. Dazu zählen politische und wirtschaftliche Ereignisse wie Unruhen, Wahlen, Kriege, Steuerveränderungen oder die Schaffung von Freihandelszonen. Aber auch Naturkatastrophen oder starke Veränderungen von Wechselkursen oder Zinsen spielen hier hinein. Deswegen sagen Experten auch, dass der Anleger mit den systematischen Risiken leben muss. Daher betrifft das systematische Risiko nicht nur ein einzelnes Wertpapier, sondern immer die gesamte Anlagekategorie (z. B. Aktien, Anleihen, Rohstoffe usw.) gleichermaßen. Je Fondstyp können folgende Risiken entstehen:

Das **Marktrisiko** beschreibt den Umstand, dass die Preise und Erträge der einem ETF zugrunde liegenden Wertpapiere fallen oder steigen können, was somit auch den Wert des ETFs beeinflusst. Denn wer einen ETF kauft, erwirbt quasi den zugrunde liegenden Index. Jeder dieser Indizes repräsentiert einen Markt und unterliegt einem Marktrisiko. Ob ein DAX-ETF ein erfolgreiches Investment ist, hängt von der Kursentwicklung der 30 größten deutschen Aktiengesellschaften ab. Der Kursverlauf eines Renten-ETFs wird stark von der Zinsentwicklung beeinflusst. Die Rohstoffmärkte hängen vom Hunger der Welt nach Öl, Kupfer, Gold usw. ab. Dies ließe sich beliebig weiter führen. Letztlich muss sich jeder Anleger bewusst sein, dass jeder Markt sein eigenes spezielles Risiko hat, welches sich nicht vermeiden lässt. Es kann lediglich durch Streuung über andere Assetklassen hinweg verringert werden. Da ETFs versuchen, den zugrunde liegenden Index und damit auch den Markt möglichst exakt abzubilden, unterliegen ETF-Inhaber eben auch diesem Marktrisiko.

Demzufolge ist es möglich, dass ein Anleger beim Verkauf eines ETFs weniger erlöst, als er beim Kauf investiert hat. Außerdem könnte die Rendite des ETFs durch Änderungen der wirtschaftlichen und markttechnischen Bedingungen aufgrund von unsicheren politischen Entwicklungen, geänderten Regierungsstrategien, rechtlichen, steuerlichen sowie aufsichtsrechtlichen Anforderungen gefährdet sein. Für Investoren ist es oft gefährlich, die historische Performance eines Indexes in die Zukunft zu extrapolieren. Nicht umsonst weisen eigentlich alle Fondsprospekte im Kleingedruckten folgenden Risikohinweis aus: „Vergangene Renditen sind kein zuverlässiger Hinweis auf künftige Erträge." Es können nämlich immer Ereignisse eintreten, die es in der Vergangenheit nicht gab, und die die historische Performance und Risikozahlen deutlich verschieben. Deshalb sind historische Renditen nur unvollständig richtungsweisend für zukünftige Anlageaussichten. So scheint der ewig junge Leitspruch „Langfristig schlägt die Aktie das Sparbuch" langsam aus der Mode zu kommen. Wer z. B. sein Geld vor zehn Jahren (Febr. 1999 - Febr. 2009) gleichmäßig auf die 30 DAX-Titel verteilt hat, beklagt heute eine Negativrendite von ca. 19 %. (Unter Berücksichtigung aller Dividenden und Ausklammerung von Kauf-, Depot- und Verwaltungsgebühren.)

Das **psychologische Marktrisiko** beschreibt die Tatsache, dass die allgemeine Kursentwicklung an den Börsen häufig von sehr irrationalen Faktoren abhängen kann wie Stimmungen, Meinungen und Gerüchten. Diese Faktoren können eine Aktie oder sogar den ganzen Markt in ungeahnte Höhen treiben oder einen Kursrückgang auslösen, obwohl sich die Ertragslage und die Zukunftsaussichten des Marktes oder Unternehmens nicht nachteilig verändert haben.

Risiken, die sich aus den unsicheren politischen, wirtschaftlichen und sozialen Verhältnissen eines Landes ergeben, werden als **Länderrisiko** zusammengefasst. So beeinflusst die Regierung eines Landes die Wirtschaft durch neue Gesetze auf den Gebieten Umwelt, Arbeitsrecht, Steuern, Renten, Import- und Exportvorschriften und Regulierungen, welche extreme Auswirkungen auf die Gewinne der Unternehmen haben können. Politische Risiken entstehen aus der innen- und außenpolitischen Situation eines Landes. Dagegen resultieren innenpolitische Risiken aus ideologischen Auseinandersetzungen verschiedenster Parteien in einem Land, aus sozialen Spannungen usw. Vornehmlich resultieren außenpolitische Risiken aus der Zugehörigkeit zu politischen Allianzen oder auf feindseligem Verhalten von anderen Staaten oder Volksgruppen. Aber auch die steuerliche Behandlung einer Anlage in ETFs kann von Land zu Land sehr unterschiedlich sein.

Wechselkursrisiken entstehen immer für einen Anleger, der in einem anderen Währungsraum investiert als in seinen heimatlichen. Somit ergeben sich die Wertschwankungen eines internationalen Investments, das nicht in Euro notiert, aus zwei Komponenten. Bei einem Investment in einen ETF sind das erstens die Wertschwankungen der im ETF enthaltenen Wertpapiere und zweitens die Entwicklung des Euros zu der fremdländischen Währung. Dabei ist der Wechselkurs der relative Preis einer Währung abgebildet in einer anderen Währung. Weil der nominale Wechselkurs ein Quotient ist, existieren zwei Notationsmöglichkeiten. Die Mengennotierung drückt die Einheiten der ausländischen Währung je einer Einheit der inländischen Währung aus. Die Preisnotierung gibt die Einheiten der heimischen Währung für eine Einheit der ausländischen Währung an (d. h. den Kehrwert der Mengennotierung). Beispielsweise betrachtet man aus Europa die Mengenrotation des angegebenen Wechselkurs zwischen Euro und US-Dollar, also wie viel US-Dollar man für einen Euro erhält. Derzeit sind es 1,30 US-Dollar. Dagegen sagt die Preisnotierung aus, wie viel Euro ein Europäer für einen US-Dollar bezahlen müsste, dies wären aktuell 0,77 Euro (=1/1,30). Man sagt zudem: Wenn der Euro/US-Dollar-Kurs von z. B. 1,30 auf 1,50 steigt, so fällt der US-Dollar, weil es pro US-Dollar weniger Euro gibt, in diesem Beispiel wären es 0,67. Umgekehrt sagt man: Wenn der Euro/US-Dollar-Kurs von z. B. 1,50 auf 1,25 fällt, steigt der US-Dollar, weil es pro US-Dollar mehr Euros gibt, in diesem Fall 0,8 Euro.

Es betritt also eine zweite Variable das Spielfeld, die Sie sehr genau beobachten sollten, weil Wechselkurse ähnlich starken Schwankungen unterworfen sein können wie die Finanzmärkte selbst. Im Jahr 2001 war der Euro nur 0,85 US-Dollar wert. In den folgenden sieben Jahren bewies der Euro seine Stärke und erreichte 2008 einen Höchststand von gut 1,57 US-Dollar. Im April 2009 kostete er immerhin noch 1,29 US-Dollar und im Juni 2009 schon wieder 1,38 US-Dollar. Sie sehen also, Währungsgewinne und -verluste sind nur unterschiedliche Seiten ein und derselben Medaille. Sehen wir uns dazu ein Beispiel an.

Szenario:
Ein Anleger möchte einen ETF auf den US-amerikanischen Index *Dow Jones Industrial Average* erwerben. Der Index wird in US-Dollar berechnet. Dagegen wird der ETF auf den *Dow Jones Industrial Average* an der Börse Frankfurt im Segment XTF in Euro gehandelt.

Fiktive Ausgangslage:
1 US-Dollar = 0,75 Euro / 1 Euro = 1,33 US-Dollar
Stand des *Dow Jones Industrial Average*: 8.750 Punkte
Stand des ETFs in US-Dollar = 87,50 US-Dollar entspricht 65,63 Euro

Folgende Situationen sind denkbar:

1. Index steigt, Dollar steigt
Der Index steigt auf 9.000 Punkte und somit steigt der Wert des ETFs auf 90 US-Dollar. Zudem steigt der US-Dollar auf 0,78 Euro. Dann ergibt sich ein Stand des ETFs in Euro von 70,2. Das bedeutet, dass der Indexanstieg durch den steigenden US-Dollar verstärkt wird.

2. Index steigt, US-Dollar fällt
Der Index steigt auf 9.000 Punkte und somit steigt der Wert des ETFs auf 90 US-Dollar. Aber der US-Dollar fällt auf 0,73 Euro. Somit ist der ETF in Euro nur 65,70 Euro wert. Folglich wird der Kursgewinn des Indexes durch den sinkenden US-Dollar fast vollständig aufgezehrt.

3. Index fällt, US-Dollar steigt
Der Index fällt auf 8.500 Punkte und somit hat der ETF einen Wert von 85 US-Dollar. Aber der US-Dollar steigt auf 0,79 Euro. Deswegen hat der ETF in Euro einen Wert von 67,15 Euro. Durch den US-Dollar-Anstieg kann der Kursverlust des Indexes abgemildert bzw. sogar noch in einen Gewinn umgewandelt werden.

4. Index fällt, US-Dollar fällt
Der Index fällt auf 8.500 Punkte und somit hat der ETF einen Wert von 85 US-Dollar. Gleichzeitig fällt der US-Dollar auf 0,74 Euro. Folglich hat der ETF in Euro einen Wert von 62,90 Euro. Der Kursverlust des Indexes wird durch den fallenden US-Dollar nochmals deutlich verstärkt.

Einige Experten vertreten sogar die Meinung, dass Investments im eigenen Währungsraum (also in Euro) grundsätzlich Fremdwährungsengagements vorzuziehen sind, weil Währungsrisiken zu den wenigen systembedingten Risiken gehören, die der Kapitalmarkt nicht mit einer entsprechend großen Risikoprämie belohnt. Deswegen ist es aus Sicht eines europäischen Anlegers ratsam, den Schwerpunkt seiner Investments in Euro zu halten. Risiken außerhalb des Euroraums sollten nur zur Diversifizierung des Portfolios dienen und nicht der Schwerpunkt sein. Einige Experten sagen sogar, dass der Anleger für das Eingehen von Währungsrisiken auf lange Sicht durch keine angemessene Rendite entschädigt wird. Denn anders als an den Aktienmärkten geht eine Aufwertung einer Währung zwangsläufig mit einer Abwertung einer anderen Währung einher. Darum entspricht das Währungsrisiko der Differenz des Risikos einer Anlage in Euro und dem Risiko gemessen in der Fremdwährung. Beispielsweise wiesen japanische Anleihen in den letzten fünf Jahren eine Volatilität von 3,7 % auf. In Euro betrug die Volatilität wegen der Währungsschwankungen 10,7 %. Das bedeutet, dass nur rund 1/3 des Risikos durch die Anleihen selbst bedingt ist, die restlichen 2/3 stammen aus den Währungsschwankungen. Darum sind besonders bei Anleihen Währungsrisiken kritisch zu sehen. Dagegen führen andere Experten an, dass auf lange Sicht (>5 Jahre) der saldierte Effekt aus allen Wechselkursveränderungen in einem gut diversifizierten Portfolio, welches verschiedene Fremdwährungen enthält, eher vernachlässigbar ist, da der Wechselkurs langfristig um einen Mittelwert, die so genannte Kaufkraftparität, schwankt.

Ferner können ETFs nicht garantieren, dass eine exakte 1:1-Nachbildung des jeweiligen dem ETF zugrunde liegenden Indexes erreicht wird. Dieses **Anlagerisiko** entsteht durch die Verwaltungsgebühren, die einige Basispunkte kosten und sich somit negativ auf den Kurs des ETFs niederschlagen. Dieses Risiko wird gemessen durch den *Tracking Error* (s. S. 159 ff.).

Das **Indexrisiko** beschreibt zum einen, dass die ETF-Anbieter nicht gewährleisten können, dass die abgebildeten Indizes auch zukünftig auf die gleiche Art und Weise zusammengestellt bzw. berechnet werden. Zum anderen kann natürlich auch in der Indexzusammensetzung eine Gefahr lauern. So sind z. B. in einigen Indizes die enthaltenen Mitglieder nach der Marktkapitalisierung gewichtet. Dies birgt das Risiko eines prozyklischen Verhaltens des auf diesen Index beruhenden ETFs, weil ein Aktientitel bevor er aufgenommen wird, eine gewisse Marktkapitalisierung erreichen muss. Allerdings ist es möglich, dass die Aktie ihren Höhenflug bald wieder beendet, der Kurs kräftig nachgibt und somit den Index mit nach unten reißt. So machte z. B. die MLP AG mit Umsatz- und Gewinnsteigerungen von jährlich mehr als 30 % Anfang 2000 auf sich aufmerksam, was zu Kursen von weit über 100 Euro führte. Diese Kurssteigerungen führten dazu, dass die MLP-Aktie am 23. Juli 2001 in den DAX aufgenommen wurde. In einem Artikel des Magazins *Börse Online* im Jahr 2002 wurde MLP Bilanzfälschung vorgeworfen. Daraufhin brach der Aktienkurs um bis zu 90 % ein, sodass die MLP-Aktie den DAX am 22. September 2003 wieder verlassen musste und seitdem im MDAX notiert. Aktuell steht sie bei 9,20 Euro (Stand Juni 2009).

In einem Branchen-ETF sind alle Mitglieder in einer Branche aktiv. Deswegen weisen die Aktienkurse dieser Unternehmen eine hohe Korrelation aus. Deswegen ist die **Korrelation bei Branchen-ETFs** wesentlich höher als bei

ETFs, die nach anderen Anlagestrategien ausgewählt wurden, wie z. B. nach geografischer Region oder einer breiter gestreuten Branchenverteilung. Durch die Konzentration auf eine Branche wird der Diversifikationseffekt weitgehend neutralisiert. Diese Konzentration wird sogar noch verstärkt, wenn innerhalb einer Branche einige Unternehmen über eine starke Marktstellung verfügen und daher eine hohe Gewichtung im Branchenindex haben. So beträgt z. B. beim *Dow Jones STOXX 600 Automobiles & Parts* (enthält die größten europäischen Unternehmen der Automobilindustrie und -zulieferer) das Gewicht von *Volkswagen* 44 % (Stand November 2008). Als die VW-Aktie vom 24. Oktober 2008 von 214,50 bis zum 28. Oktober 2008 auf 945 Euro stieg, führte dies zu einem Kurssprung im *Dow Jones STOXX 600 Automobiles & Parts*, obwohl alle anderen Autoaktien mehr oder minder stark gefallen waren. Der Index stieg von knapp 16 Euro am 24. Oktober 2008 bis knapp über 29 Euro am 28. Oktober 2008 an. Wegen des Anstieges von VW spiegelte der Branchenindex die Entwicklung des Automobilaktienmarktes eigentlich nicht mehr wider. Denn da nahezu alle anderen Aktien gefallen waren, hätte die Kursentwicklung des Indexes auch negativ sein müssen, wenn er den Markt abgebildet hätte. Deswegen können Kurskapriolen von Schwergewichten die Aussage eines Branchenindexes ad absurdum führen und einen falschen Eindruck des Marktsegments wiedergeben. Kurze Zeit später fiel die Volkswagen-Aktie wieder und riss den Index mit. Daher sollten Anleger vor der Investmententscheidung genau prüfen, wie sich ein Index zusammensetzt.

Überdies lehrt die Börsengeschichte, dass es schnell zu einer Marktübertreibung kommen kann, wenn einzelne Branchen in den Fokus der Anleger kommen. Das heißt, die Aktienkurse gehen durch die Decke, um postwendend wieder in den Keller abzustürzen. Die Ursache dafür ist, dass die Börse nicht nur in ihrer Gesamtheit einen zyklischen Verlauf zeigt, sondern auch innerhalb dieses zyklischen Verlaufes eine permanente Branchenrotation betreibt. Das beobachtet man zurzeit bei den Rohstoffaktien. Hier sind einige Werte binnen weniger Jahre um mehr als 500 % gestiegen, wie z. B. der DAX-Wert K&S. Normalerweise genügt nun schon ein kleiner Funke am Pulverfass, und es kommt zu einer kräftigen Kurskorrektur. Ein solcher Funke kann z. B. ein geringeres als das erwartete Wachstum des Unternehmens sein.

Zudem kann eine dauerhafte Börsennotierung und Kursfeststellung eines ETFs nicht garantiert werden. Das **Risiko von ETF-Schließungen** tritt auf, wenn das verwaltete Vermögen des ETFs so gering wird, dass die Kosten nicht mehr gedeckt werden können. Laut *Barclays* waren Mitte 2009 alleine in Europa 713 ETFs von 32 Emittenten an 20 verschiedenen Börsen gelistet. Allerdings ist die Mehrzahl dieser ETFs mit einem verwalteten Vermögen von unter 500 Millionen Euro eher klein. Ihre Verwaltungsgebühr liegt zwischen 0 und 1 % (im Durchschnitt bei 0,4 %). Zudem fällt auf, dass fast alle ETFs mit einem verwalteten Vermögen von über 1.500 Millionen Euro eine Verwaltungsgebühr von unter 0,2 % aufweisen – mit einer Ausnahme.

Hinter jedem ETF steht eine Kapitalanlagegesellschaft (Abk. KAG), die an den Verwaltungsgebühren verdienen möchte. Da die Gebühren als Prozentsatz vom verwalteten Vermögen berechnet werden, steigt direkt proportional zum verwalteten Vermögen des ETFs das Einkommen der KAG. Es gilt: Je mehr die KAG an einem ETF verdient, desto eher wird sie den ETF fortführen.

Der Profit bzw. Gewinn der KAG ergibt sich, wenn die Kosten von den Einnahmen abgezogen werden. Diese Kosten sind allerdings relativ intransparent und werden von den ETF-Anbietern nicht bekannt gegeben. Kosten entstehen den Anbietern etwa für Management, Administration usw. Experten schätzen, dass ein typischer ETF Fixkosten von jährlich 100.000 Euro hat. Daneben fallen noch variable Kosten von schätzungsweise 0,1 % des verwalteten Vermögens an. Die darüber hinausgehenden, von ETFs unabhängigen Kosten der KAG sind so gering, dass sie vernachlässigt werden können, da die für ETFs erforderlichen Informationen, Computersysteme usw. meistens schon im Konzernverbund (z.B. gehört die Comstage zur Commerzbank) vorhanden sind. Konzernunabhängige ETF-Anbieter, die diese Kostenvorteile nicht nutzen können, haben deswegen höhere Kosten.

Falls dauerhaft nicht genügend Geld in einen ETF fließt, kann es passieren, dass die Gewinnschwelle nicht oder nicht signifikant überschritten wird. In diesem Fall wird die KAG früher oder später handeln, also den ETF in seiner bisherigen Form nicht mehr fortführen. Die KAG hat zwei Möglichkeiten zu reagieren. Sie kann den ETF mit einem anderen zusammenlegen, so dass sich der nachgebildete Wertpapierindex des ETFs ändert. Oder sie kann den ETF schließen.

Was bedeutet es, wenn ein ETF geschlossen wird? Das Kapital des Anlegers ist dann nicht verloren. Normalerweise wird der ETF zum aktuellen Nettoinventarwert zurückgekauft und der entsprechende Geldbetrag dem Anleger bar ausgezahlt. Manche ETF-Anbieter bieten auch an, dass der Anleger kostenlos in einen anderen ETF der gleichen Gesellschaft investieren darf. Im ungünstigsten Fall muss der Anleger dann einen Verlust realisieren, welcher bis dato „nur" als Buchverlust im Depot vorhanden war und er verliert so die Chance auf eine Erholung. So wurden z. B. zum 31. März 2008 die Indexfonds *UNICO i-tracker DAX30* oder *UNICO i-tracker MSCI World* geschlossen. Aber auch große ETF-Anbieter schließen ETFs. So gab z.b. *Lyxor* (zweitgrößter ETF-Anbieter am Markt) bekannt, am 21. bzw. 22. Juli 2009 drei seiner 66 ETFs zu schließen, und zwar den *Lyxor ETF MSCI Thailand*, den *Lyxor ETF FTSE RAFI Japan* und den *Lyxor ETF FTSE RAFI Eurozone*. Wenn der Anleger nach der Schließung eines ETFs keinen gleichwertigen Ersatz findet, droht sein Portfolio aus dem Gleichgewicht zu geraten. Tritt dieser Fall ein, muss der Anleger seine gesamte Aufteilung im Depot neu überlegen. So etwas kann passieren, wenn plötzlich eine gesamte Anlageklasse nicht mehr durch ETFs abgebildet wird, weil das Modethema bei den Anlegern nicht mehr en vouge ist. Wenn nun ein ETF geschlossen wird, ist dies für den Anleger nicht nur ärgerlich, sondern verursacht auch Wechselkosten. So muss er einen neuen ETF eines anderen Anbieters auf denselben Index oder auf einen vergleichbaren kaufen. Dies verursacht Transaktionskosten und schmälert so die Rendite. Das ist vielleicht noch zu verschmerzen. Wird aber ein vor 2009 erworbener ETF geschlossen, geht mit dem Verkauf bzw. der Rückzahlung auch ein Steuerprivileg verloren. Das erlöste Kapital ist nicht mehr von der Abgeltungsteuer befreit (s. S. 315 ff.). Für die Folgeinvestition in einen anderen ETF fällt die Abgeltungsteuer an, die richtig weh tun kann, weil bei einem Verkauf des ETFs 25 % Abgeltungsteuer auf den Gewinn anfallen, die aufgrund des Steuerprivilegs beim geschlossenen ETF nicht angefallen wären.

Was bedeutet es, wenn ein ETF mit anderen ETFs zusammengeschlossen wird? ETF-Anbieter haben das Recht unter Einhaltung einer gewissen Ankündigungsfrist den Basiswert (den zugrunde liegenden Index) zu wechseln. So könnte z. B. ein ETF auf einen S&P-Index einer Region zu einem entsprechenden MSCI-Index der gleichen Region wechseln, weil vielleicht die Lizenzgebühren günstiger für den ETF-Anbieter sind.

So gab am 12. März 2008 die UBS bekannt, die drei bestehenden ETFs – *UBS-ETF DJ US Technology, UBS-ETF DJ US (Large Cap)* und *UBS-ETF DJ Industrial Average* zu einem ETF-Produkt zusammenzufassen, dem *UBS-ETF MSCI USA*. Dabei gewährte die UBS den Anlegern die Möglichkeit, vor dem Wechsel zu der neuen Benchmark eine Barrücknahme durchzuführen. Im Falle einer Zusammenführung mit einem ähnlichen ETF auf einen anderen Index muss der Anleger überprüfen, ob dieser neue Index noch seine Anlageziele abdeckt. Falls der neue Index zu seinen Anlagezielen passt, braucht der Anleger nichts zu unternehmen.

„Lebenskünstler wissen, dass die Kunst des Lebens heute die Kunst des Weglassens ist." Deswegen sollten wir nicht so viel Zeit darauf verwenden, zu ergründen was passiert, wenn ein ETF geschlossen wird, sondern unser Augenmerk darauf richten, wie ein Anleger dieses Risiko minimieren kann. Schließlich sollten langfristig agierende Anleger die Überlebensfähigkeit ihres ETFs immer im Auge haben, um unangenehme Folgen zu verhindern. Der Anleger kann dieses Risiko fast komplett ausschalten, wenn er sein Depot nur mit profitablen, großen ETFs bestückt. Experten haben berechnet, dass ETFs mit einer Verwaltungsgebühr von 0,15 % ab einem verwalteten Vermögen von 200 Millionen Euro profitabel arbeiten können. Mit steigender Verwaltungsgebühr sinkt das Mindestvermögen des ETFs, um die Gewinnschwelle zu erreichen: 0,2 % Verwaltungsgebühr, Gewinnschwelle ab 100 Mio. Euro verwaltetem Vermögen; 0,4 % Verwaltungsgebühr, Gewinnschwelle ab 33 Mio. Euro verwaltetem Vermögen.

Als Faustformel gilt, dass ETFs ab einem verwalteten Vermögen von mehr als 200 Millionen Euro in der Gewinnzone arbeiten, sodass eine Schließung bzw. Zusammenlegung unwahrscheinlich ist. Dagegen besteht bei kleinen ETFs mit einem verwalteten Vermögen von weniger als 30 Millionen Euro eine Gefahr.

Außerdem muss der Anleger damit rechnen, dass sich die Namen der Indizes ändern. Beispielsweise wurden die Bezeichnungen von fünf Indizes, auf die *iShares* ETFs anbietet, geändert. Darunter waren vier Immobilien-ETFs aus der Indexfamilie *FTSE EPRA/NAREIT*. So wurde der *Asia und Europe Dividend + Index* um den Zusatz *Developed* erweitert, der *Global Dividend + In-*

dex in *Developed Dividend + Index* umbenannt und der *UK Property Index* in *UK Index* geändert. Zudem kann es auch vorkommen, dass der Indexanbieter wechselt. Seit dem 18. April 2009 berechnet FTSE anstelle von S&P den Indexstand für den *iShares S&P/MIB ETF* (Index auf die 40 größten italienischen Unternehmen). Tritt dieser Fall ein, sollte der Anleger auch überprüfen, ob sich eventuell das Indexkonzept geändert hat.

Ebenfalls riskant sind ETFs, die nur sporadisch an der Börse gehandelt werden. Ist nämlich der Umsatz niedrig, steigt die Gefahr, dass Käufer und Verkäufer des ETFs keine fairen Preise erhalten bzw. sich der *Spread* enorm ausweitet. Darum lohnt sich vor dem Kauf bzw. Verkauf eines ETFs immer ein Blick auf die Handelsstatistiken der Fondsbörsen.

Aber auch eine kurzzeitige Aussetzung der Anteilsberechnung ist möglich. Das **Risiko der Aussetzung der Anteilsberechnung** tritt auf, wenn die Börse, an der der dem ETF zugrunde liegende Index berechnet wird, aufgrund einer Ausnahmesituation (z. B. Terroranschläge) geschlossen wird. Beispielsweise kam es wegen der eintägigen Schließung der Börse von Bombay zu einer Aussetzung der Anteilsberechnung am 28. November 2008 für alle Lyxor-ETFs, die indische Indizes abbildeten. Prinzipiell führen alle Marktstörungen, die zu einer Aussetzung der Bewertung von Wertpapieren führen, dazu, dass keine Anteilsberechnung mehr stattfindet. In diesem Fall kann der Anleger nur abwarten, bis die Störung vorüber ist und der normale Geschäftsbetrieb wieder aufgenommen wird.

Abschließend kann man nur jedem Anleger raten, vor der Anlage in einen bestimmten ETF die Risikohinweise in den jeweiligen Verkaufsprospekten sorgfältig durchzulesen. Sie werden erstaunt sein, was dort alles aufgeführt wird. Die Verkaufsprospekte können kostenlos bei den ETF-Anbietern bezogen oder auf ihrer Internetseite eingesehen werden. Ein Bonmot sagt aus: *„Nichts geschieht ohne Risiko, aber ohne Risiko geschieht auch nichts. Darum frage nicht, was es kostet, sondern frage Dich, was Dir die Investition bringt."*

4.9 Was bringt eine Investition in ETFs?

Ein Reisereporter wurde einmal gefragt: *„Du kennst die halbe Welt, was empfiehlst Du uns als nächstes Ferienziel?"* Sein erster Tipp, der allgemeine Heiterkeit auslöste war: *„Fahrt einmal nur zwei Stunden weit mit dem Auto und besucht einen der vielen Orte in der Umgebung, die ihr noch nie gesehen habt."* So ähnlich ist es auch bei unserer Betrachtung der ETFs. Bisher haben wir uns eher mit Fernreisen beschäftigt als mit der näheren Umgebung. Nun wird es Zeit, die Stärken und Schwächen von ETFs zu untersuchen. Diese sind im Einzelnen:

Kostenstruktur

Im Allgemeinen besitzen ETFs gegenüber traditionellen, aktiv gemanagten Fonds eine äußerst vorteilhafte Kostenstruktur für den Anleger.

Da ETFs das Ziel haben, die Wertentwicklung eines Indexes nachzubilden, tätigen sie in der Regel wenige Käufe und Verkäufe. Im Gegensatz dazu schichten viele aktiv gemanagte Fonds ihr Portfolio durch Käufe und Verkäufe mindestens einmal im Jahr vollständig um, mit entsprechenden Transaktionskosten. Deshalb haben aktiv gemanagte Fonds höhere Transaktionskosten innerhalb des Fondsportfolios als ETFs.

Grundsätzlich ist beim Kauf eines traditionellen Investmentfonds ein einmaliger Ausgabeaufschlag fällig. Die Höhe des Ausgabeaufschlages ist vom jeweiligen Anlageschwerpunkt (z. B. ob Aktien, Renten usw.) des Fonds abhängig und liegt in der Regel zwischen 2 und 6 Prozent. Dieser Aufschlag dient u. a. zur Deckung von Vertriebs- und Beratungskosten. In seltenen Fällen fallen beim Verkauf der Fondsanteile zusätzliche Rücknahmegebühren an. Dagegen fallen weder beim Kauf noch beim Verkauf von ETFs Ausgabe- oder Rückgabeaufschläge an, wenn die Anteile über die Börse gekauft werden. Der Investor trägt nur die üblichen Transaktionskosten für den Kauf bzw. Verkauf von Wertpapieren seiner Bank. Ein Sprichwort heißt; *„Das meiste Unglück lauert im Verborgenen."* So muss der Anleger sowohl für den Kauf als auch für den Verkauf eines ETFs Spesen zahlen, im Prinzip fallen also zweimal die banküblichen Spesen an. Diese liegen in der Regel zwischen 0,5 und 2 %, je nach Volumen der Transaktion und Bank. Folglich muss der Anleger mit Bankspesen von insgesamt 1 bis 4 % rechnen, das ist fast so viel wie der Ausgabeaufschlag bei aktiv gemanagten Fonds.

Zusätzlich haben fast alle ETFs eine Handelsspanne. Sie liegt bei großen, liquiden ETFs zwischen 0,03 und 0,10 %. Daher genügt nach dem Kauf eines ETFs bereits ein kleiner Anstieg des Referenzindexes, um mit dem Investment in die Gewinnzone zu kommen. Aber bei spezielleren Produkten sind auch manchmal über 0,5 % fällig. Diese Handelsspanne ist aber deutlich geringer als der Ausgabeaufschlag bei traditionellen Fonds. Den aktuellen *Spread* eines ETFs können Sie z. B. aus den Handelsdaten auf boerse-frankfurt.de entnehmen. Weiterhin fallen die üblichen Depotführungsgebühren Ihres Kreditinstituts an. Ein weiterer Kostenblock sind die Verwaltungsgebühren, die sich in Managementgebühren und Transaktionskosten unterteilen. Sie sind wegen des eher passiven Managements bei ETFs[81] sehr gering. Aufgrund des Creation-Redemption-Prozesses fallen keine Transaktionskosten im ETF für Mittelzu- und -abflüsse an. Nur für die Indexanpassungen, Kapitalmaßnahmen sowie das Dividenden- bzw. Zinsmanagement werden dem Fondsvermögen Gebühren in Rechnung gestellt. Leider gibt es hier auch die sprichwörtliche Ausnahme von der Regel. Kommt es zu einer Nachfrage nach ETFs, so verkauft der *Designated Sponsor* einen Aktienkorb an den ETF-Anbieter, der dem Index entspricht, und erwirbt im Gegenzug vom ETF-Anbieter ETF-Anteile (Creation-Prozess). Zur Eindeckung der Aktien kauft der *Designated Sponsor* die jeweiligen Aktien an den Heimatbörsen, um eine maximale Liquidität zu erreichen. In einigen Ländern, wie Großbritannien, fallen Steuern beim Kauf von Aktien an. Erwirbt nun der *Designated Sponsor*

---

[81] Bei manchen ETFs schleicht sich noch eine Fixgebühr ein. Sie kann durchaus die Größenordnung von 0,02 % und mehr erreichen. Diese Gebühr wird erhoben z. B. für die jährlich fälligen Steuern in Luxemburg (die *Taxe d'Abonnement*); Gebühren der Register- und Transferstelle und des Börsenzulassungsbeauftragten, Gebühren der Depotbank oder für sonstige Verwaltungsaufwendungen. Allerdings wird die Fixgebühr nicht für solche Kosten wie die Vertriebs-, Verwaltungsgesellschafts- oder Anlageverwaltungsgebühren erhoben. Normalerweise sind die Fixgebühren schon in den Verwaltungsgebühren enthalten, d. h., der Anleger muss sie nicht separat bezahlen. Aber es gibt auch einige Fondsgesellschaften, die die Anleger zusätzlich mit diesen Kosten belasten. Leider muss der Anleger immer einen Blick in das Verkaufsprospekt werfen, um herauszufinden, ob auf eine Anlage solche Fixgebühren entfallen können.

britische Titel an der *London Stock Exchange*, fällt die so genannte *Stamp Duty* in Höhe von 0,5 % an. Diese Steuer reicht der *Designated Sponsor* innerhalb des *Spreads* an die Anleger weiter. So ist der *Spread* z. B. des *iShares DJ Euro Stoxx 50* mit 0,08 % in der Regel deutlich kleiner als der des *iShares DJ Stoxx 50 ETFs* mit 0,25 % (Stand April 2009). Denn im *DJ Stoxx 50* sind viele Aktien enthalten, bei denen eine *Stamp Duty* anfällt. Diese wird dem Anleger weitergereicht. Häufig beobachtet man auch, dass der *Spread* bei ausländischen Indizes zu Handelszeiten der ausländischen Börse kleiner ist, als wenn die ausländische Börse geschlossen ist. So sollten Anleger Investitionen z. B. in ETFs auf US-amerikanische Aktien ab 15.30 Uhr (Öffnung der US-Börsen) tätigen, denn dann sind die *Spreads* geringer und die ETFs können günstiger erworben werden. Außerdem kann es vorkommen, dass sich der *Spread* desselben ETFs an den deutschen Börsen voneinander unterscheidet. Dies liegt an den Eigenarten der Börsen. Schließlich findet unter den deutschen Regionalbörsen ein Wettkampf um Anlegergelder statt. So gibt es z. B. Aktionen, dass ETFs ohne *Spread* gehandelt werden können. Es lohnt sich also, vor der Orderabgabe kurz einen Blick auf die unterschiedlichen Börsen zu verwerfen. So kann man ein paar Eurocent sparen und erhöht so seine Rendite. Außerdem zeigt Tabelle 25, dass sich der Haupthandel von ETFs an den Börsen Stuttgart und Frankfurt abspielt.

Tabelle 24: iShare DAX (WKN 59393) Handel an unterschiedlichen Börsen

Handelsplatz*	Preis aktuell Spread	Letzter Kurs	Tagestief/hoch	Trades	Tagesumsatz
Xetra	45,88 - 45,91 0,07 %	45,89 16.06.09 14:58	45,47 /46,04	238	27,12 Mio. Euro 593.531 Stk.
Frankfurt	45,89 - 45,92 0,07 %	45,93 16.06.09 14:56	45,44 / 46,01	38	364.108,20 Euro 7.954 Stk.
München	45,89 - 45,92 0,07 %	46,00 16.06.09 11:23	45,77 / 45,77	1	6.786,70 Euro 146 Stk.
Stuttgart	45,92 - 45,92 0,00 %	45,93 16.06.09 15:07	45,58 / 45,92	11	3,37 Mio. Euro 9.749 Stk.
Berlin	45,53 - 45,59 0,13 %	45,84 16.06.09 09:05	45,84 / 45,84	1	2.292,00 Euro 50 Stk.
Düsseldorf	45,88 - 45,93 0,11 %	47,50 11.06.09 08:47	45,68 / 45,68	1	29.434,40 Euro 619 Stk.

* Quelle: https://wertpapiere.ing-diba.de/DE/showpage.aspx?pageID=33&ISIN=DE000
5933931&, Stand: 16.06.09

Die folgende Auflistung zeigt einen Überblick über die Kosten, die bei einer Investition in einen ETF anfallen können. Ob diese Kosten tatsächlich berechnet werden, hängt von den ETF-Anbietern ab.

Verwaltungsgebühr
+ Depotbankvergütung für die Verwahrung der Bestandteile des ETFs[82]
+ Versand- und Veröffentlichungskosten
+ Druckkosten für Rechenschafts- und Halbjahresberichte
+ Prüfungskosten (einschließlich der Kosten für die Ausstellung der Jahresbescheinigung)
+ Gebühren aus Lizenzvertrag
= **Management Fee**

Heute werden bei ETFs in der Regel keine Kosten für die Lizenzen oder die Prospekterstellung in Rechnung gestellt. Veränderungen der Indexgewichtung und das Management von Dividendeneinnahmen sind bei den meisten

---

[82] Die ETF-Anbieter müssen die Wertpapiere des ETFs in einem gesonderten Depot verwahren. Da die ETF-Anbieter aus aufsichtsrechtlichen Gründen die Depotverwaltung nicht selbst übernehmen dürfen, müssen sie damit eine Depotbank beauftragen. Für die Depotführung verlangt die beauftragte Depotbank eine Vergütung.

ETFs ebenfalls kostenlos. Somit entspricht die *Management Fee* heute eigentlich den Verwaltungsgebühren.

Die durchschnittlichen Verwaltungsgebühren bei ETFs liegen z. B. an der Börse Frankfurt je nach abgebildetem Index zwischen 0,1 bis 1 Prozent. Die Gebühren werden anteilig jeden Tag errechnet und vom Fondsvermögen abgezogen. Die Verwaltungskosten eines Fonds werden als Gesamtkostenquote (*Total Expense Ratio*, TER) angegeben.

	Management Fee bzw. Verwaltungsgebühren
+	Banktübliche Depotgebühren, ggf. Kosten für die Verwahrung ausländischer Wertpapiere im Ausland und damit im Zusammenhang stehende Steuern
+	Lieferspesen bei Indexanpassungen
+	Kosten, die im Zusammenhang mit der laufenden Kontoführung des ETFs stehen
=	**Total Expense Ratio**

Die TER gibt die jährlichen Kosten eines Fonds an, die zusätzlich zum Ausgabeaufschlag bzw. zu den Verwaltungsgebühren anfallen können. Sie wird jeweils für das zurückliegende Geschäftsjahr ermittelt. Sie bezieht sich immer auf das durchschnittliche Fondsvermögen. Die TER umfasst u. a. Management-, Verwaltungskosten und andere Kosten zum Betrieb eines Fonds (wie Aufwendungen für Prüfungs- und Beratungsgesellschaften oder Verwaltung). Kritiker dieser Kennzahl sagen auch, dass sie die wohl irreführendste Bezeichnung in der Fondswelt sei, weil sie bei Weitem nicht alle Kosten abbildet, die auf die Anleger zukommen. Der wohl größte Kostenblock, der unter den Tisch fällt, sind die Handelskosten, d. h. Aufwendungen, die aus Käufen und Verkäufen innerhalb des Fondsvermögens entstehen. Diese fallen häufiger an, als die meisten Anleger denken. Dabei geht es nicht allein um die in der Regel quartalsweise durchgeführte Überprüfung der Zusammensetzung durch die Indexanbieter. Vielmehr kommt es fast täglich durch Entscheidungen der Unternehmen zu leichten Verschiebungen in den Indizes. Denn jede Kapitalerhöhung oder Auszahlung einer Sonderdividende hat Auswirkungen auf die Zusammensetzung eines Indexes. So fallen z. B. beim *Dow Jones Stoxx 600* regelmäßig zwei bis drei Änderungen pro Woche im Index an. Wenn das Portfolio häufig umgeschichtet wird, können Transaktionskosten auflaufen, die gut und gerne noch einmal so viel kosten wie die TER. Bei einfachen ETFs auf bekannte Indizes, wie DAX oder *Euro Stoxx 50*, entstehen die einzigen Kosten außerhalb der TER fürs Dividendenmanagement oder wenn der Index umgebaut wird. Als grobe Richtschnur gilt, dass bei großen ETFs vielleicht ein oder zwei Prozent Kosten anfallen, die nicht in der TER enthalten sind. Die restlichen 98 bis 99 % der Kosten sind bereits in der TER enthalten. So hat z. B. ein durchschnittlicher DAX-ETF neben einer TER von 0,15 % noch etwa 0,02 % Kosten mehr zu tragen. Je aufwendiger und exotischer die abgebildeten Märkte werden, desto höher werden auch die Kosten, die neben der TER anfallen. Dann wird die TER zur Kostenkontrolle auch bei ETFs unsicherer. Generell kann man sagen, dass je komplizierter bzw. exotischer der abzubildende Index wird, desto teurer wird der ETF. Insofern stimmt die Gleichung „ETF = billig" nicht immer. In einigen Bereichen haben sogar aktiv gemanagte Fonds günstigere Gebühren als ETFs.

Häufig verlangen die ETFs aber nur die ausgewiesene TER oder Verwaltungsgebühr. Das wird dann meist als All-in-Management-Fee bezeichnet. Andere ETF-Anbieter begrenzen die Kosten generell auf einen Maximalwert. Damit sind dann sämtliche Kosten für den Anleger abgedeckt, also auch die Transaktionskosten. Auch ein zeitweiser Verzicht auf z. B. die Verwaltungsgebühr ist nicht unüblich, meist aus Marketinggründen. Ähnlich wie bei der Handywerbung: *„Null Euro in den ersten drei Monaten, danach monatlich 29,95 Euro."* Auf diese Vermarktungsstrategie setzte z. B. die britische *ETF Securities* (ETFS), um ihre 13 neuen Aktien-ETFs in den Markt zu drücken. Sie offeriert diese Produkte mit dem Hinweis, dass bis Ende Januar 2009 keine Verwaltungsgebühren anfallen, anschließend sollen die Gebühren zwischen 0,3 bis 0,65 Prozent liegen. Es scheint sich eine Unsitte aus dem aktiv gemanagten Fondsbereich langsam im ETF-Bereich einzuschleichen: Der Rabatt für Großanleger. Vorreiter ist die Schweizer Großbank UBS. Sie brachte im ersten Quartal 2010 einige Indexfonds mit einer sehr großen Stückelung auf den Markt. So bietet UBS zwei ETFs auf den MSCI-Europe-Index an. Die Version für Privatanleger ist mit einer jährlichen Verwaltungsgebühr von 0,3 % belastet, während in der Variante für Großanleger nur 0,18 % jährliche Verwaltungsgebühr berechnet werden. Damit UBS erkennen kann, wer ein bevorzugter Großanleger ist, beträgt die Mindestanlage in den ETF für Großanleger das 1.000-fache (d. h. 1.000 Anteile) der Tranche für Privatanleger, also zur Zeit etwa 45.000 Euro.

Die durchschnittliche Gesamtkostenquote für einen Aktien-ETF liegt bei 0,50 % und bei 0,19 % für einen Renten-ETF. Im Vergleich dazu beträgt in Europa die durchschnittliche Gesamtkostenquote laut *FWW Fonds-Factbook 2007/2008* für einen aktiv gemanagten Aktienfonds im Jahr 2007 1,81 % und für einen Anleihenfonds 1,14 %. Betrachtet man allerdings nur aktiv gemanagte Aktienfonds für Standardwerte, so liegt die TER bei 1,58 %, ähnlich sieht es bei Rentenfonds aus. Das heißt, auch bei aktiv gemanagten Fonds nehmen mit zunehmender Spezialisierung des Fonds die Kosten zu.

„Kleinvieh macht auch Mist" lehrt ein Sprichwort. Der auf den ersten Blick geringe Kostenunterschied zwischen aktiv gemanagten Fonds und ETFs (Differenz bei Aktienfonds in der TER ca. 1,2 % p.a.) hat über die Zeit gesehen eine enorme Sprengkraft für Ihre Rendite.

Tabelle 25:   Kostenvergleich zwischen ETFs und aktiv gemanagten Fonds für eine Anlage von 10.000 Euro.

Kostenposition	ETF (Börsenhandel Xetra)*	aktive gemanagter Fonds (Kauf über Fondsgesellschaft)*
Handelsspanne	0,05 %= 5 €	Entfällt
Orderkosten	0,25 % = 25 €	Entfällt
Börsenplatzgebühr	0,95 €	Entfällt
Ausgabeaufschlag		3 % = 300 €
Anlagebetrag nach Gebühren	9969,05	9700
TER p. a.	0,25 %	1,50 %
Anlagebetrag nach 10 Jahren bei durchschnittlich 8 % p. a.	19.484,26 €	17.393,77 €

* Referenzindex DAX; der aktive gemanagte Fonds hat auch die Benchmark DAX

Tabelle 25 zeigt, dass der aktiv gemanagte Fonds aufgrund seiner Kostenstruktur bei gleicher Rendite immerhin ca. 10 % schlechter abschneidet als der ETF. Das ist auch der Grund, warum viele aktive Fonds nicht dauerhaft ihren Vergleichsindex schlagen. Aber wegen der Kosten schneidet ein Besitzer eines ETFs ebenfalls schlechter ab als der Vergleichsindex. Eine Anlage in den DAX ohne Kosten hätte nämlich im selben Zeitraum 19.990,05 Euro gebracht. Das bedeutet, dass ein Anleger in ETFs immer eine Underperformance zum Vergleichsindex erzielt. Eines vergessen viele Anleger nämlich: Die Kosten, die über lange Zeiträume wirken, schaukeln sich auf (negativer Zinseszinseffekt).

Allerdings können ETFs z. B. mittels Wertpapierleihe (s. S. 164) zusätzliche Erträge generieren. So konnte z. B. im Jahr 2007 der *UBS-ETF DJ Euro*

Stoxx 50 I durch Wertpapierleihe einen Ertrag in Höhe der *Total Expense Ratio* (TER) erzielen, d. h., die Nettokosten für den Anleger betrugen im Jahr 2007 null.

Die meisten Anleger richten zunächst ihren Blick auf die Renditechancen einer Anlage und vernachlässigen ganz die Kosten. Kosten reduzieren zuallererst den Ertrag. Je höher sie sind, desto weniger Gewinn kommt beim Anleger an. Überdies dürfen die Anleger niemals Kosten, Erträge und Risiko isoliert betrachten. Sie stehen in einem direkten Zusammenhang, mit teilweise unschönen Konsequenzen. Vereinfacht ausgedrückt steigt das Anlagerisiko mit den Kosten, und zwar nicht linear, sondern exponentiell. Das liegt daran, dass Anleger Anlagen mit einem höheren Risiko eingehen müssen, um den durch die Kosten verursachten Renditeverlust wieder aufzuholen. Möchte der Anleger also ein definiertes Risikoniveau halten, müsste er auf umso mehr Rendite verzichten, je höher die Kosten sind. Gerade bei Indexinvestments führt das Vernachlässigen der Kosten in die Renditefalle, wie folgender Versuch zeigt.

„Der Blick der Märkte richtet sich häufig zuerst auf die Renditechancen einer Anlage und vernachlässigt die Kosten. Ein Modellversuch unter mehr als 100 Studenten der renommierten amerikanischen Wirtschaftsuniversitäten WhartonSchool und Harvard College hat dieses Missverhältnis zwischen Renditeaussichten und Kosten im Anlageprozess jüngst verdeutlicht. Die Teilnehmer des Projekts sollten aus vier Indexfonds auf den S&P 500 den besten auswählen. Die Fonds unterschieden sich dabei hinsichtlich der Gebühren und des Zeitpunktes ihrer Auflage. Im ersten Schritt wurden die Probanden gebeten anhand des Verkaufsprospekts den optimalen Fonds auszuwählen. 95 Prozent schafften es in diesem Schritt nicht, die Kostenbelastung ihres Portfolios so gering wie möglich zu halten. Auch als sie in einem zweiten Schritt aufbereitete Informationen zur Gebührenstruktur der Fonds erhielten, gelang es vier von fünf Teilnehmern nicht die Gebührenbelastung auf das Minimum zu reduzieren. (…) Im dritten und letzten Schritt des Experiments wurde den Teilnehmern dann die Performance der Produkte seit ihrer Auflage mitgeteilt. Aufgrund des mehrere Monate auseinander liegenden Zeitpunkts der Auflage wiesen die vier Fonds, obwohl sie alle den S&P 500 abbilden, eine um bis zu 4 Prozentpunkte voneinander abweichende ‚Performance seit Auflage' auf. Dabei wurden die vier Fonds von den Autoren gezielt so ausgewählt, dass die Performance seit Auflage positiv mit der Höhe der Kosten korrelierte. Das Ergebnis: Die Teilnehmer des Versuchs schichteten ihr Portfolio zugunsten des vermeintlichen Outperformers in das teure Produkt um. Der Versuch verdeutlicht ein in mehrerlei Hinsicht irrationales Verhalten der Anleger: Sie unterschätzen von vorneherein die Gebührenbelastung als Stellschraube für die Performance des Portfolios und das selbst, wenn sie hierzu informiert werden. Und die Anleger lassen sich von Performanceangaben blenden, auch wenn diese wenig aussagekräftig sind. ... Als Fazit kann man sagen, ein Blick auf die Kostenseite ist offenbar häufiger der bessere Ratgeber als das Vertrauen auf eine gute Performance. Die Studenten der WhartonSchool und des Harvard College werden diese Lektion gelernt haben. Sie auch?"[83]

Demzufolge lohnt sich auch bei ETFs der Kostenvergleich. Beispielsweise bekommen die Anleger einen ETF auf den *MSCI Europe* bei *iShares* für 0,35 Prozent Gesamtkosten im Jahr, während bei *db x-trackers* lediglich 0,3 Prozent anfallen. Denken Sie dabei immer daran, dass Kauf- und Verkaufsgebühren sowie Verwaltungsgebühren nur durch Kursgewinne des ETFs ausgeglichen werden können. Ein Börsianer sagte einmal zum Thema Kosten: *„Rendite durch Kosten, die erst gar nicht angefallen sind."* Die Anleger müssen einfach kostensensibler werden. Besinnt sich nämlich der Anleger auf die Normalität bei den Renditen zurück, so erkennt er, dass ein Aktienindex im Durchschnitt eine Gesamtrendite von 5 - 8 % p. a. bringt. Dann spielt es natürlich eine Rolle, ob eine Anlage nur 0,1, 0,5 oder sogar mehr Prozente pro Jahr kostet.

Deswegen sind die Erwerbs- und Verkaufskosten (die Geld-/Briefspanne) für langfristig agierende Investoren nur von untergeordnetem Interesse. Ähnlich wie bei Zertifikaten kommen jetzt auch bei ETFs Aktionen in Mode, zu denen Anleger ETFs gebührenfrei ordern können. So bot z. B. *comdirect* den Anlegern die Möglichkeit, ETFs zwischen dem 14. April und dem 15. Mai 2009 gebührenfrei über die elektronische Handelsplattform *Xetra* zu kaufen. Dies galt schon ab einem Ordervolumen von 1.000 Euro. Die sonst übliche Ordergebühr von mindestens 9,90 Euro entfiel. Allerdings mussten die Anleger das Börsenentgelt von 1,50 Euro sowie ggf. Telefon-, Fax- und Briefzuschläge bezahlen. Solche Aktionen werden in Zukunft deutlich zunehmen.

Wirklich wichtig sind die laufenden Kosten eines ETFs, also die Verwaltungsgebühren bzw. TER und gegebenenfalls die Depotgebühren der Hausbank des Anlegers. Diese wirken sich über die Jahre gesehen auf die Performance des ETFs aus.

Transparenz

---

[83] Gibt's nicht – gibt's doch: Zusatzerträge machen ETFs noch günstiger, Express News 10/2006, S. 4

Transparenz ist heute nicht nur ein Schlagwort, der Begriff wird von Seiten der Emittenten immer mehr mit Leben erfüllt. Viele Anleger interessieren sich zunehmend dafür, in was sie investieren bzw. wie die Rendite ihres Anlageproduktes zustande gekommen ist. Früher war es üblich, dass Anleger erst bei fallenden Kursen zu verstehen versuchten, warum die Anlage nicht rentabel ist. Die heutigen höheren Ansprüche an die Transparenz sind mit dem verstärkten Einsatz von Asset-Allokationsmodellen, wie z. B. der Portfoliotheorie, zu erklären. Wer auf diese Modelle setzt, möchte bzw. muss zu jeder Zeit wissen, welche Wertpapiere mit welcher Gewichtung in seinem Portfolio enthalten sind. Schließlich dient bei der Umsetzung solcher Modelle jeder ETF als Baustein zur Konstruktion eines gesamten Portfolios, gleichgültig, ob dieser auf einem einzelnen Markt basiert (wie z. B. *Dow Jones*), sich auf eine Region bezieht (wie z. B. europäische Aktienmärkte) oder sich über ganze Assetklassen (wie z. B. Rohstoffe oder Renten) erstreckt. Um dies zu gewährleisten, zeichnen sich ETFs durch eine hohe Transparenz aus. So werden alle notwendigen Börseninformationen wie Kurse, Handelsvolumina oder Geld-/Briefpreise jederzeit auf der Internetseite des Emittenten oder z. B. auf boerse-frankfurt.de/etf veröffentlicht. Darüber hinaus veröffentlichen die ETF-Emittenten täglich die Zusammensetzung der jeweiligen ETF-Portfolios. Hierdurch kann der Anleger relativ einfach den Kurs des ETFs nachvollziehen. Normalerweise entspricht der Kurs eines ETFs einem Zehntel oder einem Hundertstel des zugrunde liegenden Indexes. Wegen dieser hohen Transparenz sind Anleger auch vor unangenehmen Überraschungen geschützt. Beispielsweise mussten viele Anleger von Geldmarktfonds im Rahmen der Subprime-Krise im Jahr 2008 erleben, dass ihre vermeintlich sicheren Fonds Renditeeinbrüche verzeichneten, weil sie u. a. auch spekulative ABS-Elemente (*Asset Backed Securities* sind mit Forderungen unterlegte Wertpapiere) enthielten. So etwas bleibt dem Anleger beim Investieren in ETFs erspart.

Doch zur Transparenz zählt natürlich auch die Frage, wie nahe ein ETF am Vergleichsindex dran ist. Das können Sie den in Echtzeit berechneten indikativen Nettoinventarwerten (Abk. iNAV, engl. *indicative Net Asset Values*) entnehmen, die während der Handelszeit des ETFs mindestens einmal pro Minute berechnet werden. Der iNav gibt einen Näherungswert für das Vermögen des ETFs während der Handelszeit an. Als Anleger sollten Sie stets ein

Auge auf den iNAV haben, denn er ermöglicht Ihnen den objektiven Vergleich zwischen den an der Börse gehandelten Kursen und dem fairen Preis des ETFs.

„Am Anfang war das Chaos." Dieses alte Sprichwort gilt auch für ETFs. So beobachtete man in der Anfangszeit der ETFs, dass Börsenkurs und iNAV nicht immer übereinstimmten. Dieses Phänomen trat häufig bei extremen Kurssituationen auf, wie z.b. bei starken Kursrückgängen bzw. -aufschwüngen, also bei hohen Volatilitäten.

Fortlaufender Börsenhandel

ETFs können beispielsweise über *Xetra*, das elektronische Handelssystem der *Deutschen Börse AG* (führender Marktplatz für börsengehandelte Fonds), zu den üblichen Börsenzeiten von 9.00 bis 17.00 Uhr gehandelt werden. Der Handel an der Frankfurter Börse zeichnet sich durch eine hohe Liquidität ohne Ausgabeaufschlag und Mindesthandelsgröße von einem ETF-Anteil aus. Ferner ist ein untertägiger Handel möglich, weil die ETFs den ganzen Tag zu Echtzeitkursen gehandelt werden können. Das ist möglich, weil der iNAV, wie bereits erwähnt, in Abhängigkeit des zugrunde liegenden Indexes alle 15 oder alle 60 Sekunden von der *Deutschen Börse* neu berechnet wird und als Vergleichswert veröffentlicht wird. Dieser Intraday-Handel der ETFs hat den Vorteil, dass der Anleger weiß, zu welchem Kurs er tatsächlich den ETF kauft bzw. verkauft.

Zudem ermöglicht der permanente Börsenhandel dem Anleger eine hohe Flexibilität. So hat er die Möglichkeit, mit ETFs schnell auf aktuelle Marktsituationen zu reagieren. Außerdem ermöglicht der fortlaufende Börsenhandel, dass sich mit ETFs die unterschiedlichsten Anlagestrategien umsetzen lassen. So können Sie mit ETFs sofort in ein bestimmtes Marktsegment investieren, das Ihnen vielversprechend erscheint. Damit kann der Anleger sich den hohen zeitlichen und zum Teil auch monetären Aufwand für *Research* und Überwachung des Depots sparen und zugleich von der Einfachheit der ETFs profitieren. So kann er lediglich einen Wert im Depot im Auge behalten – bei einem gleichzeitigen Investment z. B. in 50 europäische Aktien des *DJ Euro Stoxx 50*.

Hohe Diversifikation und Liquidität

Ein Schlagwort, das Anleger bei ETFs häufig zu hören bekommen, ist: *„Ein Trade, ein Markt."* Schließlich vereinen ETFs die Handelbarkeit einer Aktie mit der Sicherheit eines Portfolios. So lehrt die Portfoliotheorie (s. S. 10 ff.), dass durch die Anlage in einen ganzen Wertpapierkorb, der einem Index zugrunde liegt, eine Risikodiversifikation entsteht. Normalerweise verringert sich das titelspezifische Risiko umso mehr, je ausgeprägter die Streuung ist. So deckt z. B. ein ETF auf den *Dow Jones Industrial Average* ca. 70 % der US-amerikanischen und etwa 35 % der weltweiten Marktkapitalisierung ab. Dennoch können ETFs genauso wie andere Wertpapiere schnell an Wert verlieren, wie z. B. der *DAX ETF* (WKN: DBX1DA), der im Jahr 2008 ca. 40 % verlor.

Durch den Kauf eines ETFs erhält der Anleger mit nur einer Transaktion Zugang zu ganzen Märkten. Hierdurch entfällt zeitraubende Research-Arbeit, um mittels *Stockpicking* die vermeintlich besten Wertpapiere eines Marktes zu finden, zum anderen reduzieren sich die Transaktionskosten deutlich. Hinsichtlich der Diversifikation bietet das Spektrum der ETFs zahllose Möglichkeiten. So findet der Anleger Zugänge zu marktbreiten Indizes (wie z. B. den *S&P 500, DJ Stoxx 600*), zu Bluechipindizes (wie z. B. DAX oder MDAX) sowie zu Sektorenindizes (wie z. B. den TecDAX). Auch eine geografische Ausrichtung ist mit ETFs möglich, so unterscheidet man zwischen nationaler (z. B. *Dow Jones*, USA), regionaler (z. B. *DJ Euro Stoxx 50*, Europa) und gar globaler (z. B. *MSCI World*) Ausrichtung. Eine weitere Möglichkeit ist die Differenzierung zwischen den dem Growth-Ansatz zugehörigen Indizes, wie z. B. dem *DJ Euro Stoxx Growth*, und den dem Value-Ansatz zugehörigen Indizes, wie z. B. den *DJ Euro Stoxx Value*. Aber auch verschiedene Anlageklassen lassen sich auf ETF-Basis abdecken. Allerdings ist der Grad der Diversifikation je nach abgebildetem Index unterschiedlich. Nicht immer ist passiv gleichbedeutend mit guter Diversifikation. Beispielsweise investiert ein ETF auf den SMI in nur zwanzig Aktien, während der aktiv gemanagte Fonds *AXA-Rosenberg* teilweise mehr als 400 Aktien umfasst. Daher sind Anleger immer gut beraten, sich vor dem Kauf eines ETFs über dessen Diversifikationsgrad zu informieren. Vielen Anlegern ist nämlich die Gewichtung innerhalb des Schweizer SMI-Indexes nicht bekannt. So wird rund ein Fünftel des Indexes durch einen einzigen Titel, *Nestle*, beeinflusst. Geht es *Nestle* gut, so geht es auch dem Index gut. Hustet *Nestle* aber, dann bekommt der ganze SMI-Index eine Grippe.

Viele Anleger bevorzugen Wertpapiere, die über eine besonders hohe Liquidität[84] verfügen. Außerdem ist aus Sicht des Risikomanagements eine fortlaufende Handelbarkeit essenziell, um auf jede denkbare Marktsituation reagieren zu können.

Die hohe Liquidität von ETFs resultiert daraus, dass die geringen Geld-/Briefspannen *(Spreads)* unabhängig von der Höhe der Börsenumsätze festgelegt werden. Hierzu stellen die *Designated Sponsors* permanent An- und Verkaufskurse für ETFs. Sie gelten zu einem bestimmten Mindestvolumen. So hat sich der *iShares DAX ETF* zu einem der meistgehandelten Finanzinstrumente an der deutschen Börse entwickelt. Im Mai 2008 übertraf er beispielsweise mit mehr als 1,5 Milliarden Euro das Handelsvolumen von sechs der 30 im DAX notierten Aktien. Wie misst man aber die Liquidität?

Hierzu bietet sich die Kennzahl Xetra-Liquiditätsmaß an (kurz XLM, wird auf der Seite www.boerse-frankfurt.de publiziert. Sie finden sie bei den Datenblättern der ETFs unter dem Begriff „Handelsparameter"), welche die Liquidität im elektronischen Orderbuchhandel *Xetra* misst. Sie wird in Basispunkten angegeben, wobei 100 Basispunkte einem Prozent entsprechen, und entspricht den Kosten für einen *Round-Trip* (zeitgleicher Kauf und Verkauf einer Position) bei einem gegebenen Volumen. So bedeutet ein XLM von 6,03 Basispunkten bei den *ETFLAB DAX* und einem Auftragsvolumen von 25.000 Euro, dass die Kosten für den Kauf und Verkauf dieses ETFs in Summe 15,71 Euro betragen.

Es gilt: Je geringer das XLM eines ETFs ist, desto geringer sind die Kosten beim Handel eines ETFs und desto größer ist die Liquidität und Handelseffizienz eines ETFs. Das heißt auch, dass sich mit der XLM versteckte liquiditätsbedingte Transaktionskosten aufdecken lassen. Grundsätzlich gilt, das liquidere ETFs geringere Handelskosten aufweisen als illiquide. So hat z. B. der *ETFLAB DAX* ein XLM von 6,03. Im Vergleich dazu hat der *ETFLAB MSCI USA LC* ein XLM von 47,28, d. h. der *ETFLAB MSCI USA LC* hat höhere Handelskosten. Die Liquidität hat aber auch einen Einfluss auf die Ma-

---

[84] Unter Liquidität versteht man, wie schnell ein Wertpapier (hier ETF) umgewandelt werden kann in flüssige Mittel, wie Bankguthaben oder Bargeld.

nagementgebühren eines ETFs. Je entwickelter und liquider der Index, desto einfacher der Zugang und desto niedriger sind die Gebühren. Unterscheidet sich die Liquidität von verschiedenen ETFs auf ein und denselben Vergleichsindex? Ja, wie Tabelle 26 zeigt, lohnt sich genaues hinschauen. Da bei allen ETFs die *Management Fee* gleich ist, spielt unter Kostengesichtspunkten nur noch die Liquidität eine Rolle. Demnach ist der *iShares DAX* am günstigsten, weil er die kleinste XLM hat. Zudem zeigt sich, dass die Kennzahl XLM nicht konstant ist, sondern sich mit der Zeit ändert. Deswegen muss der Anleger immer auf aktuelle Werte zurückgreifen.

Tabelle 26:   XLM für verschiedene ETFs auf den DAX

ETF	Management Fee	XLM[1] (August 2008) in Bp.	XLM[1] (Juni 2009) in Bp.
db x-trackers DAX ETF	0,15 %	5,66	6,97
ETFlab DAX	0,15 %	6,03	6,50
iShares DAX	0,15 %	4,74	5,26
Lyxor ETF DAX	0,15 %	9,27	8,20

[1] Bezogen auf ein Ordervolumen von 25.000 Euro. DAS XLM misst die Liquiditätskosten für die sofortige Ausführung einer Kauf- und Verkaufsorder auf das Ordervolumen von 25.000 Euro.

Bei Zertifikaten oder Hebelprodukten ist es üblich, auch die Handelsqualität des Emittenten bzw. *Market Makers* zu beachten. Hierunter versteht man die fortlaufende Verfügbarkeit von An- und Verkaufskursen sowie die Schnelligkeit der Orderausführung. Denn umso schneller eine Order ausgeführt wird, desto höher ist die Wahrscheinlichkeit, dass sich der Kurs des Zertifikates bzw. Hebelproduktes nicht zu Ungunsten des Anlegers verschiebt und sein Geschäft zum gewünschten Kurs abgeschlossen werden kann. Für Zertifikate und Hebelprodukte wird die Handelsqualität z. B. bei www.scoach.de im Bereich Statistiken & Performancedaten angegeben. Die fortlaufende Verfügbarkeit von Kursen stellt somit eine wichtige Voraussetzung für die Durchführung eines Geschäftes dar. Schließlich gilt: kein Kurs, kein *Trade*. Da ETFs immer häufiger auch zum Zwecke des *Tradings* genutzt werden, wird auch dieser Aspekt früher oder später in die Welt der ETFs einziehen. Sie sollten sich beim ETF-Anbieter informieren, wie schnell eine Order ausgeführt werden kann. Im Regelfall legen nämlich die ETF-Anbieter mit den *Designated Sponsors* die jeweilige Reaktionszeit fest, ähnlich wie den maximalen *Spread*. Besonders in Zeiten von hohen Volatilitäten, wie im Januar 2009 mit

Tagesschwankungen beim DAX von über 5 %, kann eine langsame Orderausführung schnell viel Geld kosten. Zudem möchte ich auch noch auf ein eher theoretisches Problem mit den *Designated Sponsors* hinweisen. Die Krise der *Allgemeinen Hypothekenbank Rheinboden* (AHBR) hat am Beispiel der Jumbo-Pfandbriefe gezeigt, dass *Market Maker* (vergleichbar mit *Designated Sponsors*) sich klammheimlich aus dem Markt verabschieden können und für die Papiere der AHBR keine Kurse mehr stellen. Bis dahin eigentlich undenkbar im Jumbo-Pfandbriefemarkt. Sollten sich auch die *Designated Sponsors* eines ETFs eines Tages als Schönwetterakteure herausstellen, so haben die Anleger zwar noch die Möglichkeit, ihre Anteile an den ETF-Anbieter zurückzugeben. Allerdings würde sich dann die jeweilige Handelbarkeit und ständige Liquidität als Makulatur erweisen. Die Anbieter versuchen dieses Problem dadurch zu umschiffen, dass sie die externen *Designated Sponsors* sehr sorgfältig auswählen. Allerdings haben die ETF-Anbieter kein wirkliches Druckmittel, wenn sich der externe *Designated Sponsor* zurückzieht. Darum haben viele ETF-Anbieter eigene *Designated Sponsors*, die, so lange der Markt es zulässt, Kurse für die ETFs stellen. Z. B. agiert die Konzernmutter *Commerzbank* für die *Comstage* als *Designated Sponsor*. Aber wenn die Zahl der *Designated Sponsors* für einen ETF zurückgeht, steigt unweigerlich die Gefahr, dass sich der *Spread* ausweitet, weil kein Wettbewerb um den günstigsten Preis stattfindet.

Ein weiteres Problem offenbarte die Finanzkrise Ende 2008. Sie zeigte nämlich, dass sich die *Spreads* (Differenz zwischen An- und Verkaufskurs) in Abhängigkeit der Volatilität des zugrunde liegenden Indexes ändern. Ein Ansteigen der Volatilität führt in der Regel zu einem größer werdenden *Spread*. So stiegen bspw. vom ersten Quartal 2008 die *Spreads* in der Krisenphase (viertes Quartal) um das 6- bis 15-fache an.

Dennoch zählen die ETFs zu den liquidesten Finanzprodukten überhaupt. Demzufolge kann der Anleger davon ausgehen, dass alle seine Verkäufe bzw. Käufe von ETFs schnell ausgeführt werden. Dagegen ist es bei traditionellen Fonds möglich, dass die Rücknahme von Fondsanteilen ausgesetzt wird. In Folge der Finanzkrise im zweiten Halbjahr 2008 hatten zahlreiche Immobilienfonds in Deutschland massive Mittelabflüsse zu verzeichnen. Dadurch sanken die frei verfügbaren Geldmittel in den Fonds unter das vom

Gesetzgeber vorgesehene Limit. Da die Fonds ihre Immobilien in der Regel nicht schlagartig verkaufen können, sieht das Gesetz für diesen Fall die Schließung der Produkte vor, so wurde z. B. der *AXA-Immoselect* am 28.10.2008 geschlossen. Trotzdem werden die Fonds natürlich weiterhin aktiv gemanagt. In einem solchen Fall können Anleger mindestens drei oder sechs Monate keine Anteile mehr an die Fondsgesellschaft zurückgeben. Für die permanente Liquidität sorgen die *Designated Sponsors* durch den Creation-Redemption-Prozess. Wie schon mehrfach angesprochen findet hierbei ein Tausch von Aktienkörben (entspricht 1:1 dem abgebildeten Index des ETFs) gegen Fondsanteile statt. Deswegen hängt die Liquidität eines ETFs ausschließlich vom Index ab, den er abbildet. Je mehr illiquide Wertpapiere im Index enthalten sind, desto größer wird das Transaktionsrisiko für den *Designated Sponsor* und umso größer wird der *Spread*. Deswegen ist z. B. bei europäischen Standardaktien der *Spread* in der Regel deutlich geringer als bei brasilianischen oder russischen Aktien. Zudem spielt auch die Zeitzone eine gewisse Rolle. Das liegt daran, dass bei Märkten, die zu unserer Uhrzeit geschlossen sind, der *Designated Sponsor* ein hohes Transaktionsrisiko (Kurse können unvorhersehbare Kurskapriolen schlagen) trägt, deswegen weiten sich die *Spreads* aus.

In der Regel gilt: Je höher die Marktabdeckung eines Indexes ist, desto niedriger ist seine Liquidität, was oftmals zu höheren Geld-/Briefspannen führt. So hat z. B. der DAX eine viel höhere Liquidität als der *MSCI World*, der einem weltweiten Aktienkorb von 1.800 Aktien entspricht.

Außerdem muss noch der Marktzugang – d. h. der Zugang zu den Aktien, die im Index enthalten sind – berücksichtigt werden. So ist ein Indexinvestment auf den DAX einfacher darzustellen, als ein Investment in den *MSCI Emerging Markets*, weil die *Designated Sponsors* in unterschiedlichen Märkten und Währungen agieren müssen. Allgemein gilt: Je schwieriger der Marktzugang, umso höher sind die jährlichen Kosten des ETFs und umso breiter wird die Geld-/Briefspanne.

Wiederum hat die Finanzkrise Ende 2008 gezeigt, dass der für die Liquidität so wichtige Creation-Redemption-Prozess aus dem Tritt kommen kann. So wurde z. B. Ende 2008 die Einstellung der Anteilsausgabe des *db x-trackers Stoxx 600 Banks Shorts* aufgrund der unklaren Situation hinsichtlich der Möglichkeiten des Leerverkaufes bekannt gegeben.

Konstante Performance

Die eigentliche Aufgabe eines ETFs ist, sich entsprechend dem zugrunde liegende Index zu entwickeln, ähnlich wie eine Sonnenuhr, die immer dem Lauf der Sonne folgt. Somit ist die Performance des ETFs sehr nah an der Performance des zugrunde liegenden Indexes. Dadurch kann das Risiko schwankender Renditen des Portfolios im Vergleich zur Benchmark vermieden werden, d. h., man übertrifft nicht in einer Periode die Performance des Marktes und in der nächsten verfehlt man sie deutlich.

Der Finanzwissenschaftler Mark P. Kritzman stellte Folgendes fest: *„Die historischen Daten scheinen die Auffassung zu bestätigen, dass Aktienrenditen zu ihrem Durchschnitt zurückpendeln."* Dieses als Regression zum Mittelwert bezeichnete Phänomen ist durch viele Studien nachgewiesen worden. Es wurde festgestellt, dass sich sowohl überdurchschnittliche als auch unterdurchschnittliche Renditen einzelner Wertpapiere langfristig wieder dem für die jeweilige Asset-Klasse durchschnittlichem Wert annähern, d. h., Über- oder Unterrenditen haben nahezu immer vorübergehenden Charakter. Im Umkehrschluss bedeutet das natürlich auch, dass das Phänomen der Regression zum Mittelwert verlangt, dass für jede überdurchschnittliche Rendite p. a. irgendwann eine unterdurchschnittliche auftreten muss, damit die Rendite wieder zu ihrem Mittelwert zurückkehrt.

So ist z. B. die durchschnittliche Rendite des *Euro Stoxx 50* von 21,0 % p. a. in den zehn Jahren von 1991 bis 2000 unter keinen Umständen dauerhaft zu wiederholen. Das lässt die Haupttriebkraft für Aktienrenditen nicht zu, das Wachstum der Unternehmensgewinne. Ein Anleger, der nach mehreren Jahren hoher Aktienrenditen glaubt, dieses Wachstum würde sich fortsetzen, geht davon aus, dass sich die Unternehmensgewinne in Zukunft dauerhaft etwa alle drei Jahre verdoppeln (nur unter dieser Annahme wäre eine Aktienrendite von 21 % p. a. dauerhaft möglich). Das hat es noch nie gegeben. Somit folgte in den Jahren 2001 bis 2003 eine Baisse mit Kursverlusten von mehr als 40 % im *Euro Stoxx 50*, d. h., die Aktienrendite näherte sich wieder ihrem historischen Durchschnittswert an.

Daher sagen Kritiker der aktiv gemanagten Fonds auch, die Wahrscheinlichkeit einer kontinuierlichen Outperformance entspricht der eines Münzwurfes. Folglich erfolgt durch den Einsatz von ETFs auch eine Eliminierung des Managerrisikos, da keine Performancebeeinträchtigung durch Fehlentscheidungen des Fondsmanagers zu befürchten ist.

Wer kennt nicht den Spruch: *„Traue keiner Statistik, die du nicht selbst gefälscht hast.“* So sollte man sich auch die Performance von ETFs und aktiv gemanagten Fonds, die sich auf denselben Vergleichsindex beziehen, im Detail ansehen. So stellt man fest, dass in Aufschwungphasen nur ca. 46 % der aktiven Fonds erfolgreicher waren als vergleichbare ETFs, in Abschwungphasen waren es nur noch ca. 25 % der aktiven Fonds. Weiter ist zu beobachten, dass in heißen Abschwungphasen (sehr schnelle Kursverluste) wie in der Finanzkrise Ende 2008 ca. 1/3 der aktiven Fonds erfolgreicher waren als vergleichbare ETFs, in Seitwärtsphasen waren es 22 %. Über alle Phasen hinweg ist festzustellen, dass 19 % der aktiven Fonds besser abschneiden als vergleichbare ETFs. Man kann als Ergebnis also festhalten, dass ETFs häufig das bessere Investment sind. Überdies wurde durch die *Gecam AG* festgestellt, dass rund 94 % der 7.548 untersuchten Aktienfonds zu mehr als 80 % mit ihrem Vergleichsindex korrelieren (s. S. 25 ff.). Nur ein Prozent der untersuchten Fonds wies eine Korrelation von weniger als 60 % auf. Nach Ansicht von *Gecam* kann man erst unterhalb einer Korrelation von 60 % von wirklich aktivem Management sprechen.

Einige Kritiker solcher Vergleiche sagen, dass meistens unzulässigerweise Markt und Index in einen Topf geworfen bzw. gleichgesetzt werden. Schon der Blick auf den Aktienmarkt in Deutschland zeigt, dass es den deutschen Aktienmarkt nicht gibt. So gibt es den DAX, CDAX, GEX, MDAX, TecDAX, HDAX, SDAX, *Entry Standard Index, General Standard Index, Classic All Share, Prime All Share, Entry All Share* usw., deren Performances und Zusammensetzungen sich um Welten unterscheiden. Welcher Index bildet jetzt den deutschen Markt ab? Dies ist im Prinzip eine reine Geschmackssache, ich persönlich tendiere zum CDAX (alle deutschen Unternehmen aus den Marktsegmenten *Prime* und *General Standard*), weil er breiter aufgestellt ist als sein bekannter Bruder DAX.

Zudem beobachtet man, dass mit abnehmenden Grad der Effizienz (s. S. 9 ff.) eines Marktes der Anteil der erfolgreichen aktiven Fonds wächst. So waren z. B. fast 53 % der aktiv gemanagten Aktienfonds mit Schwerpunkt *Emerging Markets* besser als der vergleichbare *iShares MSCI Emerging Markets*.

Wegfall des Emittenten- und Wiederanlagerisikos

ETFs sind ein vom Vermögen der ETF-Verwaltungsgesellschaft getrenntes Sondervermögen. Daher besteht kein Emittentenrisiko. Überdies sind eigentlich alle ETFs so konstruiert, dass sie keinen Fälligkeitstermin haben. Folglich besteht für den Anleger kein Risiko, dass der ETF aufgrund eines Laufzeitendes aufgelöst wird und eine Wiederanlage zu deutlich ungünstigeren Bedingungen erfolgen muss. Somit entfallen beim ETF Kosten und Aufwand der Wiederanlage der frei werdenden Gelder.

Dividendenausschüttung

Prinzipiell stehen dem Anleger die Dividenden im vollen Maße zu. Wie der ETF die Dividenden behandelt, hängt davon ab, ob der zugrunde liegende Index ein Kursindex oder ein Performanceindex ist. Da bei einem Kursindex der Indexstand ausschließlich aufgrund der Aktienkurse ermittelt wird, zahlt der ETF die Dividenden quartalsweise oder jährlich aus. Dagegen wird bei einem Performanceindex unterstellt, dass alle Bardividenden und sonstigen Einnahmen (wie Bezugsrechte) wieder in die Aktien des Indexes investiert werden. Deswegen schüttet ein ETF, der sich auf einen Performanceindex bezieht, keine Dividenden aus, weil diese sich schon im Index befinden.

Leerverkäufe von ETFs

Ein weiterer Vorteil, der in Deutschland eigentlich nur institutionellen Anlegern vorbehalten ist, ist, dass ETFs leer verkauft werden können, genauso wie Aktien. Solche Long-Short-Strategien (s. S. 312 ff.) befinden sich im Werkzeugkasten vieler Finanzprofis. Ein institutioneller Anleger, der einen Leerverkauf durchführt, setzt auf sinkende Kurse des ETFs. Das Risiko besteht darin, dass der ETF steigt, nachdem der institutionelle Anleger ihn verkauft hat. Dann macht er einen Verlust. Verkauft z. B. ein institutioneller Anleger 10.000 ETF-Anteile leer zu einem Kurs von 100 Euro und spekuliert somit auf fallende Kurse, dann erzielt er bei einem Kurs von 95 Euro einen Gewinn von 50.000 Euro, wohingegen er bei einem Kurs von 105 Euro 50.000 Euro Verlust erzielt. Einen weiteren Verlust kann er nur unterbinden, indem er den ETF zu einem höheren Kurs (als er ihn geliehen (100 Euro) hat) zurückkauft. Damit besteht das große Risiko bei Leerverkäufen darin, dass der Verlust nach oben hin theoretisch unbegrenzt ist, während er beim klassischen Kauf des ETFs auf 100 % beschränkt ist. Der Leerverkäufer macht also grundsätzlich bei steigenden Kursen Verluste und bei fallenden Gewinne.

Die Gefahren des dummen Indexinvestments

Mit normalen ETFs ist man fast immer voll investiert, weil das Portfolio der Zusammensetzung des zugrunde liegenden Indexes entspricht. Denn passiv auf einen Index zu setzen, bedeutet dessen Wertentwicklung in beide Richtungen eins zu eins mitzumachen – das ist nur zeitweilig attraktiv. In der Regel wird in langen Baissephasen und Seitwärtsphasen ein Indexinvestment eine schlechte Alternative. So sagt Volker Dosch (Leiter für Branchenfonds in der DWS, der Fondstochter der *Deutschen Bank*):

> „Ein ETF hat immer 100 Prozent seines Geldes investiert. Ein Fondsmanager dagegen könnte auch mal einen Teil seines Geldes aus den Aktien herausnehmen und auf ein Konto legen. So könnten Fondsmanager auch in schlechten Zeiten immer noch Geld verdienen. ... Indexfonds dagegen haben immer die Aktien im Programm, die zuvor gut gelaufen sind. Denn mit dem Kurs steigt deren Börsenwert und damit auch ihr Anteil am Index. Und besonders gut laufende Aktien sind am Schluss oft überbewertet. Die Zusammensetzung des Marktes wird nicht hinterfragt. Wenn der Trend dreht, stürzen diese Aktien am heftigsten – so wie das zuletzt die Bankaktien getan haben."[85]

Diese These wird von einer Reihe von Wissenschaftlern unterstützt. Sie sagen, dass nach Marktkapitalisierung gewichtete Indizes das Potenzial haben, den Markt ernsthaft zu verzerren, weil sie zu hohen Konzentrationen führen und Momentum-Effekte entstehen können.

Mit Zunahme der Bedeutung des Indexinvestments ist natürlich auch ihr Einfluss auf den abzubildenden Markt gewachsen, mit oftmals verhängnisvollen Konsequenzen. Solche Konsequenzen entstehen dann, wenn Kapitalmarktblasen in einzelnen Regionen, Ländern oder Branchen auftreten. Dann steigt unaufhörlich das Gewicht der betroffenen Marktbereiche in den Indizes. Das zwingt Indexanleger dazu, ihren Aktienbestand in diesem Marktbereich auszuweiten – was der Hausse weitere Nahrung gibt. Wenn dann die Blase platzt, macht die übermäßige Gewichtung des Marktbereiches die Verluste umso größer.

---

[85] Frankfurter Allgemeine Zeitung, 23. Juni 2008

Beispielsweise zeigt der breit gefasste *DJ Stoxx 600*, dass die Performance der vergangenen 12 Monate durch den Sektor „Finance" (Banken, Versicherungen, sonstige Finanzdienstleister) mit einer Gewichtung von über 25 % der Hauptgrund für die Berg- und Talfahrt des *DJ Stoxx 600* war (s. Tabelle 27). Deswegen muss sich ein Anleger auch über den Inhalt eines Indexes, wie Bestandteile und Gewichtung, Gedanken machen. Schließlich stehen für ein Anlageland oftmals eine Vielzahl von Indizes zur Verfügung. Der Anleger sollte nur in solche Indizes investieren, die er auch tatsächlich versteht. Ansonsten drohen mehr oder minder große Enttäuschungen bei der Rendite.

Tabelle 27: Sektorenentwicklung des *DJ Euro Stoxx 600*

	Gewichtung im Index in %	6 Monate in %	1 Jahr in %
Euro Stoxx 600 Performance		39,88	-15,15
Banken	17,52	116,61	-17,72
Öl & Gas	9,69	19,37	-17,11
Gesundheitswesen	9,24	18,20	-6,94
Industriegüter und Dienstleistungen	8,25	42,82	-16,70
Nahrungsmittel und Getränke	6,79	23,29	-2,12
Telekommunikation	6,79	16,58	-4,32
Versorger	6,59	21,29	-22,03
Versicherung	5,76	63,70	-21,28
Rohstoffe	4,49	70,79	-36,30
Konsumgüter und Haushaltswaren	4,44	29,49	-7,08
Chemieindustrie	3,59	33,52	-15,76
Einzelhandel	3,31	24,50	0,74
Technologie	3,17	36,74	-22,85
Baugewerbe und Werkstoffe	2,71	59,94	-4,70
Finanzdienstleistungen	2,59	57,40	-22,79
Medien	2,05	19,33	-12,09
Automobil	1,83	51,26	-13,84
Reise und Freizeit	1,19	20,58	-21,58
annualisiert 31.08.09			

Aber auch einfach nur der Blick auf den DAX offenbart ein Problem. Beispielsweise gelingt es dem DAX seit mehreren Jahren nicht, sein Hoch vom März 2000 zu überschreiten. Wer zum unglücklichen Zeitpunkt im Jahr 2000 eingestiegen ist, liegt mit seinem passiven DAX-Investment auch unter Berücksichtigung der Dividenden nach zehn Jahren immer noch tief im Minus. Woran liegt das?

Wer einen Index kauft, verzichtet, je nach Wahl des Indexes, mehr oder minder stark auf Diversifikation und investiert immer prozyklisch in jene Aktien, die zuvor kräftig gestiegen sind. Das liegt am Konzept der meisten großen Indizes, weil sie nach der Marktkapitalisierung gewichtet werden, d. h. der Börsenwert eines Unternehmens bestimmt sein Gewicht im Index. Zwecks Liquidität findet meistens noch eine Orientierung am Streubesitz bzw. Börsenumsatz statt. Daher führt ein steigender Aktienkurs zunächst zur Aufnahme in den Index und anschließend auch noch zu einem höheren Gewicht. Deswegen werden die Aktienindizes zu einem Sammelbecken für Aktien, deren Kurse in der Vergangenheit überdurchschnittlich gestiegen sind. Dies führt tendenziell zu einer Übergewichtung von überbewerteten Aktien. Auf der anderen Seite verlieren unpopuläre Aktien langsam an Gewicht und fallen schließlich aus dem Index. Somit werden eher unterbewertete Aktien in einem Index untergewichtet. Deswegen werden viele Indizes faktisch von wenigen populären, hoch kapitalisierten Aktien dominiert. Das heißt, dass besonders bei Anlegern beliebte Branchen überproportional im Index vertreten sind. Man denke an folgendes Beispiel. 1997 machte der Anteil der *Cisco AG* im *S&P 500* ca. 0,4 % aus, bei einem KGV von 30. Im Rahmen der Euphorie für Technologieaktien Anfang 2000 stieg der Anteil am *S&P 500* auf 4 %, bei einem KGV der *Cisco* von 130. Nach dem Platzen der so genannten Technologieblase verlor der *S&P 500* überproportional im Vergleich zu anderen Indizes, die weniger Gewicht in Technologie hatten. Allerdings haben auch die Indexanbieter dieses Problem erkannt und versuchen, die Folgen zu begrenzen, indem sie für die Gewichte einzelner Aktien im Index Höchstgrenzen vorschreiben.

Aber auch Aktienindizes, die Hunderte oder sogar Tausende von Aktien enthalten, sind oftmals wesentlich schlechter diversifiziert, als die Anleger gemeinhin glauben. Die hohe Anzahl der Aktien übertüncht, dass meistens wenige Schwergewichte für die Indexentwicklung verantwortlich sind. Beispielsweise machen beim *S&P 500* die 25 größten Aktien mehr als ein Drittel des Indexes aus, die 50 größten Aktien bestimmen sogar mehr als die Hälfte der Indexperformance. Zudem hat eine Untersuchung für das Jahr 2004 gezeigt, dass die Indexschwergewichte (die Top-Ten nach Marktkapitalisierung) meistens schlechter abschneiden als der Index. So wurde beobachtet, dass die Schwergewichte in einem Ein-Jahres-Zeitraum nur in 40 % der Fälle eine bessere Performance hatten als der Index. Auf Fünf-Jahres-Sicht verschlechtert sich dieser Wert sogar auf 32 %.

Um z. B. die Verteilung von international angelegten Geldern auf einzelne Länder zu steuern, wird häufig auf kapitalisierungsgewichtete Indizes zurückgegriffen. Das Problem ist, dass die Gewichtungen in kapitalisierungsgewichteten Indizes starken Schwankungen unterworfen sind. Das zeigt die Länderaufteilung im *MSCI World*. So stieg z. B. im Rahmen der Hausse an den japanischen Aktienmärkten in den 1980er Jahren ihr Gewicht im *MSCI World* stark an, und zwar von 4 % (1970) auf 39 % (1987). Nach dem Platzen der Japanblase belastete diese Gewichtung in den folgenden Jahren den Index stark. So reduzierte sich das Gewicht Japans bis 2006 auf 10 %. Aber auch teilweise absurde Situationen kommen in den Indizes vor. So hatte die Schweiz z. B. im Oktober 2002 im *MSCI World* ein höheres Ländergewicht als Deutschland, obwohl Deutschland eine wesentlich größere Volkswirtschaft ist. Viele Indexanbieter brüsten sich damit, Indexausschüsse zu haben, die das Problem der prozyklischen Gewichtung populärer Aktien verkleinern sollen. Dass das nicht immer funktioniert, zeigt das Beispiel *Dow Jones*. So beschloss der Indexausschuss, den *Dow Jones Industrial Average* kurz vor dem Höhepunkt der Technologieblase im ersten Quartal 2000 durch die Aufnahme von Technologieaktien aufzuwerten. Der Zeitpunkt war, wie sich zeigte, ziemlich ungünstig, weil die US-Technologieaktien vor der schwersten Baisse ihrer Geschichte standen.

Einen anderen Ansatz zum Verständnis der Märkte gibt der Vermögensverwalter Hans Sauer. Er vergleicht die Welt der Quantenmechanik mit der Welt der Kapitalmärkte. Dabei ist er auf ein interessantes Phänomen gestoßen: Die Verschränkung.

„Einzelne Teilchen, die sich an entgegengesetzten Enden der Welt aufhalten, ändern scheinbar wie auf Kommando zum gleichen Zeitpunkt – in der Theorie heißt das instantan – ihr Verhalten, obwohl die Information, die zwischen ihnen dazu ausgetauscht werden muss, der Relativitätstheorie zufolge maximal mit Lichtgeschwindigkeit unterwegs sein kann. Wenn beide Teilchen wie auf ein Geisterkommando hin also ihr Verhalten ändern, ohne dass Zeit zum Informationsaustausch bleibt, so ist das ein eklatanter Verstoß gegen Einsteins Relativitätstheorie. Genau diese Verschränkung beobachtet Sauer auch zwischen einzelnen Aktien: Gibt es schlechte Nachrichten für die Microsoft-Aktie, so fallen oft auch zugleich die Kurse anderer Technologieaktien wie beispielsweise SAP oder Oracle – als ob ein unsichtbares Band zwischen diesen Aktien bestände."[86]

Weiterhin hat Sauer festgestellt, dass es umso riskanter ist, je höher die Verschränkung innerhalb eines Portfolios ist, weil die Diversifikation zurückgeht. So berechnet Sauer für den DAX einen Verschränkungsgrad von 80 %. Das bedeutet, dass der wirkliche Diversifikationsgrad des DAXes einem Diversifikationsgrad von sechs Aktien entspricht anstatt der 30 enthaltenen Aktien. Sauer formulierte provokant: Alle Kapitalmarktindizes sind aus quantenmechanischer Sichtweise nicht effizient, da sich ihr Diversifikationspotenzial mit wesentlich weniger Titeln herstellen lässt.

Als Anmerkung möchte ich noch anfügen: Jeder Anleger sollte sich stets daran erinnern, dass die konventionellen Aktienindizes nicht zum Zwecke des Investierens erfunden wurden, sondern um die Bewegung von Märkten zu erfassen und in einer Zahl zu verdichten.

Volatilität – Wenn Ignoranz zu einer Gefahr für die Rendite wird

Long-Only-Indexinvestments, die nur auf steigende Kurse setzen, vergleichen Spötter mit einem Fahrzeug ohne Bremsen. Der Fahrer kann nur Gas geben, bei steigenden wie sinkenden Börsen. Das kann teuer werden. Warum?

Eine der meist unterschätzten Gefahren für einen Indexinvestor ist die Volatilität. Sie ist sein größter Feind[87]. Sie entscheidet letztendlich über seine wirkliche Rendite. Viele Anleger denken, einzelne Verlustjahre relativieren sich vor dem Hintergrund einer angemessenen Durchschnittsverzinsung. Sie blenden dabei vollständig aus, dass die Durchschnittverzinsung keine zielführende Kennzahl ist. So sagt die Aussage *„Mit deutschen Aktien hätte man langfristig im Durchschnitt 7,2 % p. a. verdient"* nichts darüber aus, was der Anleger tatsächlich auf seinem Konto hat.

---

[86] Geldanlage mit Quantenmechanik – Auch an der Börse würfelt Gott: F.A.Z., 14.10.2006, Nr. 239, Seite 23 aus faz.net
[87] Vgl. Wambach, Martin: Verluste aussitzen? Nein! ETF Magazin Ausgabe 2, 6. April 2009, S. 44 - 45

Tabelle 28: Einfluss der Volatilität auf das Anlageergebnis

Jahr	Rendite 1, fix	Anlage 1, aus 10.000 Euro werden	Rendite 2, schwankt	Anlage 2, aus 10.000 Euro werden
1999	5	10.500,00	5	10.500,00
2000	5	11.025,00	-10	9.450,00
2001	5	11.576,25	20	11.340,00
2002	5	12.155,06	5	11.907,00
2003	5	12.762,82	10	13.097,70
2004	5	13.400,96	2	13.359,65
2005	5	14.071,00	20	16.031,58
2006	5	14.774,55	5	16.833,16
2007	5	15.513,28	5	17.674,82
2008	5	16.288,95	-10	15.907,34
2009	5	17.103,39	3	16.384,56
arithmetischer Zins	5,0		5,0	
geometrischer Zins	5,0		4,6	
Volatilität	0,0		9,7	

Tabelle 28 zeigt, dass die Anlage 1 mit der geringeren Volatilität deutlich mehr abwirft, obwohl beide Anlagen im Mittel 5 % bringen. Bei schwankenden Jahresrenditen – was meist die Realität ist – ist die geometrische Durchschnittsrendite stets niedriger als die arithmetische. Je größer die Volatilität, desto größer ist auch der Unterschied zwischen den Renditen. Nun mag man denken, was solls, wenn meine Anlage eine höhere Durchschnittsverzinsung hat, dann spielt das doch keine Rolle. Weit gefehlt.

Tabelle 29: Unterschiedliche Durchschnittsrendite und Volatilität

Jahr	Rendite 3, schwankt	Anlage 3, aus 10.000 Euro werden	Rendite 4, schwankt	Anlage 4, aus 10.000 Euro werden
1999	10	11000,00	15	11500,00
2000	18	12980,00	20	13800,00
2001	8	14018,40	10	15180,00
2002	-10	12616,56	-30	10626,00
2003	-15	10724,08	-24	8075,76
2004	5	11260,28	15	9287,12
2005	15	12949,32	20	11144,55
2006	27	16445,64	40	15602,37
2007	20	19734,77	32	20595,13
2008	30	25655,20	30	26773,66
2009	-35	16675,88	-40	16064,20
arithmetischer Zins	6,64		8,00	
geometrischer Zins	4,25		3,40	
Volatilität	19,58		26,92	

Tabelle 29 zeigt ein verblüffendes Ergebnis. Ein Anleger, der nur den Durchschnittszins sieht, erkennt nicht die gesamte Wahrheit. Trotz des höheren Durchschnittszins bringt Anlage 4 wegen der höheren Schwankungen weniger Ertrag als Anlage 3. So lehrt die Mathematik, dass der prozentuale Zuwachs stets größer sein muss als der vergangene Rückgang, um die Anlage wieder ins Plus zu ziehen. Folgt also auf heftige Verluste (Anlage 4, Jahr 2002) keine extrem gute Wertsteigerung, braucht eine Anlage schon mehrere Jahre, um den Rückstand zur Anlage 3 wieder aufzuholen bzw. um überhaupt wieder in die Pluszone zurückzukommen. Mathematisch gesehen bedarf es nach einem Verlust von 30 Prozent schon eines Gewinns von 43 Prozent, um den Rückgang wieder auszugleichen.

Der Grund für dieses verblüffende Ergebnis ist der Zinseszinseffekt. Denn Verluste reduzieren die Kapitalbasis und sind schwerer wieder aufzuholen, als die meisten Anleger denken. Darum sagen auch Finanzexperten: **Volatilität kostet Geld bzw. Rendite.** Sie umschreiben dies mit dem Begriff der Kompensationsrendite.

$$\text{Kompensationsrendite} = \sqrt{1 + \text{Volatilität}^2} - 1$$

Aus der Gleichung der Kompensationsrendite sieht man, dass in Abhängigkeit der Höhe der Volatilität auch der Renditeanspruch wächst. So ist z. B. bei einer Volatilität von 25 % zum Ausgleich eine Zusatzrendite von mehr als 3 Prozent nötig, bei einer Volatilität von 50 % wird schon eine Zusatzrendite von 12 % benötigt.

Deshalb muss ein Anleger immer die Volatilität seines Depots im Auge haben. So könnte tatsächlich ein Anleihedepot wegen der geringeren Schwankungsbreite eine höhere Rendite erzielen als ein sehr schwankungsreiches Aktiendepot, obwohl die Aktien eine höhere Durchschnittverzinsung haben. Es gilt: Je höher die Volatilität der Aktienmärkte ist, umso höher muss die Rendite sein, damit sie über der von Anleihen liegt.

Gerade für Indexinvestments ist die Volatilität gefährlich, da der Anleger bestenfalls die Marktrendite erwirtschaftet. Steigt die Volatilität an, verbleibt dem Anleger tatsächlich weniger von der Marktrendite. Somit muss der Anleger bei der Auswahl seiner Investments unbedingt die Volatilität berücksichtigen.

So können weniger schwankungsintensive Indizes (z. B. *MSCI World, DJ Euro Stoxx 50, MDAX* usw.) auf längere Sicht eine deutlich höhere Rendite bringen als schwankungsreiche Indizes (z. B. *MSCI Emerging Markets*). Denken sie immer daran, Schwankungen kosten Geld. Je geringer die Volatilität ihres Depots ist, desto mehr Rendite verbleibt Ihnen.

Um diesem Problem Herr zu werden, wurde eine Vielzahl von Kennzahlen entwickelt, die das Risiko und die Rendite einer Anlage beurteilen. Die bekannteste ist das *Sharpe Ratio*. Ihr Zweck ist es, das Risiko und die Rendite in einer Zahl zusammenzuführen, um so Anlagen vergleichbar zu machen, von denen die eine eine bessere Rendite und die andere ein geringeres Risiko aufweist. Deswegen bezeichnet man das *Sharpe Ratio* auch als risikogewichtete oder risikoadjustierte Ertragskennzahl.

$$\text{Sharpe-Ratio} = \frac{\text{Rendite - risikofreier Zins}}{\text{Standardabweichung}}$$

Der risikofreie Zinssatz ist der Zinssatz, der kein Ausfallrisiko beinhaltet. In der realen Welt gibt es nur Näherungsgrößen für diesen Zinssatz. Ich verwende den Durchschnittszinssatz für einjährige Finanzierungsschätze der Bundesrepublik Deutschland. Sie lagen am 10. Juni 2009 bei 0,75 %. Man kann aber auch das *Sharpe Ratio* in seiner vereinfachten Form anwenden, indem man nur die Rendite durch die Standardabweichung teilt und auf die Subtraktion des risikofreien Zins verzichtet.

Sehen wir uns Anlage 3 und Anlage 4 aus Tabelle 29 nochmals an. Anlage 3 hat eine Rendite von 6,64 % und eine Volatilität (Standardabweichung) von 19,58 %. Anlage 4 hat eine Rendite von 8 % und eine Volatilität von 26,92 %. Welche Anlage ist vorziehen?

Sharpe Ratio$_{\text{Anlage3}}$= (6,64 % -0,75 %) / 19,58 % = 0,3

Sharpe Ratio$_{\text{Anlage4}}$= (8 % -0,75 %) / 26,92 % = 0,27

Anlage 3 ist risikoadjustiert die bessere Anlage. Je Risikoeinheit (Standardabweichung) weist Anlage 3 eine höhere Rendite aus als Anlage 4. Somit besitzt Anlage 3 eine höhere risikogewichtete Rendite, obwohl die Rendite dieser Anlage für sich genommen in der Vergangenheit deutlich niedriger war als diejenige von Anlage 4.

4.10 Kauf und Verkauf eines ETFs

Die Brillenträger kennen das: Einige haben den scharfen Blick auf der kurzen Distanz, andere wiederum entgeht nichts in der Ferne, das naheliegende erkennen sie jedoch nur ungenau. Kurz- oder Weitsichtigkeit sind nicht von bedrohlicher Natur, sie können mit den richtigen Hilfsmitteln leicht korrigiert werden. Was hat das mit der Auswahl von ETFs zu tun? Auch bei der Auswahl von ETFs konzentrieren sich die Anleger nur auf einige Aspekte und verlieren so das große Ganze aus den Augen. In diesem Abschnitt möchte ich dem Anleger eine Brille geben, mit der Sie bei der Auswahl eines ETFs alles im Blick haben.

Sie müssen zunächst Ihre Risikobereitschaft analysieren und eine kluge langfristige Anlageaufteilung vornehmen. Danach müssen Sie sich den passenden Wertpapierindex aussuchen, der am besten Ihre Anlagestrategie abbildet. Dazu sollten Sie die wesentlichen Kriterien des Indexes kennen, wie z. B. Gewichtung, größte Indexmitglieder, Branchenverteilung usw.

Nehmen wir an, Sie haben sich für den *Euro Stoxx 50* entschieden. Dann sollten Sie folgenden Steckbrief zum Index beantwortet haben. Anhand dieses Steckbriefes bekommen Sie einen guten Überblick über den Index.

Tabelle 30:   Steckbrief für einen Index

Kriterien	Antwort	
Name	DJ Euro Stoxx 50	
Indexanbieter	Stoxx Limited , www.stoxx.com	
WKN	965814 (Kurs); 965815 (Performance)	
ISIN	EU0009658145 (Kurs); EU0009658152 (Performance)	
Region/Land/Branche	Euroraum	
Indextyp	Kurs- und Performanceindex, wobei in der Öffentlichkeit der Kursindex Beachtung findet. Er wird alle 15 Sekunden berechnet. Zurzeit sind Aktien aus 7 Ländern der Eurozone enthalten.	
Gewichtung	Im Index sind die 50 Aktienunternehmen der Eurozone mit der größten Börsenkapitalisierung nach Streubesitz zusammengefasst.	
Handelszeiten	9.00 bis 17.30 Uhr, d. h. zu dieser Zeit sollte der Spread eines ETFs möglichst klein sein.	
Berechnungswährung	Euro	
Top (5)-Branchen	Banken	17,52 %
	Öl & Gas	9,69 %
	Gesundheitswesen	9,24 %
	Industriegüter u. Dienstleistungen	8,25 %
	Nahrungsmittel und Getränke	8,25 %
Top (5)-Unternehmen	Banco Santander	5,96 %
	Total	5,85 %
	Telefonica	5,00 %
	E.ON	3,93 %
	Siemens	3,45 %

Stellt sich nun die Frage, wie man den besten Fonds für den Index findet. Bei vielen beliebten Indizes hat der Anleger die Qual der Wahl. Auf den *Dow Jones Euro Stoxx 50* gibt es mittlerweile neun ETFs. Darunter sind ETFs, die die Dividenden ausschütten, genauso wie thesaurierende. Es gibt ETFs auf Swap-Basis besichert oder unbesichert und ETFs mit direkter Nachbildung des Indexes. Auch die jährlichen Gebühren schwanken. Außerdem variiert die Größe der ETFs extrem, von sehr klein (36 Millionen) bis riesig (4.600 Millionen Euro).

Tabelle 31: Auswahl der ETFs (Bezugsverhältnis 1:100) auf den Index DJ Euro Stoxx 50

KAG	WKN	Verwaltungsgebühr	Ausschüttung	SWAP[1]	Größe[2]	XLM[3]	Spread[4]
iShares	935927	0,15 %	ausschüttend	Nein	3.362 Mio. €	9,34 Bp.	0,07 %
Comstage	ETF050	0,10 %	thesaurierend	Ja (besichert)	190 Mio. €	3,47 Bp.	0,04 %
ETFlab	ETFL02	0,15 %	ausschüttend	Nein	446 Mio. €	5,61 Bp.	0,21 %
iShares	593395	0,15 %	ausschüttend	Nein	3.868 Mio. €	7,99 Bp.	0,07 %
db x-trackers	DBX1EU	0,00 %	ausschüttend	Ja (besichert)	1.338 Mio. €	8,56 Bp.	0,07 %
db x-trackers	DBX1ET	0,00 %	thesaurierend	Ja (besichert)	353 Mio. €	10,95 Bp.	0,07 %
Lyxor	798328	0,25 %	ausschüttend	Ja	4.600 Mio. €	9,05 Bp.	0,07 %
UBS	794357	0,30 %	ausschüttend	Nein	318 Mio. €	36,85 Bp.	0,14 %
Source	A0RGCL	0,25 %	thesaurierend	Ja	36 Mio. €	17,93 Bp.	0,09 %

[1] Nein= direkte Nachbildung, Ja =Swap-ETF, Ja (besichert) = besicherter Swap-ETF; [2] Stand 31.07.2009; [3] Stand 10.09.2009; [4] Börse Frankfurt Xetra

Anmerkung: Alle benötigten Informationen bekommen Sie z. B. bei boerse-frankfurt.de über die ETF-Suche oder die Auflistung aller handelbaren Indexfonds. Aber auch ein Blick auf die Seiten der ETF-Anbieter oder von Finanzportalen, wie onvista.de, lohnt sich. Ferner beziehen sich die thesaurierenden ETFs auf den Performanceindex des *Euro Stoxx 50* und die ausschüttenden auf den Kursindex des *Euro Stoxx 50*.

KAG	WKN	Tracking Error	Kurs des ETFs (Stand 11.09.09)	Kurs des Indexes (Stand 11.09.09)	Vermutung auf Zusatzerträge, z.B. durch Wertpapierleihe	Anzahl der Designated Sponsors[4]
iShares	935927	0,3141 %[2]	28,46 (11:35)[3]	2842,41 (11:35)[3]	Ja, Kurs des ETFs > Index	10
Comstage	ETF050	0,1440 %[1]	45,02 (11:31)[3]	4481,46 (11:31)[3]	Ja, Kurs des ETFs > Index	2
ETFlab	ETFL02	0,0000 %[1]	28,44 (10:42)[3]	2834,46 (10:42)[3]	Ja, Kurs des ETFs > Index	2
iShares	593395	0,3141 %[2]	29,00 (11:35)[3]	2842,27 (11:35)[3]	Ja, Kurs des ETFs > Index	10
db x-trackers	DBX1EU	0,1971 %[1]	29,17 (11:31)[3]	2843,41 (11:31)[3]	Ja, Kurs des ETFs > Index	6
db x-trackers	DBX1ET	0,1971 %[1]	29,58 (11:32)[3]	2844,64 (11:32)[3]	Ja, Kurs des ETFs > Index	3
Lyxor	798328	0,7454 %[1]	29,40 (11:30)[3]	2844,14 (11:30)[3]	Ja, Kurs des ETFs > Index	8
UBS	794357	0,2531 %[2]	28,45 (09:19)[3]	2836,28 (09:19)[3]	Ja, Kurs des ETFs > Index	5
Source	A0RGCL	0,2331 %[2]	44,71 (11:34)[3]	4479,95 (11:34)[3]	Vielleicht, Kurs des ETFs ≈ Index	2

[1] Angabe des Anbieters; [2] Eigene Berechnung; [3] Uhrzeit, zu der der der Kurs in Frankfurt abgelesen wurde; [4] An der Frankfurter Börse

Die Gretchenfrage ist: Welcher der in Tabelle 32 vorgestellten ETFs ist der beste?

Offensichtliche Kriterien für die Auswahl eines ETFs sind die jährliche Verwaltungsgebühr (besser noch: die *Total Expense Ratio*) (je kleiner desto besser), die Größe des ETFs (je größer desto unwahrscheinlicher ist eine frühzeitige Fondsschließung), der *Tracking Error* (je kleiner desto besser), die Behandlung der Dividenden oder Zinsen (thesaurierend oder ausschüttend, je nach Geschmack des Anlegers) sowie die Liquidität (möglichst hoch, d. h. geringer XLM).

Das wichtigste Kriterium für die Auswahl eines ETFs sollten die Verwaltungsgebühren sein. Denn Unterschiede bei den Kosten von ETFs haben einen außerordentlichen Einfluss auf die langfristige Rendite des Fonds. Um die Handelskosten gering zu halten, sollten die Anleger auf einen ETF mit geringen XLM und *Spread* achten. Zudem sollten die Anleger auch darauf achten, wie viel *Designated Sponsors* einen ETF betreuen. Es hat sich gezeigt, dass mit steigender Anzahl der *Designated Sponsors* zum einen der *Spread* günstiger ist und zum anderen eine hohe Liquidität in jeder Marktlage sichergestellt ist.

Bei der Größe des ETFs sollte der Anleger eher zu ETFs mit einem verwalteten Vermögen von mindestens 200 Mio. Euro greifen, um sicher zu sein, dass eine Fondsschließung unwahrscheinlich ist. Für Anleger, die ein Vermögen ansparen möchten, sind thesaurierende ETFs praktischer, weil sie die Ausschüttungen nicht wieder investieren müssen. Anleger, die dagegen Wert auf laufende Erträge eines ETFs legen, greifen eher zu ausschüttenden ETFs. Als letztes Kriterium muss der Anleger die Frage der Zusatzerträge (z.B. durch Wertpapierleihe) berücksichtigen. Er sollte auf einen ETF zurückgreifen, der solche Erträge generiert, da so die Verwaltungskosten gesenkt werden können. Häufig ist dann sogar eine leichte Outperformance des Fonds gegenüber der Benchmark möglich.

Überdies sollte der *Tracking Error* möglichst klein sein. In der Regel ist der *Tracking Error* bei den großen Indizes kleiner 0,5 %, sodass dieser Punkt eigentlich kein wichtiges Kriterium ist. Er spielt nur eine Rolle bei exotischen Indizes, wo der *Tracking Error* schnell mehrere Prozentpunkte betragen kann. Die Frage der Indexnachbildung ist auch eher sekundär geworden. Die Kritik an den Swap-ETFs, dass je nach Marktentwicklung durch den Swap eine

Forderung[88] des ETFs gegenüber dem Swap-Partner entstehen kann, die im Falle einer Insolvenz des Swap-Partners verloren geht, und somit zu Verlusten im ETF führt, ist gelöst. Beispielsweise sichert *Comstage* seine Swap-ETFs wie folgt ab. Entsteht aufgrund der Kursentwicklung eine Forderung des ETFs gegenüber dem Swap-Partner, so wird diese durch Hinterlegung von Wertpapieren besichert. Dabei übersteigt der Wert der Sicherheiten generell die Forderung des Fonds, sodass eine Übersicherung gegeben ist (aktuell ca. 130 %). Somit ist das Kontrahentenrisiko ausgeschaltet und ein Swap-ETF ähnlich sicher wie ein Full-Replication-ETF. Sie müssen jetzt für sich entscheiden, wie Sie die einzelnen Kriterien zueinander gewichten. Vergleichen Sie nur, was vergleichbar ist, d. h. Produkte auf denselben Index, und beachten Sie das Kriterium, welches für Sie am ausschlaggebendsten ist, schwerpunktmäßig. So sollten langfristig agierende Investoren ihr Augenmerk auf die laufenden Gebühren des ETFs, wie z.B. TER, lenken, während *Trader* eher die Handelskosten im Blickpunkt haben sollten.

Ich persönlich tendiere zu der ausschüttenden ETF-Variante von *db x-trackers*, da die Verwaltungsgebühren hier besonders niedrig sind. Denn Erträge und Kosten müssen in einem richtigen Verhältnis zueinander stehen, ansonsten fressen die Kosten die Rendite auf. Zudem sind die Handelskosten des ETFs auch besonders niedrig. Wie kaufen Sie nun einen ETF?

Van den Beurse – so soll nach einer Börsenanekdote der Name der Brügger Kaufmannsfamilie gelautet haben, auf den der Begriff Börse zurückgeht. Der Legende nach trafen sich im 14. Jahrhundert vor dem Haus der Kaufmannsfamilie mehrere Händler und hielten dort einen Markt ab. Auch die heutigen Börsen sind im Prinzip nichts anderes als ein Marktplatz, auf dem Händler ihre Waren (u. a. Renten, Aktien, Rohstoffe) potenziellen Käufern anbieten. Lassen Sie uns also den Marktplatz Börse betreten und ansehen, wie der Handel dort funktioniert.

Mit der Einführung der ETFs hat sich ein neuer Orderweg für den Fondshandel etabliert, der direkte Börsenhandel. Für Privatanleger ist der börsliche Handel der einfachste Zugang zur Welt der ETFs. Dazu muss der Anleger lediglich über ein Wertpapierdepot bei einer Bank verfügen. Um einen ETF zu

---

[88] Diese entsteht, wenn sich der Index relativ gesehen besser entwickelt als das Basisportfolio des ETFs.

kaufen, erteilt der Anleger seiner depotführenden Bank, ähnlich wie beim Aktienkauf, eine Kauforder mit der entsprechenden Wertpapierkennnummer (Abk. WKN) des ETFs und der Anzahl der gewünschten Anteile sowie gegebenenfalls einem Limit. Wie bei jeder üblichen Wertpapiertransaktion müssen die Anleger die Transaktionsgebühren und Depotgebühren der depotführenden Bank und eine Maklercourtage der Börse bezahlen, aber ein Ausgabeaufschlag von Seiten der Fondsgesellschaft fällt nicht an.

Zwar kann ein ETF schon ab einem Stück gekauft werden, allerdings ist dies eher eine theoretische Größe. Beispielsweise kostet ein ETF auf den TecDAX 4,23 Euro (stand 2. März 2009). Bei einer Order eines ETF-Anteils würden die Ordergebühren der depotführenden Bank den Preis des ETFs weit übersteigen. Deswegen macht eine Anlage in ETFs je nach Gebührenstruktur der Bank erst ab einer Größenordnung von 1.000 Euro Sinn. Als Faustregel gilt: Die Kaufgebühren sollten höchsten 1 bis 2 % des Auftragswertes betragen. Möchten Sie z. B. einen ETF auf den TecDAX kaufen und Ihre Ordergebühren betragen 12,50 Euro, so sollten Sie mindestens 295 ETF-Anteile kaufen (Investitionssumme 1.247,85 Euro), um Ihre Gesamtkosten auf knapp einem Prozent zu halten. Wie geht der Kauf oder Verkauf eines ETFs im Detail vor sich?

Ein Tipp: Sie sollten ihre Order am besten in der Mitte der Handelszeit (11-16 Uhr) platzieren, weil der Handel zu Beginn und am Ende des Tages am schwersten ist. Das liegt daran, dass die Volatilität zu dieser Zeit am höchsten ist und daher große Handelsspreads keine Seltenheit sind.

So kaufen Sie einen ETF:

Wie Sie aus der Tabelle 31 entnehmen können, hat jeder ETF eine spezielle Kennnummer (WKN). Wie Sie es vom Aktienkauf gewöhnt sind, geben Sie diese Nummer beim ETF-Kauf einfach Ihrer Bank an. Doch bevor wir einen Auftrag abgeben können, müssen wir noch den Börsenplatz bestimmen. Dazu sehen wir uns z. B. unter www.ing-diba.de die aktuellen Spreads an den unterschiedlichen Börsenplätzen an. Da Stuttgart einen Spread von null hat und Xetra von 0,07 %, wird der Kauf des ETFs an der Börse Stuttgart durchgeführt.

Beispiel: Sie erteilen Ihrer Bank einen Auftrag zum Kauf von 100 Anteilen db x-trackers ETF Euro Stoxx 50 mit der WKN DBX1EU. Als Börsenplatz verwenden sie die Börse Stuttgart. Außerdem sollten sie ein Limit bei der Orderaufgabe geben. So sichern Sie ab, dass Sie den ETF nur zu dem Preis kaufen, den Sie auch wirklich zu zahlen bereit sind.

So verkaufen Sie einen ETF:

Der Verkauf eines ETFs gestaltet sich ähnlich wie der Kauf. Wie Sie es beim Aktienverkauf gewöhnt sind, geben sie bei der Verkaufsorder einfach nur die WKN und die zu verkaufende Stückzahl an, und den Rest erledigt die Bank für Sie.

Beispiel: Sie erteilen Ihrer Bank einen Auftrag zum Verkauf von 100 Anteilen des db x-trackers ETF Euro Stoxx 50 mit der WKN DBX1EU. Als Börsenplatz wählen Sie wiederum Stuttgart aus. Zusätzlich geben Sie ein Limit, zu dem Sie bereit sind, den ETF zu verkaufen.

Außerdem können Anleger mittels Orderzusätzen festlegen, wie ihr Auftrag ausgeführt werden soll. Prinzipiell gibt es zwei Typen von Kauf- oder Verkaufsaufträgen:

- Die *Market Orders* werden zum bestmöglichen Kurs ausgeführt, im Börsenchinesisch auch als Billigstorder bezeichnet. Geben Sie einen Billigst-Kaufauftrag, so wird der ETF zum geringst möglichen Kurs gekauft. Bei einem Billigst-Verkaufsauftrag wird der ETF zum höchstmöglichen Kurs verkauft.

- Dagegen geben Sie bei einer *Limit Order* eine Preisober- (bei Kaufauftrag) bzw. -untergrenze (bei Verkaufsauftrag), bis zu dem der Auftrag ausgeführt werden soll.

Außerdem gibt es für die *Market* und *Limit Order* weitere Zusatzarten, wie z. B. die Gültigkeitsbeschränkungen (mit ihr wird die Geltungsdauer der Order festgelegt) oder die Bestimmungen, wie eine Order im fortlaufenden Handel ausgeführt werden soll.

Es gibt aber auch noch die so genannten *Stop Orders*. Bei einer *Stop Order* wird der ETF erst gekauft bzw. verkauft, sobald der Kurs auf einen vorher festgelegten Wert, den Stop-Kurs, sinkt oder steigt. Ist dies der Fall, geht die *Stop Order* automatisch als normale *Market Order* in den Markt und wird zum bestmöglichen Preis ausgeführt.

Eine *Stop Sell Order* (zu Deutsch: Stop-Auftrag zum Verkauf) wird unter den aktuellen Kurs des ETFs gesetzt. Erst wenn der ETF unterhalb des Stop-Kurses gehandelt wird, wandelt sich die *Stop Sell Order* um in eine Bestens-Verkaufs-Order. In der Regel dient die *Stop Sell Order* zur Verlustbegrenzung und wird deswegen auch als Stop-Loss-Auftrag bezeichnet.

Der große Vorteil der *Stop Orders* ist, dass der Anleger nicht laufend den Markt beobachten muss. Er kann mithilfe dieser Order seine Verluste begrenzen, bereits angefallene Gewinne schützen oder sich günstige Einstiegskurse sichern. Der Nachteil ist: Legt der Anleger den Stop-Kurs falsch, so kann er bei kurzfristigen Kursrückschlägen in einem Aufwärtstrend unfreiwillig ausgestoppt werden. Leider sind die Stops keine Garantie für eine wirkliche Verlustbegrenzung. Das Problem ist nämlich, dass die Stop-Orders beim Berühren des Stop-Kurses umgewandelt werden in eine Bestens-Verkaufs-Order. Kommt es zu einem kräftigen Kursrutsch, so kann es passieren, dass der Verkaufsauftrag zu weit schlechteren Kursen abgewickelt wird als der Stop-Kurs vorgibt.

Um diesen Abschnitt nicht zu ermüdend zu machen, beschränke ich mich auf die dargestellten wichtigsten Orderzusätze. Interessierte Leser finden auf der Internetseite boerse-frankfurt.de/orderzusaetze viele weitere nützliche Informationen zu diesem Thema.

4.10.1 Schritt für Schritt ein Vermögen aufbauen – Sparpläne mit ETFs

Wer kennt nicht das alte Sprichwort: „*Spare in der Zeit, dann hast du in der Not.*" Dafür bieten sich Sparpläne an. Auf einen Sparplan zahlt der Investor über einen längeren Zeitraum regelmäßig einen bestimmten Betrag (die meisten Sparpläne haben einen Mindestbetrag von 25 Euro) ein. Anschließend wandelt der Broker die Einzahlungen unverzüglich in Anteile eines ETFs um. Durch das professionelle Management der depotführenden Bank hat der Investor eine mühelose Vermögensanlagemöglichkeit, weil er sich normalerweise um nichts mehr kümmern muss. Hierbei kann der Anleger zwischen zwei Vorgehensweisen wählen. Bei der Preismethode wird jeden Monat eine fixe Summe angelegt, wohingegen bei der Mengenmethode eine feste Zahl von Anteilen erworben wird.

Viele Untersuchungen zeigen, dass sowohl bei Aktien- als auch bei Renten-ETFs die Preis- der Mengenmethode vorzuziehen ist. Dies liegt daran, dass durch das antizyklische Handeln bei der Preismethode der Einstandspreis stärker optimiert wird, als bei der Mengenmethode.

Allerdings fällt bei ETFs im Rahmen eines Sparplans oftmals ein Ausgabeaufschlag von bis zu 3 % an. Das liegt daran, dass die ETF-Anteile nicht an der Börse gekauft werden, sondern direkt beim ETF-Anbieter bzw. *Designated Sponsor.*

Ein wesentlicher Vorteil eines Sparplanes ist der Cost-Average-Effekt. Dieser Effekt beschreibt die Tatsache, dass ein Anleger für einen konstanten Sparbeitrag bei niedrigen Kursen mehr und bei hohen Kursen weniger ETF-Anteile kauft. Demzufolge erhält er auf längere Sicht die Fondsanteile zu einem günstigen Durchschnittskurs. Die Auswirkungen des Cost-Average-Effekts fallen umso stärker aus, je länger der ETF-Sparplan läuft und je volatiler der Kursverlauf des ETFs ist. Wer z. B. in den vergangenen 30 Jahren monatlich 100 Euro in einen Aktienfonds mit Schwerpunkt deutsche Wertpapiere investiert hätte, hätte nach Berechnungen des BVI zum Stichtag 30. September 2008 ein Vermögen von 132.131 Euro gehabt, und dies bei Einzahlungen von nur 36.000 Euro, d. h., der Anleger konnte eine durchschnittliche Rendite von 7,6 % p. a. erzielen. Allerdings sind vergangenheitsbezogene Daten keine Garantie für die zukünftige Entwicklung. Welche Sprengkraft dieser Satz hat, erkennt man aus einem anderen Beispiel.

Hätte ein Investor nämlich einen Sparplan auf einen DAX-ETF mit einer monatlichen Zahlung von 25 Euro im Januar 1998 abgeschlossen, sähe das Ergebnis nach 10 Jahren im Januar 2009 ganz anders aus. Der Investor hätte im Januar 2009 65,016 Anteile am DAX-ETF, dies entspricht einem Wert von 3.233,27 Euro (Stand 02.01.2009). Dafür hätte er über 10 Jahre insgesamt 3.225 Euro eingezahlt. Das heißt, die Rendite betrüge für den ganzen Zeitraum nur magere 0,25 %. Dagegen hätte der Investor bei einer Einmalzahlung von 3.225 Euro zu Beginn immerhin 74,774 Anteile (Preis des ETFs 43,12 Euro) des DAX-ETFs gekauft. Dies entspräche am 02.01.2009 einem Wert von 3.718,50 Euro, das wäre also deutlich mehr als beim Sparplan[89]. Das liegt daran, dass die Aktienmärkte langfristig eine positive reale Rendite aufweisen, weil sie im Durchschnitt an sechs von zehn Tagen steigen. Und natürlich muss der Zinseszinseffekt berücksichtigt werden. Schon Albert Einstein stellte fest: *„Der Zinseszinseffekt ist die größte Entdeckung der Mathematik."* Er begründete dies damit, dass bedingt durch den Zinseszinseffekt eine Geldanlage (bei konstanter Rendite) nicht linear, sondern exponentiell

---

[89] Ins gleiche Horn stieß die vom BVI *(Bundesverband Investment und Asset Management)* veröffentlichte Sparplan-Statistik zum Stichtag 30. Juni 2009. So verbuchten Aktienfonds-Sparpläne mit Anlageschwerpunkt Deutschland nach zehn Jahren eine Jahresrendite im Schnitt von minus 2,6 %, aber immerhin betrug nach 30 Jahren die Jahresrendite 6,8 %.

anwächst. Das heißt, in Geldeinheiten gemessen nimmt der Wert einer Anlage jedes Jahr schneller zu. Anderseits können die Aktien- oder Rentenmärkte in bestimmten Phasen so hoch bewertet sein, dass sie mehrere Jahre in „Richtung Süden" gehen.

Außerdem kann der Cost-Average-Effekt den Durchschnittspreis für einen Fondsanteil nur senken, man bekommt also niemals den bestmöglichen Preis innerhalb der Zeitperiode. Für unser DAX-ETF-Beispiel liegt der Durchschnittspreis bei 49,73 Euro. Dieser Durchschnittspreis liegt immer über dem günstigsten (DAX-Beispiel 24,32 Euro) und unter dem teuersten Preis (DAX-Beispiel 80,25 Euro) für einen Fondsanteil in der Zeitperiode. Je nachdem, wie sich der Fondspreis entwickelt hat, kann innerhalb einer Periode eine Einmalzahlung oder eine monatliche Sparrate besser sein.

Allerdings haben die meisten Anleger natürlich nicht den Betrag für eine Einmalzahlung zur Verfügung. So ist ein Sparplan ein sinnvolles Instrument zum Vermögensaufbau. Obendrein sollte der Anleger seinen Sparplan möglichst über einen langen Zeitraum anlegen. Denn der Löwenanteil der Wertentwicklung entsteht erst gegen Ende eines langen Anlagehorizonts, da dann der Wiederanlageeffekt zum Tragen kommt. Außerdem vermeidet ein langfristiger Sparplan durch die regelmäßige Anlage Timing-Probleme.

Zudem lassen sich mit einem Sparplan auf einen ETF die Chancen zusätzlich steigern, weil sie im Vergleich zu klassischen Fonds weniger Gebühren mit sich schleppen. Es gilt: Sind die Kosten niedrig, steigt das Renditepotenzial. Dementsprechend wächst die Nachfrage nach ETF-Sparplänen stetig. Diesem Umstand tragen die großen Direktbanken (wie *comdirect*, www.comdirect.de, oder *DAB Bank*, www.dab-bank.com) mit einer Ausweitung des Angebotes an ETF-Sparplänen Rechnung. Im Prinzip können Anleger nun mithilfe eines ETF-Sparplanes alle wichtigen Anlageklassen abdecken, sodass für jeden Anlegertyp und jede Risikopräferenz etwas dabei ist. Ein Wermutstropfen besteht dennoch. Die meisten klassischen Banken bieten nämlich keine ETF-Sparpläne an.

Aber Vorsicht: Auch bei ETF-Sparplänen ist nicht alles eitel Sonnenschein. Hier schlagen nämlich die Kosten von einer anderen Seite brutal zu. So berechnen die meisten Direktbanken pro Sparplanausführung einen Gebührensatz von 2 bis 2,5 % oder eine Kombination aus Mindestgebühr zuzüglich einer variablen Gebühr (z. B. fallen bei *Cortal Consors* zwei Prozent der Sparrate als Gebühr an, bei *comdirect* und *Maxblue* 2,50 Euro plus 0,4 % vom Ordervolumen der Transaktion (Stand 25.02.2009)). Das führt besonders bei kleinen Sparbeträgen von 25 bis 50 Euro zu einer Gebührenbelastung von bis zu 10 % je Sparrate. Deswegen sollten kleine Sparbeträge in einem größeren Intervall gespart werden, so könnte z. B. eine quartalsweise Ausführung die Ausführungskosten deutlich senken.

Nach der Ansparphase kommt natürlich irgendwann die Entnahmephase. Dabei steht der Anleger vor dem Problem, wie er seinem Vermögen am besten Geld entnimmt. Hierzu bietet sich die vom *VZ-Vermögenszentrum* entwickelte Etappenstrategie[90] an. Bei dieser Strategie wird das Kapital in einen Verbrauchs- und einen Wachstumsteil gruppiert. Dabei stellt der Verbrauchsanteil über zehn Jahre die notwendigen Entnahmen sicher. Deswegen wird das Kapital im Verbrauchsteil streng sicherheitsorientiert angelegt und über die Laufzeit verzehrt. Für den Bedarf im ersten Jahr sollte deswegen der Anleger auf Tagesgeld- und Festgeldanlagen zurückgreifen. Für die nächsten Jahre könnte er z. B. ein Rentendepot so zusammenstellen, dass jedes Jahr eine Anleihe fällig wird. Die Zinseinnahme der verbleibenden Anleihen und der fälligen Tilgungssumme kann der Anleger dann verbrauchen. Der Teil des Kapitals, der nicht in den Verbrauchsteil investiert wird, wandert in den Wachstumsteil. Das Kapital, was hier angelegt wird, soll zehn Jahre kontinuierlich arbeiten, mit dem Ziel, die durch die Entnahmen verbrauchte Vermögenssubstanz wiederaufzubauen. Deswegen kann hier durchaus eine etwas offensivere Anlagestrategie gewählt werden. Hierbei muss der Anleger bei den Anlagen berücksichtigen, dass sein Zeithorizont 10 Jahre ist. Deshalb kommen in die Auswahl ETFs auf große Standardindizes oder offene Immobilienfonds, aber auch Unternehmensanleihen usw.

In der Regel sollte der Verbrauchsanteil ca. 40 % des Kapitals ausmachen und der Wachstumsanteil ca. 60 %. So ist sichergestellt, dass der Anleger nach Ende der Verbrauchsphase, d. h. nach 10 Jahren, sein ursprüngliches Kapital wieder zur Verfügung hat. Hat beispielsweise der Anleger 100.000 Euro zur Verfügung, so legt er 40.000 Euro in den Verbrauchsteil und 60.000 Euro in den Wachstumsanteil an. So stehen dem Anleger im Verbrauchsteil

---

[90] Vgl. Lyxor ETF: Die Welt der ETFs: Geld in Etappen mehren. Vom Vermögen leben und das Kapital arbeiten lassen, Ausgabe 08 / November 2008, S. 20-23

jedes Jahr ca. 4.000 Euro plus drei Zehntel der Zinsen zur Verfügung. Die übrigen Zinsen werden wieder angelegt, um in den letzten Jahren der Entnahme über ähnliche Zinseinnahmen zu verfügen wie am Anfang der Periode. Erwirtschaftet der Wachstumsteil durchschnittlich 5,2 % p. a., stehen dem Anleger am Ende der Zehnjahresperiode wieder 100.000 Euro zur Verfügung und das Spiel kann von Neuem beginnen.

4.11 Grau ist alle Theorie – Einsatz- und Handelsstrategien

Wer kennt nicht die Situation, einen Vortrag gehört zu haben und sich insgeheim die Frage zu stellen: Welchen Nutzen hat das Präsentierte für mich? Allzu häufig geht in der theoretischen Wissensvermittlung das tatsächlich Anwendbare unter. Beispielsweise gehören zum Erlangen des Führerscheines viele langweilige Theoriestunden, wirklich spannend ist aber eigentlich nur das Fahren. Viele Autofahrer sagen deswegen auch, dass sie am meisten auf der Straße gelernt haben, also in der Praxis.

Ausgehend von diesen Überlegungen steht dieser Abschnitt ganz im Fokus der Praxis, genauer gesagt des strategischen Einsatzes von ETFs. Ich möchte Ihnen auf den kommenden Seiten zumindest einen Teil des Rüstzeuges mit auf den Weg geben, das Sie ein wenig erfolgreicher machen kann. Dazu werde ich Ihnen zunächst zeigen, wie sie die häufigsten Fehler bei der Geldanlage vermeiden. Danach schließt sich der strategische Einsatz von ETFs an.

4.11.1   Häufige Fehler bei der Geldanlage

Der Handel mit ETFs ist eigentlich relativ simpel. Anleger benötigen lediglich vier Dinge: eine Marktmeinung, den passenden ETF zur Umsetzung, ein Wertpapierdepot und natürlich Kapital. Doch *„der Teufel steckt im Detail"*. Man muss mehr Dinge beachten, als ursprünglich gedacht, und so kommt es zu Fehlern bei der Geldanlage. Diese Fehler kosten dem Anleger Geld bzw. Rendite. Im nachfolgenden Abschnitt möchte ich Ihnen aufzeigen, wie Sie diese Fehler vermeiden und so Ihr Kapital gewinnbringender einsetzen können.

Vor dem Kauf eines ETFs

Bevor Sie den Kauf eines ETFs ins Auge fassen, sollten Sie unbedingt eine Marktmeinung haben. Hier ist jetzt gesunder Menschenverstand gefragt. Bei aller Lektüre, die im deutschen Zeitungswald rund um die Geldanlage angeboten wird, sollten Sie zunächst von der Suche nach dem heißen, gewinnbringenden Tipp Abstand nehmen. Viele erfolgreiche *Trader* sagen: Erfolgreich zu handeln bedeutet im Geschäft zu bleiben, und nicht die Verluste ausufern zu lassen. Im Auswahlprozess für einen ETF sollten Sie sich solche Fragen stellen wie: In welchen Index bzw. Markt und in welche Anlageklassen, wie Aktien, Anleihen, Rohstoffe, Immobilien usw., soll investiert werden? Und besonders wichtig, in welcher Marktentwicklung – fallend, seitwärts oder steigend – befindet sich der Markt? Schließlich halten ETF-Anbieter ein ganzes Arsenal von Produkten für den Anleger breit. Neben den großen Standard-ETFs auf die bekannten Indizes gibt es auch Short-ETFs, ETFs auf Indizes in Wachstumsregionen (wie China) oder ETFs auf den Kredit- bzw. Geldmarkt und vieles mehr.

Zudem offenbaren die Verkaufsstatistiken der Fondsgesellschaften, dass die Masse der Privatanleger viel zu spät auf den fahrenden Zug aufspringt. Erst wenn sich die Hausse nahe ihrem Hoch befindet, ringen sich offensichtlich viele Anleger zu Käufen durch, angezogen durch die in den Medien publizierten Gewinne. Dagegen kaufen erfolgreiche Investoren, wenn sich die Mehrheit von den Märkten abgewendet hat, und nehmen anschließend den nächsten Kaufaufschwung voll mit, d. h. sie investieren antizyklisch.

Haben Sie aber auch immer einen Plan B in der Tasche, falls sich Ihre Markteinschätzung bzw. Strategie nicht bewahrheitet, um Ihre Verluste zu begrenzen. Nur zur Erinnerung: Um einen Verlust von 50 % wieder aufzuholen, muss sich ein neues Investment verdoppeln. Somit liegt der Erfolg eines langfristig ausgerichteten Depots nicht in der maximalen Gewinnerzielung, sondern vielmehr darin, Verluste so gering wie möglich zu halten. Doch leider begrenzen die meisten Anleger ihre Verluste noch nicht. Heiko Aschoff fasste dies so zusammen:

„Es ist wie bei der Pflege eines schönen Gartens: Das Unkraut wird gerupft (Stop-Loss), damit die schönen Pflanzen sich prächtig entfalten können (Gewinne laufen lassen). Leider rupft man gelegentlich junge Pflanzen aus, die man für Unkraut hält (unglücklich ausgestoppt, danach Kursrallye). Dennoch sollte die Hege und Pflege der guten Pflanzen den Garten erblühen lassen. Lässt man dagegen Unkraut seinen freien Lauf, verwildert der Garten sehr schnell. Den erwünschten Pflanzen fehlt der Freiraum zur Entfaltung. Möchte man das verhindern, ist konsequente Selektion oberste Pflicht."[91]

Warum es sich auszahlt, Verluste zu vermeiden, zeigt folgende kleine Rechnung. Aus einer Anlagesumme von 100.000 Euro werden in zwanzig Jahren bei einem konstanten Zinssatz von 5 % und einer Volatilität von null 278.596 Euro. Bei schwankender Rendite – mal plus 10 %, mal minus 5 % – aber wiederum einer arithmetischen Durchschnittsrendite von 5 % ergibt sich ein Betrag von nur 237.119 Euro (bei einer unterstellten Volatilität von 13 %). Das liegt daran, dass die Volatilität beim geometrischen Zins circa 0,8 Prozentpunkte Rendite pro Jahr oder in Summe mehr als 40.000 Euro kostet (s. S. 234 ff.). Mit anderen Worten, eine hohe Volatilität beschädigt die Rendite. Darum lohnt es sich, Schwankungen in der Anlagestrategie zu minimieren[92].

Nebenbei könnte dies zu einem wirklichen Problem für die passiven Anleger werden, da einige Experten darüber berichten, dass die Volatilitäten besonders von Aktienindizes gestiegen sind. Somit könnte trotz gleichbleibender Durchschnittsrendite der Ertrag zurückgehen, weil der geometrische Zins rückläufig ist.

Das Produktangebot an ETFs ist in den letzten Jahren enorm gewachsen. Daher nutzen viele Anleger die Suchfunktionen auf den Internetseiten *Onvista* oder *Finanztreff*, um den richtigen ETF zu finden. Zur Sicherheit sollten sie immer auf der Webseite der Emittenten (s. S. 138) überprüfen, ob die angegebenen Daten noch korrekt sind.

Ein weiterer wichtiger Ratschlag an der Börse ist: *„Kaufe nur, was du verstehst."* Ein Anleger sollte die Methodik kennen, wie die Indizes ihre Mitglieder aufnehmen oder ausschließen. Denn auch Indizes sind nicht perfekt. Dies gilt besonders für Themen- und Strategieindizes. So hatten z. B. viele Value-Indizes Anfang des Jahres 2008 ein Gewicht von mehr als 50 Prozent in der Finanzbranche. Die Folge war, dass diese Indizes im Rahmen der Finanzkrise überproportional gegen Ende 2008 abstürzten. Deswegen sollten Sie einen Index auf Herz und Nieren prüfen. Nutzen Sie hierzu die vielfältigen kos-

---

[91] Aschoff, Heiko: Leitfaden und Tutorial Methoden & Strategien. Geschäftsberichte, Risikomanagement, Investment, www.institutionell.info, 2. Auflage 2008, S. 86

[92] Vgl. Wambach, Martin: Neue Strategien – Immer mehr Kommunen setzen auf ETF Versorgefonds, ETF Magazin. Die neue Generation der Geldanlage, Januar 2009, S. 39

tenlosen Informationsangebote der ETF-Anbieter und des Internets. Bei einfachen Produkten wie ETFs auf die großen Standardindizes bieten Onlineportale den Anlegern einen guten Überblick.

Tabelle 32: Finanzinformationen aus dem Internet

ETF-Anbieter-Internetseiten: www.abnamromarketaccess.de; www.lyxoretf.de; www.axa-im.de; www.dbxtrackers.de; www.ishares.de; www. etf.ubs.com; www.comstage.de; www.etfsecurities.com; www.etflab.com
Externe Finanzseiten: www.onvista.de; www.godmode-trader.de; www.ftd.de; www.finanztreff.de; www.boerse-online.de; www.ariva.de; www.spiegel.de: www.boerse-go.de sowie www.manager-magazin.de
E-Mail-Newsletter mit Themenschwerpunkt ETFs: www.handelsblatt.com (Bietet den E-Mail-Newsletter *IndexNews* an.); www.10x10.ch (Bietet den E-Mail-Newsletter *10 x10 The ETF Newsletter* an.); www.extra-funds.de (Bietet den E-Mail-Newsletter *Extra Newsletter Investieren mit Exchange Traded Funds* an.)
Internetseiten der wichtigsten Indexanbieter (gut um Methodik der Indizes zu verstehen) www.mscibarra.com (MSCI-Indexwelt, z. B. MSCI World); www.stoxx.com (Stoxx-Indexwelt, z.B. z.B. DJ Euro Stoxx 50); www.ftse.com (FTSE-Welt, z.B. FTSE100); www.boerse-frankfurt.com (DAX-Indexwelt, z.B. DAX) ; www.djindexes.com (Dow Jones Indexwelt, z.B. Dow Jones); www.indices.standardandpoors.com (Standard and Poors Indexwelt, z.B. S&P 500)

Vorsicht ist jedoch bei komplexeren ETFs, z. B. Strategie-ETFs, geboten. Hier sollte sich der Anleger bei Fragen auch direkt an den ETF-Anbieter wenden. Als Ergänzung bieten sich auch die Onlineangebote klassischer Finanzzeitungen, wie *Handelsblatt*, an. Um den Blick über den Tellerrand zu werfen, lohnt sich auch ein Blick auf die Seiten klassischer Magazine, wie *Spiegel*.

Falls mehrere ETFs zu dem von Ihnen ausgewählten Index zur Verfügung stehen, lohnt sich ein genauer Blick auf die Kosten, wie im vorherigen Abschnitt erläutert. Jetzt ist es an der Zeit, den ETF zu kaufen. Bedenken Sie dabei, dass es nicht leicht ist, den richtigen Einstiegszeitpunkt zu finden. Die wenigsten Anleger schaffen das. Achten sie vielmehr darauf, dass der ausgewählte Index nicht überteuert (s. S. 74 ff.) ist und somit schon die Entwicklung um Jahre vorweggenommen hat. Hier liegt der Schlüssel zum Erfolg beim passiven Investieren. Am einfachsten zu erkennen, ob ein Aktienindex zu teuer ist, ist mittels des KGVs möglich. Als Faustregel gilt: Je niedriger das

KGV des Indexes ist, desto günstiger bewertet ist er. Angaben zu den KGVs von Aktienindizes findet der Anleger z. B. in Anlegermagazinen wie *Börse Online*.

Während des Engagements

„Vertrauen ist gut – Kontrolle ist besser" lehrt ein Sprichwort. Fügen Sie deswegen die von Ihnen gehaltenen ETFs in eine leistungsstarke Watchlist ein. Das ist unkomplizierter, als ständig einen Blick ins Depot zu werfen. Zudem bieten einige Watchlisten sogar die Möglichkeit, sich per SMS oder E-Mail Alarme zusenden zu lassen, wenn vorher definierte Kurse erreicht werden. So ist gewährleistet, dass sie immer am Ball sind. Dieses Vorgehen ist besonders dann ratsam, wenn Sie ETFs im Depot haben, deren Referenzindex ein Strategie- oder Themenindex ist. Solche Indizes unterliegen extremen Schwankungen. Watchlisten bieten z. B. die Internetseiten www.yahoo.de, www.hsbc-zertifikate, www.maxblue oder www.onvista.de an. Der Spruch *„die Aktie bzw. der Index kommt schon wieder"* trifft leider nicht immer zu. Wer z. B. 1998 Aktien der *Deutschen Telekom* kaufte, machte zunächst einen fantastischen Schnitt. In nur zwei Jahren verfünffachte sich der Kurs. Anschließend folge ein ebenso grandioser Absturz von 90 % Verlust bis September 2002. Von diesem Aderlass hat sich die Aktie bis heute nicht erholt. Mehr als 700 % Kursgewinn wären jetzt nötig, um den entstandenen Schaden wieder auszugleichen. Ähnlich sieht es bei den Technologie- oder Telekommunikationsindizes aus. Auch sie haben sich bis heute nicht von ihren großen Verlusten erholen können. So warnt die Börsenlegende Jim Rogers: *„Verluste bringen Sie um. Große Kursrückgänge können Sie nie mehr aufholen."* Also verkaufen Sie, falls der Kurs des ETFs unter ein bestimmtes Niveau fällt. Sie sollten also Verlustbegrenzung betreiben.

Verkauf

Beachten Sie immer die Handelszeiten des zugrunde liegenden Basiswertes. Möchten Sie z. B. einen ETF auf einen vergleichsweise illiquiden Index außerhalb seiner Handelszeiten verkaufen, kann es vorkommen, dass der *Spread* größer ist als zur Handelszeit des Indexes. Genau wie der ehemalige Trainer des *FC Bayern München*, Jürgen Klinsmann, versuchte, *„die Spieler jeden Tag ein bisschen besser zu machen"*, sollten Sie auch versuchen, besser zu werden. Hierzu sollten Sie sich kritisch mit dem getätigten Geschäft auseinandersetzen. Fragen Sie sich dazu, was gut gelaufen ist und was Sie beim nächsten Geschäft besser machen können.

Wenn sie alle in diesem Kapitel beschriebenen Punkte beachten, sollte der Handel mit ETFs für Sie ganz einfach sein. Wenden wir uns jetzt dem strategischen Einsatz von ETFs zu.

4.11.2 Strategischer Einsatz von ETFs

Passives Investieren darf nicht mit dem Verzicht auf das Treffen von (aktiven) Entscheidungen gleichgesetzt werden. Wie jede andere Anlageentscheidung muss auch der Entschluss ETFs einzusetzen, im Rahmen des Gesamtdepots gefasst werden. In der Praxis bietet sich folgender stufenweiser Prozess zur Entscheidungsfindung an. Dabei ist das *Risk Budgeting* einer der zentralen Bestandteile beim Investmentprozess. Darunter versteht man das Risiko, das ein Anleger bereit ist, bei seinem Portfolio einzugehen. Deswegen ist das Hauptziel des *Risk Budgeting* sicherzustellen, das Investmentstrategien im vollen Bewusstsein über die Risiken getroffen werden. Der Satz „*wer mehr Rendite haben möchte, muss mehr Risiko eingehen*" ist keine leere Worthülse, sondern bittere Wahrheit an den Börsen. Erst wenn der Anleger festgelegt hat, wie viel Risiko er eingehen möchte, lässt sich festlegen, welche verschiedenen Investitionen und Allokationen sich für ihn eignen. Im Prinzip hängt die Performance seines Portfolios davon ab, welches Risiko eingegangen wird und wie dieses auf die verschiedenen Investments verteilt wird.

1. Schritt: Bestimmung der Anlageziele
2. Schritt: Bestimmung der Anlagestrategie (Wahl der Anlageklasse, wie z.B. Aktien) und ihrer Gewichtung und des Risikos (so genanntes Risk Budgeting)
3. Schritt: Wie setze ich die Anlagestrategie um? Aktive oder passive Produkte? Wahl der Portfoliostruktur.
4. Schritt: Wahl der Produkte (passiv: z.B. große Benchmarkindizes; aktiv z. B. Anlagestile)
5. Schritt: Anlagetätigkeit
6. Schritt: Überwachung, so genanntes *Investment Controlling*

Abbildung 15: Stufenprozess zur Entscheidungsfindung im Investmentprozess

Hat nun ein Anleger seine Anlageziele entsprechend seiner Strategie gesteckt, muss er danach Entscheidungen über ihre Umsetzung treffen. Dazu bieten ETFs vielfältige Möglichkeiten. Jeder Anleger sollte sich an den Ratschlag von Garri Kasparow halten *„Klassische Ratschläge taugen nichts. Weder im Schach noch im Leben. Eine Strategie, die für mich funktioniert, kann den anderen ins Verderben führen. „* Jeder Anleger muss also die für sich passende Strategie finden.

4.11.2.1 *Strategie, um dem Index zu folgen*

In diesem Abschnitt lenken wir unser Augenmerk auf Strategien, mit denen der Anleger einfach die Performance eines Indexes nachverfolgt.

Benchmarking

Wie bereits erwähnt, schaffen es die meisten aktiv gemanagten Fonds langfristig nicht, die Performance ihres Vergleichsindexes nachhaltig zu übertreffen. Möchte ein Anleger sein Portfolio dennoch in Einklang mit der Performance eines bestimmten Indexes bringen, so muss er nicht die einzelnen Werte des Indexes kaufen, sondern kann den gesamten Index mit einem einzigen Wertpapier – eben einem ETF – erwerben. Der Vorteil ist, dass der Anleger durch den Erwerb eines Wertpapieres das aktienspezifische Risiko seines Portfolios deutlich verringern kann, da er ein diversifiziertes Investment in den zugrunde liegenden Index tätigt. Mit ETFs können Sie im Rahmen Ihrer taktischen Vermögensanlage kurzfristig Länder-, Regionen- oder Branchenstrategien umsetzen. Überdies tragen die ETFs dem Umstand Rechnung, dass die Performance eines Depots weniger von der Einzeltitelauswahl abhängt, sondern vielmehr von der Auswahl der richtigen Anlageklassen und -märkte (s. S. 27 ff.) zueinander. Ein Anleger, der die Strategie Benchmarking durchführen möchte, könnte sie zum Aufbau eines Weltportfolios nehmen. Die Gewichtung innerhalb des Weltportfolios sollte grob ihrem Anteil am Weltbruttoinlandsprodukt entsprechen. Hierfür könnte sich der Anleger die BIP-Originaldaten des *Internationalen Währungsfonds* IWF (imf.org > Daten und Statistiken) herunterladen. Dazu wählt man den aktuellen „World Economic Outlook" aus und dort die Funktion „World Econmonic data by all countries". Danach wählt man „Gross domestic product, current prices, U.S.

dollars" und wertet das letzte Jahr mit überwiegend gesicherten Daten aus. Jetzt wird es etwas mühsam. Weil man die Ergebnisse je Land und nicht je Wirtschaftsraum erhält, müssen sie die Ergebnisse noch nach den typischen Regionen sortieren: Westeuropa, Nordamerika, Japan und Ozeanien und die *Emerging Markets*. Dann bekommt man folgende Einteilung: Westeuropa 32,86 %, Nordamerika 32,51 %, Japan und Ozeanien 13,72 % und *Emerging Markets* 20,91 % (Stand April 2008). Hätte man eine Aufteilung nach der Marktkapitalisierung der Aktienmärkte vorgenommen, sähe die Aufteilung ganz anders aus. Dann hätte Nordamerika ein Gewicht von mehr als 50 %. Doch meiner Ansicht nach spiegelt die Abbildung nach dem BIP je US-Dollar die wirkliche Bedeutung der Länder am besten wider. Außerdem erhält man eine bessere Diversifikation. Nun braucht man eigentlich nur noch die ETFs bzw. Indizes auszuwählen, die am besten die Wirtschaftsräume abbilden.

Tabelle 33:   Weltportfolio für ein Startkapital von ca. 10.000 Euro

Wirtschaftsraum	ETF	Betrag
Westeuropa	db x-trackers MSCI Europe	3.286
Nordamerika	iShares ETF MSCI North America (enthält Aktien aus den USA und Kanada)	3.251
Japan und Ozeanien	Lyxor ETF Japan Topix (marktbreiter Index für japanische Aktien) Lyxor ETF MSCI AC Asia-Pacific ex Japan (Dieser Index spiegelt die Wertentwicklung der Aktienmärkte der Industrieländer des pazifischen Raums ohne Japan wider. Vertreten sind u. a. Australien, Hongkong, Neuseeland und Singapur.)	1.372
Emerging Markets	Lyxor ETF MSCI Emerging Markets.	2.091

Außerdem sollte der Anleger seine Portfolioanteile so weit wie möglich konstant halten. Man bezeichnet das als *Re-Balancing*. Hierzu sollte der Anleger in festen Abständen alle 12 bis 36 Monate überprüfen, ob die gewählte Aufteilung noch dem BIP der Länder entspricht. Warum ist das so wichtig? Die Erklärung liegt darin, dass die unterschiedlichen ETFs eine unterschiedliche Wertentwicklung aufweisen. So könnte z. B. der *Lyxor ETF MSCI Emerging Markets* innerhalb eines Jahres um 20 % gestiegen sein, wohingegen der *Lyxor ETF Japan Topix* nur um 5 % gestiegen sein könnte. Hierdurch gerät das Depot zwangsläufig aus dem Gleichgewicht, weil sich nun der Anteil des *Lyxor ETF MSCI Emerging Markets* erhöht und der des *Lyxor ETF Japan Topix* verringert. Allgemein gilt, dass risikoreiche Teile des Depots mit der Zeit an Gewicht gewinnen, da sie zumeist eine höhere Rendite aufweisen. Um jetzt nicht unbeabsichtigt mit einem allmählich immer risikoreicheren, schlechter diversifizierten und volatileren Depot dazustehen, muss der Anleger aktiv seine ursprüngliche Struktur verteidigen.

Dies kann er tun, indem er Neuanlagen primär in die inzwischen untergewichteten Portfolioteile investiert, oder indem er das Portfolio umschichtet. Das Umschichten, also der teilweise Verkauf in jüngerer Vergangenheit stark rentierender Segmente und der Nachkauf der im selben Zeitraum schwach rentierten Anlagen, kann dem Anleger einige Bauchschmerzen bereiten. Allerdings zeigen viele Studien das *Re-Balancing* zur Risikosteuerung und -kontrolle notwendig ist und in der Mehrzahl der Fälle die langfristige Durchschnittsrendite eines Portfolios leicht erhöht. Das liegt daran, dass Aktienrenditen langfristig um ihren Mittelwert schwanken, d. h. das Phänomen der Regression zum Mittelwert (s. S. 227) schlägt hier wieder zu.

Investments in fremde Märkte – der Länderansatz

Möchte ein Anleger attraktive Chancen fernab der eigenen Haustür wahrnehmen, so betritt er meistens ein unbekanntes Land. Indische Turbinenbauer, chinesische Spielwarenhersteller oder chilenische Reedereien usw. – überall auf der großen weiten Welt wachsen kraftstrotzende Weltkonzerne heran und fordern die westlichen Marktführer heraus. Sie haben solch klingende Namen wie *Baiaj, Shougang* oder *Charoen Pokphand Foods*, die die Anleger in unseren Breitengraden noch nie gehört haben.

Dabei tun die Anleger gut daran, sich mit diesen Märkten bzw. Unternehmen auseinanderzusetzen. Schließlich strotzen die Märkte nur so vor Wirtschaftskraft, wie z. B. China. Durch das steigende Angebot kann der Anleger mit ETFs nahezu jede Anlageregion bzw. jeden Kontinent abdecken. Hat sich der Anleger eine Marktmeinung gebildet, reicht eine Börsentransaktion aus, um eine komplette Anlageregion in sein Portfolio aufzunehmen. Die Möglichkeiten sind vielfältig, wie nachfolgende Tabelle zeigt.

Tabelle 34: Investitionsmöglichkeiten in die *Emerging Markets*

Index		Land	Beispiel-ETF
Asien	Daxglobal Asia	10 asiatische Länder, ca. 40 Indexmitglieder	Market Access DAX-global Asia Index Fund
	FTSE/XINHUA China 25	Die 25 größten und liquidesten chinesischen Aktien, die an der Börse Hong Kong gelistet sind und gehandelt werden	iShares FTSE/XINHUA China 25
	MSCI AC Far East ex Japan	China, Indonesien, Korea, Malaysia, Philippinen, Taiwan und Thailand	iShares MSCI AC Far East ex-Japan
	MSCI EM Asia	China, Indien, Korea, Malaysia, Pakistan, Philippinen Taiwan und Thailand	Db x-Trackers MSCI EM ASIA TRN INDEX ETF
	S & P CNX Nifty	Länderindex Indien	Db x-Trackers S&P CNX NIFTY ETF (INDIEN)
Osteuropa	South-East Europe Traded Index	Der Index beinhaltet derzeit 17 Unternehmen aus Rumänien, Bulgarien, Slowenien und Kroatien.	Market Access South-East Europe Traded Index Fund
	Daxglobal Russia	Länderindex Russland	Market Access DAX-global Russia Index Fund
	DJ Turkey Titans 20	Länderindex Türkei	Lyxor ETF DJ Turkey Titans 20
Lateinamerika	Ibovespa	Länderindex Brasilien	Lyxor ETF Brazil (Ibovespa)
	MSCI EM Latin America	Argentinien, Brasilien, Chile, Kolumbien, Mexiko, Peru	Lyxor ETF MSCI EM Latin America
Global	DAXglobalBRIC	Brasilien, Russland, Indien China	Market Access DAX-global BRIC Index Fund
	MSCI EM EMEA	Tschechien, Ägypten, Ungarn, Israel, Jordanien, Marokko, Polen, Russland, Südafrika, Türkei	Db x-trackers MSCI EM EMEA TRN INDEX ETF
	MSCI Emerging Markets	Globale Emerging Markets, enthält ca. 27 Länder	iShares MSCI Emerging Markets

Zieht z. B. ein Anleger ein Investment bei unseren osteuropäischen Nachbarn in Betracht, so müsste er eigentlich ein kostspieliges und zeitaufwendiges *Research* durchführen, um nicht „ins Blaue" zu investieren. Ansonsten riskiert er, in schlecht recherchierte Einzelwerte in unbekannten Märkten zu investieren.

Außerdem steht der Anleger vor dem Problem, dass viele ausländische Aktien überhaupt nicht oder nur in geringen Stückzahlen in Deutschland gehandelt werden. Dies kann dazu führen, dass die Kurse in Deutschland von denen der Heimatbörse mehr oder minder stark abweichen. Diese *Spreads* werden in der Regel umso größer, je exotischer die Heimatbörse der Aktie ist. Außerdem kann der Anleger hier nicht alle Aktien eines ausländischen Marktes erwerben, sondern immer nur einen Ausschnitt, der sich auf die größten Unternehmen oder auf die Aktien beschränkt, die durch die Börsenzeitschriften aktuell gepusht werden. Häufig kommt es auch vor, dass die gehandelten Stückzahlen der betreffenden Aktien deutlich sinken, wenn die Märkte bei den Anlegern aus der Mode sind. Das heißt, dass die Liquidität der Aktien dramatisch zurückgeht. Es kann sogar so weit gehen, dass der Anleger wochenlang warten muss, bis er seine Aktien verkaufen kann. Auch beobachtet man dann, dass der *Spread* zwischen dem Kurs der Heimartbörse und dem deutschen Kurs weiter auseinandergeht.

Durch den Kauf eines ETFs, z.B. dem *Market Access South-East Europe Traded Index Fund,* kann der Anleger völlig unkompliziert in die osteuropäischen Aktienmärkte investieren. Seine Aufgabe besteht jetzt nur noch darin, anhand von makroökonomischen Daten zu entscheiden, ob ein Investment in Osteuropa Gewinn versprechend ist oder nicht. Solche Daten werden z. B. von den ETF-Anbietern in den Produktinformationen gegeben. Zudem muss der Anleger noch den für sich passenden Index finden, der seiner Meinung nach am besten die osteuropäischen Märkte widerspiegelt.

Allerdings kann der Einstieg in einige Länder- und Regionenindizes mit einem Währungsrisiko (s. S. 202 ff.) verbunden sein, wenn der ETF in Wertpapiere investiert, die nicht auf Euro, sondern auf US-Dollar, Real oder einer anderen Fremdwährung lauten. Das Wechselkursverhältnis zwischen Euro und der betreffenden Fremdwährung beeinflusst die Kursentwicklung des ETFs. Daher sollte der Anleger immer auch einen Blick auf die Zusammensetzung der Indizes werfen.

4.11.2.2 Von Kernen und Satelliten – Die Core-Satellite-Strategie

„In eine leere Scheune kommt keine Maus." Damit in Ihrem Depot keine Ebbe herrscht, müssen Sie Sicherheit und Rendite in Einklang bringen, und das möglichst kostengünstig. Dazu bietet sich die Core-Satellite-Strategie an. Die

Idee hinter dem Core-Satellite-Konzept ist, das Portfolio in zwei Segmente aufzuteilen.

Das Kerninvestment (engl. core = Kern) bildet die Basis des Portfolios. In der Regel werden die Kerninvestments auf breit gestreute Anlagen mit niedrigem Risiko konzentriert. Das Ziel der Anlage ist es also, eine Rendite zu erzielen, die in etwa der Marktperformance entspricht. Hierzu sind gerade ETFs prädestiniert, da sie bei geringen Kosten einen breiten Zugang zu einem Markt bzw. Index gewähren. Als Kerninvestment bieten sich ETFs auf große Standardindizes, wie z. B. *MSCI World* oder *DJ Stoxx 600*, an. Aber auch Bluechipindizes, wie z. B. DAX, *Euro Stoxx, S&P 500*, sowie Rentenindizes mit erstklassigen Staatsanleihen oder Unternehmensanleihen eignen sich als Kerninvestment.

Als zweiten Bestandteil des Depots werden mehrere kleinere Einzelinvestitionen (Satelliten) mit einem höheren Risiko- und Renditepotenzial aufgenommen. Oftmals haben Investments in Satelliten auch höhere Gebühren als ein Kerninvestment. Das Ziel ist, mit den Satelliten eine höhere Rendite als die Benchmark zu erzielen. Dazu soll eine Anreicherung bzw. Diversifizierung des Kernportfolios durch gezielte Investments in zusätzliche geografische Regionen (Beispiele: Osteuropa, Asien) oder Assetklassen (Beispiele: Rohstoffe, Hedgefonds) oder Managementstile bzw. -strategien (Beispiele: aktiv gemanagte Fonds, Strategieindizes, Themenindizes) erfolgen.

Aktiv gemanagte Fonds kommen hier auch zum Einsatz, vor allem zur Abdeckung von *Emerging Markets*, hochverzinslichen Anleihen oder Nebenwerten. In diesen Bereichen hat sich nämlich gezeigt, dass aktives Management dem Anleger tatsächlich Vorteile bringt.

Die jeweilige Gewichtung zwischen Kern- und Satelliteninvestments ist abhängig von der individuellen Risikobereitschaft (s. dazu auch Abschnitt 2.1.2, S. 36.) des Anlegers und der allgemeinen wirtschaftlichen Marktlage. Im Allgemeinen sollte der Kern eine Größe von 50 % aufwärts haben. Jeder Anleger muss zunächst seine eigene Risikobereitschaft prüfen.

Bei der Zusammenstellung eines Depots nach der Core-Satellite-Strategie sollte man sich von der alten Volksweisheit „Nicht alles auf eine Karte setzen" inspirieren lassen. Schließlich macht die Mischung den Unterschied. So haben langfristige Studien gezeigt, dass die Rendite eines Portfolios zu mehr als 93 % von der strategischen Struktur des Depots abhängt, also von der

Streuung des Vermögens über verschiedene Anlageklassen, Märkte und Branchen. Zudem sollte man nicht sklavisch an der einmal getroffenen Wahl festhalten, falls sich die Marktverhältnisse grundlegend ändern. Schließlich lässt sich mit der Core-Satellite-Strategie die genaue Zielsetzung jeder einzelnen Position im Portfolio leicht bestimmten. Im Rahmen dieser Strategie werden ja für jedes Investment klare Ziele definiert. Sollten diese nicht erreicht werden, kann der Anleger darauf reagieren, ohne die anderen Positionen im Portfolio anzutasten.

Häufig stellen Anleger ihre Core-Satellite-Strategie nach der Theorie von Markowitz (Portfoliotheorie, s. S. 10 ff.) zusammen. Die besondere Leistung dieser Theorie ist, dass sie die Anleger sensibilisiert hat, beim Aufbau ihrer Portfolios auf Diversifikation zu achten. Dennoch hat diese Theorie ihre Haken. Das Problem bei der Anwendung ist, dass dieses Modell voraussetzt, dass man die erwarteten Renditen, Volatilitäten und Korrelationen der verschiedenen Wertpapiere kennt. Aber in Wirklichkeit kennt man sie natürlich nicht, sondern schätzt sie aufgrund von Vergangenheitswerten. Dabei kommt es immer wieder zu Schätzfehlern. Demgemäß erhält der Anleger auf Basis dieser falsch geschätzten Parameter am Ende zwar ein optimiertes, aber nicht das optimale Portfolio. Schon kleine Schätzfehler haben große Auswirkungen. Gerade die erwartete Rendite stellt bei der Schätzung das schwierigste Problem dar. Sie wird meistens aus den Vergangenheitswerten abgeleitet. Dumm ist nur, dass der Einfluss der erwarteten Rendite auf das Ergebnis der Markowitz-Optimierung weitaus größer ist als der Einfluss von Volatilitäten oder Korrelationen. Wenn man z. B. die erwartete Rendite des DAXes für einen bestimmten Zeitraum mit 12 % (Rendite in den 1990er Jahren) ansetzt, aber die tatsächliche Rendite dann nur 7 % beträgt, bekommt man ein optimiertes Portfolio, das sich dramatisch vom optimalen Portfolio unterscheidet. Deswegen sagen auch einige Kritiker dieser Theorie: *„Anleger sollten es aufgeben, die erwartete Rendite zu schätzen und sich auf den Kern der Theorie besinnen, die Risikodiversifikation."* Hierzu ist ein guter Anhaltspunkt die Volatilität des jeweiligen Basiswertes. So lehrt Markowitz, dass die Volatilität eines Depots insgesamt sinkt, wenn man weitere Assetklassen ins Depot nimmt. Deshalb raten auch einige Experten, in der Vermögensanlage nicht zu stark auf einzelne Assets oder Assetklassen zu setzen. Mischung ist Trumpf.

Überdies sollte eigentlich jedes Depot über einen gewissen Anteil (zwischen 3 bis 5 %) an Barmitteln oder kurzfristig verfügbaren Geldern (z. B. im Geldmarktbereich) verfügen, sodass der Anleger nicht gezwungen ist, zu einem ungünstigen Zeitpunkt aus seinen Investments auszusteigen, weil er einen plötzlichen Geldbedarf, z. B. wegen einer Autoreparatur, hat. Allerdings sollte der Anteil nur in Sonderfällen größer als 5 % werden, weil die Renditen, die am Geldmarkt zu realisieren sind, deutlich geringer sind als am Aktien- oder Rentenmarkt.

Auf dem Weg zur langfristigen Geldanlage sind zwei Schritte wichtig. Der erste Schritt sollte die Erstellung einer passenden Anlagestrategie in Form einer grundlegenden *Asset Allocation* (Gewichtung der einzelnen Anlageklassen, wie Aktien, Immobilien, Renten usw.) sein. Danach kann der Anleger sich eine passende Strategie unter Berücksichtigung seiner Risikobereitschaft und seines Anlagehorizonts aussuchen. Im zweiten und letzten Schritt wird jede Strategie mit ETFs abgebildet. Mit Hilfe von Portfoliorechnern aus dem Internet (z. B. bei www.dbxtrackers.com) können die Anleger verschiedene Portfolios zusammenstellen und so ihre möglichen Portfolios optimieren. Zudem lässt sich berechnen, welche Stückzahlen Sie von welchem Produkt kaufen bzw. welche Anlagesumme Sie zur Umsetzung der von Ihnen gewählten Strategie aufwenden müssen. Einige Portfoliorechner zeigen auch an, wie sich das Portfolio in der Vergangenheit entwickelt hätte.

Ferner muss der Anleger beim Einsatz von ETFs beachten, dass es nicht unbemerkt zu übermäßigen Währungs- und Klumpenrisiken im Depot kommt. So kauft sich z. B. ein Anleger mit den *MSCI World* immense Währungsrisiken ein, da zurzeit in diesem Index mehr als 50 % US-Titel enthalten sind, die in US-Dollar notieren. Zudem könnte es bei der Anwendung von Strategieindizes unbemerkt zu Klumpenrisiken kommen. Beispielsweise enthält der Strategieindex *DJ Stoxx Global Dividend 100 Index* für die dividendenstärksten Aktien der Welt über 50 % Finanzwerte (Stand Dezember 2008). Aus diesen beiden Gründen sollte der Investor bei der Auswahl der ETFs immer einen Blick auf die Branchenzusammensetzung und Länderallokation im Fonds werfen. Aber auch die klassischen Indizes, wie DAX & Co, können ein Klumpenrisiko aufweisen. Solche Indizes basieren auf der Kennzahl Marktkapitalisierung, deswegen kommt es oft zu einer risikobehafteten Übergewichtung bestimmter Branchen. In der Regel dominieren dann die Branchen den Index, die am höchsten bewertet sind. Dies kann unangenehme Folgen haben. Beispielsweise dominierten im Jahr 2000 die Branchen Telekommunikation und Technik sowie im Jahr 2007 Finanzwerte den DAX. Entsprechend groß waren die Kursverluste im DAX, als die Titel dieser Branchen unter Druck gerieten. Dies kann der Anleger umgehen, indem er zusätzlich zu einem klassischen Index in Branchenindizes mit einer niedrigen Korrelation (s. S. 25 ff.) zum Index bzw. in Branchen, die im klassischen Index niedrig gewichtet sind, investiert. So erhält er ein robusteres Portfolio.

Prinzipiell werden die Anleger in drei Risikoklassen eingeteilt: risikoscheu, ertrags- und wachstumsorientiert. Zum einem ist der Übergang innerhalb dieser Risikoklassen fließend und zum anderen gibt es eine Vielzahl von Variationen innerhalb dieser Klassen. Außerdem sollte der Anleger sein Portfolio so zusammenstellen, dass er es voraussichtlich möglichst wenig umstellen muss, um Kosten zu sparen. Nicht umsonst sagt eine alte Börsenregel aus: *„Hin und Her macht Taschen leer."* Folglich sollte die grundlegende Richtung beim Zusammenstellen des Portfolios sein: Kaufen und Liegenlassen.

Das risikoscheue (konservative) Depot ist für Anleger gedacht, die nur geringe Risiken in Kauf nehmen möchten. Dennoch möchte der Anleger langfristig eine Rendite erzielen, die oberhalb der von Festgeld liegt. So könnte z. B. der Kerninvestmentanteil aus 70 % Renten bestehen, während der Satellitenanteil aus den restlichen 30 % besteht. Wegen der Sicherheit wird 30 % in europäische Staatsanleihen investiert. Um die Rendite zu erhöhen, werden weitere 20 % in Pfandbriefe investiert, die wegen der gesetzlichen Auflagen als sehr sicher gelten, aber höhere Renditeaussichten haben als Staatsanleihen. Um noch ein bisschen mehr Rendite zu erwirtschaften, werden noch 10 % Industrieanleihen zugemischt. Um dem Depot zusätzliche Stabilität zu geben, wird mit 5 % ein offener globaler Immobilienfonds zugegeben. Im Satellitenanteil wird ein Strategieindex auf dividendenstarke Aktien mit 14 % beigemischt, weil Dividendenzahlungen langfristig gesehen bis zur Hälfte der Aktienperformance beitragen. Zwecks globaler Streuung werden zusätzlich 14 % in den *MSCI World* investiert. Überdies werden zwecks Portfoliodiversifikation 2 % in Rohstoffe investiert.

Tabelle 35:   Beispiel für ein risikoscheues Depot

Core/ Satellit	Anlageklasse	Fondsname	WKN	Verwaltungs- gebühr	Prozent am Depot
Core	Geldmarkt Euro	Lyxor ETF Euro Cash[1]	LYX0B6	0,150	5
Core	Staatsanleihen Euro	Lyxor ETF EuroMTS Global[2]	A0B9ED	0,165	30
Core	Pfandbriefe Euro	Lyxor ETF Euro MTS Covered Bond[3]	LYX0B3	0,165	20
Core	Unternehmens- anleihen Euro	iShares € Corporate Bonds[4]	251124	0,200	10
Core	Immobilien Global	Uniimmo: Global[5]	980555	0,860	5
				Summe Core	70
Satellit	Aktien Dividen- denstrategie	ETF DJ Stoxx Global Se- lect Dividend 100[6]	DBX1DG	0,500	14
Satellit	Aktien Welt	iShares MSCI World[7]	A0HGZR	0,500	14
Satellit	Rohstoffe	iShares Dow Jones-AIG Commodity[8]	A0H072	0,470	2
				Summe Satellit	30

[1]Dieser ETF bildet den *EONIA Investable Index* ab. Dieser Index bildet die täglich rollierte Einlage zum EONIA-Satz ab; [2]Dieser Renten-ETF spiegelt den *EuroMTS Global Index* wider. Dieser beinhaltet Staatsanleihen der Mitgliedstaaten der europäischen Union; [3] Dieser Renten-ETF zeigt die Entwicklung des *EuroMTS Covered Bond Aggregate* an. Dieser Index bündelt euro-notierte Pfandbriefe (Restlaufzeit von mindestens einem Jahr) nichtstaat- licher Emittenten, deren Schuldnerbonität mindestens mit AAA *(Standard & Poors-Rating)* bewertet ist; [4] Dieser ETF spiegelt die Wertentwicklung des *iBoxx € Liquid Corporates- Index* wider. Der Index ist so konzipiert, dass er die Performance des Marktes der liquides- ten und auf Euro lautenden Unternehmensanleihen widerspiegelt; [5] Bei diesem Fonds handelt es sich um einen offenen Immobilienfonds, der seine Investments in Immobilien weltweit streut; [6] Der *DJ Stoxx Global Dividend 100 Index* gibt die Wertentwicklung der Un- ternehmen mit der höchsten Dividendenrendite in Europa, Amerika und Asien wieder; [7] Dieser ETF spiegelt den *MSCI World* wider; [8]Dieser ETF bildet den *Dow Jones-AIG Commodity Index Total Return* ab.

Das ertragsorientierte (ausgewogene) Depot ist für Anleger mit einer mittleren Risikoneigung gedacht. Zudem möchte der Anleger eine Rendite deutlich über dem Festgeldniveau erzielen. Darum besteht der Kern des Depots nur noch aus 50 % Anleihen. Um die Renditeziele erreichen zu können, wird jetzt der Schwerpunkt auf Industrieanleihen und Pfandbriefen gelegt, weil diese eine deutlich höhere Verzinsung haben als Staatsanleihen. Die Staatsanlei- hen dienen, genauso wie der offene Immobilienfonds, nur noch zur Diversifi- kation des Kerninvestments. Dagegen dominieren im Satellitenanteil die Ak- tien-ETFs, um die Chance auf Rendite zu steigern. Wiederum werden 2 % in Rohstoffe investiert, weil ein Rohstoffanteil zur Stabilisierung eines Portfolios beitragen kann.

Tabelle 36: Beispiel für ein ertragsorientiertes Depot

Core/ Satellit	Anlageklasse	Fondsname	WKN	Verwaltungs- gebühr	Prozent am Depot
Core	Geldmarkt Euro	Lyxor ETF Euro Cash	LYX0B6	0,150	5
Core	Staatsanleihen Euro	Lyxor ETF EuroMTS Global	A0B9ED	0,165	5
Core	Pfandbriefe Euro	Lyxor ETF Euro MTS Covered Bond	LYX0B3	0,165	15
Core	Unternehmensan- leihen Euro	iShares € Corporate Bonds	251124	0,200	20
Core	Immobilien Global	Unilmmo: Global	980555	0,860	5
				Summe Core	50
Satellit	Aktien Dividen- denstrategie	ETF DJ Stoxx Global Select Dividend 100	DBX1DG	0,500	15
Satellit	Aktien Emerging Markets	Lyxor ETF MSCI Emerging Markets[1]	LYX0BX	0,650	10
Satellit	Aktien USA	iShares S&P 500[2]	264388	0,400	7
	Aktien Europa	iShares DJ Euro Stoxx 50[3]	593395	0,169	9
	Aktien Japan	iShares Nikkei 225[4]	A0H08D	0,520	7
Satellit	Rohstoffe	iShares Dow Jones- AIG Commodity	A0H072	0,470	2
				Summe Sa- tellit	50

[1] Der Index *MSCI Emerging Markets* repräsentiert 85 % der Marktkapitalisierung der aufstrebenden Entwicklungsländer; [2] Dieser Aktien-ETF spiegelt die Entwicklung des *S&P 500* wider; [3] Dieser Aktien-ETF spiegelt die Entwicklung des *Dow Jones Euro Stoxx 50* wider; [4] Dieser Aktien-ETF spiegelt die Entwicklung des *Nikkei 225* wider.

Das wachstumsorientierte (oder dynamische) Depot ist auf Rendite getrimmt und hat somit hohe Risiken. Der Anleger sprüht nur so vor Risikofreude. Rendite geht ihm vor Sicherheit. Deswegen kann er kurzfristige Verluste verkraften, erwartet dafür aber im Gegenzug schnelle Gewinne.

Dafür schmilzt jetzt im Core-Bereich der Anteil von Renten- und Geldmarkt auf 25 % ab. Weiterhin befinden sich jetzt im Kern wegen der höheren Renditechance nur noch Industrieanleihen im Rentenanteil. Weiterhin findet man jetzt auch im Kernbereich Aktien-ETFs. Hierbei handelt es sich allerdings um große, wenig schwankende Bluechipindizes. Um die Rendite zu steigern, wird im Satellitenbereich jetzt spekulativer investiert. Dazu befinden sich nun auch Branchen-ETFs auf aussichtsreiche Sektoren im Depot. Außerdem wird ein breites Investment in den *Emerging Markets* getätigt, weil Aktien aus dieser Region eine sehr dynamische Entwicklung zeigen. Hierzu bietet sich der *MSCI Emerging Markets* an, er umfasst 840 Aktien aus verschiedenen Schwellenländern. Um etwas Stabilität ins Depot zu bringen, bleibt der ETF auf einen Strategieindex für dividendenstärkste Aktien im Depot erhalten. Ebenfalls werden Rohstoffe mit einem Anteil von 2 % am Depot gewichtet.

Tabelle 37:   Beispiel für ein wachstumsorientiertes Depot

Core/ Satellit	Anlageklasse	Fondsname	WKN	Verwaltungs- gebühr	Prozent am Depot
Core	Geldmarkt Euro	Lyxor ETF Euro Cash	LYX0B6	0,150	5
Core	Unternehmens- anleihen Euro	iShares € Corporate Bonds	251124	0,200	18
Core	Immobilien Global	Unilmmo: Global	980555	0,860	2
Core	Aktien Europa	iShares DJ Euro Stoxx 50	593395	0,169	10
Core	Aktien USA	iShares S&P 500	264388	0,400	7,5
Core	Aktien Japan	iShares Nikkei 225	A0H08D	0,520	7,5
				Summe Core	50
Satellit	Aktien Dividen- denstrategie	ETF DJ Stoxx Global Select Dividend 100	DBX1DG	0,500	15
Satellit	Aktien Emerging Markets	Lyxor ETF MSCI Emerging Markets	LYX0BX	0,650	10
Satellit	Aktien Branchen	iShares DJ Stoxx 600 Technology[1]	628936	0,520	8
Satellit	Aktien Branchen	iShares DJ Stoxx 600 Banks[2]	628934	0,520	7
Satellit	Aktien Branchen	iShares DJ Stoxx 600 Health Care[3]	628937	0,520	8
Satellit	Rohstoffe	iShares Dow Jones- AIG Commodity	A0H072	0,470	2
				Summe Sa- tellit	50

[1] Der Branchen-ETF bildet die Performance des gesamten Technologiesegmentes des *Dow Jones Stoxx 600* ab; [2] Der Branchen-ETF bildet die Performance des gesamten Banksegmentes des *Dow Jones Stoxx 600* ab; [3] Der Branchen-ETF bildet die Performance des gesamten Gesundheits- und Pharmasegmentes des *Dow Jones Stoxx 600* ab.

4.11.2.3   Aktives Management mit passiven Instrumenten – Der Versuch, den Index zu schlagen

Nach Grinold Kahn (fundamentales Gesetz des aktiven Fondsmanagements) *„ist jede aktive Strategie eine bewusste Abweichung von der Benchmark"*. Wie das Wort aktiv schon aussagt, wird versucht, durch eine kleine, individuelle Gestaltungsfreiheit bei der Auswahl der Aktien, Renten usw. den Index zu schlagen. Das kann durch kurzzeitiges *Traden* geschehen, z. B. um mit Short-Indizes den DAX in einer Baissephase auszustechen oder in einer Haussephase mit Leverage-Indizes zu punkten. Dagegen versuchen die Strategieindizes mit strukturierten Strategien den Referenzindex zu schlagen. Mit den Themenindizes versucht der Anleger, durch das gezielte Bedienen einzelner Anlagethemen die Performance eines Referenzindexes outzuperformen. All diese Strategien erfordern vom Anleger, dass er sich aktiv mit ihnen auseinandersetzt. Sie offenbaren ihren „janusköpfigen" Charakter nur dem wissenden Anleger. Den unwissenden Anleger blenden sie durch die Möglichkeit traumhafte Renditen zu erzielen. Aber das zweite Gesicht ist immer mit dabei, nämlich das Risiko, weniger Rendite zu erzielen als der Referenzindex. Das heißt, der Anleger trägt zusätzlich zum Marktrisiko noch das Risiko einer Underperformance, falls die gewählte Strategie nicht aufgeht.

Short-Indizes: Auf fallende Märkte setzen

„Wenn die Börsenkurse fallen, regt sich Kummer fast bei allen, aber manche blühen auf: Ihr Rezept heißt Leerverkauf." Genau darauf setzen die Short-Indizes. Prinzipiell wandeln diese Indizes die Kursverluste des Referenzindizes eins zu eins in Gewinne um. Die Idee hinter diesen Indizes ist ein Leerverkauf. Hierbei wird ein Index, den man gar nicht besitzt, verkauft. Den hierfür benötigten Index leiht man sich von einem anderen Marktteilnehmer. Wenn die Kurse fallen, kauft man den Index zu einem günstigeren Kurs zurück und vereinnahmt die Differenz zwischen Kauf- und Verkaufspreis abzüglich der Leihgebühr als Gewinn.

Beispielsweise ist der ShortDAX so konstruiert, dass er die Indexbewegung des DAXes gegenüber dem jeweiligen Vortag mit einer Hebelwirkung von -1 abbildet. Fällt z. B. der DAX an einem Tag um 1 %, so erhöht sich der Wert des ShortDAXes ebenfalls um diesen Prozentsatz. Dasselbe gilt vice versa bei einem Anstieg des DAXes. Steigt beispielsweise der DAX um 1 %, verliert der ShortDAX ebenfalls um diesen Prozentsatz. Diese Relation gilt aber nur für einen Handelstag. Denn über ein Jahr gerechnet müsste der ShortDAX, wenn der DAX in diesem Zeitraum um 100 % stiege, wertlos werden. Aus diesem Grund wird an jedem Handelstag, basierend auf dem Bezugsindex-Schlusskurs des Vortages, die Hebelwirkung auf -1 zurückgedreht. Um einen Totalverlust zu vermeiden, falls der DAX innerhalb eines Tages um 100 % performt, wurde ein *Cap* eingebaut, das die Partizipation verringert.

Zusätzlich zu der inversen DAX-Bewegung bekommt der Anleger noch Zinszahlungen in Höhe des doppelten Tagesgeldzinssatzes. Diese Zinsen ergeben sich, weil sowohl auf das investierte Anlagevolumen als auch für die durch den Leerverkauf erhaltenen Geldmittel Zinsen fällig werden. Somit fließen unabhängig davon, wie sich der Aktienmarkt entwickelt, immer börsenwetterfeste Einnahmen in den Index.

Vereinfachtes Beispiel für die Wertentwicklung eines Short-ETFs:	
Nehmen wir an, dass Sie in den db x-trackers ShortDAX ETF bei einem DAX-Indexstand von 4.400 Punkten 1.000 Euro investiert haben. Zudem beträgt der EONIA-Zinssatz 3 % p. a. Jetzt kommt es wie erwartet, und der DAX fällt innerhalb eines Tages um 2 % auf 4.312 Punkte. Damit würden Sie folgende Rendite einfahren.	
Anlagesumme	1.000,00 €
+ Zwei Prozent inverse Indexperformance	20,00 €
+ Zinsen (3 % • 2) / 365, entspricht dem doppelten risikolosen Zins für einen Tag	0,16 €
- Verwaltungsgebühr (0,4 % /365), für den Tag	0,01 €
= Erwarteter Wert am Tagesende	1.020,15 €, dies entspricht einer Rendite von 2,015 %

Neuerdings gibt es auch die ersten Short-Indizes auf die Rentenmärkte. Dazu spiegelt der neue Renten-Short-ETF von *db x-trackers* die Wertentwicklung europäischer Staatsanleihen umgekehrt wider. Fallen die Rentenkurse (fallende Rentenkurse bedeuten steigende Zinsen), steigt der Index – und natürlich auch der ETF. Genau wie bei den Aktien-Short-Indizes fließt zusätzlich in etwa der doppelte Geldmarktsatz EONIA in die Wertentwicklung des ETFs ein. Ein solcher Renten-ETF dürfte seine Stärke ausspielen, falls die Inflationsraten zu steigen beginnen. Dann beobachtet man üblicherweise, dass Anleger bei Staatsanleihen höhere Renditen verlangen, entsprechend fallen dann die Kurse der Staatsanleihen (und die Zinsen steigen).

Mit diesen ETFs kann der Anleger ohne Verwendung von Derivaten Short gehen. So kann er z. B. sein Aktienportfolio (besteht aus einem ETF auf den DAX) gegenüber fallenden Kursen mithilfe eines ETFs auf den ShortDAX absichern. So fiel der DAX von Anfang des Jahres bis November 2008 um ca. 45 %, wohingegen der ShortDAX um ca. 66 % zulegen konnte.

Der Anleger kann aber auch einfach mit den Short-ETFs auf fallende Märkte wetten, also sie als Tradinginstrument nutzen. Zudem bekommt er noch wegen des 2-fachen EONIA-Satzes eine kleine Verzinsung des eingesetzten Kapitals in seitwärts laufenden Märkten. Anleger, die diese Fonds als Tradinginstrument nutzen möchten, sollten wirkliche Bären sein, um von den

Short-Indizes profitieren zu können. Denn steigt der Referenzindex, drohen dem Anleger mehr oder minder große Verluste. So stieg im Jahr 2007 der DAX um ca. 23 %, während der ShortDAX nur um 1 % zulegte. Außerdem zeigt der Vergleich der Renditen zwischen *DJ Euro Stoxx 50* und dem *DJ Euro Stoxx 50 Short*, dass seit Auflage am 01.01.1992 mit der Short-Variante kein Geld zu verdienen war. Denn der *DJ Euro Stoxx 50 Short* verlor ca. 48 %, während der *DJ Euro Stoxx 50* 150 % zulegen konnte, trotz diverser Krisen am Markt. Daher sind Short-Indizes eigentlich nur für kurzfristige Investments interessant. Zugleich bläst dem ShortETF der Wind entgegen. So stellte die amerikanische *Financial Industry Regulatory Authority* (FINRA) fest, dass ETFs mit Hebel nicht für jeden Investor geeignet sind. Besonders ungeeignet sind diese Produkte nach Ansicht der FINRA für private Anleger mit langfristigem Anlagehorizont. Im Gegensatz zu den üblichen Buy-and-Hold-Strategien bei ETFs ist bei Short- und Leverage-ETFs nur ein kurzfristiges Engagement ratsam – nach dem Motto „Rein und Raus". Daraufhin schränkten diverse US-Anbieter in den USA die Verfügbarkeit solcher ETFs ein. Auch in Europa gab z.B. *iShares* bekannt, solche ETFs nicht in der Schweiz anbieten zu wollen. Inwieweit sich diese Haltung auch in Deutschland durchsetzt, kann noch nicht abgeschätzt werden. Experten vermuten, dass diese Produkte vornehmlich institutionellen Anleger angeboten werden.

Alpha-Strategie mit Short-Indizes

„Oktober ist ein sehr gefährlicher Monat, um an der Börse zu spekulieren. Andere gefährliche Monate sind: Januar, Februar, März, April, Mai, Juni, Juli, August, September, November und Dezember." (Mark Twain) Wenn man also permanent damit rechnen muss, an der Börse im Regen zu stehen, wäre es doch schön, einen Regenschirm zu haben. Die Elimination des Marktrisikos bietet einen solchen Schutz (s. S. 201 ff.).

Möchte ein Anleger auf die Outperformance eines Einzelwertes gegenüber dem Gesamtmarkt setzen, kann er dies realisieren durch den gleichzeitigen Kauf eines Short-ETFs und einer Aktienposition. Dies führt zu folgendem Gewinn- und Verlustprofil. Der Profit des Anlegers besteht in der positiven prozentualen Differenz der Wertentwicklung zwischen Aktie und Gesamtmarkt (z. B. DAX). Dabei ist die absolute Kursbewegung unerheblich. Fällt beispielsweise die Aktie um zehn und der Gesamtmarkt um zwanzig Prozent, so beläuft sich der Profit idealtypisch auf zehn Prozent. Allerdings muss sich die Aktie besser entwickeln als der Gesamtmarkt. Diese Separierung des Marktrisikos von der Wertentwicklung eines Einzelwertes ermöglicht die Teilhabe an positiven Unternehmensentwicklungen auch in Zeiten fallender Notierungen am Gesamtmarkt. Das wird auch als Alpha-Strategie bezeichnet.

Beispiel für eine Alpha-Strategie mit Short-ETFs:

Nehmen Sie an, Sie besaßen Anfang 2008 20 Beiersdorf-Aktien. Sie rechnen mit fallenden DAX-Kursen (steht für den Gesamtmarkt) aufgrund der sich abzeichnenden Finanzmarktkrise. Sie möchten sich aber nicht von der Aktie Beiersdorf trennen, weil sie davon ausgehen, dass das Unternehmen solide Zahlen bekannt geben wird. Die Beiersdorf-Aktie kostete Anfang 2008 50,80 Euro und der DAX (Gesamtmarkt) stand bei 7.813 Punkten. Zur Umsetzung der Strategie kaufen Sie 17 Anteile des ETFs db x-trackers ShortDAX. Jetzt haben Sie 1.016 Euro in Beiersdorf-Aktien und 995,52 Euro in 17 Anteilen des ETFs investiert, d. h., das Gesamtpaket hat einen Wert von 2.011,52 Euro. Tatsächlich liefert Beiersdorf solide Zahlen ab. So bricht der Aktienkurs bis Ende 2008 „nur" um 17 % ein, während der DAX (Gesamtmarkt) um satte 38 % verliert. Jetzt spielt der ShortDAX seine Stärke aus, er steigt um ca. 53,6 %. So hat das Gesamtpaket (Beiersdorf + ShortDAX) einen Wert von 2.372,40 Euro, d. h., Sie gewinnen trotz des Kursrückganges von Beiersdorf noch knapp 18 %. Das entspricht der positiven prozentualen Differenz in der Wertentwicklung der Aktien und des Gesamtmarktes DAX.

Falls sich die Aktie schlechter als der Gesamtmarkt entwickelt, drohen auch bei dieser Strategie Verluste. So fiel die Deutsche-Bank-Aktie im Jahr 2008 um 68 %, während der Gesamtmarkt in Form des DAXes nur 38 % verlor. Hat ein Anleger jetzt zu Jahresbeginn 12 Deutsche-Bank-Aktien zu 87,18 Euro und 17 Anteile des ShortDAX ETFs gekauft, dann beträgt sein Paketpreis 2.041,68 Euro. Am Jahresende 2008 betrug der Paketpreis (Deutsche-Bank-Aktienkurs 27,83 Euro + ShortDAX) nur noch 1857,11 Euro, also machte der Anleger einen Verlust von ca. -9 % – deutlich weniger als mit einen Investment nur in Deutsche-Bank-Aktien.

Viele Anleger setzen diese Strategie anstatt mit Aktien auch gerne mit Strategie- bzw. Themen-ETFs um. So ist eine beliebte Kombination der DivDAX (15 dividendenstärkste Aktien im DAX) und der ShortDAX, da sich in der überwiegenden Mehrzahl der Jahre der DivDAX besser entwickelt hat als der DAX. Somit sollte bei dieser Strategie auch bei fallenden Märkten mit hoher Wahrscheinlichkeit ein Plus herauskommen.

Ein Börsenmärchen? *Free Lunch* **an der Börse**

Zugegeben, es klingt wirklich wie ein Märchen: Sie investieren einen Teil Ihres Anlagekapitals auf steigende Kurse und setzen gleichzeitig mit der gleichen Summe auf fallende Kurse. Das Endergebnis sollte dann ein Gewinn ohne jedes Risiko sein.

Der Hintergrund dieses verblüffenden Ergebnisses ist recht banal. Wenn zwei Wertpapierpositionen entgegengesetzt laufen, kann die eine viel weiter steigen als die andere, und unterm Strich bleibt immer etwas übrig. Dieser Effekt kommt besonders zum Tragen, wenn sich eine Position mehr als verdoppelt hat, weil auf der anderen Seite z. B. ETFs auf den DAX oder ShortDAX nur bis zu 100 % verlieren können. Denn es gilt: Wenn sich der DAX z. B. verdoppelt, wird sich der ShortDAX in etwa halbieren. Sollte der DAX beispielsweise auf ein Drittel seines Wertes sinken, dann wird sich der ShortDAX ungefähr verdreifachen.

Eine Rückberechnung zeigt: Wenn ein Anleger im März 2003 jeweils 1.000 Euro in einen DAX-ETF und in einen ShortDAX-ETF investiert hätte, hätte er im März 2007 circa 71 % mit dem ShortDAX verloren und 268 % mit dem DAX gewonnen. Somit hätte der DAX-ETF einen Wert von circa 2.680 Euro und der ShortDAX-ETF von 300 Euro, d. h. der Anleger hätte insgesamt 2.980 Euro. Das bedeutet, er hätte innerhalb von vier Jahren einen risikolosen Gewinn von 970 Euro oder 49 % erzielen können.

Ich habe lange überlegt, ob ich diese Strategie hier erläutern soll, da sie bis jetzt noch nicht über einen längeren Zeitraum real getestet wurde, weil die ersten ShortDAX-ETFs erst im Jahr 2007 auf den Markt kamen. Allerdings sind die ersten realen Erfahrungen mit dieser Strategie sehr überzeugend. So kostete ein *db x-trackers ShortDAX* am 03.01.2008 57,85 Euro und das entsprechende *db x-trackers DAX ETF* 79,15 Euro. Somit kann ein Anleger, der jeweils 1.000 Euro in die beiden ETFs investieren möchte, 17 ShortDAX und 12 DAX-ETFs kaufen (Wert Gesamtposition 1.933,25 Euro). Nach etwa einem Jahr, am 02.01.2009, stand der DAX-ETF bei 49,65 Euro (Wert der Position 595,80 Euro und der ShortDAX-ETF bei 87,99 Euro (Wert der Position 1.495,83 Euro). Damit haben die beiden ETFs einen Wert von 2.091,63 Euro. Demzufolge erzielte der Anleger einen risikolosen Gewinn von 158,33 Euro oder 8,2 %.

Das Problem dieser Strategie ist, dass der ShortDAX kein perfektes Delta -1 hat. Denn die Wertentwicklung des ShortDAXes wird nicht unbegrenzt fortgeführt, sondern täglich eingefroren. Sie wird quasi am Ende jeden Börsentages zurück auf null gedreht, sodass der Anleger wieder an der Wertentwicklung des nächsten Tages spiegelbildlich teilnehmen kann. Dies kann zu Verzerrungen führen, die sich negativ auf die Rendite dieser Strategie auswirken können. Darum setzen auch einige Anleger anstatt auf ShortDAX-ETFs lieber auf Put-Optionen. Der Vorteil der ShortDAX-ETFs ist allerdings, dass sie keine Laufzeitbegrenzung haben.

Investment mit Hebel: Vom Börsenbullen profitieren

ETFs können den Anlegern sogar einen Hebel auf ihre Investments geben. Dazu bieten sich die Leverage-Indizes an. Diese Indizes sind unter folgender Annahme konstruiert: Der Anleger nimmt zusätzlich zu seiner Investitionssumme den gleichen Betrag als Darlehen auf. So kann der Anleger den doppelten Betrag in den Index investieren, d. h., er partizipiert mit dem zweifachen Hebel an der Wertentwicklung des Indexes. Sie müssen keine Angst haben, all das wickelt der ETF-Anbieter im Hintergrund für Sie ab. Sie nehmen auch keinen Kredit auf, sondern der ETF-Anbieter. Als Preis für das Darlehen berechnet der ETF-Anbieter dem Anleger den einfachen EONIA-Satz. Dieser EONIA-Satz wird dem Fondsvermögen täglich entnommen.

Beispielsweise werden Leverage-Indizes auf den DAX angeboten. Der LevDAX ist mit einem Hebel von zwei ausgestattet. Das bedeutet, dass der Anleger eine Aufwärtsbewegung des DAX doppelt mit vollzieht, und im Gegenzug verliert er doppelt bei einer Abwärtsbewegung. Der Mechanismus sieht wie folgt aus. Täglich wird im Umfang des Anlagebetrages ein Kredit zum EONIA-Zinssatz aufgenommen. Anschließend wird der Gesamtbetrag (Kredit + Anlagebetrag) in den DAX investiert. Nach Börsenschluss wird dann der Kredit getilgt. Folglich wird der Hebel täglich angepasst. Somit spiegelt der LevDAX die doppelte Performance des DAXes bezogen auf den Schlussstand vom Vortag wider.

Investitionssumme + (Geliehenes Geld) = Anlagevermögen ⇒

Doppelte Indexperformance (2 Hebel) - Zinszahlung (Finanzierung) = Tatsächliche Performance

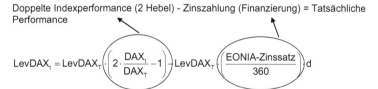

$$LevDAX_t = LevDAX_T\left(\left(2 \cdot \frac{DAX_t}{DAX_T} - 1\right) - LevDAX_T\left(\frac{EONIA\text{-}Zinssatz}{360}\right)\right)d$$

Um das Totalverlustrisiko zu mindern, wird bei fallenden DAX-Kursen ein Sicherheitsmechanismus bei extremen Marktschwankungen (hohe Volatilität) aktiv, welcher bei einem Tagesverlust von mehr als 25 % den Hebel automatisch verringert.

Ebenso gibt es einen Leverage-Index auf den *DJ Euro Stoxx 50*, den so genannten *LevDJ Euro Stoxx 50*.

Im Fußball würde man sagen, dass Leverage-Indizes nur Schönwetterspieler sind. Sie eignen sich für die Anlage eigentlich nur, wenn der Anleger von steigenden Kursen ausgeht, d. h., sie sind Tradinginstrumente. Beispielsweise fiel der *Lyxor ETF LevDAX* im Jahr 2008 um ca. 70,41 %, während der DAX nur um 40 % fiel. Dagegen schlug die Stunde für den ETF im Jahr 2007, da stieg er um 40 %, obwohl der DAX nur um 20 % zulegte.

Viele Fondsmanager setzen den LevDAX zur Schaffung von Liquidität für andere Geldmarktinvestments ein. Vorher waren sie z. B. 100 % in DAX-Aktien investiert. Dies kann man aber auch abbilden durch ein Investment in 51 % LevDAX-ETF und 49 % Immobilienfonds (da sie eine höhere Rendite als der Geldmarkt abwerfen, aber als ähnlich sicher gelten). Das Ergebnis ist eine leichte Outperformance gegenüber dem DAX.

Mit Strategieindizes den Index schlagen

Strategieindizes (s. S. 62 ff.) werden so konstruiert, dass sie höchstwahrscheinlich eine Outperformance gegenüber einer Benchmark bzw. einem Referenzindex erzielen. Das Wesen dieser ETFs fasste ein Anleger einmal so zusammen: *„Mit nüchternem Verstand zur gehaltvollen Rendite.“*

Bei der Entwicklung von Strategieindizes kommen u. a. quantitative Methoden zum Einsatz. Dadurch erfolgt die Auswahl der Aktien für den Strategieindex rein mechanisch. Prinzipiell sind alle nur denkbaren Kriterien für eine Anpassung der Zusammensetzung des ETFs möglich. Die wichtigsten sind:

Eine der beliebtesten Ansätze sind die mechanischen Dividendenstrategien. Sie beruhen auf der Erkenntnis, dass dividendenstarke Aktien nicht nur eine höhere Ausschüttung bieten, sondern häufig auch andere Aktien bei der Kursentwicklung übertreffen. Populär hat sie Anfang der 1990er Jahre der amerikanische Fondsmanager Michael O'Higgings mit seinem Buch *Beating the Dow* gemacht. Bei seiner Strategie werden die zehn dividendenstärksten Aktien des *Dow Jones* ausgewählt und ein Jahr lang gehalten. Dann werden die Titel überprüft und gegebenenfalls ausgewechselt. In vielen Jahren konnte so der Dow-Jones-Index geschlagen werden. An dieser Strategie orientiert sich der DivDAX, der die 15 ausschüttungsstärksten Aktien des DAXes umfasst. Tatsächlich hat der DivDAX den DAX von 2005 bis 2008 outperformt. Eine weitere populäre Value-Strategie ist, auf Unternehmen mit geringer Marktkapitalisierung zu setzen. Diese Strategie beschreibt den Effekt, dass kleine Unternehmen (*Small Caps* oder *Mid Caps*) langfristig eine höhere Rendite aufweisen als große Unternehmen. Anleger können auf diesen Effekt setzen, u. a. mit ETFs auf den *DJ Stoxx Mid 200* oder *DJ Stoxx Small 200* von *iShares*.

Kritiker werfen den klassischen Indizes, die nach der Marktkapitalisierung gewichtet sind, vor, dass temporär überbewertete Firmen systematisch zu hoch und somit zeitweise unterbewertete Unternehmen zu niedrig bewertet werden. Aussichtsreicher sollten Indizes sein, deren Gewichtungsmethode weniger schwankungs- und stimmungsanfällig ist und daher den Unternehmenswert besser widerspiegelt. Solche Indizes setzen auf andere fundamentale Kriterien. So stellen die RAFI-Indizes solche Faktoren wie Dividende, *Cashflow*, Umsatz und Buchwert in den Vordergrund. Sie blenden also die Marktkapitalisierung bei der Aktiengewichtung im Index komplett aus. Beispielsweise erzielte der *RAFI US 1000 Index* von 1962 bis 2005 im Durchschnitt eine Wertsteigerung von 12,33 % p. a. und schlug somit den *S&P 500* um rund zwei Prozentpunkte.

Auch sehr beliebt bei Anlegern sind die Value- oder Growth-Strategien. Dabei setzen die Value-Indizes auf Substanz und berücksichtigen so eigentlich nur Aktien mit einer niedrigen Bewertung. Mit Hilfe von Bilanzkennzahlen wird der Nettobuchwert (Vermögen des Unternehmens abzüglich Schulden) bestimmt. Ist der aktuelle Kurs im Verhältnis niedrig zum Buchwert, so ist die Aktie nach dem Value-Ansatz kaufenswert. Dagegen legen die Growth-Indizes Wert auf Aktien von Unternehmen mit starkem Umsatz- und Gewinnwachstum.

Anleger bevorzugen besonders in einer Baisse Value-Titel, während sie in der Boomphase eher zu Growth-Titeln greifen. Das liegt daran, dass in steigenden Märkten der Growth-, in fallenden Märkten dagegen der Value-Ansatz eine Outperformance gegenüber dem Markt erreichen kann. Um diese Strategie umzusetzen, gibt es ETFs auf den *Euro Stoxx Value und Growth*.

Einen guten Ruf genießen auch Nachhaltigkeitsstrategien, wie sie mit dem neu ausgerichteten *Dow Jones Euro Stoxx Sustainability 40* umgesetzt wer-

274

den können. Unternehmen, die in diesem Index gelistet werden möchten, müssen zuverlässig Werte schaffen und ökologische Mindestanforderungen erfüllen.

Überdies muss der ETF bzw. die abgebildete Strategie nicht zwangsläufig schon lange am Markt präsent sein. Normalerweise versorgen die Emittenten den Anleger mit einer Rückrechnung der Strategie in die Vergangenheit. In der Regel sind solche Rückrechnungen für die jeweilige Strategie zuverlässig, weil die Strategie mechanisch umgesetzt wird. Das heißt, der Emittent kann ganz genau sagen, welche Entscheidung er in der Vergangenheit getroffen hätte. Mit diesem Wissen über die historische Entwicklung der Strategie können Sie abschätzen, wie sich die Strategie bei unterschiedlichen Marktphasen im Vergleich zum Gesamtmarkt geschlagen hätte. Allerdings sind solche Rückberechnungen keine Gewähr für die Zukunft, denn die Börsen haben immer eine Überraschung parat. Bedenken Sie also immer: Strategieindizes basieren auf Annahmen, aber diese Annahmen können sich in der Zukunft als falsch herausstellen.

Auf spezielle Themen setzen

In Portfolios sollten neben Basisinvestments auch Nischenprodukte mit einem höheren Spezifikationsgrad enthalten sein. Durch derartige Beimischungen erreicht man nämlich eine verbesserte Unabhängigkeit der Portfolios vom Gesamtmarkt. Hierzu bieten ETFs als Lösung Themen-ETFs an, die sich einem gezielten Anlagebereich widmen. Im Aktiensegment steht eine Vielzahl von Themen-ETFs zur Verfügung. Beispielsweise gibt es Themenindizes, deren Mitglieder um die Wertschöpfungskette der Wasserversorgung aktiv sind. Diese Indizes werden von den Emittenten selbst bzw. von Indexanbietern (wie der *Deutschen Börse* mit ihrer DAXglobal-Indexfamilie) entworfen. Die genaue Zusammensetzung der Indizes unterliegt dabei einem klar definierten Regelwerk, das sich an solch quantitativen Kriterien wie Marktkapitalisierung oder Jahresumsatz orientiert. Der Vorteil der Themen-ETFs ist, dass der Anleger mit ihnen zeitsparend in komplexe Investmentstrategien investieren kann.

Schon Cornelius Tacitus wusste zu berichten, *„wenn man schon fallen muss, muss man der Gefahr entgegenlaufen"*. Deshalb sollte man als Anleger den gewählten Investmentthemen immer mit gesunder Skepsis gegenübertreten.

Der Anleger sollte sich immer fragen: Ist das gewählte Thema nur eine kurzfristige Mode an der Börse oder steckt wirklich etwas dahinter? Die Geschichte lehrt nämlich, dass kurzfristige Moden an der Börse wie Sternschnuppen sind. Sie glühen einmal wunderschön auf und verglühen dann. Für den Anleger bedeutet das, die Aktienkurse gehen durch die Decke, um postwendend wieder in den Keller abzustürzen.

Wie die Finanzindustrie ihre Themen findet und sie in den Markt drückt, möchte ich Ihnen anhand der folgenden Glosse zeigen. Überlegen Sie beim Lesen, ob vielleicht schon einmal so versucht wurde, Ihnen ein Anlagethema schmackhaft zu machen.

„Die Finanzindustrie hat uns noch nie enttäuscht, wenn es darum ging, neue Anlagetrends schnell aufzunehmen. Innerhalb eines Jahres sind Esel 590 Prozent teurer geworden. Das sind Zahlen, die Börsianer elektrisieren, bei diesem Boom müssen sie dabei sein – unbedingt.

Wir warten noch. Gespannt. Um nicht zu sagen: erregt. Doch gleichzeitig sind wir ruhig und entspannt, denn wir wissen, dass das Warten nicht vergebens sein wird. Die Hoffnung wird sich erfüllen. Esel sind das neue Anlageziel. Nein, das steht nicht für „Energy Sentiment Equity Loan" oder ähnlich krude Anglizismen, die irgendwelche billigen Trends abbilden wollen. Gemeint ist ganz konkret jenes graue Geschöpf Gottes, das immer etwas dreinblickt und vornehmlich in südlichen Ländern die Aufgabe des bescheidenen Lastenträgers übernimmt. Diese Tiere sind nämlich nicht nur lieb, sie sind neuerdings auch teuer geworden. Im türkischen Zentralanatolien stieg der Preis für einen Esel binnen Jahresfrist von umgerechnet rund 26 Euro auf bis zu 180 Euro. Das ist eine Steigerung um genau 590 Prozent.

Und solche Zahlen sind es, die jeder Börsianer liebt, die ihn elektrisieren. „Wie kann ich dabei sein?", fragt er sofort. Wie kann man von diesem Esel-Boom profitieren?

Auf Fragen finden sich Antworten. Und so dürfte es nicht lange dauern bis die Zertifikateindustrie das erste Donkey-Turbo-Bull-Papier auf den Markt wirft. Mit zehnfachem Hebel können Anleger dann von den Preissteigerungen bei anatolischen Eseln profitieren. Eine Garantievariante darf natürlich auch nicht fehlen, denn schließlich können solche Tiere ja auch mal krank werden – davor sollte man sich als Anleger schon schützen. Und das Donkey Quanto Papier befreit den besorgten Anleger schließlich vom Währungsrisiko der türkischen Lira.

Wenn die Zertifikate-Emittenten den Boden bereitet haben, wird schließlich auch die Fondsindustrie auf den Eselskarren, äh, Zug aufspringen. Sie werben damit, dass der Eselpreis auch langfristig aufgrund der steigenden Nachfrage aus China weiter steigen wird. Der erste Donkey Fund wird das Risiko zudem streuen, indem er nicht mehr nur in anatolische, sondern auch in griechische, spanische und südamerikanische Esel investiert. Die Fondsrichtlinien werden auch die Beimischung von Maultieren, Halbeseln und tibetischen Wildeseln erlauben. Anleger sollten sich dabei aber stets des Risikos bewusst sein, das mit Investments in Schwellenländern verbunden ist.

Anschließend wird einer der Fondsmanager sich mit einer eigenen Anlagegesellschaft selbstständig machen. Asinus Capital wird das ganze Spektrum der neuen Anlageklasse als Investmentboutique abdecken. Deren Chef sammelt in kurzer Zeit mehrere Milliarden weltweit ein und wird deshalb in der Branche nur noch „Goldesel" genannt.

Gleichzeitig werden die gemanagten Fonds aber auch Konkurrenz von Indexfonds erhalten. Sie bilden den neuen All-Donkey-Index einfach eins zu eins ab. Und wer es etwas sicherer haben will, der kann auch Exchange Traded Commodities (ETC) kaufen. Sie bieten den Vorteil, dass im Gegenwert des Investments physisch Esel gekauft und in einem Stall im Keller der Londoner Börse gehalten werden. Die *Deutsche Börse* wird nachziehen und ebenfalls ETCs listen lassen und dabei vor allem damit werben, dass in Großbritannien Tiere gern von BSE, Maul- und Klauenseuche oder anderen Krankheiten befallen werden, während die Ställe unter der Frankfurter Börse absolut seuchensicher seien.

Schließlich wird aber irgendwann die Euphorie abebben. Türkische Bauern werden plötzlich auf Ochsen umsteigen. Große US-Pensionsfonds werden daher ihr Esel-Exposure drastisch reduzieren. Die Preise der Zertifikate und Fonds verfallen und die Esel, äh, Privatanleger werden viel Geld verlieren. Aber es wird ja Alternativen geben, wie die neuen Ox-Absolute-Return-Funds."[93]

Diese Glosse spiegelt leider die Wirklichkeit wider. Viele Trends werden so geboren und auf die Anleger losgelassen. Denken Sie z. B. an den kürzlichen Boom bei Eisenbahnaktien oder Infrastrukturaktien.

Nach diesem kleinen Risikohinweis sollten wir uns ansehen, wie den Themen-ETFs Leben eingehaucht wird. Man trifft eigentlich nur zwei Varianten an: ETFs auf Branchenindizes oder auf speziell zusammengestellte Themen-Baskets.

Wie schon erwähnt, gibt es Branchenindizes (s. S. 61 ff.). Als ETFs werden hauptsächlich die 18 Branchenindizes des *DJ Stoxx 600* gehandelt. Sie reichen von der Automobil- bis hin zur Versorgerbranche (oder *Utilities*). Der Vorteil dieser ETFs ist, dass sie nur unwesentlich höhere Managementgebühren haben als ETFs auf den *Stoxx 600* bzw. *Euro Stoxx 50*. Deswegen kann der Anleger relativ kostengünstig hier einige Themen spielen. Glaubt er z. B. daran, dass Technologie der Schlüssel für die Zukunft ist, so könnte er auf den Branchenindex Technologie setzen.

---

[93] Stocker, Frank: Glosse. So profitieren Sie richtig vom Esel-Boom. Welt-Online-Finanzen. (Unter: www.welt.de/finanzen/article2100553/So_profitieren_Sie_richtig_vom_Esel_Boom.html; Stand 06. 03. 2009)

Als Gegenstück zu den ETFs auf Branchenindizes werden die Themen-ETFs aufgefasst. Ihr *Underlying* ist auch ein eigenständiger Index. Er wird entweder von den Emittenten selbst zusammengestellt oder von einem Indexanbieter. Allerdings klingeln bei diesen Indizes häufig die Kosten an der Tür des Anlegers, in der Gestalt von höheren Managementgebühren als bei Branchenindizes. Häufig ist auch der *Spread*, d. h. die Differenz zwischen Ausgabe- und Rücknahmepreis, relativ groß. Ein extremes Beispiel hierfür ist der *ETFS WNA Global Nuclear Energy Fund*. Er bildet den *WNA Nuclear Energy Index* ab. Dieser Index spiegelt die Entwicklung der Aktien weltweit gehandelter Unternehmen im Bereich Atomenergie wider. Der *Spread* bei diesem ETF betrug im Januar 2009 stolze 6,6 Prozent. So kommen fast so viele Kosten zusammen, wie bei einer Investition in einen klassisch aktiv gemanagten Fonds. Die Themen-ETFs werden beworben wie z. B. Waschmittel. Beispielsweise:

„WOWAX WAEX – Neue Energien für sprudelnde Renditen.

Wasserknappheit und Energiemangel – diese Probleme zählen laut Experten zu den größten Herausforderungen des 21. Jahrhunderts. Innovative Technologien sind gefragt, um die wachsende Erdbevölkerung künftig mit sauberem Trinkwasser und klimafreundlichen Energien versorgen zu können. Die entsprechenden Branchen verfügen deshalb über ein großes Aufwärtspotenzial. Investoren können mit zwei neuen Lyxor ETFs von dieser Entwicklung profitieren. ... Anleger können mit dem Lyxor New Energy vom anhaltenden Boom der erneuerbaren Energien profitieren. Referenzindex ist der World Alternative Energy Index – Kurz WAEX. Er enthält die Aktien der weltweit 20 größten Unternehmen, die im Bereich der erneuerbaren Energien tätig sind." [94]

Wie unstetig sich die Rendite solcher Themen entwickelt, sieht man an der Kursentwicklung des *Lyxor New Energy ETFs*. Er stieg im Jahr 2007 um 52 % und fiel postwendend im Jahr 2008 um 53 %. Über drei Jahre gesehen verlor der Fonds rund 15 %. Wenn der Anleger 5 Jahre durchgehalten hätte, hätte er 112 % verdienen können. Gerade bei speziellen Themen sollte der Anleger hellhörig werden, wenn er die Aussage hört, Aktienkurse steigen langfristig immer. Es stellt sich stets die Frage, welche Aktien gemeint sind und was langfristig bedeutet. So hat z. B. der Bruderfonds des *Lyxor New Energy*, der *Lyxor World Water ETF* (enthält Aktien, die rund um die Wasser-

---

[94] Lyxor Exchange Traded Funds Magazin – Die Welt der ETFs. Ausgabe 06 / März 2008, S. 20 ff.

versorgung aktiv sind), seit fünf Jahren einen kumulierten Verlust von 11 % aufgehäuft. Der Fonds fiel im Jahr 2008 um 44 %, stieg dafür aber im Jahr 2007 nur um 7 %.

Bevor Sie sich für ein Themen-ETF entscheiden, müssen Sie unbedingt mit dem Thema vertraut sein. Sie müssen die Fakten genau studieren und entscheiden, wie glaubhaft die dargestellte Entwicklung ist. Sie müssen der Frage nachgehen, ob das dargestellte Thema, z. B. erneuerbare Energien, nachhaltig ist oder sich als Strohfeuer erweisen wird. Danach sollten Sie die Bewertung des abgebildeten Indexes genauer untersuchen. Es hilft Ihnen nichts, wenn das Thema super ist, aber die Bewertung der Aktien schon durch die Decke gegangen ist. Auch gute Unternehmen können zu teuer sein. Z. B. war das Internet Anfang 2000 bei vielen Anlegern, ähnlich wie 2008 die erneuerbaren Energien (hier in Deutschland besonders Solarwerte[95] und Windenergie), als die Goldquelle schlechthin angesehen. Es herrschte Goldgräberstimmung. Die Aktien erreichten irrwitzige KGVs. Einige Experten sagten sogar, dass die Anleger bereit waren, die Entwicklung der nächsten einhundert Jahre im Voraus zu bezahlen. So kostete z. B. die Aktie des Internetausrüsters *Cisco Systems* im Juli 2000 knapp 75 Euro (KGV 130). Nach dem Platzen der Internetblase kostete die Aktie im Januar 2009 nur noch 12 Euro (KGV 13). Und das vor dem Hintergrund, dass das Unternehmen im Jahr 2009 wesentlich größer ist als im Jahr 2000 und sogar in den *Dow Jones* aufgenommen wurde. Das heißt, die *Cisco AG* hat sich gut entwickelt, aber der Markt billigt ihr jetzt nur noch ein normales KGV von 10-15 zu. Zudem hat sich auch bewahrheitet, dass das Internet einen Siegeszug in die Wohnzimmer der Menschen hält und nicht mehr aus unserem Leben wegzudenken ist. Folglich stimmten auch viele Annahmen, die damals getätigt wurden. Demnach war das Internet keine Eintagsfliege, sondern etwas, was unser Leben nachhaltig verändert hat. Dennoch haben viele Anleger mit Internetaktien eigentlich nur Geld verloren, weil sie zu teuer eingestiegen sind.

---

[95] So vollführte die Solarworld-Aktie (einer der bekanntesten Solarwerte in Deutschland) zwischen 2006 bis 2009 eine wahre Achterbahnfahrt. Den Anlegern standen buchstäblich die Haare zu Berge. So schwankte die Aktien zwischen 10,83 und 50,73 Euro. Heute notiert sie bei 16,34 Euro (Stand 25.10.2009). Und das, obwohl sich der Umsatz von 515 Mio. Euro im Jahr 2006 bis zum Jahr 2008 auf 900 Mio. Euro gesteigert hat. Der Unterschied ist, dass der Markt der Solarworld heute nur noch ein KGV von 12 zugesteht, und nicht wie früher eines von über 25.

Jede Branche wird früher oder später an der Börse normal bewertet, d. h., die irrwitzigen KGVs werden abgebaut. Aus dieser Tatsache leitet sich die alte Börsenweisheit „Der Markt hat immer Recht – er übertreibt nur manchmal" ab.

Deswegen eignen sich Themenindizes für Anleger, die bestimmten Segmenten eine besonders günstige Wertentwicklung zutrauen. Wegen der hohen Spezifität sollten Themen-ETFs allerdings nie einen zu großen Teil im Depot ausmachen, da sie ein hohes unsystematisches Risiko (s. S. 45 ff.) haben. Als grobe Richtschnur gilt, dass ein einzelnes Themeninvestment nicht mehr als fünf Prozent des Depots ausmachen sollte. Zudem sollte die Konstruktion des Themenindexes dem Anleger im Detail bekannt sein, weil sich wegen des hohen Spezifikationsgrades sehr unausgewogene Produkte am Markt befinden, in denen einzelne Aktienwerte stark übergewichtet sind und dadurch ein beträchtliches Risiko im Index steckt. Dabei hilft ein Blick in das Emissionsprospekt. Tätigen Sie also keine esoterischen Wertpapierwetten, die Sie selber nicht verstehen, sondern kaufen Sie nur solche Themen- bzw. Strategie-ETFs, deren Grundlagen Sie wirklich kennen.

Anlagezyklen – Die besten Anlagezeiträume ausnutzen

Der Begriff Zyklus stammt aus dem Griechischen und bezeichnet einen Kreislauf. Auch periodisch wiederkehrende wie auch gleichartige Ereignisse werden hierunter verstanden. Ein solches Ereignis ist das Phänomen der kalendarischen Saisonalitäten an der Börse.

So zeigt sich, dass z. B. für deutsche *Bluechips* die Monate August und September besonders schlechte Monate sind, während die Kurse üblicherweise von November bis Januar deutlich anziehen (Jahresendrallye). Eine Berücksichtigung solcher Regelmäßigkeiten aus der Vergangenheit hätte zu Überrenditen gegenüber der klassischen Buy-And-Hold-Strategie (Kauf eines DAX-ETFs und Halten) geführt. Zur Umsetzung dieser Strategie sind lediglich zwei Transaktionen im Jahr notwendig.

Wie gut diese Strategie funktioniert, zeigt der *DAX$_{Plus}$ Seasonal Strategy-Index*. Er setzt die Indexberechnung für die historisch gesehen schwachen Monate August sowie September aus. Der zurückgerechnete Startpunkt für den DAX und Strategieindex war der 30. Dezember 1987 bei jeweils 1.000 Punkten. Im Juni 2009 notierte der DAX bei 4.858 Punkten und der *DAX$_{Plus}$*

Seasonal Strategy-Index bei 19.291 Zählern. Das heißt, ein Investment mit einer Anlagedauer von jährlich nur zehn Monaten schlug den deutschen Leitindex um beinahe das Vierfache.

Leider gibt es zurzeit noch keinen ETF auf den *DAX_{Plus}* *Seasonal Strategy-Index*. Deswegen muss der Anleger diese Strategie manuell umsetzen. Dazu verkauft er jährlich am letzten Handelstag im Juli einen DAX-ETF und kauft ihn am ersten Handelstag im Oktober wieder. In den Monaten August und September wird das Anlagekapital im Geldmarkt investiert, z. B. in einen ETF auf den EONIA.

Der Ritt auf den Konjunkturzyklen

Ein Bonment von Anatol France lautet: *„Es liegt in der menschlichen Natur, vernünftig zu denken und unlogisch zu handeln."* Warum also nicht zur Abwechslung vernünftig sein? So weiß jeder Anleger, dass bei einer Abkühlung der Konjunktur mehr oder minder große Verluste am Aktienmarkt drohen, und es ist doch nur vernünftig, die Aktien bei einer drohenden Konjunktureintrübung zu verkaufen. Wie erkennt man eine solche Eintrübung?

Hierzu bietet sich die Erwartungskomponente des ifo-Geschäftsklimaindexes (www.ifo.de, www.cesifo-group.de) als konjunktureller Frühindikator an. Dieser Index wird vom *ifo Institut für Wirtschaftsforschung* erstellt und ist einer der meist beachteten Frühindikatoren in Deutschland. Zur Ermittlung werden ca. 7.000 Unternehmen des verarbeitenden Gewerbes, des Bauhauptgewerbes, des Großhandels und des Einzelhandels gebeten, ihre gegenwärtige Geschäftslage und ihre Erwartungen für die nächsten sechs Monate zu beurteilen. Die Antworten werden dann nach der Bedeutung der Branchen gewichtet und aggregiert; das geometrische Mittel bezieht sich auf das Basisjahr 1991.

Um rechtzeitig vom Konjunkturzug abzuspringen, verwendet man folgende Strategie. Geht man von einer konjunkturellen Belebung aus, so kauft man europäische Aktien, z.B. den fundamental gewichteten Aktienindex *FTSE RAFI Europe Index*. Diesen Index bildet z.B. der *PowerShare FTSE RAFI Europe Fund* ab. Dagegen wechselt man bei einer konjunkturellen Abkühlung in langlaufende deutsche Staatsanleihen, z.B. mit den *iShares eb.rexx Government Germany 10,5 +*. Zur Umsetzung der Strategie verwendet man folgenden Ansatz:

- Falls die Erwartungskomponente des ifo Geschäftsklimaindexes mindestens drei Monate in Folge um mindestens zwei Indexpunkte gefallen ist, wird von Aktien in Renten gewechselt.
- Falls dagegen die Erwartungskomponente des ifo Geschäftsklimaindexes mindestens drei Monate in Folge um mindestens zwei Indexpunkte gestiegen ist, wird von Renten in Aktien gewechselt.

Eine erforderliche Umschichtung nimmt man am ersten Bankarbeitstag nach Bekanntgabe des ifo Geschäftsklimaindexes vor. Mit dieser Strategie konnte der Anleger bislang jeder Baisse den Schrecken nehmen. Beispielsweise war diese Strategie vom 3. Januar 2000 bis zum 31. August 2009 nur während 40 % der Zeit in Aktien investiert. Weiterhin kam es während dieses Zeitraumes zu 10 Umschichtungen. Der Nachteil dieser Strategie ist, dass der Anleger sie permanent überwachen muss. Dafür wird er aber mit einer Outperformance gegenüber dem Vergleichsindex belohnt.

Garantiezertifikate oder Total-Return Fonds selbst erstellen

Im Jahr 2008 rauschten die deutschen Aktien um fast 40 % in die Tiefe. Trotz der flotten Börsenerholung im Jahr 2009 wird es wohl noch einige Zeit dauern, bis diese Horrorverluste wieder ausgeglichen sind. Dagegen konnten Anleger von Garantiezertifikaten oder Total-Return-Fonds die Börsenturbulenzen relativ entspannt betrachten, weil sie zumindest mittelfristig kein Geld verloren haben. Warum nicht auch zu diesem exklusiven Club gehören? Lassen Sie uns versuchen, mit ETFs ein vollkommen transparentes Total-Return-Portfolio zu erstellen.

Nach meinem Verständnis soll das zu bildende Total-Return-Portfolio dadurch gekennzeichnet sein, dass zum Ende einer festgelegten Investitionsdauer (auch Garantiezertifikate haben eine begrenzte Laufzeit) mit hoher Wahrscheinlichkeit der Wert des Portfolios nicht unter dem ursprünglichen Wert liegt, d. h. im Plus notiert. Als Bausteine verwenden wir Aktien aus dem Euro-Raum und den Schwellenländern sowie Euro-Staatsanleihen, da diese Anlagen die geringste Korrelation zueinander haben, d. h. wir haben einen großen Diversifizierungseffekt.

Ferner nehmen wir für die Aktien aus dem Euro-Raum einen maximalen Kursverlust von 40 % zum Ende der fünfjährigen Investitionsdauer an. Obendrein nehmen wir für die risikoreicheren Aktien der Schwellenländer einen maximalen Verlust von 60 % zum Ende der fünfjährigen Investitionsdauer an. Überdies nehmen wir für beide Aktienpositionen eine durchschnittliche Dividendenzahlung von zwei Prozent der investierten Summe an. Zudem gehen wir davon aus, dass die erhaltenen Dividenden zum Ende eines Jahres ausgeschüttet werden und sogleich in Euro-Staatsanleihen investiert werden. Ferner haben wir folgende Aufteilung inerhalb des Aktiendepots vorgenommen. Es wird 75 % in den Euro-Raum und 25 % in die Schwellenländeraktien investiert. Dazu investiert man 75 Prozent in einen *Euro Stoxx 50 ETF* und 25 % in einen *MSCI Emerging-Market ETF*.

Nun gehen wir davon aus, dass beide Aktienblöcke innerhalb des 5-Jahres-Zeitraumes den maximalen Kurseinbruch erleiden. Somit beträgt der maximale anzunehmende Kursverlust des Aktiendepots 45 % (=0,75· 0,4 + 0,25 · 0,6). Dämpfend auf die Aktienkursverluste wirken sich die Dividendenzahlungen von 10,83 % (=0,02 · $1,04^4$ + 0,02 · $1,04^3$ + 0,02 · $1,04^2$ + 0,02 · $1,04^1$ + 0,02 · 1,04) in den fünf Jahren aus. Folglich ergibt sich für das Aktiendepot ein maximaler Verlust 34,17 %.

Jetzt betrachten wir den Euro-Staatsanleiheteil am Portfolio. Hier nehmen wir einen Zinssatz für die fünf Jahre von 4 % an. Um diesen Rentenanteil abzubilden, setzen wir auf einen Renten-ETF auf die Rentenindizes *iBoxx € Eurozone 5-7* oder *eb.rexx Government Germany 2.5 – 5.5 (DE)*.

Daher ergibt sich eine Rendite für die Staatsanleihen über fünf Jahre hinweg von 21,67 % (=$1,04^5$-1). Auf Grund dieser Basis können wir nun die Aktien und Rentenquote für unser Depot nach folgender Gleichung bestimmen.

$$x · (-)0,3417 + (1-x) · 0,2167 = 0$$

Aufgelöst erhält man eine Aktienqoute von 38,5 %. Im Umkehrschluss bedeutet dies, dass die Rentenquote 61,5 % beträgt. Ein so aufgeteiltes Depot sollte in fast 95 % der Fälle nach fünf Jahren im Plus sein. Andere Investoren verwenden auch einen Zeitraum von 10 Jahren, weil sie einen höheren Aktienanteil präferieren, da Aktien bezüglich der Renditechancen Staatsanleihen überlegen sind. Die Rechnung für einen 10-Jahreszeitraum sieht ähnlich aus.

Derivate Strategieindizes

Die folgenden Strategien setzen sich aus einer Position in einen klassischen Index, vornehmlich aus dem Aktienmarkt, und einer Position in ein Derivat, wie z. B. einer Option, zusammen. Mit diesen Strategieindizes werden also in der Finanzwelt bekannte Derivatestrategien umgesetzt.

Covered-Call-ETFs – Investments mit Puffer

Bei der Covered-Call-Writing-Strategie wird ein Basiswert, z. B. der Aktienindex DAX, und eine Stillhalterposition in einer Call-Option[96] auf diesen Basiswert miteinander kombiniert. Demzufolge besteht diese Strategie aus zwei Transaktionen, nämlich aus dem Kauf des Indexes sowie dem gleichzeitigen Verkauf einer Kaufoption (Call) auf den gleichen Index. Durch den Verkauf der Call-Option nimmt der Stillhalter eine Optionsprämie ein. Im Gegenzug muss der Stillhalter auf Kursgewinne im Basiswert, die über den Basispreis der Option hinausgehen, verzichten, da der Inhaber der Kaufoption diese dann ausübt. Aus diesem Grund verkaufen die ETFs eigentlich nur Aus-dem-Geld liegende Optionen[97], um ihre Gewinnchance nicht zu sehr zu schmälern.

---

[96] Eine Call-Option ist das verbriefte Recht, aber nicht die Pflicht, eine bestimmte Menge (Basiswert: hier ein Index) zu einem vereinbarten Preis (Basispreis) innerhalb eines bestimmten Zeitraumes zu erwerben. Für dieses Recht zahlt der Optionskäufer dem Verkäufer einen Optionspreis (Optionsprämie). Hierfür verpflichtet sich der Optionsverkäufer (Stillhalter), den Basiswert gegen Zahlung des vereinbarten Preises zu verkaufen, wenn der Optionskäufer sein Recht ausüben möchte. Falls der Optionskäufer sein Recht nicht wahrnimmt, erlischt das Optionsrecht am Ende der Laufzeit und die Option verfällt wertlos. Der Preis einer Option ergibt sich aus dem inneren Wert addiert mit dem Zeitwert. Der innere Wert einer Option ergibt sich aus der positiven Differenz zwischen dem aktuellen Kurs des Basiswertes und dem Basispreis multipliziert mit dem Bezugsverhältnis. Weiterhin kann der innere Wert niemals negativ werden. Der Zeitwert ergibt sich, indem man von dem Börsenkurs der Option den inneren Wert abzieht. Demnach ist am Verfallstag der Option der Zeitwert null. Man sagt auch, dass der Zeitwert die Wahrscheinlichkeit von Kursschwankungen des Basiswertes bis zum Ende der Laufzeit der Option widerspiegelt. Deswegen beeinflusst besonders die Volatilität des Basiswertes den Zeitwert. Beispielsweise fiel der Call-Optionsschein auf den DAX mit einem Basispreis von 7.100 Punkten und einer Fälligkeit am 8. September 2009 innerhalb eines Monates von 0,025 Euro Geldkurs / 0,045 Euro Briefkurs auf 0,008 Euro Geldkurs / 0,028 Briefkurs, obwohl der DAX gleichzeitig um 5 % gestiegen ist. Das der Call-Optionsschein die Marktentwicklung nicht mitgemacht hat, liegt daran, dass die Volatilität dramatisch zurückgegangen ist.

[97] Eine Call-Option ist dann „aus dem Geld", wenn der Basispreis zum Betrachtungszeitpunkt über dem Kurs des Basiswertes liegt. In diesem Fall hat die Option keinen inneren Wert.

Für die Covered-Call-Writing-Strategie sind derzeit zwei ETFs erhältlich. Der eine ETF bildet den *DAXₚₗᵤₛCoverd Call-Index* für deutsche *Bluechips* ab und der andere spiegelt eine Buy-Write-Strategie für europäische *Bluechips* im *DJ Euro Stoxx50*, den *Euro Stoxx50 BuyWrite*, wider. Bei beiden ETFs ist die Partizipation an Wertsteigerungen des DAX bzw. *DJ Euro Stoxx 50* auf maximal 5 % im Monat begrenzt. In der Regel verkaufen diese Fonds also Call-Optionen, die ca. 5 % oberhalb des aktuellen Indexstandes liegen und eine Restlaufzeit von einem Monat haben. Deswegen wird monatlich eine neue Option verkauft. Welche zusätzliche Rendite kann ein ETF nun mit den Optionsprämien erzielen? Allgemein gilt: Je höher die Volatilität ist, d. h. je stärker der DAX schwankt, desto höher werden die Optionsprämien und damit die mögliche zusätzliche Rendite, die mit einer Covered-Call-Writing-Strategie eingefahren werden kann.

Doch Vorsicht, schon Jean de La Fontaine stellte fest: *„Man läuft Gefahr zu verlieren, wenn man zu viel gewinnen möchte."* Denn die Volatilität ist ein zweischneidiges Schwert. Sie kann für den Anleger einmal ein purer Genuss sein und ein anderes Mal einen faden Beigeschmack haben. So führen hohe Volatilitäten dazu, dass die Optionsprämien bei der Covered-Call-Writing-Strategie deutlich zunehmen, d. h., der Anleger kann in hitzigen Börsenphasen Volatilität verkaufen. Auf der anderen Seite gehen meistens steigende Volatilitäten mit einem Kursverlust des Indexes einher, sodass die zusätzlichen Einnahmen durch die höheren Optionsprämien schnell durch den Kursverlust des Basiswertes wieder aufgezerrt werden.

Dies liegt daran, dass die Volatilität negativ zu den Aktienrenditen korreliert. So führen Phasen mit negativer Aktienrendite oftmals zu einem Anstieg der Volatilität und Phasen mit steigenden Aktienkursen meistens zu einem Rückgang der Volatilität. Doch was bringt diese Strategie? In fallenden Märkten sollte diese Strategie den Kursrückgang wegen der Einnahme von Optionsprämien etwas abfedern. So fiel der *Lyxor ETF DJ Euro Stoxx 50 BuyWrite* im Jahr 2008 nur um ca. -34 %, während der *Euro Stoxx 50* um ca. -44 % fiel. Doch bei steigenden Märkten beobachtet man eine mehr oder minder starke *Underperformance*. Das liegt daran, dass man bei stetig steigendem Markttrend eine abnehmende Volatilität beobachtet, weshalb die vereinnahmten Optionsprämien geringer werden. So stieg im Jahr 2007 der *Euro Stoxx 50* um knappe 7 %, dagegen konnte der *Lyxor ETF DJ Euro Stoxx 50 BuyWrite* nur um ca. 5 % zulegen. Dieser Unterschied ist damit zu erklären, dass durch den Verkauf von Call-Optionen eine Art Gewinndeckelung (ein so genanntes *Cap*) beim ETF eingeführt wurde. Das heißt, konstruktionsbedingt wirft die Buy-Write-Strategie in Aufschwungphasen (besonders in starken) weniger ab, als der entsprechende Referenzindex (wie z. B. *Euro Stoxx 50*).

Im Prinzip sollen mit der Strategie Covered-Call-Writing die Erträge einer Anlage im Vergleich zu einer reinen Indexinvestition geglättet werden. Hierfür werden außerordentlich hohe Gewinne in guten Jahren für eine zwar ungleichmäßig hohe, aber dennoch regelmäßige Optionsprämie getauscht. So wird in jeder Betrachtungsperiode die Wahrscheinlichkeit erhöht, einen positiven Ertrag aus der Gesamtposition (Indexinvestment + Optionsprämie) zu erzielen. Somit sind das ideale Marktszenario für diese Strategie stabile (seitwärts) bzw. leicht steigende Märkte. Außerdem taugt diese Strategie eigentlich nicht zur Absicherung von größeren Verlusten, weil die Optionsprämie lediglich die Verluste abfedert. Hierzu bietet sich die Protective-Put-Strategie eher an.

Protective-Put-ETFs – Investments mit Airbag

„Nicht der ist ein Verlierer, der hinfällt, sondern der, der liegen bleibt." (Thomas Anders) Aus diesem Gedanken heraus wurden die Protective-Put-ETFs geboren. Dabei werden Protective-Put-Indizes aus einer Long-Position in einen Basiswert und einer Put-Option[98] auf diesen Basiswert zusammengestellt. Das Ziel ist die Vermeidung großer Verluste bei einem geringstmöglichen Verzicht auf mögliche Kursgewinne des Basiswertes. In der Theorie verbleiben circa 80 % der Performance bei rund 70 % des Risikos des Basiswertes.

Sie sehen, diese Strategie ist ähnlich der Buy-Write-Strategie, nur kauft der ETF jetzt eine Put-Option und besitzt gleichzeitig den zugehörigen Basiswert. Hierdurch sind die Verluste auf Höhe der gezahlten Put-Optionsprämie beschränkt. Dafür verzichtet der Anleger bei steigenden Notierungen wegen der gezahlten Optionsprämie auf etwas Rendite gegenüber einem ungesicherten Basiswert.

---

[98] Eine Put-Option verbrieft das Recht, aber nicht die Pflicht, eine bestimmte Menge eines Basiswertes zu einem vereinbarten Preis innerhalb oder zu einem bestimmten Zeitpunkt zu veräußern. Die Funktionsweise gleicht der von Call-Optionen – nur umgekehrt.

Um diese Strategie mit Leben zu füllen, sichern die Protective-Put-ETFs quartalsweise einen Mindestkurs für den abgebildeten Index ab. Dazu wird eine Put-Option mit einem Ausübungspreis von 5 % unter dem aktuellen Indexstand und einer Restlaufzeit von 3 Monaten erworben. Beim Auslaufen wird ein neuer Put gekauft. So erreichen sie eine Absicherung gegenüber großen Kursverlusten. Mittels dieser Theorie kann ein Protective-Put-ETF nicht mehr als 5 % plus die gezahlte Optionsprämie im Quartal verlieren. Das Problem hierbei ist allerdings, dass Kursrückgänge üblicherweise mit einem Anstieg der Volatilität einhergehen, was wiederum zu deutlich steigenden Optionsprämien führt. Durch die steigende Volatilität nimmt der Preis der gekauften Put-Option zu. Zwar verliert der Fonds in einer Abwärtsbewegung deutlich weniger an Wert als der zugrunde liegende Index, aber durch die höheren Kosten für die Put-Option steigt der maximale Verlust für den Anleger weit über die 5-Prozent-Grenze hinaus.

Richtig ärgerlich wird es für den Anleger erst, wenn die Abwärtsbewegung an den Börsen länger als ein Quartal dauert. Dann muss sich der Fonds nämlich zu einem teureren Niveau neu absichern. So kann es vorkommen, dass die Optionsprämie in den Prozentbereich des Fondsvermögens steigt, d. h. dass der Fonds deutlich mehr als die versprochenen 5 % verlieren kann. Besonders problematisch ist es, wenn sich die Volatilität innerhalb eines Quartals wieder legt, dann verliert nämlich die Put-Option überdurchschnittlich an Wert, was dazu führen kann, das die Fondsentwicklung deutlich von der Performance des zugrunde liegenden Indexes abweicht.

Das ruft auch die Kritiker dieser Strategie auf den Plan. Sie werfen diesen Fonds vor, die Anleger zu täuschen. Übers Jahr gesehen können bei solchen Fonds auch Kursverluste in Höhe von mehr als 20 % auflaufen. Beispielsweise verlor der *Lyxor ETF DAX$_{Plus}$ Protective Put* im Jahr 2008 immerhin 18,3 %. Dies klingt viel, relativiert sich aber, wenn man bedenkt, dass der DAX im selben Zeitraum knapp 40 % verloren hat. Somit hat der Fallschirm des ETFs den Aufschlag für den Anleger merklich abmildern können. Das ist typisch für diesen Ansatz. Er zeigt eigentlich immer eine deutlich bessere Wertentwicklung gegenüber der Benchmark in schlechten Börsenzeiten, in denen durch die Put-Option große Teile der Kursverluste aufgefangen werden können. Doch wie verhält sich der ETF bei steigenden Kursen?

Im Jahr 2007 stieg der DAX um fast 21 %, wohingegen der ETF nur um

13,8 % zulegen konnte. Sie sehen also, die Absicherung führt zu einem deutlichen Renditenachteil bei steigenden Aktienkursen. Geeignet sind solche ETFs für sehr vorsichtige Anleger, die große Kursverluste vermeiden, aber dennoch an der Entwicklung der Aktienmärkte teilhaben möchten.

Wer kennt nicht die alte Börsenweisheit *„Die Börse ist keine Einbahnstraße"*. Für Anleger, die nicht immer auf dasselbe Auto setzen möchten, um den Aktienmarktparcour zu bewältigen, bieten sich vier DAX-Strategien (*Protective Put, Covered Call,* DAX sowie LevDAX) mit unterschiedlichem Risiko/Renditeprofil an. Mit diesen vier DAX-Strategien hat der Anleger die Möglichkeit, sich ein Fahrzeug nach seinen Fähigkeiten auszuwählen, vom langsamen Trecker bis hin zum Sportwagen ist alles im Angebot.

Wer sich nicht sehr sicher ist oder Aktienmarktkorrekturen nicht ausschließt, ist gut mit der Absicherungsstrategie DAX_{Plus} *Protective Put* beraten. Mit dieser Strategie wird das Risiko des DAXes deutlich gesenkt, aber gleichzeitig die Renditeaussichten limitiert. Der Anleger fährt so ähnlich wie mit einen Trecker den Aktienmarktparcour langsam und sicher ab.

Ein Anleger, der etwas mehr Gas geben möchte, setzt auf die Strategie DAX_{Plus} *Covered Call.* Hier steht nicht die Risikovermeidung oben auf der Agenda, sondern die Ertragsoptimierung. Zudem geht der Anleger davon aus, dass die Aktienmärkte keine Steilkurven (Hausse) oder Schlaglöcher (Baisse) aufweisen. Denn wenn der DAX-Index lustlos seitwärts läuft, punktet diese Strategie besonders gut. In fallenden Märkten bietet sie obendrein noch einen kleinen Risikopuffer an. In steigenden Märkten ist der Anleger zwar auch dabei, aber nur bis zu bestimmten Limits.

Möchte ein Anleger einfach nur gemütlich mit seinem Kompaktwagen über die Landstraße fahren, so bietet sich ein direktes DAX-Investment an. Dann geht der Anleger von einer steigenden Börse aus, die ihm keine Hindernisse in den Weg legt. Mutigere Anleger steigen nun auf den Sportwagen um und wechseln mit der Strategie LevDAX auf die Autobahn. Diese Strategie ermöglicht es dem Anleger, doppelt von der Tagesentwicklung des DAXes zu profitieren. Durch den Hebel kann der Anleger mehr Ertrag erzielen, aber auch mehr Verluste bei einer ungünstigen Entwicklung. Diese Strategieindizes erhöhen also den Aktionsradius des Anlegers.

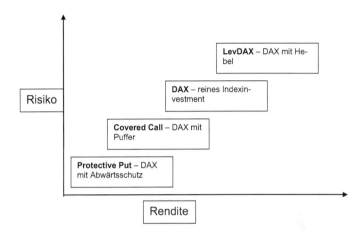

Abbildung 16: Vergleich von vier DAX-Strategien (Quelle: Bauen Sie ihr Portfolio mit dem Werkzeug der Profis. Lyxor ETFs 3 Quartal 2008, S. 27)

Bonusstruktur selbst gemacht

In der Zertifikatewelt sind die Bonuszertifikate äußerst beliebt. Denn solange der Basiswert eine vorher festgelegte Barriere nicht unterschreitet oder berührt, greift ein Teilschutz. In diesem Fall wird das Zertifikat mindestens zum Bonusbetrag zurückgezahlt. Der Bonusbetrag liegt üblicherweise über dem Kurs des Zertifikates bei der Emission. Sollte der Basiswert über den Bonusbetrag steigen, partizipiert der Anleger bis zum Laufzeitende in unbegrenztem Umfang an den steigenden Kursen. Fällt allerdings der Basiswertkurs des Zertifikates unterhalb die Barriere oder berührt sie, so verliert das Zertifikat seinen Teilschutz. Ab diesem Zeitpunkt spiegelt das Zertifikat nur noch 1:1 die Bewegungen des Basiswertes wider. Die Bonusstruktur erhält der Anleger nicht geschenkt, sondern er muss dafür auf sämtliche Erträge (wie Dividenden) des Basiswertes verzichten.

Durch die Kombination aus dem zeitgleichen Kauf eines ETFs und einer Down-And-Out-Put-Option entsteht ein Vehikel, welches während der Laufzeit des Down-And-Out-Puts die wesentlichen Eigenschaften eines Bonuszertifikates widerspiegelt. Dieses Vehikel bietet einen Teilschutz während der

Laufzeit der Down-And-Out-Puts sowie einen Bonus.

Bei einem Down-And-Out-Put ist die Auszahlung nicht nur vom Stand des Basiswertes am Laufzeitende, sondern auch vom Kursverlauf des Basiswertes während der Laufzeit abhängig. Dies äußert sich darin, dass ein Down-And-Out-Put eine Barriere hat, die der Basiswert (Index) während der gesamten Laufzeit nicht berühren oder unterschreiten darf. Geschieht dies dennoch, so verfällt der Put wertlos. Deswegen streiten um den Wert einer Down-And-Out-Put zwei Effekte. Der Wert einer Down-And-Out-Put steigt bei fallendem Basiswert an, gleichzeitig steigt aber das Risiko, das die Barriere berührt wird, was zu einer Wertminderung führt. Deswegen besitzt eine Down-And-Out-Put einen maximalen Wert, ein weiterer Kursrückgang des Basiswertes verringert den Wert des Down-And-Out-Put wieder, da die Wahrscheinlichkeit ansteigt, dass die Barriere berührt wird und somit der Put wertlos verfällt. Das heißt, bei weiter fallenden Kursen muss der Anleger den kompletten Kursverlust selbst tragen. Deswegen gilt: Je höher die Barriere gewählt wird, desto billiger wird der Down-And-Out-Put. Gleichzeitig steigt die Wahrscheinlichkeit, dass die Barriere verletzt wird und der Put wertlos verfällt. Deswegen raten Experten auch dazu, nur Down-And-Out-Puts zu verwenden, deren Barriere zwischen 30 und 50 % unterhalb des aktuellen Kurses des Basiswertes liegt. Größere Barriereabstände sind nicht zu empfehlen, weil dann die Preise der Down-And-Out-Puts fast auf Höhe der normalen Puts (die eine Absicherung von 100 Prozent des Depots ermöglichen) liegen. Wird die Barriere während der Laufzeit nicht berührt oder unterschritten, so entspricht am Ende der Laufzeit das Auszahlungsprofil eines Down-And-Out-Puts dem eines „normalen" Puts. Das bedeutet, dass die Differenz von Basispreis und Basiswertkurs zum Laufzeitende (gehebelt um einen festgelegten Multiplikator) ausbezahlt wird. Im schlimmsten Fall kann diese Differenz bei null liegen.

Beispiel: Down-And-Out-Put in Kombination mit einem ETF

Kauf eines DJ Euro Stoxx 50 ETF	: 19,50 €
Kauf eines Down-And-Out-Puts*	: 2,25 €
Investitionssumme	: 21,75€

(*mit einem Basispreis von 2.754 und einer Barriere von 1.272 und einer Fälligkeit 17.12.2010)

Unterschiedliche Szenarien

	Szenario 1 Anstieg	Szenario 2 Seitwärts	Szenario 3 Rückgang
Wert DJ Euro Stoxx 50 ETF	28,00 €	20,00 €	12,70 €
Wert Down-And-Out-Put	0,00 €	7, 54€	0,00 €
Summe	28,00 €	27,54 €	12,70 €
Gewinn/Verlust mit Down-And-Out-Put	6,25 €	5,79 €	(-) 9,05 €
Gewinn/Verlust ohne Down-And-Out-Put	8,50 €	0,50 €	(-) 6,80 €
Mehrertrag der Strategie	- 2,25 €	5,29 €	-2,25 €

Im Szenario 1 des Beispiels hat der *DJ Euro Stoxx 50* während der gesamten Laufzeit die Barriere nicht berührt oder unterschritten und am Ende der Laufzeit des Down-And-Out-Puts [99] notiert der *DJ Euro Stoxx 50* bei 2.800 Punkten, also deutlich über dem Basispreis des Down-And-Out-Puts. Deswegen ist der Wert des Down-And-Out-Puts auch null. Aufgrund der Investition in den Down-And-Out-Put hätte man in diesem Szenario etwas schlechter abgeschnitten als bei einer reinen ETF-Anlage.

Dies sieht ganz anders aus beim Szenario 2. Auch hier hat der *DJ Euro Stoxx 50* während der gesamten Laufzeit die Barriere nicht berührt oder unterschritten und am Ende der Laufzeit des Down-And-Out-Puts notiert der *DJ Euro Stoxx 50* bei 2.000 Punkten, also unterhalb des Basispreises. Nun hat der Down-And-Out-Put einen Wert und die Strategie bietet dem Anleger jetzt einen Mehrwert. Sie schneidet also deutlich besser ab als eine reine ETF-Anlage. Diese Vorteilhaftigkeit bleibt erhalten, solange der *DJ Euro Stoxx 50* am Laufzeitende zwischen 2.754 und 1.272 Punkten notiert. Im Szenario 3 hat der *DJ Euro Stoxx 50* die Barriere unterschritten und notiert am Laufzeitende der Down-And-Out-Put bei 1.270 Punkten. Der Down-And-Out-Put ist

---

[99] Auch hinsichtlich ihres Volatilitätseinflusses bestehen große Unterschiede zwischen einem „normalen" Put und einem Down-And-Out-Put. Ein Ansteigen der Volatilität führt bei einem „normalen" Put zu einem Wertzuwachs, während dies bei einer Down-And-Out-Put regelmäßig zu einem Wertverlust führt. Das liegt daran, dass eine hohe Volatilität das Risiko erhöht, dass die Barriere berührt wird und daher der Put wertlos verfällt.

wertlos verfallen. Auch bei diesem Szenario wäre eine reine ETF-Anlage die bessere Wahl gewesen.

4.11.2.4 Spezielle Strategie für Rentenindizes – Das Spiel mit der Zinskurve

Um erfolgreich mit der Zinsstrukturkurve (s. S. 90) zu spielen, muss der Anleger das Einmaleins der Zinsstrukturkurve kennen.

- Unterteilung nach Laufzeiten
  - Kurze Laufzeiten: 3 Monate bis 3 Jahre
  - Mittlere Laufzeiten: 3 Jahre bis 7 Jahre
  - Lange Laufzeiten: 7 und mehr Jahre
- Unterscheidung der Lage der Zinskurve
  - Niveau: absolute Höhe der Rendite in %
  - Steilheit: absolute Renditedifferenz zwischen kurz- und langfristigen Zinsen in %. Eine Änderung der Steilheit wird z. B. durch den Twist hervorgerufen. Hierbei bleibt das mittelfristige Segment konstant, kurz- und langfristige Renditen bewegen sich entgegengesetzt.
  - Bauchig- oder Buckligkeit: Scheitelpunkt der Zinskurve, nach dem sie sich verflacht. Hervorgerufen z. B. durch den Butterfly-Effekt. Er beschreibt, dass das mittlere Segment der Zinskurve sich entgegengesetzt zu kurzen und langen Laufzeiten bewegt.

Zudem unterscheidet man drei hauptsächliche Bewegungen der Zinskurve:

- Parallelverschiebung der Zinskurve
- Veränderungen der Steilheit der Zinskurve (*Twist* oder *Rotation*)
- Veränderungen der Bauchigkeit der Zinskurve *(Butterfly)*

All diese Bewegungen können sowohl durch steigende als auch durch fallende Zinsen hervorgerufen werden. Obendrein können sich die Laufzeitsegmente in unterschiedliche Richtungen bewegen. Häufig treten Veränderungen in der Zinsstrukturkurve als gemischter Effekt aus diesen drei Bewegungen auf.

Die drei klassischen Portfoliostrategien, die sich aus der Erwartung über die Zinsstruktur ergeben, sind:

- Kugel- oder Bullet-Strategie: Im mittleren Zeitsegment wird ein Drehpunkt *(Twist)* der Zinskurve erwartet.

- Hantel- oder Barbell-Strategie: Es wird von einer Verflachung der Zinskurve ausgegangen.
- Leiter- oder Ladder-Strategie: Bei dieser Strategie ist keine Zinserwartung notwendig.

Zur Umsetzung dieser Strategien bieten sich Renten-ETFs an, da Anleger mit Renten-ETFs auf z. B. den *iBoxx Sovereign Eurozone Total Index* sämtliche Laufzeiten der Zinskurve abdecken können. Dieser Index spiegelt die Entwicklung europäischer Staatsanleihen mit breiter Diversifikation wider.

Tabelle 38: Verfügbare ETFs auf den *iBoxx Sovereign Eurozone Index*

Indexname	Zinsen	Modified Duration
iBoxx € Eurozone	4,38	6,04
iBoxx € Eurozone 1-3	4,21	1,82
iBoxx € Eurozone 3-5	4,21	3,55
iBoxx € Eurozone 5-7	4,23	5,15
iBoxx € Eurozone 7-10	4,37	6,92
iBoxx € Eurozone 10-15	4,65	8,91
iBoxx € Eurozone < 15 aber >25	4,82	13,10
iBoxx € Eurozone > 25	4,83	15,23

Zur Umsetzung der Kugelstrategie legt der Anleger den Schwerpunkt seiner Renteninvestments in den mittelfristigen Bereich (5 bis 7 Jahre). Hierzu legt er in die Laufzeitenbereiche 3 bis 5 Jahre sowie 7 bis 10 Jahre jeweils 30 % an. Die verbleibenden 40 % investiert er in den Laufzeitenbereich 5 bis 7 Jahre. Die Kugelstrategie bietet sich an, wenn der Anleger von einem fallenden Zinsniveau oder von einer steiler werdenden Zinsstrukturkurve ausgeht.

Dagegen setzt der Anleger bei der Hantelstrategie auf eine Verteilung der Renten auf 2 Positionen. Erwartet er z. B. eine Verflachung der Zinskurve durch einen Rückgang der langfristigen Zinsen, so könnte er sein Rentenportfolio zu 50 % im kurzfristigen (1 bis 3 Jahre) und die andere Hälfte im langfristigen Bereich (10 Jahre und mehr) gewichten. Prinzipiell bietet sich die Hantelstrategie an, wenn das Zinsniveau steigt oder die Zinsstrukturkurve invers wird.

Möchte der Anleger sich keine Gedanken über die Zinsentwicklung machen, so bietet sich eine Investition über den gesamten Laufzeitbereich an. Tatsächlich kann durch ein kurzfristiges Switchen zwischen den Strategien ein Mehrertrag generiert werden, vorausgesetzt man erkennt die Zinsänderungen richtig.

Allerdings kann ein Anleger je nach Bedarf ein individuelles und gut diversifiziertes Anleihedepot zusammenstellen, indem er Renten-ETFs mit verschiedenen Laufzeitenbändern miteinander kombiniert. Dies ist möglich, weil die
Renten-ETFs eine fast konstante Duration haben. Geht der Anleger beispielsweise von einer negativen Parallelverschiebung der Zinssätze aus, so
erhöht er die Duration seines Portfolios. Dann kann er einen höheren Kapital-
gewinn erwirtschaften als mit der zugrunde gelegten Benchmark.

**Kursgewinne bei steigenden Zinsen – mit Short-ETFs auf Rentenindizes
setzen**

In Phasen mit steigenden Zinsen sind Kursverluste für Anleger mit Anleihen
oder Renten-ETFs vorprogrammiert. Denn Anleihen verlieren an Kurswert,
wenn die Renditen steigen. Kursverluste kann der Anleger nur vermeiden,
wenn er die Anleihen verkauft oder bis zum Laufzeitende hält. Jetzt gibt es
noch eine weitere Alternative. Mit dem *db x-trackers Short iBoxx Sovereigns
Eurozone TR Index ETF* kann der Anleger gezielt auf fallende Anleihekurse
(bzw. steigende Zinsen) setzen. Dieser Index spiegelt die umgekehrte Wertentwicklung des *iBoxx € Sovereigns Eurozone TR Index* für europäische
Staatsanleihen wider. Darüber hinaus erhält der ETF noch den doppelten
Geldmarktsatz (EONIA) abzüglich einer indikativen Leihgebühr von 0,15 %
gutgeschrieben. Je stärker nun die Zinsen steigen bzw. die Anleihekurse
nachgeben, umso stärker fällt das Plus beim Renten-Short-ETF aus.

Somit können Anleger nun in Phasen von steigenden Zinsen ihren Depots
Renten-Short-ETFs beimischen. Dann werden die Kursverluste auf der Ren-
ten-ETF-Seite durch die Kursgewinne des Renten-Short-ETFs kompensiert.
Hat nun das Zinsniveau die erwartete Höhe erreicht, kann die Position im
Renten-Short-ETF wieder aufgelöst werden. So hat der Anleger jetzt die
Möglichkeit, sein Anleihedepot auf einfache Weise gegenüber dem Risiko
von steigenden Zinsen abzusichern.

Inflationsgeschützte Anleihen – Der Inflation ein Schnippchen schlagen

Welch bittere Folgen es hat, wenn Geld über Nacht wertlos wird, kann man
sich aktuell in Simbabwe ansehen. In diesem afrikanischen Land beträgt die
Inflationsrate 165.000 Prozent – zurzeit die höchste der Welt. Sicherlich ein

Extrembeispiel, aber viele Ökonomen gehen auch davon aus, dass in den westlichen Industriestaaten die Inflationsraten nach Beendigung der Wirtschaftskrise wieder steigen, da die Notenbanken zur Überwindung der Krise den Kapitalmarkt mit frischem Geld nur so überziehen. Bei einem solchen Szenario bieten sich inflationsgeschützte Anleihen (oder inflationsindexierte Anleihen, *Inflation Linked Bonds* (ILB) oder *Linker* genannt) an. Dabei garantiert der Emittent wie bei einer herkömmlichen Anleihe einen festen Zins. Bei der gebräuchlichsten Variante in Europa bleibt der reale, also inflationsbereinigte, Zinssatz gleich. Es wird nur der Nominalwert der Anleihe verändert. Beträgt die Inflation z. B. im ersten Jahr 2 %, so steigt der Rückzahlungsbetrag der Anleihe im Wert, von 100 Euro auf 102 Euro (=100 + 2 % (Inflationsrate)). Steigt die Inflationsrate im Folgejahr um 3 %, legt der Rückzahlungswert auf 105,06 Euro (=102 + 3 % (Inflationsrate)) zu. Diese Prozedur wiederholt sich während der Laufzeit der Anleihe jedes Jahr.

Die jährliche Zinszahlung ergibt sich aus der Multiplikation des angepassten Nominalwerts mit dem realen Zinssatz der Anleihe. Hat die Anleihe z. B. einen Zinssatz von 2,5 %, dann erhält der Anleger im ersten Jahr 2,55 Euro Zinsen (=102 · 2,5 /100) ausbezahlt. Im zweiten Jahr sind es 2,63 Euro Zinsen (=105,06 · 2,5 /100) usw.

Der Inflationsschutz ist natürlich nicht umsonst. Normalerweise liegt der reale (inflationsbereinigte) Zins unter den Renditen der normalen Anleihen. Die Differenz ist die vom Markt eingepreiste Inflationserwartung, die so genannte Break-Even-Inflation. Das heißt, eine inflationsgeschützte Anleihe hat bei der Ausgabe immer einen niedrigeren Zins als eine vergleichbare normale Anleihe.

Bleibt nun die jährliche Teuerungsrate unterhalb der Break-Even-Inflation oder fällt sie gar, so schneidet die normale Anleihe besser ab als ihre inflationsgeschützte Variante. Die Anlage in eine solche Anleihe ist also wie eine Wette auf die Inflation. Hat der Anleger recht, winkt eine bessere Rendite als mit normalen Anleihen, liegt er falsch, muss er sich mit etwas weniger Rendite zufriedengeben. Abgesehen vom Inflationsschutz gibt es aber auch noch strategische Gründe, um über inflationsgeschützte Anleihen nachzudenken. Sie können das Chance-Risiko-Profil eines Anleihedepots verbessern, da die Kurse der inflationsgeschützten Anleihen kaum mit denen von klassischen Anleihen korrelieren. Sie eignen sich somit auch gut zur Risikostreuung eines

Anleihedepots. Beispielsweise kaufen sie mit dem *iBoxx € Inflation-Linked In-dex ETF* von *db x-trackers* ein Portfolio von inflationsgeschützten Anleihen, deren Schwerpunkt Staatsanleihen von Frankreich und Italien bilden. Aber auch *iShares* bietet mit den *Euro Government Inflation Linked Bond ETF* oder *Lyxor* mit den *EuroMTS Inflation Linked ETF* eine Alternative an. Ebenso kann der Anleger auf die Inflationsraten fremder Länder wetten, z. B. mit den *Barclays U.S. Government Inflation Linked All Bonds ETF* von *iShares* auf die amerikanische, oder sogar auf die weltweite Inflationsrate mit den *iBoxx Glo-bal Inflation Linked TR Hedged ETF* von *db x-trackers*.

Allerdings könnte sich auch ein Investment in den neuen *db x-trackers Inflati-on 5y Swap* anbieten, um der Inflation zu trotzen. Um zu verstehen, wie die-ser ETF funktioniert, müssen wir uns mit der Break-Even-Inflation beschäfti-gen. Sie stellt die vom Markt erwartete Inflation für einen bestimmten Zeit-raum dar. Um sie zu ermitteln, vergleicht man die Rendite einer klassischen Staatsanleihe mit der Rendite einer inflationsindexierten Staatsanleihe. Im August 2009 renditiert eine klassische deutsche 5-jährige Staatsanleihe mit etwa 2,8 % p.a., eine identische inflationsindexierte deutsche Staatsanleihe mit 1,6 % p.a. Die Renditedifferenz zwischen den beiden Anleihen von 1,20 % entspricht der Break-Even-Inflation, also der vom Markt heute für ei-nen 5-Jahres-Zeitraum pro Jahr erwarteten Rendite.

Der ETF bezieht sich nun auf einen von der *Deutschen Bank* entwickelten *DB Euro Inflation-Swap 5-Jahres TR Index*. Dieser Index bildet die monatlich rol-lierende 5-Jahres-Inflation-Swap auf die Inflationsrate der Eurozone (genauer gesagt dem vom Statistikamt *Eurostat* veröffentlichten *Eurozone HICP – all items ex Tabacco Index*) ab. Steht am Ende der Monatsfrist nun die realisier-te Inflation über der Break-Even-Inflation, generiert der Index Gewinne, liegt sie darunter, entstehen Verluste. Die im Index enthaltenen Cash-Komponenten werden zum Geldmarktzinssatz EONIA verzinst. Beispielswei-se konnte der Index von Mitte 2007 bis Mitte 2008 wegen der überraschend stark anziehenden Inflationsrate Gewinne erzielen. Doch gegen Ende 2008, als die Energiepreise unerwartet stark fielen, verlor der Index knapp 10 %. In den letzten 5 Jahren (Rückberechnung) hat der Index pro Jahr um 2 % zuge-legt. Dies entsprach in etwa der im selben Zeitraum realisierten Inflation.

Über den Tellerrand hinweg – Mit Anleihen von Schwellenländern hohe Zinsen abstauben

Um ein Kännchen mehr Rendite zu erzielen, bietet sich ein Investment in Emerging-Markets-Renten an. Wer in ein diversifiziertes Portfolio aus Emerging-Markets-Anleihen investiert, kann sich über hohe Renditen (deutlich höhere Verzinsung als europäische Staatsanleihen) freuen und eventuelle Schuldnerausfälle gut überstehen. So hat z. B. Argentinien in der Folge einer Wirtschaftskrise seine bestehenden Auslandschulden nur mit 50 % der ursprünglichen Summe bedient.

Zurzeit bieten sich für Privatanleger zwei ETFs an, um in diesen interessanten Anleihemarkt zu investieren. Dies ist zum einen der *JPMorgan $ Emerging Markets Bond ETF* von *iShares*. Er bildet den etablierten *JPMorgan EMBI Global Core Index* ab. Der Index spiegelt die Entwicklung für staatliche und halbstaatliche Emerging-Market-Anleihen wider und notiert in US-Dollar. Im Index sind Anleihen der großen *Emerging Markets*, wie Russland oder Brasilien, sowie auch von kleineren Schwellenländern, wie El Salvador oder Uruguay, enthalten. Das Besondere an diesem Fonds ist, dass die aufgelaufenen Zinserträge monatlich ausgeschüttet werden und er in US-Dollar notiert.

Um Wechselkursschwankungen zu umgehen, bietet sich der in Euro notierende abgesicherte *Emerging Markets Liquid Eurobond ETF* von *db x-trackers* an. Außerdem ist dieser nicht wie viele andere Emerging-Markets-Rentenindizes auf Lateinamerika konzentriert, sondern bietet eine breitere Diversifikation an.

Unternehmensanleihen – Darf es ein bisschen mehr Rendite sein?

Gerade in volatilen Marktphasen bieten sich Unternehmensanleihen anstelle von Aktieninvestments an. Sie bieten hohe laufende Ausschüttungen und sorgen zudem für zusätzliche Stabilität im Portfolio. Im Gegensatz zu Aktien stellen Unternehmensanleihen Fremdkapital dar. Als Gegenleistung für die Gewährung des Fremdkapitals erhält der Anleger eine feste Kuponzahlung. Dabei reicht es, wenn das Unternehmen wirtschaftlich in der Lage ist, seine Verbindlichkeiten zu bedienen, weil Anleihegläubiger ihre Zinszahlung vor den Dividenden der Aktionäre bekommen.

Auch für diesen Investmentbereich gibt es ETFs. So bietet z. B. der ETF-

Anbieter *iShares* den ETF *iShares Euro Corporate Bond* an. Dieser Fonds bildet die Entwicklung des *iBoxx Euro Liquid Corporates Bond Index* ab. Dieser Index umfasst 40 liquide Unternehmensanleihen und wird auf Euro-Basis berechnet. Somit ist ein Währungsrisiko ausgeschlossen, obwohl auch Unternehmensanleihen außerhalb des Euro-Raums im Index vertreten sind. Dem kritischen Betrachter fällt aber auf, dass der ETF die im Index enthaltenen Anleihen nicht exakt nachkauft. Beispielsweise sind im Index 40 Anleihen vertreten, aber der Fonds umfasst 51 Werte. *IShares* begründet dies mit der teilweise extrem geringen Liquidität der dem Index zugrunde liegenden Unternehmensanleihen. Experten sprechen bei bereits am Markt befindlichen Unternehmensanleihen häufig auch von einer eingeschränkten Liquidität am Sekundärmarkt, d. h., es findet nicht permanent ein Handel mit den Anleihen statt. Deswegen können die *Market Maker* für den Fonds nicht ständig Anleihen in größeren Stückzahlen erwerben bzw. verkaufen. So kann der Creation-Redemption-Prozess aus dem Tritt kommen. Um dieses Problem zu umgehen, hat *iShares* einfach das Anlageuniversum vergrößert. Hierdurch besteht natürlich die Gefahr einer Abweichung der Wertentwicklung des Fonds vom Index. Daher hat dieser Fonds auch ein hohen *Tracking Error*, im Schnitt von über 1,5 %.

Zu allem Überfluss ist das Bezugsverhältnis von ETF zum Index nicht konstant, sondern ändert sich im zeitlichen Ablauf. Das liegt daran, dass die im Index ausgezahlten Zinsen wieder eingerechnet werden (Performanceindex), der iShares-Fonds aber die Zinserträge ausschüttet. Für Anleger, die auf in US-Dollar bzw. britische Pfund notierte Unternehmensanleihen setzen möchten, bietet *iShares* ähnliche Produkte, wie den *iShares Euro Corporate Bond*, an.

Aktives *Cash Management* – Liquiditätsmanagement

In turbulenten Börsenzeiten hört man häufig die Empfehlung: *„Es muss noch etwas Pulver im Topf bleiben, damit man nachlegen kann.“* Doch wohin mit dem Pulver? Es sollte möglichst gewinnbringend und flexibel angelegt werden. Die Aufgabe besteht also darin, die Erträge aus dem Pulver zu maximieren und diese dabei möglichst flexibel zu halten. Je länger die Entscheidung zu investieren dauert, desto höher sind die Kosten aus den verpassten möglichen Erträgen des Kapitals. Genau hier setzt das *Cash Management* an.

Seine Zielsetzung ist es, die Zinserträge für die Barmittel zu maximieren und gleichzeitig die Transaktionskosten möglichst gering halten. Dazu bietet sich ein ETF an. Hier kann der Anleger sein Geld parken, bis er eine langfristige Anlageentscheidung getroffen hat. So bietet sich eine Anlage in einen Kurz-läufer-Rentenindex *(eb.rexx Government Germany 1.5 bis 2.5 Index)* an. Das Anlagerisiko ist gering, ebenso wird durch die kurze Restlaufzeit das Zinsän-derungsrisiko beschränkt. Deswegen sind solche Anlagen im Vergleich zu ei-nem Geldmarktfonds nach Ertrags- und Risikogesichtspunkten attraktiv. Durch die etwas höhere Restlaufzeit und Schwankungsbreite kann so inner-halb eines Jahres etwas mehr Rendite erzielt werden, bei einem ähnlichen Risiko. So konnte der Index seit Juni 2003 immerhin um 3,28 % p. a. zulegen.

Tabelle 39:   Vergleich Geldmarktfonds und kurzläufiger Renten-ETFs

	eb.rexx Government Germany 1,5 bis 2,5 Index	Geldmarktfonds
Restlaufzeit in Jahren	1,5 bis 2,5 Jahre	Max. 1 Jahr (bei festverzinslichen), dagegen alle Laufzeiten bei verzinslichen Anleihen, wenn mindestens einmal jährlich eine Anpassung stattfindet.
Art der Wertpapiere	Höchste Bonität, deutsche AAA-Rating Staatsanleihen	Diverse, auch Unternehmensanleihen
Risiko	Zinsänderungsrisiko	Zinsänderungsrisiko sowie, falls Unternehmensanleihen enthalten, ein Kreditrisiko.

Eine andere Möglichkeit kurzfristig Gelder anzulegen, bieten die ETFs auf den Tagesgeldzinssatz EONIA an. Die Wertentwicklung des ETFs ist gekop-pelt an eine täglich rollierte Einlage zum EONIA-Satz. Dieser Satz unterliegt allerdings Schwankungen. Beispielsweise lag er wegen der Vertrauenskrise der Banken Anfang 2008 um die 4 % und stieg sogar bis über 4,6 %. Nach-dem sich die Lage etwas stabilisierte, fiel der Satz bis Februar 2009 auf ca. 1,2 %. Ein Anleger kommentiert dies so: *„Die Finanzkrise sollte nicht nur Angst machen. Schließlich bedeutet das griechische Wort ‚krisis' entschei-dende Wende. Darin liegt stets auch eine Chance, wie man beim EONIA-Satz sah."* Aber auch der *eb.rexx Government Germany 1,5 bis 2,5 Index* leg-te im Jahr 2008 kräftig zu, um satte 7,3 %. Das sind allerdings Sondersituati-onen im Geldmarktbereich. Anleger können im Geldmarkt eher Rendite zwi-schen 2 bis 3 % erwarten. Das liegt daran, dass die Notenbanken auf die

Zinsen im Geldmarktbereich einen starken Einfluss haben: Sinkt der Leitzins, so fallen etwas zeitverzögert auch die Geldmarktzinsen. Nur kurzzeitig weicht der Markt von diesem Gesetz ab, und zwar dann, wenn Panik im Markt ist. So fiel z. B. der EONIA-Satz im April 2009 auf ca. 0,89 %, weil die *Europäische Notenbank* massiv die Leitzinsen in mehreren Schritten auf 1,5 % gesenkt hatte. Das antizipiert der Geldmarkt.

ETFs auf Kreditderivate – Mit Risiken handeln[100]

John Paulson soll durch eine Spekulation auf den Zusammenbruch des US-Immobilienmarktes 3,7 Milliarden US-Dollar verdient haben. Das ist mehr als je ein einzelner Mensch an der *Wall Street* innerhalb eines Jahres verdient hat. Seine Strategie war: Er setzte gegen die *Collateralized Debt Obligations* (CDOs)[101], jene massenhaft zu Paketen zusammengestellten zweifelhaften Kredite, die viele Anleger und Banken ins Verderben stürzten. Sie waren der Auslöser der berühmt berüchtigten Subprime-Krise im Jahr 2008. Gegen einen Zahlungsausfall der CDOs konnten sich die Anleger mit *Credit Default Swaps* (CDS, s. S. 104 ff.) absichern. Paulson kaufte diese CDS und gewann. Generell kosten CDS wenig, wenn die dahinter stehenden Kredite sicher sind. Schwindet jedoch die Bonität, steigt ihr Preis unaufhörlich. Wie kann nun aber der Anleger vom Auf und Ab an den Kreditmärkten profitieren? Mit den *db x-trackers iTraxx ETFs*. Sie sind darauf ausgelegt, die Kreditrisiken bestimmter Sektoren der europäischen Wirtschaft darzustellen. Dabei beschreibt das Kreditrisiko die Gefahr eines Verlustes, falls der Kreditnehmer seinen Verpflichtungen nicht nachkommen kann, z. B. wegen seiner Insolvenz. Je nach dem Stand der Bonität müssen die Kreditnehmer Aufschläge auf den risikolosen Kreditzins als Risikoprämie zahlen. Verbessert sich die Bonität des Kreditnehmers, sinken die Risikoprämien, verschlechtert sich die Bonität, steigen die Risikoprämien.

Dieses Prinzip liegt auch dem *db x-trackers iTraxx ETFs* zugrunde. Die von den ETFs abgebildeten *iTraxx Total Return Indizes* bilden die Entwicklung der Risikoprämien eines Referenzportfolios von Schuldnern ab. Dabei gewin-

---

[100] Vgl. Depotabsicherung. Mit Risiken handeln, Extra – Investieren mit Exchange Traded Funds, 25.04.08, S. 5 bis 6
[101] Bei einem synthetischen CDO verkauft die emittierende Gesellschaft ein Portfolio von *Credit Default Swaps* an Dritte.

nen die *db x-trackers iTraxx ETF-Long*, wenn die Bonität der zugrunde liegenden Referenzschuldner zunimmt, d. h. die Risikoprämie *(Spread)* sinkt. Umgekehrt verlieren sie an Wert, wenn sich die Bonität der Referenzschuldner eintrübt und das Kreditrisiko steigt. Das genaue Spiegelbild zum *db x-trackers iTraxx ETF-Long* ist die Short-Variante.

Der *db x-trackers iTraxx ETF-Short* gewinnt dann an Wert, wenn sich die Bonität der zugrunde liegenden Referenzschuldner verschlechtert. Im Umkehrschluss verliert der *db x-trackers iTraxx ETF-Short*, wenn sich die Bonität der Referenzschuldner verbessert. Zusätzlich erhält der Anleger bei beiden Varianten für den Betrag, der nicht in den Kreditmarkt investiert wird, eine Verzinsung in Höhe des EONIA-Zinssatzes.

Im zweiten Halbjahr 2008 wurden die Kreditrisiken als sehr riskant eingestuft. So stiegen die Kredit-Spreads auf 1.050 Basispunkte. Ein Anleger könnte nun mit einem ETF darauf spekulieren, dass der Markt sich beruhigt und die Kredit-Spreads wieder abnehmen werden. Dazu setzt er auf die *db x-trackers iTraxx ETF-Long*, weil sie von einer Abnahme der Kredit-Spreads profitieren. Aber ein Anleger könnte mit dem *db x-trackers iTraxx ETF-Short* auch einen Renten-ETF auf Unternehmensanleihen absichern. Fürchtet er also eine Bonitätsverschlechterung der im Renten-ETF enthaltenen Unternehmen, was fallende Anleihekurse (steigende Zinsen) zur Folge hätte, so könnte er die drohenden Verluste mit dem *db x-trackers iTraxx ETF-Short* abfangen, da der *db x-trackers iTraxx ETF-Short* von einer zunehmenden Risikoaversion der Anleger und somit von einer Ausweitung der Kredit-Spreads profitiert. Den anderen Fall, steigende Bonität der Unternehmen, muss der Anleger nicht fürchten, weil dann die Anleihekurse steigen (sinkende Renditen), somit erzielt sein Renten-ETF ohnehin Kursgewinne.

Aber Vorsicht, nicht immer führt eine Verschlechterung der Bonität zu einer Ausweitung der Zinsen. So wurde im Juni 2009 bekannt gegeben, dass Irland zum zweiten Mal innerhalb von drei Monaten eine zweite Herabstufung droht. Begründet wurde dies mit der ausufernden Staatsverschuldung zur Rettung der irischen Banken. Entgegen der Erwartung rutschten die Renditen der zehnjährigen irischen Anleihen nicht in den Keller, sondern konnten sich stabil halten. Der Renditeabstand zu den deutschen Bundesanleihen verringerte sich sogar auf 1,8 Prozentpunkte im Juni 2009. Im März 2009 lag der Abstand noch bei 2,9 Prozentpunkten. Dieses Phänomen beobachtet man

häufig, wenn im Zuge der steigenden Risikofreude der Investoren die Risiko-
aufschläge von riskanten Anleihen zu sicheren Anleihen zurückgehen.

4.11.2.5   Das Spiel mit den Währungen

ETFs Währungsinvestition – Strategien für US-Dollar und Pfund
Anleger können schon seit einiger Zeit über einen ETF in den EONIA-
Zinssatz im europäischen Geldmarkt investieren. Mit dem *db x-trackers II Sonia Total Return Index ETF* und dem *db x-trackers II Fed Fund Total Return
Index ETF* (s. S. 103) können Anleger aber auch in britische oder US-
amerikanische Tagesgeldzinsen anlegen. Indirekt eröffnet sich so dem Anleger eine Währungsposition, da die beiden ETFs in Euro gehandelt werden,
aber auf US-Dollar (Fed Funds) oder britischem Pfund (SONIA) lauten.
Für den Anleger ergibt sich ein Währungsgewinn, wenn z. B. der US-Dollar
gegenüber dem Euro aufgewertet wird, weil er dann für einen investierten
US-Dollar mehr Euros zurückgewechselt bekommt. Legt ein Anleger z. B. in
den *db x-trackers II Fed Fund Total Return Index ETF* für ein Jahr 1.000 Euro
am US-Geldmarkt zu 2 Prozent bei einem aktuellen Wechselkurs (1 Euro = 1,
30 US-Dollar) an, entspricht dies einer Anlagesumme von 1.300 US-Dollar.
Legt der US-Dollar binnen Jahresfrist auf 1 Euro = 1,27 US-Dollar zu, dann
erhält der Anleger für seine ursprüngliche Investitionssumme von 1.300 US-
Dollar rund 1.023,62 Euro zurück, d. h. er realisiert einen Wechselkursgewinn
von 23,62 Euro oder 2,4 %. Aber auch für die Zinsen ergibt sich ein positiver
Währungseffekt. Bei 1.300 US-Dollar erhält der Anleger bei 2 % Zinsen 26
US-Dollar ausbezahlt. Der Gegenwert der Zinsen in Euro entspricht 20,47
Euro bzw. 2,05 %. Insgesamt hätte der Anleger also eine Rendite von 4,41 %
(Währungsgewinn + Zinsen) erzielt, also 44,09 Euro. Irrt sich der Anleger und
der US-Dollar wird schwächer, dann drohen mehr oder minder große Wäh-
rungsverluste.
Ähnliches ist mit dem *db x-trackers II Sonia Total Return Index ETF* möglich.
Hier spekuliert der Anleger auf einen steigenden Pfundkurs, da die Fonds-
währung des ETFs britisches Pfund ist. Wer sein Geld in ausländische Währungen anlegt, sollte neben den Zinsen auch immer die Wechselkursentwicklung im Blickfeld haben.

Devisenhandel – Spiel und Spaß mit den Währungen

Der Handel mit Devisen gewinnt stetig an Beliebtheit. Am Rande sei noch erwähnt, dass der Devisenmarkt vom Handelsvolumen her der größte Finanzmarkt der Welt ist. Üblicherweise wird der Devisenhandel nicht über die Börse abgewickelt, sondern der Handel findet direkt zwischen den Banken und Devisenhändlern statt, im so genannten Interbankenhandel.

Möchte ein Anleger am Devisenhandel teilnehmen, sollte er zunächst verstehen, wie der Handel funktioniert. Die Grundlage des Devisenhandels besteht darin, dass stets zwei Währungen gehandelt werden. In diesem Zusammenhang spricht man auch von Währungspaaren, wie z.B. Euro zu US-Dollar. Dabei können nahezu alle Währungen[102] in ein Wertverhältnis zueinander gestellt werden, welches sich im Devisenkurs (Währungskurs) niederschlägt. Das bedeutet, dass man, wenn man eine Währung kaufen möchte, zeitgleich eine andere Währung verkaufen muss. Beim Devisenhandel werden also im Rahmen eines Handelsgeschäftes zwei Währungen zugleich bewegt. Die Kurse der einzelnen Währungen zueinander werden von vielen Faktoren beeinflusst, wie z. B. fundamentalen Daten wie der Wirtschaftslage des Landes oder der Zinsentwicklung. Wie kann der Anleger am Devisenhandel partizipieren?

Hierzu bieten sich die Währungs-ETFs von *db x-trackers* an. Sie bilden beispielsweise eine der beliebtesten Währungsstrategien ab, die *Currency Carry Trade* (auch CCT). Bei dieser Strategie nimmt der Investor in einer Währung einen Kredit mit vergleichsweise niedrigen Zinsen auf. Das so aufgenommene Geld wird postwendend in eine Währung mit vergleichsweise hohen Zinsen investiert. Der Anleger trägt hier sowohl ein Wechselkursrisiko als auch ein Zinsänderungsrisiko. Somit setzt sich die Rendite aus zwei Komponenten zusammen: 1. der Differenz zwischen Haben- und Sollzinsen (für Kredit) und 2. dem Ertrag oder dem Verlust aus der Wechselkursentwicklung.

Beispielsweise leiht sich ein Anleger Geld in Yen zu einem Zinssatz von 0,5 % und legt es in US-Dollar zu 3 % an. Bleibt der Wechselkurs stabil (d. h.

---

[102] Grundsätzlich können nur frei konvertierbare (frei handelbare) Währungen auch am Devisenmarkt gehandelt werden, das sind aktuell über 100 Währungen weltweit. Allerdings nehmen fünf Währungen rund 90 Prozent des gesamten Handelsvolumens ein. Dies sind: Euro, US-Dollar, japanischer Yen, Schweizer Franken und das Britische Pfund.

bewegt er sich in einem schmalen Korridor), wie meist üblich, ist das Geschäft profitabel. Kommt es allerdings zu einem Währungscrash, dann verliert der Anleger schnell massiv Geld. Das passierte im Oktober-Crash 2008, als innerhalb weniger Tage der Yen um mehr als 10 % im Verhältnis zum US-Dollar stieg. Somit wurde die gesamte Zinsdifferenz zwischen US-Dollar und Yen aufgezehrt. Da der Anleger seinen Kredit in Yen zurückzahlen musste, liefen schnell enorme Verluste auf, sodass er bestrebt war, möglichst schnell aus seinem Geschäft auszusteigen. Das führte dazu, dass der Anleger Yen für US-Dollar kaufte und daher der Yen weiterstieg. So führen häufig große *Carry Trades* zu starken Devisenschwankungen.

Um diese Risiken zu reduzieren, können das Zinsschwankungsrisiko über festverzinsliche Geschäfte eliminiert und das Wechselkursrisiko über Terminmarktgeschäfte minimiert werden. Allerdings führen diese Absicherungen zu einer Reduktion der erwarteten Rendite.

4.11.2.6 Sonstige Strategien

ETFs als Future-Ersatz

Durch ihre hohe Liquidität sind ETFs eine Alternative zu Future-Positionen. Schließlich gibt es viele Indizes, auf die es keine oder nur illiquide Futures gibt. Dagegen bilden ETFs neben Standardwerten auch zahlreiche Sektoren und andere Anlageklassen ab. Beispielsweise gibt es keinen Future auf Pfandbriefeindizes, wohl aber einen ETF auf den *eb.rexx Jumbo Pfandbriefe*. Überdies entstehen keine Rollkosten, weil die ETFs keine Laufzeitbeschränkung haben. Im Gegensatz dazu haben Futures eine Laufzeitbegrenzung. In der Regel haben Futures Fälligkeiten im 3-Monats-Rhythmus, daher müssen sie regelmäßig gerollt werden, was mit Kosten und Risiken verbunden ist. Dafür muss der Anleger beim Erwerb eines Futures nur einen Bruchteil des eigentlichen Wertes des Futurekontraktes bezahlen, die so genannte Margin (s. S. 109 ff.). Hierdurch erhält er eine Hebelwirkung seiner Investments. Dagegen muss er bei ETFs den Gegenwert vollständig bezahlen. Dafür entfallen die Kosten und der Administrationsaufwand für das Rollen der Futures, Sicherheitsleistungen und mögliche Nachschussleistungen.

Gerade für Anleger, die keine Termingeschäftsfähigkeit für den Future-Handel besitzen, bieten sich Investments in ETFs an. Schließlich kann der

Anleger mit ETFs auch gehebelte Investments tätigen oder auf fallende Märkte setzen.

Tabelle 40:   Vergleich von ETFs zu Futures

Futures	ETFs
Haben ein Verfallsdatum. Deswegen haben Futures Rollkosten.	Kein Verfallsdatum.
Minimale Investition Da zur Eröffnung einer Futureposition nur eine Margin in Höhe von 5 - 10 % des Futurewertes hinterlegt werden muss, eher gering.	Vergleichsweise hohe Investition, da immer ein ETF-Anteil vollständig bezahlt werden muss, anstatt wie beim Future nur ein Bruchteil.
Futures haben ein hohes Leverage.	ETFs haben in der Regel kein Leverage, mit der Ausnahme von ETFs, die auf Leverage-Indizes setzen. Der Hebel ist aber wesentlich geringer als bei Futures.
Bei Futures konzertiert sich die Liquidität in den näheren Terminen.	ETFs sind sehr liquide, da Market Making stets für verbindliche Brief- und Geldkurse sorgt.
Anzahl von Index-Futures im März 2008 weltweit ca. 85	Im März 2008 wurden über 1.172 ETFs weltweit gehandelt.

Im nächsten Kapitel werden wir uns Optionen und Futures auf ETFs ansehen. Sie ermöglichen es dem Anleger, viele zusätzliche Strategien mit ETFs umzusetzen.

5.   Optionen und Futures auf ETFs

In der Seefahrt sagt man: *„Gerade in stürmischen Zeiten dienen Leuchttürme der Schifffahrt zur Orientierung. Diese stabilen Bauwerke sind zugleich Symbol der Hoffnung, dass der Mensch dem stürmischen Wetter stets trotzen kann."* So ähnlich mag es vielen Anlegern bei der Einführung der Optionen (s. S. 284 ff.) und Futures (s. S. 109 ff.) auf ETFs kurz nach dem TMT-Aktiendebakel 2001 gegangen sein. Denn am 18. November 2002 wurden an der *EUREX* die ersten Futures und Optionen auf ETFs eingeführt. Dafür wurden die liquidesten Index-ETFs auf *Xetra* ausgewählt, wie z. B. der DAX ETF oder *DJ Euro Stoxx 50 ETF.*

Dabei sind Futures und Optionen standardisierte Terminverträge. ETF-Futures beinhalten die Verpflichtung, einen ETF zu einem im Voraus bestimmten Preis, Zeitpunkt und einer festgelegten Menge entweder zu übernehmen (Käufer) oder zu liefern (Verkäufer). Dagegen erwirbt der Käufer einer ETF-Option gegen Zahlung der Optionsprämie das Recht, einen ETF zu einem im Voraus bestimmten Preis (Ausübungspreis) zu kaufen (Call-Option) oder zu verkaufen (Put-Option). Die Optionen können während der Laufzeit jederzeit ausgeübt werden. Der Preis, sowohl des Futures als auch der Option, ist abhängig vom Preis des zugrunde liegenden ETFs. Ab dem Kaufzeitpunkt partizipiert der Käufer des Futures bzw. der Option an der Entwicklung des zugrunde liegenden ETFs. Das eingesetzte Kapital ist im Verhältnis zu einer Direktinvestition in den ETF klein, somit entsteht eine Hebelwirkung.

Um gleich zu Beginn die Liquidität der Optionen und Futures zu gewährleisten, führen internationale Handelshäuser ein aktives *Market Making* durch, d. h., sie stellen verbindliche Geld- und Briefkurse. Wie sehen solche Futures und Optionen genau aus? Das wird in den so genannten Kontraktspezifikationen geregelt.

Aus den Kontraktspezifikationen erkennt man, dass sich mit Futures und Optionen auf ETFs maßgeschneiderte Risikomanagement- und Absicherungsstrategien umsetzen lassen. Das liegt daran, dass der Kontraktwert deutlich geringer ist (100 ETF-Anteile) als bei bereits bestehenden Indexfutures oder -optionen. Das hat den Vorteil, dass wegen des geringeren Kontraktgegenwertes die Kapitalbindung sinkt und zudem auch kleine Kapitalbestände optimal abgesichert werden können.

Kontraktspezifikationen eines EXTF-Futures

Kontraktgröße	100 ETF-Anteile des zugrunde liegenden ETFs
Minimale Preisänderung	0,01 Euro
Erfüllung	Physische Lieferung von 100 ETF-Anteilen
Erfüllungstag	2 Börsentage nach der Ausübung
Letzter Handelstag	Der dritte Freitag eines Verfallmonats, sofern dies ein Börsentag ist. Ansonsten der davor liegende Börsentag.
Täglicher Abrechnungspreis	Letztbezahler Kontraktpreis, falls dieser nicht älter als 15 Minuten ist oder nicht den aktuellen Marktverhältnissen entspricht. Ansonsten wird dieser von der Eurex festgelegt.
Schlussabrechnungspreis	Der im elektronischen Handelssystem des Kassamarktes festgestellte Schlussauktionspreis des jeweiligen Basispreises. Falls es keinen Schlussauktionspreis gibt, wird der volumengewichtete Durchschnitt der drei für den jeweiligen Basiswert im elektronischen Handelssystem des Heimatkassamarktes letztbezahlte Preis zugrunde gelegt.
Fälligkeitsmonate	Die jeweils nächsten Quartalsmonate des Zyklus März, Juni, September und Dezember.
Margin	Bei einem DAX-EX-Futures-Kontrakt sind bei einem Indexstand von 4.500 Punkten und damit verbundenem Kontraktwert von 4.500 Euro nur ca. 450 Euro als Sicherheit zu hinterlegen.
Handelszeit (in Deutschland)	9.00 bis 17.30 Uhr

Kontraktspezifikationen einer EXTF-Option

Kontraktgröße	100 ETF-Anteile des zugrunde liegenden ETFs
Minimale Preisänderung	0,01 Euro
Erfüllung	Physische Lieferung von 100 ETF-Anteilen
Erfüllungstag	2 Börsentage nach der Ausübung
Letzter Handelstag	Der dritte Freitag eines Verfallmonats, sofern dies ein Börsentag ist. Sonst der davor liegende Börsentag.
Täglicher Abrechnungspreis	Letztbezahler Kontraktpreis, falls dieser nicht älter als 15 Minuten ist oder nicht den aktuellen Marktverhältnissen entspricht. Ansonsten wird dieser von der Eurex festgelegt.
Schlussabrechnungspreis	Der im elektronischen Handelssystem des Kassamarktes festgestellte Schlussauktionspreis des jeweiligen Basispreises. Falls es keinen Schlussauktionspreis gibt, wird der volumengewichtete Durchschnitt der drei für den jeweiligen Basiswert im elektronischen Handelssystem des Heimatkassamarktes letztbezahlte Preis zugrunde gelegt.
Fälligkeitsmonate	Die jeweils nächsten Quartalsmonate des Zyklus März, Juni, September und Dezember. Also Laufzeiten bis zu 24 Monaten
Handelszeit (in Deutschland)	9.00 bis 17.30 Uhr

Außerdem ist von Vorteil gegenüber anderen Indexderivaten, dass bei Fälligkeit zwingend eine physische Lieferung erfolgt. Das ist besonders für Investoren interessant, die nach Ende der Laufzeit in die jeweiligen ETFs investieren möchten.

Die Futures und Optionen sollen sowohl private als auch institutionelle Investoren ansprechen. Dennoch werden sie zum überwiegenden Teil von institutionellen Investoren genutzt. Denn diese Marktteilnehmer sind bereits mit Futures und Optionen vertraut und nutzen sie schon lange als Absicherungsinstrumente, um gesetzte Ertragsziele zu erreichen bzw. wenn möglich sogar zu übertreffen. So können sie z. B. über Futures kostengünstig ETFs handeln und noch einfacher Short-Positionen aufbauen, und zwar mit einem wesentlich größeren Hebel, als ihn z. B. der ShortDAX gewährt.

Außerdem lässt sich durch den Einsatz von Optionen das Spektrum an Handelsstrategien deutlich erweitern. Mit solchen Optionsstrategien lassen sich Erwartungen hinsichtlich der Bandbreite und Volatilität der Kursentwicklung eines ETFs konkretisieren. Sehen wir uns doch einmal ein paar gängige Strategien an.

Sie erwarten steigende Kurse. Nehmen wir weiter an, der DAX steht bei 4.000 Punkten. Anstatt einen DAX-ETF oder LevDAX-ETF zu kaufen, entscheiden Sie sich zum Kauf eines Futures auf den DAX-ETF. Durch den Kauf des Futures bei einem DAX-Stand von 4.000 Punkten gewinnen oder verlieren Sie pro steigendem oder fallendem DAX-Punkt einen Euro. Sie müssen nicht 4.000 Euro investieren, sondern nur ca. 360 Euro als Sicherheit hinterlegen. Steigt nun tatsächlich der DAX auf z. B. 4.300 Punkte, so realisieren Sie einen Gewinn von ca. 300 Euro, d. h. ca. 83 %, obwohl der Index nur um 7,5 % gestiegen ist.

Häufig werden Future-Positionen auch zur Absicherung von bestehenden ETF-Depots verwendet. Ihr Portfolio besteht z. B. aus einem ETF auf den *Euro Stoxx 50* im Wert von 10.000 Euro. Sie haben die Befürchtung, dass ein Marktrückgang bevorsteht, Sie möchten aber ihre ETFs auch nicht verkaufen, um den folgenden Aufschwung nicht zu verpassen. Alternativ können Sie einen Future auf den *Dow Jones Euro Stoxx 50 ETF* verkaufen. Der Future gewinnt bei jedem Punkt, den der Index verliert, einen Euro. Bei einem Depotwert von 10.000 Euro und einem Indexstand von 2.000 Punkten muss der Anleger 5 Futures verkaufen, damit sein Depot vollständig abgesichert ist.

Verliert jetzt der *DJ Euro Stoxx 50* z. B. 10 %, so gewinnt der ETF-Futurekontrakt 10 %. Somit gleicht der ETF-Futurekontrakt den Wertverlust des ETF-Depots aus.

Ein Anleger, der eine Straddle-Strategie anwendet, hält es für wahrscheinlich, dass der zugrunde liegende ETF steigen oder fallen kann. In welche Richtung der Kurs des ETFs nun geht, spielt dabei keine Rolle. Zur Umsetzung dieser Strategie kauft der Anleger gleichzeitig die gleiche Anzahl von Call-Optionen und Put-Optionen (s. S. 286 ff.) mit identischem ETF und Basispreisen sowie demselben Verfallsdatum und gleichen Kontraktspezifikationen. Überdies muss sich der Basispreis der Optionen am gegenwärtigen Kurs des ETFs orientieren. Sobald sich der Kurs des ETFs vom Basispreis weg bewegt, egal in welche Richtung, kommt eine der beiden Optionen ins Geld. Die andere Option geht dann aus dem Geld, d. h. sie verliert an Wert. Das bedeutet, dass bei dieser Strategie in der Regel mindestens ein Optionsschein wertlos verfallen wird. Um mit dieser Strategie einen Gewinn zu erzielen, muss der Wert eines der beiden Optionsscheine zum Verkaufszeitpunkt mindestens so groß sein, wie der Preis, dem man zum Kaufzeitpunkt für beide Optionen bezahlt hat. Dieser Punkt wird als *Break Even Point* bezeichnet.

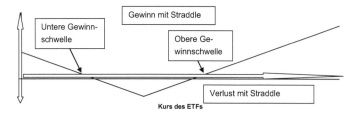

Abbildung 17:   Gewinnmöglichkeiten mit der Straddle-Strategie

Was ist nun aber, wenn man die Kursentwicklung des ETFs nach einer Seite für wahrscheinlicher hält, sich aber gegenüber einer gegenteiligen Entwicklung absichern möchte? In diesem Fall kommen die Sonderformen der Straddle-Strategie zum Einsatz, die Strap- und Strip-Strategien.

Auch bei diesen Strategien werden Call- und Put-Optionen mit demselben ETF, Basispreis, Bezugsverhältnis und Verfallsdatum gekauft. Jedoch kauft der Anleger nicht die gleiche Anzahl von Call- und Put-Optionen.

Um die Strip-Strategie umzusetzen, wird eine Call-Option mit zwei Put-Optionen verbunden. Bei der Strip-Strategie geht der Anleger davon aus, dass eher ein Kursrückgang des ETFs bevorsteht. Die Folge des Überge-wichtes an Put-Optionen ist, dass die untere Gewinnschwelle aus Abbildung 17 bereits bei geringeren Kursverlusten des zugrunde liegenden ETFs er-reicht wird. Die Kehrseite der Medaille ist, dass die obere Gewinnschwelle aus Abbildung 17 deutlich nach oben verschoben wird. Das bedeutet, dass bei einem Kursanstieg des ETFs die Einstellung eines Gewinnes mit der Strip-Strategie deutlich länger dauert als bei der Straddle-Strategie.

Im Gegensatz zur Strip-Strategie werden bei der Strap-Strategie im Regelfall zwei Call-Optionen mit einer Put-Option kombiniert. Hierdurch wird die obere Gewinnschwelle aus Abbildung 17 abgesenkt. Deswegen erzielt man bei die-ser Strategie bei steigenden Kursen des ETFs eher einen Gewinn als mit der Straddle-Strategie. Aus diesem Grund wird diese Strategie verwendet, wenn man eher mit einem Kursanstieg des ETFs rechnet.

Die Strategien *Straddle, Strip* und *Strap* ermöglichen es dem Anleger, sowohl von steigenden als auch von fallenden Kursen des zugrunde liegenden Ba-siswertes zu profitieren. Sie sehen schon aus dieser kleinen Zusammenstel-lung, dass Optionen und Futures zusätzliche Handelsfacetten ermöglichen und somit die Attraktivität des gesamten ETF-Marktes steigern. Aber auch solche Strategien – die heute in Form von Covered-Call-ETFs (s. S. 284 ff.) angeboten werden – kann der Anleger nun im Selbstbau für seine persönli-chen Ziele zusammenstellen. Die gängigste Variante ist der Verkauf einer gedeckten Call-Option aus dem Geld, die durch einen entsprechenden Be-stand des ETFs im Depot des Anlegers unterlegt ist.

Aber auch Absicherungen, die in Form von Protective-Put-ETFs (s. S. 286 ff.) angeboten werden, kann der Anleger jetzt selbst zusammensetzen. Geht der Anleger also von einem Kursrückgang aus, so könnte er seinen Portfoliobestand über den Kauf von Put-Optionen auf ETFs entsprechend ab-sichern, ohne diese veräußern zu müssen. Viele Anleger verwenden dazu ein Hilfsmittel aus der technischen Analyse, die 200-Tage-Linie. Sie wird folgen-dermaßen berechnet: Für einen Börsentag wird zunächst ein Durchschnitt aus den Kursen der letzten 200 Börsentage des ETFs gebildet. Weiterhin wird an jedem folgenden Börsentag der jeweils in die Berechnung einbezo-gene erste bzw. älteste Börsentag weggelassen und stattdessen wird der aktuellste Kurs in die Berechnung einbezogen. Wenn der Kursverlauf des ETFs die 200-Tage-Linie von unten nach oben durchschneidet, spricht man von einem Kaufsignal, im umgekehrten Fall von einem Verkaufssignal. Gibt nun die 200-Tage-Linie ein Verkaufssignal, so kauft der Anleger mechanisch eine Put-Option am Geld, um sein Depot abzusichern. Das heißt, der Anleger hat nicht permanent eine Put-Option im Depot, wie beim Protective-Put-ETF, und kann so Kosten sparen.

Der Anleger kann jetzt auch die Long-Short-Strategie umsetzen. Man kann diese Strategie wohl am besten beschreiben durch folgende Aussage von William Sharpe[103]: *„Ich möchte, dass Sie die Aktien kaufen (long sind), von denen Sie überzeugt sind, dass sie sehr gute Aktien sind, und die Aktien verkaufen (short sind), die Ihrer Meinung nach wirklich schlechte Aktien sind. Das würde dann bedeuten, dass ich damit – netto betrachtet – überhaupt nicht vom Aktienmarkt abhängig bin ..."*

Daher muss der Anleger, der die Long-Short-Strategie anwenden möchte, seiner Meinung nach unterbewertete Märkte (Kauf von Finanzinstrumenten=Long-Strategie) kaufen und gleichzeitig seiner Meinung nach überbewertete Märkte leer (Short-Strategie) verkaufen.

Ein Beispiel: Ein Anleger glaubt, dass im Rahmen der Finanzkrise im Jahr 2008 der *DJ Stoxx 600 Banks* überproportional verlieren wird, d. h. überbewertet ist. Zusätzlich glaubt er, dass die Pharmabranche von dieser Krise nicht so stark betroffen ist, daher sollte sie sich deutlich besser entwickeln als die Bankbranche. Deswegen verkauft der Anleger Anfang 2008 100 Anteile des Branchen-ETFs *DJ Stoxx 600 Banks* zu 72,37 Euro, d. h. er erlöst aus dem Leerverkauf 7.237 Euro. Hierfür wird eine Leihgebühr von 5 % erhoben. Diesen Erlös investiert er in den Branchen-ETF *DJ Stoxx 600 Health Care*. Dieser ETF kostet 51,81 Euro. Deswegen kann der Anleger 139 Anteile zu 7.201,59 Euro erwerben. Den verbleibenden Rest von 35,41 Euro investiert er in den Geldmarkt. Das Geschäft löst der Anleger Ende 2008 (29.12.2008) wieder auf. Hierzu verkauft er die 139 Anteile des Branchen-ETF *DJ Stoxx 600 Health Care* zum Stückpreis von 42,97 Euro, d. h. er erlöst 5.972,83 Euro. Hinzu kommen noch die 35,41 Euro aus dem Geldmarktinvestment,

---

[103] Konferenzbinder II. Forum Alternative Investments 30. September – 1. Oktober 2003 Neue Börse Frankfurt, S. 122

macht zusammen 6.008,24 Euro. Jetzt muss er noch die 100 Anteile des Branchen-ETFs *DJ Stoxx 600 Bank* zum Stückpreis von 26,24 Euro zurückkaufen. Hierfür muss er also 2.624 Euro aufwenden. Außerdem muss er dem Verleiher des ETFs eine Leihgebühr von 5 % zahlen, d. h. 361,85 Euro. Insgesamt muss er also Kosten von 2.985,85 Euro bezahlen. Unter dem Strich bedeutet dies, dass der Anleger einen Gewinn von 3.022,39 Euro erzielt hat.

Aus diesem Beispiel erkennt man, dass es genügt, wenn sich die Kurse des gekauften ETFs (*DJ Stoxx 600 Health Care*) relativ besser entwickeln als diejenigen der leer verkauften ETFs (*DJ Stoxx 600 Banks*), um erfolgreich zu sein.

6. Die Abgeltungsteuer – Das Wichtigste kurz erläutert[104]

Seit dem 1. Januar 2009 gilt in Deutschland die Abgeltungsteuer auf private Kapitalerträge. So werden Dividenden, Zinsen und bestimmte Veräußerungsgewinne privater Anleger jetzt einheitlich mit 25 % Abgeltungsteuer zuzüglich Solidaritätszuschlag und gegebenenfalls Kirchensteuer[105] besteuert, sodass sich die effektive Belastung (zuzüglich Solidaritätszuschlag und gegebenenfalls Kirchensteuer) auf rund 28 % summiert. Diese Steuer zeichnet sich dadurch aus, dass bereits bei der Gutschrift der Kapitalerträge, üblicherweise durch die depotführende Bank, die Steuer erhoben wird, sodass die Einkommensteuer durch diesen Steuerabzug abgegolten ist. Somit braucht der Anleger im Idealfall die Kapitalerträge nicht mehr in seiner Steuererklärung anzugeben.

Wenn der persönliche Steuersatz des Anlegers unter 25 % liegt, so kann er die Veranlagung seines persönlichen Steuersatzes verlangen. Hierzu stellen die Banken eine Bescheinigung aus. Stellt sich im Rahmen der Steuerfestlegung heraus, dass die Veranlagung nicht günstiger für den Anleger bzw. Steuerpflichtigen ist, werden die Kapitaleinkünfte bei der Steuerfestsetzung automatisch nicht berücksichtigt. Außerdem kann der Anleger eine Steuerfestsetzung zur Ausnutzung eines Verlustvortrages oder zur Anrechnung ausländischer Steuern durchführen. Überdies kann er die Abgeltungsteuer umgehen, wenn er eine Nichtveranlagungsbescheinigung vorlegen kann. Wer ein Jahreseinkommen von derzeit unter 7.664 Euro hat, kann eine Nichtveranlagungsbescheinigung beim Finanzamt beantragen.

---

[104] Die enthaltenen Informationen zur Abgeltungsteuer sind nur allgemeiner Natur. Sie sind nicht auf die spezifische Situation eines Anlegers ausgerichtet. Zudem kann sich das Steuerrecht jederzeit ändern, und das auch rückwirkend. Daher empfehle ich Ihnen, gegebenenfalls geeigneten fachlichen Rat einzuholen.

[105] Der Anleger hat die Wahl. Er kann die Kirchensteuer auf Antrag zusammen mit der Abgeltungsteuer durch die Bank einziehen oder erst im Rahmen der Veranlagung durch das Finanzamt erheben lassen.

Hat der Anleger z. B. einen ETF vor dem 1. Januar 2009 erworben, genießt dieser Bestandsschutz. Das bedeutet, dass Veräußerungsgewinne aus diesem ETF nach Ablauf einer Haltedauer von einem Jahr steuerfrei sind. Seit dem 1. Januar 2009 gilt dann eine neue Zeitrechnung, ab jetzt müssen Anleger sämtliche Gewinne mit der Abgeltungsteuer versteuern, unabhängig von der Haltedauer. Die Abgeltungsteuer fällt aber nur auf realisierte Kursgewinne (nicht Buchgewinne) an. Sie wird fällig zum Verkaufszeitpunkt der Wertpapiere.

Veräußerungsgewinn = Veräußerungserlös - Anschaffungskosten - Transaktionskosten

Wie werden Verluste bzw. negative Kapitalerträge seitens der Bank bei der Abgeltungsteuer berücksichtigt?

In der Regel werden negative Kapitalerträge (wie. z.B. Stückzinsen[106] oder Zwischengewinne) sowie Verluste aus dem Verkauf von ETFs von der depotführenden Bank gesondert erfasst und mit abzugspflichtigen Kapitalerträgen desselben Kalenderjahres verrechnet. Das heißt, Kapitalerträge werden erst dann der Abgeltungsteuer unterworfen, wenn sämtliche negativen Kapitalerträge oder Verluste des Verlustverrechnungstopfes erschöpft sind. Überdies kommt es nicht auf die Reihenfolge der erzielten positiven oder negativen Kapitalerträge an, weil die Bank auch nachträgliche Freistellungen vom Steuerabzug vornehmen kann. Die Berücksichtigung des Sparer-Pauschbetrags erfolgt erst nach Verrechnung der Kapitalerträge mit dem Verlustverrechnungstopf[107]. Erst wenn die Einnahmen aus Dividenden, Zinsen und Veräußerungsgewinnen größer sind als der Sparer-Pauschbetrag, fällt die Abgeltungsteuer an.

Der Sparer-Pauschbetrag beträgt 801 Euro für Ledige (Verheiratete 1.602 Euro). Er ersetzt den bis dahin gültigen Sparer-Freibetrag von 750 Euro für Ledige (Verheiratete 1.500 Euro). Zudem sind mit dem Sparer-Pauschbetrag alle tatsächlichen Werbungskosten abgegolten, demnach ist ein höherer An-

---

[106] Der bisherige Stückzinsentopf wird nun in einen Verlustverrechnungstopf umgewandelt.

[107] Der Gesetzgeber hat es aber auch etwas verkompliziert, weil für Verluste aus der Veräußerung von Aktien ein gesonderter Verlustverrechnungstopf geführt werden muss. Denn Aktienverluste dürfen nur mit Gewinnen aus der Veräußerung von Aktien ausgeglichen werden.

satz als der Sparer-Pauschbetrag nicht möglich. Folglich ist keine Berücksichtigung der tatsächlichen Werbungskosten (z. B. Depot- und Beratungsgebühren) mehr möglich. Zudem belasten nicht mehr nur die Zins- und Dividendenzahlungen den Sparerpauschbetrag, sondern auch Kursgewinne. Ist der Sparerpauschbetrag erschöpft, wird von den weiteren Einkünften aus Kapitalvermögen automatisch die Abgeltungsteuer abgezogen. Was passiert aber mit Verlusten, die nicht über das Kalenderjahr hinweg von der Bank ausgeglichen werden können?

In einem solchen Fall überträgt die Bank den Verlustüberhang ins neue Kalenderjahr und verrechnet ihn mit den abzugspflichtigen Kapitalerträgen des folgenden Jahres.

Für Sparpläne gilt, dass jede Einzahlung als einzelne Einmalanlage betrachtet wird. Demnach unterliegen alle im Rahmen eines Sparvertrages eingezahlten Gelder vor dem 1. Januar 2009 auch dem Bestandschutz. Für Anteile, die nach dem 1. Januar 2009 erworben werden, gelten dann die neuen Regelungen, d. h. die Abgeltungsteuer.

Weiterhin wird für steuerliche Zwecke angenommen, dass beim Verkauf von Fonds – egal ob aus Sparplan oder Einmalanlage – zunächst die zuerst erworbenen Anteile auch zuerst als veräußert gelten (so genannte First-in-First-out-Methode, abgekürzt FiFo). Das liegt daran, dass es bei Käufen eines Fonds in einem Depot zu verschiedenen Zeiten (z. B. Sparplan), bei der Girosammelverwahrung (ist der Normalfall) zu einer Vermischung von Alt- und Neubeständen kommt. Sofern die ETF-Anteile in einem inländischen Depot verwahrt werden, übernimmt die Berechnung des Veräußerungsgewinnes sowie die Abführung die depotführende Stelle (z. B. die Bank).

Was passiert mit den Veräußerungsgewinnen, die auf Fondsebene entstehen? Ausschüttungen von ETFs werden ab 2009 einheitlich mit der Abgeltungsteuer versteuert. Lediglich für Kursgewinne, die der ETF bei der Veräußerung von vor 2009 erworbenen Wertpapieren erzielt, gibt es eine Ausnahme. Sie können steuerfrei ausgeschüttet werden, wenn sie vom Fonds gesondert ausgewiesen bzw. veröffentlicht werden.

Wie werden bei thesaurierenden Fonds die Zinsen oder Dividenden behandelt?

Zunächst einmal gelten thesaurierte Zinsen und Dividenden dem Anleger erst am Geschäftsjahresende des Fonds als steuerlich zugeflossen, verbleiben jedoch im Fonds. Damit der Anleger beim Verkauf nicht zweimal zur Kasse gebeten wird, wird folgendes Verfahren angewendet. Der Anleger kann seinen Veräußerungsgewinn beim Verkauf um die bis dahin entstandenen Thesaurierungsbeträge bereinigen. Bei einer Inlandsverwahrung inländischer thesaurierender Fonds geschieht dies unkompliziert durch die depotführende Stelle. Komplizierter wird es beim Verkauf ausländischer thesaurierender Fonds in inländischen Depots. Hier muss der Anleger letztendlich im Rahmen der Einkommensteuerveranlagung darlegen, dass die ausschüttungsgleichen Erträge in den Vorjahren bereits angegeben und versteuert wurden. Nur so kann er die einbehaltene Kapitalertragsteuer angerechnet bzw. erstattet bekommen.

Was ist mit dem Zwischengewinn bei ETFs? Als Zwischengewinn bezeichnet man die im Verkaufs- oder Rückgabepreis enthaltenen Entgelte für vereinnahmte oder aufgelaufene Zinsen, welche der ETF noch nicht ausgeschüttet oder thesauriert hat, die also noch nicht beim Anleger steuerpflichtig wurden. Nun kann der Anleger die auf Fondsebene seit dem letzten Geschäftsjahresende erwirtschafteten Zinsen (Zwischengewinn) zum Zeitpunkt des Kaufs des Fondsanteils als negative Einnahme aus Kapitalvermögen geltend machen. Sie werden im so genannten Verlustverrechnungstopf eingestellt. Andersrum ist der Zwischengewinn anteilig beim Verkauf des ETFs vom Anleger als Einnahme aus Kapitalvermögen zu erfassen. Das hat den Vorteil, dass Anleger auch Renten-ETFs kurz vor ihrem Ausschüttungs- bzw. Thesaurierungstermin erwerben können. Denn die Regel zum Zwischengewinn sorgt dafür, dass nur auf die ausgeschütteten bzw. thesaurierenden Erträge die Abgeltungsteuer gezahlt wird, die während der Besitzzeit des Anlegers erwirtschaftet wurden.

Generell wird die Abgeltungsteuer direkt an der Quelle erhoben. Das ist bei einem thesaurierenden ETF die inländische Kapitalanlagegesellschaft und bei einem ausschüttenden die depotführende Bank. So werden bei ausschüttenden ETFs die Steuern auf ausgeschüttete Dividenden, Zinsen und bestimmte Veräußerungsgewinne zum Ausschüttungstermin von der depotführenden Bank abgeführt. Dagegen werden bei thesaurierenden ETFs (meistens zum Fondsgeschäftsjahresende) nur Dividenden, Zinsen und bestimmte Veräußerungsgewinne zum Thesaurierungstermin besteuert. Erst durch den Verkauf der Anteile werden die Veräußerungsgewinne gegebenenfalls steuerpflichtig. Um eine Doppelbesteuerung zu vermeiden, wird der Veräuße-rungsgewinn um die versteuerten Thesaurierungsbeträge bereinigt.

7. Literaturverzeichnis

Lit. 1 : Allianz Global Investors: PortfolioPraxis Bonds mit Kick, Frankfurt am Main, März 2007

Lit. 2 : Bauen Sie Ihr Portfolio mit dem Werkzeug der Profis. Lyxor ETFs, 3. Quartal 2008

Lit. 3 : Benesch, Thomas: Aktives versus Passives Portfoliomanagement – Was in Glaskugeln über effiziente Märkte steht. Working Paper Series Number 16 by the University of Applied Sciences of bfi Vienna, Juni 2005

Lit. 4 : Bogle, John C.: Common Sense on Mutual Funds, New Imperatives for the Intelligent Investor, New York 1999

Lit. 5 : Brown, Patrick: Constructing and Calculating Bond Indices – A Guide to the EFFAS European Bond Commission Standardized Rules, 2nd Edition, Cambridge, England, 2002

Lit. 6 : Buchner, Robert: Die Planung von Gesamt-Kapitalanlagen (Portefeuilles) und der Effekt der Markowitz-Diversifikation. In: Wirtschaftswissenschaftliches Studium (WiSt) 7 (1981), S. 310-323

Lit. 7 : Buffet, Warren: Die Essays von Warren Buffet. VNR Verlag für die Deutsche Wirtschaft, 2001

Lit. 8 : Clements, Jonathan: 25 Myths You've Got to Avoid If You Want to Manage Your Money Right: The New Rules for Financial Success. New York 1998

Lit. 9 : Credit Suisse Indexmatch: Indexfonds Knowhow Library, www.csam.ch/funds

Lit. 10 : db x-trackers: Fixed-Income-ETFs Exchange Traded Funds auf Geldmarkt-, Renten- und Kreditindizes, Frankfurt am Main, März 2008

Lit. 11 : Deutsche Bank Research: Exchange Traded Funds. Hohes Wachstumspotenzial dank innovativer ETF-Strukturen, Frankfurt am Main, 28. April 2008 (EU-Monitor 55)

Lit. 12 : Deutsche Bank: Exchange Traded ETFs 2.0 – die neue Art, Indizes zu replizieren, Frankfurt am Main, Juni 2008

Lit. 13 : Deutsche Börse AG market Data & Analytics: Die Indexwelt der Deutschen Börse, Frankfurt am Main, Januar 2007

Lit. 14 : Deutsche Börse AG: Leitfaden zur eb.rexx – Indexfamilie Version 3,7. Frankfurt am Main, Januar 2008

Lit. 15 : Deutsche Börse Group: XTF Exchange Traded Funds. Europas führende ETF-Plattform, Frankfurt am Main, September 2008

Lit. 16 : Eller, Roland: Modernes Bondmanagement, Wiesbaden 1993

Lit. 17 : Ellis, Charles D.: Winning the Loser's Game. Timeless Strategies for Successful Investing. 3. Aufl., New York 1998

Lit. 18 : ETF Landscape: Industry Review from Barclays Global Investors,

December 2008

Lit. 19 : Extra Investieren mit Exchange Traded Funds, Lohnender Tausch. 27.06.08, S. 6 ff.

Lit. 20 : Extra-Magazin: Investieren mit Exchange Traded Funds, 02/2009, 27.02.09, www.extra-funds.de

Lit. 21 : Fama, Eugene E: Random Walks in Stock Market Prices. In: Financial Analysts Journal, Sept./Okt. 1965, neu abgedruckt im Heft Jan./Febr. 1995

Lit. 22 : Fender, Ingo: Institutionelles Portfoliomanagement: Branchentrends, Anreizstrukturen und die Folgen für die Markteffizienz, BIZ-Quartalsbericht, September 2003, S. 85-97

Lit. 23 : Fortin, Rich / Michelson, Stuart: Fund Indexing vs. Active Management: The Results are. ... In: Journal of Financial Planning, February 1999

Lit. 24 : FWW Fonds-Factbook 2007/2008: Investments in Deutschland, FWW GmbH / FWW Research Services (RS) 2008

Lit. 25 : Galbraith, John Kenneth: Die Herrschaft der Bankrotteure, Hoffmann und Campe, 1992

Lit. 26 : Gomber, Peter und Schweickert, Uwe: Der Markt Impact: Liquiditätsmaß im elektronischen Wertpapierhandel. Deutsche Börse AG Xetra Research & New Markets. Frankfurt am Main 2002

Lit. 27 : Götte, Rüdiger: Das 1 x 1 der fundamentalen Aktienanalyse. ibidem-Verlag, Stuttgart 2004

Lit. 28 : Götte, Rüdiger: Das 1 x 1 des Portfoliomanagementes. ibidem-Verlag, Stuttgart 2005

Lit. 29 : Götte, Rüdiger: Aktien, Anleihen, Futures, Optionen. Tectum Verlag, Marburg 2001

Lit. 30 : Götte, Rüdiger: Hedgefonds: Die Millionenformel? Grundlagen, Einsatz und Strategien. Das 1x1 der Hedgefonds. ibidem-Verlag, Stuttgart 2007

Lit. 31 : Hamid, Nizam und Sanford, Yvonne: Exchange Traded Funds. Portfolio & Index Strategy. Deutsche Bank, 5. September 2007

Lit. 32 : Handelsblatt Indexnews, 02/2009, 29.1.2009, www.handelsblatt.com/newsletter

Lit. 33 : Handelsblatt Indexnews, 12/2008, 27.11.2008, www.handelsblatt.com/newsletter

Lit. 34 : Hänle, Ralf: Portfoliomanagement – Ein Essay. Universität Weimar 2000

Lit. 35 : Heese, Viktor: Psychologie und Aktienmarkt – Nicht nur Zahlen machen Kurse. apoFokus Nr. 5, 2006

Lit. 36 : Hens, Thorsten: Behavioral und Evolutionary Finance: Die neue Sicht auf die Finanzmärkte. 4. März 2003, erschienen in einer Broschüre der Bank Leu

Lit. 37 : HfB Investment Investmentclub der Hochschule für Bankwirtschaft:

Einige Anmerkungen zu Risikoüberlegungen im
Portfoliomanagement

Lit. 38 : Holzer, Ch. S.: Anlagestrategien in festverzinslichen Wertpapieren, Wiesbaden 1990

Lit. 39 : Kennzahlen im Detail – eine kritische Betrachtung. H.C.M. Capital Management AG 2007

Lit. 40 : Kommer, Gerd: Souverän investieren – Wie Privatanleger das Spiel gegen die Finanzbranche gewinnen. Campus Verlag, Frankfurt / New York 2002

Lit. 41 : Kostolany; André: Kostolanys Börsenweisheiten – 100 Tipps für Geldanleger. Econ Taschenbuch Verlag, 2. Auflage, 2000

Lit. 42 : Lazard: Hintergrund Oktober 2007: Credit Default Swaps – Waffen und Pflugscharen? www.lazardnet.com/wissen

Lit. 43 : Leven, Franz-Josef/Schlienkamp, Christoph: Erfolgreiches Depotmanagement. Wie Ihnen die moderne Portfoliotheorie hilft. Wiesbaden, Gabler 1998

Lit. 44 : LYXOR EXCHANGE TRADED FUNDS: Lyxor ETFs SWAP- basiert. Professionell den Index tracken, Frankfurt am Main

Lit. 45 : Maurer, Raimond/Sebastian, Steffen/Stephan, Thomas G.: Immobilienindizes im Portfolio-Management, Deutscher Aktuarverein (Hrsg.). Investmentmodelle für Asset-Liability von Versicherungsnehmen, Frankfurt am Main 2000

Lit. 46 : Neumann, Rico: Psychologie von Börsencrashs /spekulativen Blasen. Diplomarbeit Berufsakademie Glauchau, 20. August 2007

Lit. 47 : Odean, Terrance: Are Investors Reluctant to Realize Their Losses?, Journal of Finance 53, 1775-1798. 1998

Lit. 48 : Odean, Terrance / Barber, Brad: Trading is Hazardous to Your Wealth: The Common Stock Investment Performance of Individual Investors. In: Journal of Finance, Vol. LV, No. 2, April 2000.

Lit. 49 : O'Shaughnessy, James P.: Die besten Anlagestrategien aller Zeiten. 3. Aufl., Landsberg Lech 1999

Lit. 50 : Portfoliotheorie.com, Jahr 4, Ausgabe 13, 28.08.2009

Lit. 51 : Rassidakis, Peter: Der Neue Markt: Anlegerverhalten und die Rolle der Banken. Marburg, 10. 06. 2006

Lit. 52 : Rau-Bredow, Hans: Value at Risk, Normalverteilungshypothese und Extremverhalten; Finanz Betrieb, Zeitschrift für Unternehmensfinanzierung und Finanzmanagement, 3. Jahrgang, Oktober 2002, S. 603-607

Lit. 53 : Sharpe, William: The Arithmetic of Active Management. In: Financial Analysts Journal, Vol. 47, No. 1/1991.

Lit. 54 : Shefrin, H. / Statman, M.: The Disposition to Sell Winners Too Early and Ride Losers Too Long: Theory and Evidence, Journal of Finance 40, 777-792. 1985

Lit. 55 : Spiwoks, Markus: Prognosekompetenz als wichtigste Determinante der Auswahlentscheidung, Sofia-Diskussionsbeiträge zur Institutionenanalyse Nr 01-2, Darmstadt 2001

Lit. 56 : Spremann, Klaus: Portfoliomanagement, R. Oldenbourg Verlag, München/Wien, 2. Auflage 2003

Lit. 57 : Swedroe, Larry E.: What Wall Street Doesn't Want You to Know. How You Can Build Real Wealth Investing in Index Funds. New York 2001

Lit. 58 : Swedroe, Larry E.: What Wall Street Doesn't Want You to Know. How You Can Build Real Wealth Investing in Index Funds. New York 2001

Lit. 59 : Swiss Exchange: Exchange Traded Funds (ETFs) Grundlagen, Funktionsweise und praktischer Einsatz. Zürich Januar 2009

Lit. 60 : The ETF Market Watch – Exchange Traded Funds Schweizer Markt, www.fundexplorer.ch

Lit. 61 : Von Rosen, Rüdiger: Aktienindizes. Deutsches Aktieninstitut, Heft 12, Frankfurt am Main 2000

Lit. 62 : Vontobel: Vontobel Exchange Traded Structured Funds, Zürich 2008

Lit. 63 : Winker, Michael: Der Einsatz von ETFs in Multi-Asset-Portfolios. Erfahrungen aus der Subprime-Krise, Präsentation für 2. Portfolio ETF-Forum 18. November 2008, Frankfurt am Main

Stichwortverzeichnis

ibidem-Verlag

Melchiorstr. 15

D-70439 Stuttgart

info@ibidem-verlag.de

www.ibidem-verlag.de
www.ibidem.eu
www.edition-noema.de
www.autorenbetreuung.de